中国社会科学院学部委员专题文集

ZHONGGUOSHEHUIKEXUEYUAN XUEBUWEIYUAN ZHUANTI WENJI

科学与无神论文集

杜继文◎著

中国社会科学出版社

图书在版编目(CIP)数据

科学与无神论文集/杜继文著.—北京:中国社会科学出版社,2014.5
(中国社会科学院学部委员专题文集)
ISBN 978 - 7 - 5161 - 4123 - 6

Ⅰ.①科… Ⅱ.①杜… Ⅲ.①无神论—文集 Ⅳ.①B91 - 53

中国版本图书馆 CIP 数据核字(2014)第 062013 号

出 版 人	赵剑英
责任编辑	黄燕生
责任校对	韩海超
责任印制	戴 宽

出 版	中国社会科学出版社
社 址	北京鼓楼西大街甲 158 号(邮编 100720)
网 址	http://www.csspw.cn
	中文域名:中国社科网 010 - 64070619
发 行 部	010 - 84083685
门 市 部	010 - 84029450
经 销	新华书店及其他书店

印刷装订	环球印刷(北京)有限公司
版 次	2014 年 5 月第 1 版
印 次	2014 年 5 月第 1 次印刷

开 本	710 × 1000 1/16
印 张	22.75
插 页	2
字 数	363 千字
定 价	68.00 元

前　　言

　　哲学社会科学是人们认识世界、改造世界的重要工具，是推动历史发展和社会进步的重要力量。哲学社会科学的研究能力和成果是综合国力的重要组成部分。在全面建设小康社会、开创中国特色社会主义事业新局面、实现中华民族伟大复兴的历史进程中，哲学社会科学具有不可替代的作用。繁荣发展哲学社会科学事关党和国家事业发展的全局，对建设和形成有中国特色、中国风格、中国气派的哲学社会科学事业，具有重大的现实意义和深远的历史意义。

　　中国社会科学院在贯彻落实党中央《关于进一步繁荣发展哲学社会科学的意见》的进程中，根据党中央关于把中国社会科学院建设成为马克思主义的坚强阵地、中国哲学社会科学最高殿堂、党中央和国务院重要的思想库和智囊团的职能定位，努力推进学术研究制度、科研管理体制的改革和创新，2006 年建立的中国社会科学院学部即是践行"三个定位"、改革创新的产物。

　　中国社会科学院学部是一项学术制度，是在中国社会科学院党组领导下依据《中国社会科学院学部章程》运行的高端学术组织，常设领导机构为学部主席团，设立文哲、历史、经济、国际研究、社会政法、马克思主义研究学部。学部委员是中国社会科学院的最高学术称号，为终生荣誉。2010 年中国社会科学院学部主席团主持进行了学部委员增选、荣誉学部委员增补，现有学部委员 57 名（含已故）、荣誉学部委员 133 名（含已故），均为中国社会科学院学养深厚、贡献突出、成就卓著的学者。编辑出版《中国社会科学院学部委员专题文集》，即是从一个侧面展示这些学者治学之道的重要举措。

　　《中国社会科学院学部委员专题文集》（下称《专题文集》），是中国社会科学院学部主席团主持编辑的学术论著汇集，作者均为中国社会科学院学部委员、荣誉学部委员，内容集中反映学部委员、荣誉学部委员在相关学科、专业方向中的专题性研究成果。《专题文集》体现了著作者在科学研究实践中长期关注的某一专业方向或研究主题，历时动态地展现了著作者在这一专题中不断深化的研究路径和学术心得，从中不难体味治学道路之铢积寸累、循序渐进、与时俱进、未有穷期的孜孜以求，感知学问有道之修养理论、注重实证、坚持真理、服务社会的学者责任。

2011 年，中国社会科学院启动了哲学社会科学创新工程，中国社会科学院学部作为实施创新工程的重要学术平台，需要在聚集高端人才、发挥精英才智、推出优质成果、引领学术风尚等方面起到强化创新意识、激发创新动力、推进创新实践的作用。因此，中国社会科学院学部主席团编辑出版这套《专题文集》，不仅在于展示"过去"，更重要的是面对现实和展望未来。

这套《专题文集》列为中国社会科学院创新工程学术出版资助项目，体现了中国社会科学院对学部工作的高度重视和对这套《专题文集》给予的学术评价。在这套《专题文集》付梓之际，我们感谢各位学部委员、荣誉学部委员对《专题文集》征集给予的支持，感谢学部工作局及相关同志为此所做的组织协调工作，特别要感谢中国社会科学出版社为这套《专题文集》的面世做出的努力。

《中国社会科学院学部委员专题文集》编辑委员会
2012 年 8 月

目　　录

自　序

　　接触无神论对我实在是个意外。我最初对中国哲学史有兴趣，没有想到会从塞北到江南学了佛教；也没有想到的是会因为这个缘由两次调进世界宗教研究所。在这个所工作了几年后，又是一个偶然的意外，卷进了对一位练功痴迷者的一项调查，并在举国上下的气功热中发现了"中国新世纪"和"人体科学"。自认为这个发现颇为重要，就写了一个调研报告，题名《有神论的新载体和新时代新宗教运动》；一位出版社的朋友读后，自告奋勇，就以《气功与特异功能解析》的书名给公开出版了——当法轮功这一邪教组织被揭露和取缔不久，这本书突然引起注意，出版社增收了国家的有关文件法令并用了《法轮功何以成势》的新书名再版，似乎有了些起势，但没有兴盛几天，即遭禁售，作者（我用的是个笔名"钟科文"）也受到调查，这又是个意外。不过稍迟一些日子，此书却收进了"中国社会科学院文库"，更把我的调研报告原题做了副标题，重新校勘出版。这个新版本的装帧排版，是我所有出版物里最漂亮的，而且终于得到了"学术"上的承认，这更是喜出望外——新近才知道，早在 1999 年 8 月 9 日《人民日报》已经发布了《法轮功何以成势——气功与特异功能解析》一书的出版消息，听说还卖了七万册。我至今也不知道这究竟是怎么一回事。

　　法轮功被国家依法取缔，在当代中国的文化史上应该是一个标志性事件：走红了约 20 年的伪科学被终结了，传统的愚昧迷信得到了遏制，国家由此设立了持续应对此类活动的职能机构，而中国无神论学会也得以顺利恢复，中央支持创建《科学与无神论》杂志和开展无神论的宣传教育与研究。这对于宣传科学精神，维护宗教信仰自由，推动科教兴国事业的发展，应该是非常有利的。我个人则意外地加入了由任继愈教授引领的这个学术群体，而且担任这本杂志的主编竟至一晃就有十多年。

偶然的背后就有必然。在我是一连串的意外背后，可能也反映着我国这三十年来的文化走向：一方面是科学理性的胜利进军，另一方面则有鬼神愚昧的逆流反复，而总体上是社会文明的不断进步。我们的国家走上了富强之路，中华民族步入了世界文明之林。曲折还会有，但希望就在脚下。

这个小册子所收的若干短文，大多数发表在《科学与无神论》杂志上，所以就叫《科学与无神论文集》。它可以作为一份记录，也可以作为一个视角，零碎地透露出这十多年里我们文化界里一个不大的角落和一个很大的领域里发生的一些事情，以及这些事情是如何同我们国家和民族的整体前进有机地联结在一起的。

说透露的只是一个不大的角落，是就坚持中国特色社会主义道路，全面建设小康社会的进程中，相比于政治、经济、文化、民生等重大事业的科学发展而言，有鬼神还是无鬼神的问题微不足道；说它关系的是一个很大的领域，是指无论以有神论还是无神论为指导原则，对个人行为和社会活动以及国家几乎所有方面，尤其是民族精神和国民性格，都有着直接或间接的影响。论文的针对性太强，理论性肯定不高，但所涉及的问题不小。现在搜集发表的这些，只能算作话题或砖瓦，希望引来金玉之言。就内容分，大致有三：1. 对邪教的揭露和对人体特异功能的批评，以及对科学精神的宣扬；2. 对"文化传教"的审视和"宗教渗透"的关切，以及与之有关的法制问题；3. 以宗教信仰自由为核心的马克思主义宗教理论和宗教政策问题的探讨——在国家日新月异的大好发展局面下，我们必须面对的现实问题竟会那么多，所涉的关系又会那么复杂，越显得我的论文是那么片段和肤浅。

现实是，邪教问题远没有彻底解决，而呼唤鬼神的声音却遍及党内外——其文化层次之高、官职地位之高、掌控舆论能力之高，以及拥有财源之多，波及规模之大，深入文化教育界之深，在中国历史上，尤其是近现代历史上，可以说绝无仅有。无神论虽然受到中央的重视，在科学理性领域得到广泛共鸣，但那日子总是在被压制、被封杀，被丑化，近乎消亡中挣扎，致使中国社会科学院不得不将其作为"濒危学科"抢救。现在，无神论终究有了自己的研究实体，而且还有了三四个人的编制。这在中国历史上，也算得上开天辟地。我们应该珍惜这个机会，有必须承担的社会责任在等待我们承担。

将无神论作为一个独立的学科构建成型，是我们当前这个国家和这个时代的特殊需要。毛泽东提议成立世界宗教研究所，在中国历史上已经是个创举了。按他的批示精神，这个所的任务是"研究宗教"，"批判神学"。研究宗教，不是传播宗教，目的在充实我们对宗教知识的特别欠缺，而不是用来推销宗教信仰、挽救"信仰危机"的。宗教知识有历史的，有现实的，有作为物质形式的宗教组织，有作为精神载体的宗教教义，只要客观地描述出宗教的真实面貌，就足以揭示宗教的性质和它的社会功能。我们做过一定的历史陈述，出版了几部宗教史，但只是初步的；既缺乏对变化着的现状的反映，更没有来得及对宗教教义作系统的研究。教义研究所带来的必然是对神学的批判。神学是对教义的阐释、发挥和普及，是宗教的灵魂和生命，其承担的是这一宗教的全部思想体系，包括世界观、人生观、价值观和伦理道德观，甚或负荷着政治趋向与经济利益。然而问题是，应该是批判神学的职能，被变成了构建神学的职能；与神学对立的无神论，成了"宗教学"拒斥的对象。这不是个别的、暂时的现象。在被西方称作"无神论的中国"，"宗教自由"又始终遭受着他们的诟病和声讨，竟然出现这样的现象，非常值得探问。

这绝不是说宗教不允许信仰，神学不容许构建，而是说，必须依法行事。信仰活动与神学构建，宗教研究与批判神学，各有各的法律界限，作为国家公民，享有平等的权利，负有平等的义务，理应互相尊重，但不容越权侵犯。宪法规定，公民享有宗教信仰自由，但不仅信教有自由，不信教也有自由；公民有言论的自由，不但有表达信教的言论自由，也有表达不信教的言论自由。法律是维护公民享有自由并促使和谐相处的保障。科学研究无禁区，唯真理是从。世上究竟有鬼神还是无鬼神？我们至少不能误导青年学子。所以近几年我们特别关注《中华人民共和国教育法》规定的"国家实行教育与宗教相分离"的执行情况。对国家立法，任何机构、任何人都不能置若罔闻，置之度外。

由于无神论被从"宗教学"中挤兑出来，这不但促使无神论有了作为一个独立学科存活的必要，而且大大加重了它的负担。就是说，凡社会公共领域，鬼神之说所到之地，无神论必到；号称"马克思主义宗教观"理应涉及而特意被回避或排拒了的领域，无神论更不能缺位。这两处关系的问题就非常多，非常大。譬如当前西方的神学理论和传教方式，在中国国内就很流行，其宣扬者已称为"显学"——像宣扬我国的《宪法》需要上帝信仰的文化背景；民族复兴需要洋神信仰的精神支撑；道德教化应该交给宗教承担，如此等等高论不断，即使一个不值一驳的"宗教市场论"，也能风行一时。至于要重写历史，将西方的中世纪描绘得光照宇宙，而诬"启蒙运动为近现代罪恶之源，马克思主义就是来自这个这个源头的流"；"中国的五四运动毁灭了传统，丢失了民族根本，引来物质文明，丧失精神文明"，如此等等，哲学、美学、文学、法学、史学、社会学，政治学，以及马克思主义，古今中外，每一个方面都迫使无神论必须发言，给以必要的回应。这就必须深入研究，认真思考，重新学习，而我们连应对当前的挑战都缺乏力量。无神论学科的建设，实在是任重道远。

最后做个解释。什么是宗教？有一种说法，宗教是文化。我的补充是，凡人类的创造和活动都属于文化。宗教区别于其他文化形态的本质属性，是确立鬼神之说和传播鬼神信仰——"鬼"即不灭的灵魂；"神"作为世界和人的主宰，此二者是所有宗教体系中必不可少而其他文化形态中绝不会有的核心因素。像费尔巴哈提倡的爱的宗教，爱因斯坦驱逐了人格神的宗教，都不是我们公众话语中的宗教；一些文学作品也有关于鬼神的记述，但我们称其为宗教影响，而非确立宗教并引人去信仰，所以只有读者，而无信徒。《西游记》、《聊斋》都是讲鬼神精怪故事的名著，但没有正常的人说它们是宗教著作的，这界限犹如神话或童话之不属于宗教一样。至于有的宗教团体把某些知名的作品奉为圣书供养膜拜，则与那些作品本身无关，正像有人膜拜龟蛇而与龟蛇无关同理。

《科学与无神论》杂志的时代责任

一、《科学与无神论》杂志是在党中央关于坚持用正确的世界观、人生观、价值观教育广大干部和群众，坚持开展唯物论、无神论宣传的精神指导和直接关怀下而创办起来的。它的主办单位是中国无神论学会，由中国科协促进自然科学和社会科学联盟专门委员会协办。现在暂定为双月刊，由《科学与无神论》杂志编辑部负责经常性编辑业务。从申请筹办到今天正式出版这期试刊号，总共用了两个多月的时间，它的粗疏和幼稚是意想之中的事。我代表编辑部向有关的领导和同志们，向广大的读者，诚心诚意征求批评指正意见。

二、中国无神论学会是成立于 1978 年的老学会，1997 年复会，作了较大的调整。在思想任务上，它从一般的研究马克思主义的宗教理论，宣传战斗的无神论，转移到高扬科学无神论，破除愚昧迷信，全面维护宗教信仰自由的公民权利，推动"科教兴国"战略的实施。这样，与中国科协两科联盟委员会不约而同地走到了一起。两科联盟委员会自 1995 年 9 月举办"捍卫科学尊严，破除愚昧迷信"研讨会以来，始终有中国无神论学会的成员积极参与。因此，在无神论学会复会时，在组织上也有了变动，由单一地社会科学工作者组成，更新为从事社会科学和自然科学工作的两部分同志组成，而且大都有一定的哲学素养。《科学与无神论》编辑部的指导思想和组成人员，总的说，套用的也是中国无神论学会的框架。

三、关于《科学与无神论》的宗旨和任务，在《发刊词》中有概略的说明。就近而言，它是"科教兴国"的马前卒，长远些说，它要为提高全民素质尽力。这说起来很抽象，而事实上有非常明确的针对性。我们知道，国家将工作着重点转移到以经济建设为中心，是经历了多少泪与血的代价才争得来的，"科学技术是第一生产力"的认识，则是更后一些的事，最终将这一认识化为"科教兴国"的行动纲领，在我认为，是党中央最英明的战略决策。这是我们国家实现现代化的必由之路，是我们民族的希望所在，得来实在不易。但几乎与此同时，封建迷信的沉渣泛起，与海外所谓"新时代"、"新宗教运动"的神秘主义潮流相呼应，不断进行干扰，颠倒真假是非，危害社会安定，其最突出的表现，是给群众性健身活动的"气功"加以开发种种"神功"的职能，把歇斯底里的大发作，当作这种神功有效的"实践"证明；致令一些江湖骗子、神汉巫婆，自封为什么"大师"、"宗师"、"高功夫师"等等，堂而皇之地走上了我们的新闻媒体和出版物，走进了我们某些科研单位和高等院校，受到了某些"科学家"、"文学家"、"教授"、"学者"的支持和鼓吹。从"神功"灭火到"神功"指导卫星发射，轰动域外的丑闻就发生过多起，至于算命打卦、测字、看风水，迷信数的吉凶，几乎成为某些建筑行业和企事业的例行公事。由此形成两种冲击颇强的势力，其一在思想文化领域，反科学、反理性被视为一种"前卫"、"先锋"思潮，或者调侃科学和理性的无能，或抨击科学的罪恶和理性的有害，把西方的社会问题，转嫁到科学理性方面，提倡认识上的内省和直觉，精神上的恍惚和白日梦，力求用"东方神秘主义"取代国家的现代化。其二在社会层面，大力神化"大气功师"，促使以"神功"为信仰内容，以"宗师"崇拜为核心，以师徒关系为纽带的封建宗法团体纷然出世，以最最"科学"的名义作伪造假，妖言惑众，或骗财骗色，致人死残、家庭破裂，或破坏法制，制造事端。此二者，都起着损害人的身心健康，败坏国民素质的恶劣作用，对青少年一代为害尤甚，事涉民族前途，国家未来，当然不能等闲视之。

四、宗教信仰自由，是宪法赋予公民的权利，是依法治国的重要规定。我们坚定不移地维护这种权利，但必须作全面的理解。

西方争取宗教信仰的自由，是同资产阶级革命同步兴起的，是启蒙运动，包括无神论在内，反对一神教黑暗统治的一项胜利成果。它促进了政教的分离，也把科学、哲学和文艺创作从神学中解放出来，使教育摆脱了宗教的控制，宗教信仰问题由此变成了公民个人的私事。也就是说，宗教信仰自由，不但指公民有信教的自由，有在多种宗教信仰中自愿取舍的自由，而且也有不信教的自由，宣传无神论的自由。从历史上看，宗教信仰自由更多的是维护公民不受宗教组织和宗教思想的羁绊，以便于个性独立，个人全面发展，以及自由参与全部社会文化活动的一种权利。现在国外有些势力，把这种权利作了与历史事实完全相反的解释，图谋用宗教重新把人钳制起来，服从某些势力别有用心的操作。这是一种倒退，不能掉以轻心。

马克思主义政党是建立在辩证唯物论和历史唯物论基础上的先进组织，它的世界观，它的指导思想，它的组织原则，要求它的党员必须是无神论者，尽管《党章》没有这种硬性规定，特许者例外。

一个共产党员，尤其是党的干部，求神拜佛，或参加某种宗教团体，是违背党的马克思主义理论基础的行为，是党纪所不许。在这里，宗教信仰问题，不属于个人私事。但是，这种规定或要求，绝对不适用普通公民，不适用于共产党以外的任何人，包括非党的科技人员和教育工作者。非党公民的宗教信仰问题，只接受宪法和法律的规范。宗教信仰自由的民主权利同宪法规定的其他民主权利一样，都是神圣的、不可侵犯的。不论用什么手段，干涉普通公民信教或不信教，或改信他教，都没有宪法根据，都是不合法或违法的。任何公民一旦宗教信仰自由的权利受到侵犯，也应该同其他公民权利受到侵犯一样，诉诸国法，从法律中寻求保护。同样，借口宗教信仰问题扰乱公共秩序，也是触犯了国家法律。我们正在从事民主法制的建设，我们每个公民都享受它带来的权利，也应该接受这方面的约束。

我们是一个多民族、多种宗教信仰并存的国家，有多神主义和无神论共生的历史文化传统。现有的五大宗教，土生土长的只有道教一家。汉唐以来，佛教、伊斯兰教和天主教、基督教等先后传进我国，以各自的特色融入我们的社会，活跃和丰富我们民族的文化和精神生活。事实上，所有这些宗教，包括道教和其他信仰形态，都与占统治地位的儒家观念发生过冲突，各宗教之间也矛盾不断；至于"神灭"和"神不灭"，有"鬼"论和无"鬼"论的论战，历代都有发生。但从总体上说，不同信仰都是融合在一个大的共同的体内，相互承认甚至相互学习、相互吸收。历史上所谓"三教合一"，就反映了这种趋向，因此，在我们国家没有像西方曾经有过的那类宗教排斥、宗教仇视、宗教迫害和宗教战争。这是一项最优秀的传统，史称和而不同、不同而合。

中国传统具有宽容和兼容的精神，宗教信仰自由不成为一个社会问题，因而也不像西方那样成为民主革命最重要的思想任务。

然而这不是说现在什么问题都没有了。近代史上的"教案"事件，即帝国主义向中国强行推销基督宗教所引发的文化冲突以及在我们国内制造的所谓"吃教"与"仇教"的冲突，就是我们至今也不应该忘记的教训。基督教要占领中国，是一再公开宣示的计划，从 19 世纪中期到今天，从来没有停止过它的实施。这是一种宗教文化侵略，与正常的宗教传播和民众的自由选择有根本性质的区别。中国的教徒，绝大多数是爱国的，他们同全国人民一样地参加反帝反封建主义和建设新中国的各项活动，他们发起三自爱国运动，吸引更多的信徒参与，在推动社会进步事业上有着独特的作用，他们的信仰当然应该受到尊重，他们爱国爱教的行动，应该得到声援。我们的少数兄弟民族同汉民族一样，大都有自己传统的文化习俗和宗教信仰，随着历史的发展和社会的进步，必然会与其他民族的文化交流，取长补短，以至推陈出新。但这都应该是各民族自己的事，依靠本民族自己处理。因此，在对待少数民族宗教问题上，必须持谨慎的、负责的态度，需要更多的理解和尊重。但是，任何一种具体的宗教形态都有自己的历史，没有哪个民族先天必定要信仰某种宗教，也没有哪种宗教只能归某个民族信仰，尤其是对世界性宗教而言，更是如此。也就是说，我们不能把宗教同民族混为一事，宗教是后天给予的，民族是与生俱在的；所以宗教信仰可以自由选择，民族没有选择的自由，而宗教信仰自由的民主权利，各个民族平等共享，没有例外。当今世界上发生的恶性事件，从恐怖活动、民族斗争到地区战争，几乎很少不与宗教信仰问题有联系；一些政治势力，煽动宗教情绪，挑起民族仇恨，以达到他们另外的目的，是一种相当普遍的现象。我们从事无神论宣传，要提请公众注意，保持警惕，要力所能及地揭示真相。

五、在《科学与无神论》杂志中，我们将适量地介绍一些宗教知识，说明神是人造的，宗教是一种社会历史现象，但更多地要结合破除神鬼迷信，进行科普宣传。因此，我们确实需要社会科学与自然科学的联盟，并为促进这种联盟而努力。哲学在这方面起着独特的作用，它既可以为鬼神辩护，也有能力培育科学的世界观。我们希望有更多的哲学工作者，在培植科学世界观方面充分发挥作用。我们的刊物需要多方面的关照和支持。

从人类的全部发展史看，宗教的存在，有神论的存在，将是持久的、长期的。但从具体的文明趋向看，科学的每一进步，都会使宗教活动的地盘缩小一些；在科学与宗教发生冲突的地方，一般是宗教有神论向科学无神论让步，神学从科学求解，这可以说是一条规律。在振兴中华、实施科教兴国战略中，无神论者与宗教界的仁人志士联合在一起，为反对种种反科学、伪科学的言行，为破除愚昧迷信、击退封建沉渣的猖獗而共同努力。在民主革命阶段，在新中国初期，马克思主义无神论者与宗教界就有过这方面的良好合作。

（原载《科学与无神论》1999 年 9 月创刊号）

《科学与无神论》创办三周年的回顾与展望

一

我们的杂志是在一个颇为特殊的社会背景下，由中央领导直接关怀创办起来的。《试刊号》在 1999 年 8 月出版，同年 9 月 18 日出版《创刊号》。我们为这份杂志制定的宗旨是四句话："宣传科学精神，开展无神论教育，维护公民宗教信仰自由权利，推动科教兴国战略实施。"在这里，我想略作解释。

这四句话的前两句，是标明这份杂志特性的，即用科学精神开展无神论的宣传教育。如众所知，无神论不是什么新思潮，而是与有神论共存的、有悠久历史的思想传统。在某些宗教文化和宗教氛围占统治地位的社会，有些人视无神论为粗鄙邪恶，把无神论者看做没有道德的人；西方的黑暗时代，更把无神论者与罪犯等同，宗教裁判所的第一等任务就是审判和残害无神论者。一些先进的学者如洛克辈，也曾经呼唤"宗教宽容"，但宽容的范围，也只限于异教徒；对于无神论，对不起，还是不能宽容。当然，随着科学的发展和文艺复兴运动的深层开拓，无神论既作为科学发展的同伴，又作为社会进步的思想要求，最终从中世纪的禁锢里独立出来，与人本主义运动一起，变成了反封建主义的理论武器；到 18 世纪的法国启蒙学者，达到一个新的高度，因此获得了"战斗无神论"的称誉。时下出版的《简明不列颠百科全书》就定义说，"无神论是文明和思考的成果"。马克思主义的无神论无疑吸取了这些"文明和思考"的优秀成果，更把它建立在一个全新的哲学基础上，那就是辩证唯物论和历史唯物论。离开这一哲学基础，妄谈马克思主义的无神论，就像妄谈马克思主义的宗教观而不谈无神论一样，都是极大的片面。

应该说明，我们杂志宣传的科学无神论还远没有达到马克思主义的哲学高度和历史深度。我们宣传的科学无神论，着重的是从一般的科学知识、科学方法、科学思想和科学精神出发，为我们国家当前实施的"科教兴国"战略服务；我们曾经讲过，我们要努力把这份刊物办成效劳于"科教兴国"的马前卒，同心同德，别无目的。这也就是我们宗旨中第四句话所表达的意思。我们之所以称我们的无神论为科学无神论，主要原因也在这里，也能比较准确地反映我们当代无神论的时代特征。

为了避免把无神论宣传看成是针对宗教和信教群众的，我们在宗旨中特别写上了第三句话："维护公民宗教信仰自由权利"。对于这句话，创刊号的《创刊词》还作了专门的解释："宗教信仰自由，是宪法赋予公民的民主权利。在我们这样一个多民族、多种宗教信仰并存的统一大国，从法制上保障公民在信仰上的充分自觉自愿，是实现民族团结、国家统一的重要条件。我们主张互相尊重，依法行事，为中华民族的繁荣富强团结起来，各尽其能。"尽管我们一而再、再而三地阐述我们这一宗旨，也从来没有向任何宗教团体、宗教场合和信教人士发行过我们的杂志，但误解依然很多，这说明我们还应该继续解释。

当然，我们特别提出维护公民宗教信仰自由权利，不仅仅为了消除我们某些信教同胞可能产生的误解，也表示有责任研究和宣传宗教信仰自由的全面含义，把宗教信仰问题和宗教行为，纳入民主法制轨道。如何做到依法行使宗教信仰自由的公民权利和依法管理宗教的社会行为，是我国民主法制建设中的大事，是依法治国的大事，我们也应该参与探讨，做出我们的努力，哪怕是如何的微不足道。

二

《科学与无神论》是双月刊，加上一个《试刊号》和一个《专号》，三年来总共编辑出版了 22 期，约 180 万字。大体组织和发表了这样一些稿件：

首先是揭批法轮功，协助做法轮功痴迷者的思想转化工作。我们的专号，就是专为揭批法轮功出的；此后的每期，都有这方面的文章。重点在说理，以理服人。与此同时，介绍了一些古今中外的迷信事件，作为法轮功的注解和深入认识的参照。

法轮功不是一个孤立的非法组织，也不是突然成势。它是在以宣扬神异奇迹为核心，竞相组织跨地区、跨国界的气功团体热中涌现出来的最猖狂最反动的一个。

追究这种气功团体热，我们特别注意的是形成它们的那股强大的思潮。这股思潮，在海外被称作"中国新世纪"，倡导者自称"人体特异功能"，亦即"人体科学"。这是近20年来我国出现的最大的伪科学，支撑着当代最愚昧的迷信。它自上而下，波及我们的最高科研单位和最高学府，卷进了大批教授学者，受到不少高级领导的赞赏，以及某些从事马克思主义和毛泽东思想研究的学者和领导者的支持。一时间乌烟瘴气，真不知当今域中是谁家的天下！

由特异功能唤起的各路大师及其弟子群，其实也是封建会道门的变形。如果不把特异功能这个是非问题辨清，就会持续地伤害我们民族的精神。

特异功能的主导思想，是浓重的反科学、非理性，宣扬教主崇拜，信仰神秘主义。我们有些学者把神秘主义当成我们的国粹，大加渲染，俨然成了世界未来的"曙光"。这是对我们传统文化的严重歪曲，对青年的严重误导，必须加以澄清。

特异功能涉及许多科学和哲学问题，与知识水平和认识水平有关。这类问题不能用行政手段解决，也不应该用行政手段解决，我们提倡争鸣，提倡辩论，采取讨论的方式：对事不对人，坚持真理，修正错误，不要动辄拿"左"右的帽子堵人的嘴，更不要流氓式的攻击和谩骂。

我们杂志的相当篇幅，用在讨论和分析特异功能的问题上，原因就在于此。法轮功事件给我们的教训实在是太惨重了。如果我们不能认真总结，糊里糊涂过去，对人、对己、对国家，都是不负责任的。近数期我们连续刊登了《二十年来辨是非》的大事记，可能有许多漏失和不全面的地方，但事实是可靠的，经得住历史的拷问，目的则在提醒：教训千万不可忘记。

三

也有不少人在总结这次法轮功事件。其中一种总结的主要结论是，因为"正教"即宗教没有得到足够的发展。如果"宗教"的发展充分了，邪教就不会乘虚而入。然而美国如何？日本如何？欧洲如何？那些震动全球的邪教惨案不是首先发生在这些宗教充足的国度？

也有人提出，中国历代王朝都利用宗教稳定社会，教化民众，共产党已经是一个执政党，为什么不可以"与时俱进"，也起用宗教的社会功能？从历史上说，我们就有"神道设教"的思想传统，为什么不加以继承？对于这个问题，我们要特别提醒人们，千万不要忘记我们所处的时代，不要忘记我们党的性质和宗旨，不要忘记，共产党不是封建皇帝。

还有人说，宗教都是让人学好、教人行善的。信了教，道德就高尚，犯罪的就少。我们不否认信教者确有许多道德高尚人士，但是不信教者的道德状况绝不低于信教者。道德状况，与信教与否，没有必然联系。过去和现在都有政教合一或宗教占统治地位的民族和国家，那里的道德和社会状况又如何呢？

西方学术界流行一种观点，认为宗教和科学对抗的时代结束了，宗教现在成了科学的朋友，甚至说宗教从来就是发展科学的动力。但是他们很少分析，宗教现在为什么不再和科学对抗了？在科学家中，究竟有多少人信教？信的是什么样的教？

诸如此类观点，都需要我们参与讨论。这是原先刊物初创时未曾完全想到的。

四

科学无神论有自己的社会责任，不是专对宗教信仰者说话的。我们宣传教育的重点，是青少年。他们是我们的未来。我们认为，帮助青少年树立科学的世界观，是素质教育的核心和灵魂。我们和北京市教育界一起，开展过一系列的活动。这些活动今后还要坚持下去，并且希望推广到更大的范围。

江泽民同志在十六大报告中，要求"弘扬科学精神"，要"在全社会形成崇尚科学、鼓励创新、反对迷信和伪科学的良好氛围"。报告还要求"防范和惩治邪教组织的犯罪活动"，"全面贯彻党的宗教信仰自由政策"。作为全国唯一的以宣传科学无神论为宗旨的刊物，将按照十六大的指示精神，继续努力。

（原载《科学与无神论》2003 年第 1 期）

关于科学无神论学科建设的若干意见

——在中国无神论学会 2008 年学术年会上的发言

无神论越来越受到学术界的关注，科学无神论的学科建设已迫在眉睫。本文分析了国内外关于无神论问题的发展形势，提出该学科的建设具有非常重要的意义。本文还对学科建设的有关研究领域与课题提出了建设性意见。

2009 年的冬天，人间似乎格外寒冷。郁积已久的金融危机使所有的传播媒体几乎都充斥着"救助"、"裁员"、"破产"、"倒闭"之类的字眼。华尔街这座人们眼中的金山银海，突然崩塌和呼啸起来。塌落的不仅是股票的面值，还有人们对建造这座金山的制度的信心，对经管这座金山的人们的信任。因为在银海呼啸的浪潮里，翻出了以往被掩盖的腐朽：圣贤原是骗子，英雄乃是罪犯。

"救助"这个词使我们想起了对于一个相当庞大的信仰人群十分熟悉的概念，那就是"救赎"。而所谓"救赎"，乃是上帝，更准确地说是 God，拯救大家，拯救整个人类。但是在这人类处处都需要拯救的时候，却没有听到 God 上帝的声音。被宣称为爱的化身，爱的源泉的上帝 God，如果存在的话，为何对人类的灾难如此的无动于衷？记得数年前印度洋大海啸的时候，连英国圣公会的大主教也对 God 上帝发出了质疑。在这席卷全球的金融海啸面前，人们又能看到、又能想到什么呢？人们看到，实行拯救的，是各国政府。不论这些拯救的效果如何，人们都应该想到，要拯救人类的灾难，创造人类的幸福，只有靠人类自己。

不过在这寒气袭人的时候，也还是有一些暖意。在遥远的西欧，马克思的著作又在畅销；在近邻日本，小林多喜二的小说又大受青睐。而在我们自己的国土上，社会主义中国的经济虽然也不免寒潮的侵袭，但似乎只要加点"衣服"即可，远没有"饥寒交迫"之忧。面对这样的现实，人们应该会想得更多，更远。我们所盼望的，就是人类不要像寒号鸟那样，在濒临冻死的时候才想到做窝。我们也相信，人类一定能创造出一个没有所谓金融海啸、经济危机的世界。

仅以此作为本刊 2009 年新年献词。

一   关于无神论问题的发展形势

无神论越来越受到学术界的关注，这次年会出席的人这么多，论文这么多，就是一个例证；但与有神论比较，依旧是势弱音低，仅基督教宣教的出版物，就令我们目不暇接。总结多年经验，主要原因是有"宗教学科"而没有"无神论学科"；以致无神论缺乏相应的学术队伍，没有专门的研究和教学机构，也不能培养研究生——在有神论遍地开花结果的状况下，无神论近乎一门"绝学"，到了再也不能拖下去的地步了。我们希望通过年会学者的呼吁，也要从组织上强化无神论的声音，争取应有而且异常需要的话语权。

二   建设科学无神论学科的理由

为什么要把无神论建成一个学科？一是，因为当前国内外某些文化人提出种种有神论问题，涉及的方面非常多，必须从科学无神论的角度给以审视和研究。二是，当前所谓"宗教学"研究拒绝无神论研究，一些号称马克思主义和马克思主义宗教观的研究，回避无神论。三是，宗教信仰问题越来越被赋予意识形态的意义，越来越被政治化。对许多有关的重大问题，如果不能从科学无神论角度给以必要的理论回应，将会造成严重的后果。我这里举几个例子：1. 对当代国际和国内宗教发展形势及其社会效用的评估；2. 关于美国"国际宗教自由法案"及其政治影响，尤其是对中国宗教研究的政治化倾向的评估；3. 对于宗教和"神学"进入公立大学和研究机构的合法性及其对教育和学术的影响的评估；4. 从"文化基督徒"到"家庭聚会"这类现象的考察；5. 境外宗教渗透和国内宗教动态、舆论趋向的关联性考察；6. 关于中国传统文化与近现代革命问题的评估；7. 关于宗教在所谓"公共价值"和建设社会主义核心价值体系中的地位和作用问题；8. 有关特异功能和邪教、迷信等理论根源的探索，如此等等。四是，科学无神论需要自身的学术建设，有许多正面的课题需要启动，包括：1. 马克思主义及其政党有关宗教和无神论的基本理论和基本政策的阐释和研究；2. 对于无神论的产生和发展的规律性与历史地位研究；3. 对当前国外无神论思潮的译介与研究；4. 无神论同宗教、科学以及与社会发展、生活方式、世界观、价值观和思维方式上的关系；5. 科学无神论在科学社会主义运动、建设社会主义核心价值体系以及党的建设中的地位和作用，如此等等，既有学术意义，也有现实意义，作为一个独立的学科，可以大大推动和丰富我们建设有中国特色社会主义的文化内容。

三　科学无神论学科建设的工作

我们不能消极等待。有几个事是我们当前就应该做的：

第一，推动社会科学与自然科学在研究和宣传无神论上联盟。历史上，无神论总是追随科学的发展而不断提升自己的理论水平的，而无神论则为科学发展提供世界观和合理性上的支持，它们是天然的同盟军。当前，科学逼使宗教让步、和好、贴靠，这是大趋势，但仍有些怪论，最新流行的有三：

1. 宗教与科学并行不悖，此名互补论；2. 宗教是科学产生和发展的文化基础，没有基督教就没有科学，此名宗教决定论；3. 进化论只是一种假说，并不能否定《圣经》的创世说，此名神创论。此外，还有一种叫做科学罪恶论的，认为近现代的一切重大罪恶，从战争到生态失衡，都是源于科学，这是"后现代"思潮的论调之一。科学可以完全不理睬宗教的态度和观点，它按照自己的规律只管走自己的路；但作为科学家、科普工作者就不一样了，他们有责任向社会，向人民大众宣传科学成果，捍卫科学精神，揭露一切形式的伪科学。现在我们与科普界的关系比较密切（科普研究所、反邪教协会、科普作家协会），但学术上的切磋还远远不够，希望今后有更好的联系。

第二，中国传统文化是境外宗教渗透的天然屏障，往往成为他们公开攻击和歪曲的主要靶标，但我们在理论的应对上相对薄弱，争取在这个领域能有更多的合作伙伴。

第三，网络是现代最具影响力的大众媒体，应该得到足够充分的运用，希望今后加强与国内和国外的网络联系与合作：1.及时了解有关舆论信息；2.更有效地传播科学无神论的理念；3.组织与推动有关科普工作与无神论的研究；4.发现与培养科学无神论人才。

实际上，有多方面的学者和朋友关心我们民族的科学文化素质问题，关心我们"科教兴国"事业，因而也很支持科学无神论的活动。老中青三代中，都有人给我们以指导、监督和帮助，期盼我们把科学无神论的事情做得更好；我们的绝大多数信息，包括国内外无神论的最新动向和重大的宗教动态，从政治到学术，都是一些熟悉的甚或不熟悉的朋友自发供给的，一些来稿，也是我们的一个信息渠道。所有这些同志和朋友，都是出乎道义、社会责任和共同的理念，自愿自觉来做这项工作——在这里，我代表无神论学会和《科学与无神论》杂志社，对他们表示诚心诚意的感谢；借此机会，也对长期兼职我们杂志社的工作，坚持这块难得的阵地，为不断提高质量、无怨无悔而奋斗的同事们，表达内心的敬意和谢意。

我们希望在中国特色社会主义旗帜下，一切有志于推动科教兴国战略的实施，维护公民宗教信仰自由的权利，为提高全民科学文化素质，争取建立和发展马克思主义无神论学科的同志们和朋友们联合起来，取得日益丰富的学术成果！

（原载《科学与无神论》2009 年第 1 期）

一届联系实际　思想开阔的学术聚会

——记中国无神论学会 2010 年年会暨科学无神论的
理论与实践研讨会

　　由中国无神论学会、中国社会科学院科学与无神论研究中心与新疆社会科学院、新疆师范大学联合主办的中国无神论 2010 年年会暨科学无神论的理论与实践研讨会于 6 月 25—27 日在神话般的乌鲁木齐昆仑宾馆举行。除主办单位之外，与会的还有自治区党委宣传部、区党委政研室、教育厅、区民宗委、喀什师范学院、新疆农业大学、石河子大学、新疆生产建设兵团党委党校、中国社会科学院马克思主义研究院、中国社会科学院世界宗教研究所、中国社会科学院网络中心、中央文献研究室、国家宗教局研究中心、中国国际友谊促进会、北京师范大学、北京科技大学、上海师范大学、浙江师范大学、杭州师范大学、南京政治大学、华侨大学、河北社会科学院、河北师范大学、青海民族大学、青海市委党校、东莞理工学院、上饶市委党校、上饶师范学院的 70 余位学者。会议由自治区党委宣传部副部长阿地力·哈力克同志致欢迎词，新疆师大副校长蔡红生、中国无神论学会秘书长习五一、中国社科院马克思主义研究院党委书记侯惠勤先后致辞。

　　这次年会的学术特色很鲜明：听取新疆学者关于在少数民族地区研究科学无神论和进行科学无神论宣传教育取得的成果和经验，探讨如何在国家教育体系和科研机构全面贯彻宗教信仰自由政策，坚持教育与宗教相分离的法制原则，以及在当前强化科学无神论的地位和作用，抵御和反对宗教有神论非法进入教室校园和公共学术领域。对适用新时期需要、反映新时代特征的科学无神论的学科建设给予热切的期盼。新疆农业大学依里合木·牙生副教授在《当前高校少数民族大学生信仰宗教成因及对策研究》的发言中呼吁："近几年，来自边远贫困乡村的少数民族学生从事宗教活动的人数有所增加，干扰了学校正常的教育、教学秩序。因此我们应当正视少数民族大学生中的宗教信仰现象，对信教的学生进行分析，热情的关心、爱护、教育他们。"喀什师范学院教授戚甫娟教授在《多民族多宗教地区开展无神论思想宣传教育》中指出，全疆 47 个民族，东西方不同文明的多种宗教汇集在这儿，如何促进多种思想文化的和谐共处，各民族共同繁荣，科学无神论负有义不容辞的责任；而国外渗透及宗教极端势力、民族分裂势力和邪教势力的猖獗，更加提高了对无神论研究和宣传教育在针对性、科学性和说服力等方面的要求。此中的一个关键性环节，就是要把"以神为本"的宗教观念转变到"以人为本"的社会主义价值体系中，用建设人间天堂的实践，取代死后世界的虚幻。她说："以人为本的无神论教育必须关注多民族多宗教信仰地区的经济发展、关注信教群众的生活水平的提高。各民族从国家的经济和社会进步中得到实际的利益，就能对自己所属的国家更充满自豪感、优越感，增强对国家的归属意识、对国家政治体制的认同"，也就"能在复杂的多层次的内心体验和情感冲突中取得指导性、支配性的地位"。

对于国家许多大学中容忍宗教传教和信教活动的状况，引起与会学者的普遍关切。有关这方面的发言有北师大李志英教授的《北京高校大学生家庭教会信徒情况调查》、杭州师大王康教授的《大学生基督徒宗教认同的调查和分析》、浙江师大苏亚玲副教授及广州中医药大学助教的《大学生宗教信仰现状调查与分析》、北京科技大学讲师徐鸿业的《大学生信仰宗教的心理过程——兼论当前我国高校无神论教育的不足》，新疆师范大学资深教授兼宗教与民族研究所所长李建生的《新疆高校大学生党员宗教观现状的调查和分析》等。其中北京科技大学教授左鹏的《宗教向高校渗透的隐性形式：文化宣教》，特别指出："在境外敌对势力主导的向高校的宗教渗透中，文化宣教已成为一种隐性形式。一些宗教团体和非政府组织打出'学术交流'的旗帜，资助国内一些高校和研究机构的学者建构教会之外的'文化神学'，翻译出版以宣教为宗旨的图书，以'请进来'、'走出去'的方式举办带有宣教性质的研讨班，开设'知识性'、'学术性'

的宗教课程和讲座，此类文化宣教，同教育与宗教相分离的原则相悖，是境外敌对势力同我争夺大学生的重要举措"。

相对于种种有神论在文化教育领域里的活跃和发展势头，科学无神论势弱力微到了不成比例的地步，不仅与我们国家的文化传统和社会性质不相适应，也与西方发达国家的文明历史与进步趋向迥异，由此引发的许多非常事件和社会问题令人痛心。谈到这些，难免情感激动。浙江师大陈永胜教授于去年中国无神论学会上海年会上就表示，西方心理学基本上是被唯心主义神学控制的，对新兴的中国心理学的健康成长有负面影响，他立志要在中国建立马克思主义心理学派，似乎首先从清理影响我国比较深远的弗洛伊德精神分析学派着手——包括对"人体特异功能"颇具支持力度的荣格，以及此次提供的《弗洛姆的人本精神分析心理观探析》，都有这种积极的倾向。这番事业，令人振奋。上海师范大学王建平教授在《关于无神论教育与宗教信仰关系的几点思考》的发言中则表现了一种长期被压抑的真情宣泄："宗教力量在过去的三十年来呈现强劲的反弹趋势，发展和上升很快。在这样的环境中，宣传无神论思想，坚持无神论教育，需要极大的勇气和毅力，需要超俗的和蔑视腐朽与邪恶的志气"，这也是中国特色社会主义事业面临巨大挑战。根据他的分析，科学无神论的正气下降，宗教有神论反而得势，与执政党脱离劳动人民群众，反腐倡廉的力度不足，从而影响了自己的政治威信和执政能力有密切关系。"由于经济利益和政治利益的驱使，党的某些干部与宗教保持着一种若即若离的暧昧关系，使得无神论教育无法成为思想意识形态教育中的主旋律"。而"学术界的无序状态及缺乏公平竞争机制，导致了教宗教学的反而成了宗教的吹鼓手"，使我们今天的一些大学和研究机构的系所，既不像纯粹的神学院，也不是完全世俗性的系所，于是变相成了宗教与学术联手的"宣教二重唱或大合唱"。他认为，长此下去，后果难以预料。他期望"我党我国能够出现一股强劲的端正党风和社会风气的大规模的变革，扫除一切不正之风及腐败风气"。他把宗教有神论在文化教育领域的泛滥与科学无神论之被贬斥，视为党风腐败的一种表现，所以要从根本上扭转形势，也应该从整顿党风着手——把依靠人民群众的历史观和为人民服务的宗旨，落到实处。

　　应该说，新疆教育界和学术界在无神论研究和宣传教育方面是走在全国前列的。2000 年中共新疆维吾尔自治区党委宣传部主编了《干部无神论读本》；同年，自治区党委高校工作委员会和新疆维吾尔自治区教育委员会联合组编了《坚持教育与宗教相分离——坚决抵制宗教对学校的渗透和影响》，2002 年又在自治区教工委和教育厅组织指导下，由李建生任主编、田文任副主编撰写出版了《科学无神论教程》——它们均作为教育系统进行马克思主义宗教观和无神论教育的参考教材。经过 10 余年的事实检验，它们在解放思想、消除人对"神"的依赖和启发"人"的聪明才智方面起了积极作用；在维护社会稳定和民族团结的大局中，远胜于忽略这方面宣传教育的大学，由此带出一批坚定的、有相当理论素养的科学无神论者，并成为贯彻党的宗教政策和民族政策的模范。他们在异常艰苦条件下作出了有学术价值和社会价值的成就，令与会学者受到很大的激励。内地同志向他们致敬！

　　会后，新疆的同志带领大家参观了乌鲁木齐二道桥国际大巴扎和山西巷民俗一条街，晚上新疆社科院院长和党委书记吴福环及阿布杜热扎克·帖木儿在天山君邦宴会厅招待全体与会人员——大巴扎的商品丰富多彩，举目全是地区和民族特色的物件。各族顾客，男女老幼，熙熙攘攘，与穿着各色绮丽服装的各族货摊老板的叫卖声和讨价还价声，打成一片色声交织、生机盎然的祥和繁华景象。人们都说新疆是个好地方，不仅自然风光好，新疆的人更好；不仅现在好，未来会更好。祝福新疆各族人民团结前进，好上加好。

（原载《科学与无神论》2010 年第 4 期，署名文丁）

科学无神论和它的社会责任

科学无神论不是反宗教的，而是贯彻宗教信仰自由的；科学无神论不但是一种世界观和思维方式，而且也是一种人生态度和生活方式；科学无神论是马克思主义宗教观的基石和起点，与科学社会主义有血肉联系。它服从和服务于工人阶级政党的历史使命和国家的整体任务，着重为"科教兴国"贡献力量，让社会摆脱愚昧迷信的负担，家家过上健康和谐幸福的生活，每个人得到独立自由而全面的发展。

近数十年来，无神论的名声不佳，科学无神论也屡屡遭到攻击，而且往往还带有政治情感的色彩——这不是来自宗教界，而是出自学界甚或政界的某些人物。借着这次在新疆举办中国无神论学会年会的机会，我想谈谈这个问题，是否得当，希望专家学者教正。

抨击者列举无神论的罪名大致有三条，一是"文革""极左"的遗绪；二是破坏社会的和谐；三是反对宗教信仰自由的政策。这些罪名都可以在政治上置人于死地，可本文并不想从辩诬的角度去做回应——因为提出这类罪名背后隐含的是相关知识的缺失，以及对不同意见惯于使用政治帽子的习惯性思维；在学术讨论中，这两条都是消极的、败坏风气的因素，应该避免。至于某些号称也要研究马克思主义宗教观的学者，竟然与无神论不共戴天，那就更值得探讨了。

一　无神论是劳动和人性自觉的产物，是人类文明和思考的成果

首先要弄清什么是无神论。顾名思义，无神论就是实事求是，认为世

界上没有神、鬼和天堂、地狱以及其他任何超自然的力量实际存在；人的命运掌握在人自身的手里。这是事实，也是真理，不应该讲或不可以讲么？

有学者说，无神论没有学问；只有没有学问的人才讲无神论。这话有一定的道理。因为无神论道出的就是这样一个非常简单的事实。相反，有神论必须是"有学问"的，因为它要把本来没有的东西说成是有的，而且还要说成普通大众都应该归命的神圣，没有"学问"确实不成。譬如论证上帝的存在（本体论、宇宙论、目的论之类），写过多少文章，出版过多少图书？描述神的性能（真善美、爱及全知全能之类）的又有多少论著？进一步说明神与人的关系（三位一体、原罪与救赎，以及信神者上天堂、不信者下地狱之类），特别是神与社会，包括政治、科学、伦理以至价值观的出版物又有多少？从西方到中国，从古至今，恐怕几个图书馆也装不下。然而大家也都清楚：这种学问叫做"神学"，为了避免大众对神的嫌弃，现在又美其名曰"宗教学"或称为"学术神学"，而且据称已经成为当代中国"学界"中的"显学"了。

为什么讲，说无神论者没有学问也有道理？现在好多学者争着说，宗教的诞生几乎与人类的文明同源，以此说明有神论的源远流长，是个宝，动不得。那无神论呢？劳动创造人；人之所以脱离动物而成为人，始于能够制造和使用工具的劳动。据此，一旦劳动成为人类生存和发展的保障和动力，同时就意味对神造人和神造物的否定，也就意味着无神论的产生；生产劳动就成了无神论得以成立的第一个证明。至于男女相恋，交媾生子，人类由之得以延续，则成了无神论出自人的本性的另一个证明。"食色性也"，人性自身把无神论牢牢地系在生命的深处，任何人都无法摆脱。世界三大宗教都有禁欲主义的教义，因为正是"食色性也"制造了宗教信仰的原始障碍，而其结果，没有一种宗教实行得彻底。最近天主教教皇遇上大麻烦，他因为隐瞒和包庇神职人员虐童的丑闻，闹到英国的无神论者要以"反人类罪"公开起诉他，而虐童就是禁欲主义教义违反人性的恶果之一，这种情况读读《十日谈》这一名著，看看《巴黎圣母院》的电影，就会增加些形象化的印象。更直观一些，婴儿一出生，他（她）的小嘴就要找妈妈的奶吃，而不是去寻求神赐，这是日常最能感知的现象了。这样，不需要理论的论证，也不需要什么学问，只要神经正常，没有人会等着天上掉馅饼，也没有哪位处女不受精即能怀孕或求助观世音即能送子入怀。就此而言，大家都是无神论者，我们称这种无神论为自发的或本能的无神论——它存在于世俗的一切生活领域，而且贯穿于人的一生。

如此看来，宗教并不是人类的本然需求，有神论是被强加给人类头上的一种负担，一副枷锁。问题是，它的依据是否真实，它的存在是否合理，这种没有客观依据而又不合理的东西是怎样产生的，以及如何强加给人们而人们又自愿或不得不接受？这类问题需要回答，于是就有了自觉的无神论——即针对有神论、与有神论对立的无神论产生了。自觉的无神论担负的使命，是揭露和批判有神论的荒诞，驳斥神学的谬误，说明宗教鬼神论的根源以及战胜有神论的途径。可以说，它从宗教的诞生那天起就产生了。自觉的无神论的历史与宗教形成和发展的历史是同步的。从这个意义上说，无神论又是一门很大的学问，它要驳倒一切鬼神论，并揭示其诸多组织形态的历史与功能，与此同时，还要阐明无神论的科学与哲学以及人类实践的依据，甚至要表明无神论和非宗教的思维方式和生活方式的特征，因此论及的范围远比神学广泛，而思想更有深度。《大不列颠百科全书》对"无神论"的解释是：无神论是人类"文明和思考的成果"，——这应该是在大量科学研究的基础上作出的准确判断，是客观公正的：在无神论那里，体现着人类从野蛮到文明，由盲目到思考，从不完全的知向完全的知之无限发展的主要过程，以及人之作为人的基本精神，要把它的所有"成果"表达出来，没有足够的知识是不可能的。

就此而言，有神论和无神论涉及的仅是事实的真相问题，是孰更接近真理与孰更趋向谬误的问题，而与人的道德资质和政治趋向没有必然的联系。现在有些学者高调宣扬宗教的道德属性，认为信教就是行善的，以致提倡用宗教维护社会治安，协调人际关系，不符合历史也不符合现实的事实，逻辑上不通；同样，说无神论就是邪恶，无法无天，或一定表现为政治进步，同样不符合事实，逻辑不通——因为政治、道德与有无鬼神信仰是完全不同的领域。但是，一旦有神论被组织化，包括思想体系的构建和教会组织的确立，情况就有了根本性变化，它被进一步赋予了意识形态的意义，具有了社会的性能。单纯的有神论属于宗教观念，只限于精神层面；作为组织化了的宗教，具有了社会教化的功能，形成社会团体，精神力量转化成了物质力量。

有神论之被精神和物质的双重组织化，促使无神论应对的内涵也复杂起来，大大超出了是谁道出了事实，是谁拥有真理的范围，而进一步涉及世界观、人生观、价值观体系以及道德、政治和社会、法律等几乎现实生活中所有领域。这种无神论，西方从文艺复兴起始，经启蒙运动而至青年黑格尔派，随着新兴资产阶级反对封建主义的神权政治和近代科学的大发展，达到了高潮。由于这个时期的无神论具有鲜明的反封建主义和批判神学的性质，人们一般称为"战斗无神论"；又由于它充分采用了当时的科学成果，以科学的精神和科学方法为武器，对科学发展起着推动作用，所以又被称作"科学无神论"。

二   无神论的种类和马克思主义无神论的特点

"无神论"这个概念是从西方输入的，特别是针对基督教有神论而言的。从传统上说，基督教只承认一个神，否定其他宗教所信奉的任何神祇，致使西方的无神论也具有了反一神论的特别性质。基督教独占西方思想文化领域的统治地位至少一千数百年，至今余绪未止。近20多年在美国的大力扶植下，又有重新发威的模样。因此，针对基督教的无神论思潮也历史延绵，彼伏此起，形式多样，内容丰富，诸如自然神论、泛神论、怀疑论、不可知论，甚至作为神学一支的唯名论，都成了无神论的变种。当前西方的无神论，一方面在捍卫科学，例如反对智能设计论，加强对宗教神秘主义经验的科学研究等；一方面是捍卫民主，坚持政教分离的宪法原则，既反对宗教走入学校，更反对将宗教用于战争动员或暴力借口。但最强势的力量，是社会的世俗化进程对人性理性化的召唤，有了所谓世俗人文主义和新无神论运动的兴起。我们也称这些无神论为"科学无神论"；他们的口号不是与宗教战斗，而是提倡非宗教的生活。他们认为非宗教的生活是依靠人自身的聪明才智去谋取人自身幸福生活，比依靠神等外力更突显人性，也更适应人的独立与自由的发展。

宽泛些说，马克思主义无神论也属于科学无神论范畴，但更彻底，更科学，是科学无神论的高级形式。就马克思本人言，他彻底摆脱家庭和学校的基督教统治，是在参加青年黑格尔左派运动，与黑格尔唯心主义哲学决裂的时期。恩格斯回忆当年的情况有这样一段话：

> 由于对现存宗教进行斗争的实际必要性，大批最坚定的青年黑格尔分子返回到英国和法国的唯物主义……这时，费尔巴哈的《基督教的本质》出版了……这部书的解放作用，只有亲身体验过的人才能想像得到。那时大家都很兴奋：我们一时都成了费尔巴哈派了。马克思曾经怎样热烈地欢迎这种新观点，而这种新观点又是如何强烈地影响了他（尽管还有批判性的保留意见），这可以从《神圣家族》中看出来。

这种新观点，就是人本主义的无神论——它把神造人的妄说颠倒过来，说明神是人造的；随之而来的就是整个世界观被翻了一个个儿。这是法国启蒙运动的最高成果，也是德国古典哲学的终结，接下去大家也都知道，马克思从对费尔巴哈抽象人本学的批判转向对人作为社会关系的总和之研究，特别是对唯物史观和剩余价值的发现，促使他从对宗教的批判和对无神论的阐述转向了对科学社会主义运动的创建与领导，从思想家而成为伟大的革命家。就此而言，马克思主义的宗教批判也从主要对封建主义批判转向主要对维护资本主义制度和资产阶级利益的基督教的批判，它的无神论融涵在它的整个理论体系和科学社会主义实践中。因此，我们可以说，没有离开马克思主义整体之外的什么马克思主义宗教观和无神论，谁若离开马克思主义整体侈谈之外的马克思主义宗教观和无神论，谁就在割裂马克思主义；同样，把马克思主义研究抽象化，有意地绕开马克思主义对宗教的批判，尤其是在马克思主义宗教观的阐述和研究中，驱除它的无神论世界观，那就是对马克思主义的卑鄙的阉割——我个人不认为马克思主义宗教观的实质是无神论，而是它的全部宗教观的基石和出发点，因为无神论只是它的宗教观的一个组成部分，或者一般属性，不是它独有的特质；正像阶级和阶级斗争学说不是马克思主义的发现，但却是科学社会主义的组成部分一样，谁企图从阶级社会中将阶级斗争割裂出去，谁就是动摇马克思主义的基石和出发点。

马克思主义无神论的特点是什么？首先，是从唯物史观出发，必须用历史说明宗教，不能用宗教说明历史，由此指明宗教产生的社会基础，挖了有神论的根柢，同时与片面夸大宗教的作用，将宗教泛文化化——用"文化"说明宗教和用宗教说明"文化"的文化主义划清了界限。其次，是剩余价值论对资本主义的分析，发现了社会主义运动的真正主体和动力，乃是代表先进生产力的无产阶级，由此把无神论纳入了科学社会主义运动，构成它的有机部分。最后，继承与发展人类在无神论思考方面的优秀成果，特别是科学不断作出的贡献，促使无神论不断丰富、充实和有说服力，同时为科学的持续发展扫除宗教神学的障碍。这样，马克思主义无神论就具有了三个最鲜明的特点：唯物史观的理论与科学社会主义运动的实践以及贯彻始终的科学精神。

列宁继承了马克思主义无神论，并做了重要发展。在实践上，这种无神论是对俄罗斯神权政治进行武器批判的思想武器，也是防范和肃清宗教对工人政党侵蚀的首要举措。在理论上，列宁特别从哲学基础上，即从唯物主义和辩证法认识论上对宗教的谬误进行了思维方法上的分析和批判，尤其是被基督教神学奉为哲学依据的柏拉图、亚里士多德和被近现代神学广泛利用的新康德主义，成为揭示宗教借以产生的认识论根源的首创，从而也发展了唯物辩证法的认识论。由于种种原因，列宁在这些方面的贡献几乎被完全排斥在"马克思主义宗教观"的视野之外，由此带来的损失使我们的研究显得贫困，缺乏更积极的建设性。为了引起大家的注意，我这里引一段列宁的话请大家思量：

> 人的认识不是直线（也不是沿着直线进行的），而是无限地近似于一串圆圈，近似于螺旋的曲线。这一曲线的任何一个片段、碎片、小段都能被变成（被片面地变成）独立的完整的直线，而这条直线能把人们（如果只见树木不见森林的话）引到泥坑里去，引到僧侣主义那里去（在那里统治阶级的阶级利益就会把它巩固起来）。直线性和片面性，死板和僵化，主观主义和主观盲目性，就是唯心主义的认识论根源。而僧侣主义（＝哲学唯心主义）当然有认识论的根源，它不

是没有根基的，它无疑地是一朵不结果实的花，然而却是生长在活生生的、结果实的、真实的、强大的、全能的、客观的、绝对的人类认识这棵活生生的树上的一朵不结果实的花。①

探究人如何正确思维而不犯或少犯错误，也是中国共产党最优秀的传统之一，它在保证我们正确认识中国历史和判断社会性质以及当前形势方面，曾起过巨大的，不可替代的作用。宗教神学的谬误，为研究人的认识之所以会犯错误，以及如何纠正这些错误以趋向正确的认识，提供了丰富的资料，列宁在同宗教迷雾的斗争中提出了这个任务，理应是马克思主义无神论研究中的当然课题。

中国历史上没有无神论这个名称，因为中国传统上是一个多神主义与无神论并存的国家。"以人为本"和"民为贵"是贯彻3000年历史的传统观念，造神与废神并行才是中国的宗教特色。将自觉的无神论提到哲学层面的，当从"气"与"道"两个概念的产生开始，它们完全排除了"天"以及"人天"观的神秘性一面；以致到了春秋战国，百家争鸣，没有宗教的独立地位。自汉魏以来有了土产的道教和外来的佛教，与儒家并列为三，鼎立而合流，形成鸦片战争之前相对稳定的文化结构。其中道教把"神仙"看作是"人"修炼的最高成就；佛教把"天神"列在世间众生行列，没有任何特权，即使最高果位的佛也是人人可及的"觉者"，而不是造物主；因此，我国从来不存在创世造人的神，不承认世界和人是什么神的创造物。传说中有开天辟地的盘古，有造人补天的女娲，但他们都是关于华夏祖先的神话，绝对不是信仰对象；远古也发过大洪水，治水救民的是大禹，不是上帝给予诺亚的方舟；火是燧人氏钻木的发明，不是普罗米修斯从天上宙斯那里偷下来的火种。传统文化重视的是人性，有人性善恶的长期争论，但绝不承认人先天有罪，也不会寻求救世主的救赎。正因如此，也就没有西方那样的神学和驳难神学的无神论。最古老的宗教行为是窥测天命或天运的占卜，推而广之是看骨相、面相、算八字，观天象、看风水之类的近乎巫觋而今被批判为愚昧迷信的部分，古代的反对者

---

① ［俄］列宁：《谈谈辩证法问题》，《列宁选集》第二卷，人民出版社1995年版，第557页。

名之为"疾虚妄";而真正具有理论意义的是佛教所倡"神不灭论",以及批判者的"神灭论"——此"神"仅指灵魂;魑魅魍魉之类的观念很普遍,统称"有鬼论",反对者即是"无鬼论";其他非法的偶像崇拜称为"淫祀",非法的宗教类组织名为"邪教",如此等等,都不属于西方无神论的概念。中国无神论概念的出现,与基督教的传入直接有关,首先使用者,当是章太炎的《无神论》,它的锋芒直指基督教等一神教;而后为陈独秀、胡适等"五四"人物所用,进一步将中国当时的"灵学"(相当今天的"特异功能")以及其他愚昧迷信也列入了有神论范围,用"无神论"一词连同一神教的"神"一起全部否定之。我们通常指谓的无神论,主要是沿袭"五四"的这一传统。

三　宗教的信仰内核及其意识形态和社会性质

人们在使用名词概念上往往比较模糊,有意或无意地用于解读和作文,差别可以很大,"宗教"这个词汇是其中之一。据说,国内外关于宗教的定义就多到不可胜数,最近李申同志还考察了它的词源,我这里只讲人们当下的三种理解。第一,是指宗教观念,包括鬼(灵魂)神(上帝)、彼岸世界(天堂地狱)以及超自然力量(风水八字、相面占卦、特异功能)等,这也是"有神论"涵盖的范围。第二,宗教行为,指宗教观念所表现的行为,诸如祭祀、祈祷、膜拜、仪式、节日以及与之有关的群体性行为,它们往往具有地方的和民族的特点,有些还转化成民俗。这两类"宗教"体现的是"信仰"自身,属纯粹的信仰范畴,或有文化意义,但不具意识形态和社会属性。就此而言,说宗教具有"群众性"、"民族性"或"长期性",到共产主义社会也不会消失,我不会反对,因为它们的产生,在很大程度上受制于心理、生理甚至病理的状况以及传统的风俗习惯的影响。第三,宗教观念和宗教行为被意识形态化和作为社会团体组织起来,则具有了完备的社会性能,也是完备意义上的"宗教",它受制于社会基础,服从社会变化的历史规律,有神论也就被赋予了其信仰之外的社会功能。综此大众语境下的三种宗教形态,均以有神论为共性,有神论是所有宗教的内核;像费尔巴哈的"爱"的宗教,现今的"道德"宗教，爱因斯坦驱逐了人格神和劝令牧师改作教师的宗教，以及中国章太炎的以"唯识哲学"建立的宗教，都抽掉了有神论内核，而属无神论范畴，完全改变了宗教的本义——将无神论纳入宗教概念，是圆形的方、白色的黑，逻辑矛盾，本文不取。有人把以马克思主义为指导思想的工人政党也称之为"宗教"，那是一种政治动作，不值得讨论。

就上述具有完备社会性的宗教组织和难以尽数的教派而言，宗教不具有长期性，只有"历史性"：不具民族性，只有"多变性"。这在历史和现实中都有大量的例证。古代影响最大的"宗教"当属琐罗亚斯德教（祆教），它产生在公元前7—前6世纪，是基督教的思想来源之一，对佛教也可能产生过影响；它的产地是波斯（伊朗），盛行于中亚，南北朝时传入中国。它的教主琐罗亚斯德，中译"苏鲁支"，西方通称"查拉斯图拉"，故尼采所著《苏鲁支语录》亦译作《查拉斯图拉如是说》。影响如此巨大的一种宗教结局如何？公元7世纪之后，基本上从波斯和中亚地带灭亡，中国自宋朝之后也销声匿迹，据说今天在印度等地还有极少数或零星的信仰者。由此可见，它的信仰并不限于波斯民族，信仰过它的波斯民族早已将其丢弃；中国人可以接受，同样可以放弃。又，说宗教有自己独立的产生和发展规律，不可以用行政手段扶植或消灭，也不一定。佛教的故土是印度，11世纪以后，基本上被驱出境内；19—20世纪之际，中外佛教界学者曾期望它在印度重生，但至今依然不成气候；它似乎始终没有成为印度的民族宗教，但却在汉藏语系和巴利文语系持续地生存与繁荣。中亚地带曾是佛教最发达的地区，从公元前3—前2世纪到公元7—8世纪，那里基本上是佛教的势力范围，但后来却成了伊斯兰教的一统天下，佛教基本上是用行政的甚至暴力的手段给消灭的（可参考英国人渥德尔著《印度佛教史》）；在阿富汗还留有些微遗迹的石佛，也在最近被人为地爆除了。到了今天，宗教团体的生灭速度明显加快，作为"新宗教运动"的宗教，几乎都有这种生灭无常的属性。至于基督宗教遍及全球，而且在努力把它变成有关国家的国教或相关民族的族教——不是么，从鸦片战争就想把中国基督教化，至20世纪初实施"中华归主"工程以至今天"神学"进入我国高等院校和国家研究机构，表明基督教绝不甘心停止在西方国家，做西方宗教，而是期望他国和他民族改变非基督教的传统，奉基督教为国教或族教。与此相反，欧洲基督宗教日趋没落，已成共识；一条娈童丑闻，就使教皇的圣光扫地，教会破产；亨廷顿著书哀叹，作为盎格鲁—撒克逊新教信仰的美国人在问："我们是谁？"其整体前景可知。如此等等，证明宗教确实没有自身的本质，也没有自身的历史，它的本质和历史全在于它的社会性；它的规律，受社会历史发展的规律所支配。对宗教的认识，必须深入到它的社会基础中去。

宗教观念和宗教行为是如何被意识形态化从而被赋予社会性的？这需要许多实证科学的支持，本文只能作一简略的描绘。现存的世界诸大宗教可以区分为一神教和多神教；这里的一神教即以基督教为例，多神教可以佛教为例。

基督教信仰的核心无疑是上帝，被尊为唯一的神，这也是它的有神论指谓的唯一不存在争论的对象；与之相应的宗教行为当是祈祷、忏悔、祭祀（对神的祭祀后来异化为对教会的奉献）以及其他与神直接关联的语言举止。这一切都存在于基督教被组织起来之前。我们把《圣经》视为基督教组织化的完成，它流传了近两千年，迄今仍为信徒奉为唯一的权威读本。介绍和鉴赏它的作品很多，由此产生的神学无数，现在仍然滋生繁衍；近10多年来，我们国内还兴起了所谓"教外神学"，与所谓"宗教学"研究一起，在"宗教文化领域"相当走红。但这都不能作为认识基督教的根据，追本溯源，都得从《圣经》谈起。

《圣经》的特色是把以"神"为核心的信仰扩展成了以神话传说形式表达出来的教义体系，承载着基督教全部复杂的意识形态，并成为历代神学据以发展基督教各类思想的原本，这就给单纯对上帝的信仰，附加或增添了无数与信仰无甚干系的东西——在这里，仅以其中与我们现实生活关系特别密切的部分做一点常识性观察。

《圣经·旧约》的开篇是《创世记》，主要是记上帝创世造人的——注意：世界和人都是神的创造物，是所有一神教的共同点，均可以称作"造物主"，差别仅在于神的名称不同；基督教的神God的汉译名字是"上帝"或曰"天主"，本名"耶和华"。他所造的自然界，据说是为了安顿人的生存和让人给以管理的；至于造人的目的就不清楚了。有说，神之创世造人只在于显示"神的生命和权柄"，"使地上成为神的国度"。不论怎样，这样就确定了神与人之间的基础关系：神是父，人是神的子女，所以教徒之间即以兄弟姊妹相称；神是主，人是神之仆，所以信徒口不离"主"，自居谦卑；神是牧者，人即是被牧的羔羊；教会是教徒的聚集处，神即在其中；教会的神职人员，代表神行使牧人的职能，群羊需要依赖牧者教管；神是施恩者，人是受恩者，人要永远感激神的恩惠，具体化就是向教会神职人员忏悔、作奉献。如此等等，形成基督教的第一重教义。

大家都知道这个故事：上帝所造人类的始祖是亚当和夏娃，生活在天上的伊甸园。始祖没有遵从上帝的嘱咐，偷吃了"分别善恶的树"上的果实，具有了"智慧"，"眼睛明亮了"，知道了赤身露体的羞耻，从而触怒了上帝。上帝立即将他们赶到了地上，不但"诅咒"作为女性的夏娃，而且连带整个人类都负上了"原罪"——对上帝的犯罪。从此上帝即视人类为罪犯，人类与上帝结为仇敌关系——有一次上帝发怒，决心将他的创造物全部毁灭，所以发特大洪水淹没了世上的一切，到了最后一刻突发慈悲，保留了诺亚一家，让他们乘方舟得救。上帝对人类的仇恨是如此之深重，促使基督教信仰把人从上帝的仇恨中"救赎"出来，当成人生的唯一要务。教徒谦卑中的通常语"我有罪"，就是来源于此；而用奉献赎罪，出售"赎罪券"，则成了教会和神牧人员的直接财源。这样，"原罪"论和"救赎"论，就成了基督教第二重基本教义。当前力促把中国基督教化的学者中有一派是全盘否定中国传统文化的，主要理由就是中国人自古以来不知道自己有罪而盲目自大。

这两条根本教义说明了一个道理：人是上帝的创造物，神绝对不能容忍人具有智慧，特别是辨别善恶、是非和美丑的能力；人的本性即是罪恶，人生只可以匍匐于地，"像狗一样的顺从，像天使一样忍耐"（海涅语），而不能直起腰、昂起头来自尊自立地生活，这从我们中国俗人来看，上帝就是用来愚民的；只有不"思考"或缺"思考"才能保证信仰的虔诚。

很明显，这类教义已经超出有神论的范围和信仰的本义，是给有神论信仰对象增添的一种独特的世界观、人生观和价值观体系，反映着特定的社会关系和世俗利益，也给基督宗教的社会属性提供了更多适应的空间。

复次，《旧约·出埃及记》中载有著名的"摩西十诫"，其中有这样的话：

　　我是耶和华你的神……除了我以外你不可有别的神……我耶和华你的神，是忌邪的神。恨我的，我必追讨他的罪，自父及子，直到三代四代。爱我守我诫命的，我必向他们发慈爱，直到千代。

另记：

　　行邪的女人，不可容他存活……祭祀别的神，不单单祭祀耶和华的，那人必要灭绝。

　　这类诫命或诫条，给基督教添加的特性是对外的绝对排他性及扩张性，对内的绝对封闭性及内聚性，这两者都是为了保障思想信仰上的高度统一，维护教会组织上的高度集中，实际表现则是对异教徒持敌对态度，成为发动宗教战争的内在依据；对内实施思想的极端专制，是迫害异端，成立宗教裁判所的经典依据。据此，仅以"魔鬼"名义大规模烧杀女巫就流行了两三百年，从15世纪至18世纪是高潮，而英格兰和苏格兰到19世纪才算正式结束。据罗素估计，由于"行邪的女人，不可容他存活"这一诫条而受迫害致死者达几百万人。至于履行"祭祀别的神，不单单祭祀耶和华的，那人必要灭绝"，其效用必然是好战成性。所谓"十字军东征"对穆斯林国家的战争前后8次，打了近200年（1095—1291）；新近的伊拉克战争，在美国总统的"口误"中也宣布为"第二次十字军东征"；至于基督教自身的教派之争，从统一的天主教分裂出东正教，而后宗教改革再次分裂出耶稣新教；这每次分裂不带有十足的血腥是稀有的。举例说，17世纪"在克伦威尔时期，英国的新教徒至少屠杀了三万爱尔兰人，他们为了掩盖自己的兽行，就捏造一个神话，说什么这是为了对爱尔兰天主教徒杀戮三万新教徒实行的报复"[①]。这仇恨延续至今，仍有阴影笼罩。在基督教向清朝传播时，曾发生过所谓礼仪之争；鸦片战争之后，基督教变而成为西方帝国主义侵华的文化工具，制造的"教案"不断，最

---

①　《马克思恩格斯全集》第35卷，人民出版社1971年版，第158—159页。

后酿成八国联军血洗北京；辛亥革命不久，西方基督教又发动了一次"基督教占领中国"的运动，由此触发了全国规模的"非基督教运动"。这一切的背后是基督教借殖民主义之力，行其扩张和排他之教义——扩张排他性的实践，最后的形式即是文化侵略与流血战争。

基督宗教的"封闭性"，在于严格控制教徒，从思想洗脑到组织处罚，无所不用其极。"无神论"是最大的罪名，"异端"也逃脱不了死刑，而科学之被奴婢化，也是常识了。当然，现在要动用关乎性命的宗教审判在西方是难以公开存在了，但不等于其他一神教不再继续沿用。仅就教义上的恐吓和诱惑所具有的"敬畏"力，在当今开放的世界也不少见，其恐怖的程度能使人人自危。中国有学者美其名曰民族或国家的"内聚力"，当作今天的中国文化也应当模仿的美德，真不知是何种思维。

《新约》有了一些变化，特别为"新教"所推崇。譬如《旧约》强调复仇："以眼还眼，以牙还牙"是它的名句；《新约》则反其道而行之："有人打你的右脸，连左脸也转过来由他打"。《旧约》说："当爱你的邻舍，恨你的仇敌"，《新约》说："要爱你们的仇敌"——于是"宽容"和"爱"就成了新教传播"福音"最响亮也最赢取人心的口号。其中"爱人如己"还与儒家的"己所不欲，勿施于人"一起被视作道德的黄金律。这除了实践的检验——"听其言观其行"之外，不妨也看看原文原义的实际内容是什么。《马太福音》是《新约》的第一卷，我们就以此卷为例：

> 耶稣对他说，你要尽心、尽性、尽意，爱主你的上帝，这是诫命中的第一，且是最大的。其次也相仿，就是爱人如己。这两条诫命是律法和先知一切道理的总纲。

这"第一"的，也是作为前提的，乃是爱上帝；你的这种爱不应该自私，仅限于利己，而应该同时施之于他人，与他人同享，所以你爱上帝，也应该让他人爱上帝；你不爱下地狱，而爱上天堂永生，也应该让他人懂得这类教义，信仰这种宗教。如此之类，"爱人如己"就等同于传教，成为传教的一种情感付出。同样道理，也可以理解"爱你的仇敌"的真实意义，以及为什么说这是基督教"一切道理的总纲"。现在有首歌曲——

"让世界充满爱"，这是我们普通人的一种愿望，与基督教"普世的爱"有原则差别。这不是我的武断，也有经文为证——耶稣说：

> 我来，并不是叫地上太平，乃是叫地上动刀兵。因为我来，是叫人与父亲生疏，女儿与母亲生疏，媳妇与婆婆生疏。人的仇敌就是自己家里的人。爱父母过于爱我的，不配做我的门徒；爱女儿过于爱我的，不配做我的门徒。不背着他的十字架跟从我的，也不配做我的门徒。得着生命的，将要失丧生命；为我失丧生命的，将要得着生命。
>
> 凡为我的名撇下房屋或是兄弟、姐妹、父亲、母亲（妻子）、儿女田地的，必将得着百倍，并且承受永生。（《马太福音》）

研究宗教伦理学的学者不应该忽视甚或无视《圣经·新约》的这类内容。假定"人的仇敌就是自己家里的人"，为了爱上帝，连自己的父母子女兄弟姐妹之间的关系都必须疏离，何谈其爱的普世性？假若兄弟姐妹的关系只能存在于教内，或承认唯一的父是上帝，那种"爱"不是等于宣布非基督教信仰者都是仇敌么——"人的仇敌就是自己家里的人"，这一断语本身就令人毛骨悚然。"爱你的仇敌"的最佳途径，就是让你的亲朋好友包括你的邻居全去皈依基督教，信仰上帝。

在《新约》里，排他性和封闭性不仅没有消失，而且强化了，强化到从仇视家庭、背离亲人，唯有全身心地依附基督教才有生路的程度——为了信仰，即使死，也是生，暂时的死，换得永恒的生。与此相应，是更增添了教徒必须传教布道的使命。耶稣宣布：

> 天上地下所有的权柄都赐给我了。所以你们要去，使万民作我的门徒，奉父子圣灵的名，给他们施洗。凡我所吩咐你们的都教训他们遵守，我就常与你们同在，直到世界的末了。

《马可福音》重复了这一教诫：

> 你们往普天下去，传福音给万民听。信而受洗的必然得救，不信

的必被定罪……主耶稣和他们说完了话，后来被接到天上，坐在上帝的右边。门徒出去，到处宣传福音，主和他们同工，用神迹随着，证实所传的道。

我们现在的一些热衷于宣传基督教为"普世宗教"的学者，大约就来自这类教诚——作为教徒，不论你愿意还是不愿意，必须同时做着传教士的事业。这样，全体信徒及其学者们若真的履行起来，那思想的禁锢真成了针插不进、水泼不进，不凝固、不死亡，那才叫怪呢。人们之所以称中世纪为黑暗时代，我看很有道理，尽管现在有学者把中世纪的"光明"说得天花乱坠，替它平反。

西方自文艺复兴以来兴起的无神论，针对的主要是基督教，力求从基督教的神权奴役和中世纪神学束缚中解放出来，其成果是科学与民主的发达，封建主义的灭亡，资产阶级公民社会的确立。但新的社会类型，依旧建立在阶级对立的基础上，基督教经过脱胎换骨的改革，变化的是阶级属性（"阶级"这个字眼不是我妄加的，中国的一些神学家鼓吹的《新教伦理与资本主义精神》，就是这样说的），教义没有变化，《圣经》依旧还是那部《圣经》，只是奴役和服务的对象变了——人们从"神权"的奴役改受"资本"的奴役，神学从为神权服务，也就改作为"资本"服务，于是为了与这类社会性质的宗教作斗争，有了马克思主义的产生。

我把佛教作为与一神教不同的多神信仰的宗教，原因在于它没有唯一的圣典，就其经律论三藏而言，巴利文和梵文、汉文和藏文，多得不可胜数。它的寺院可能遍天下，但却互不隶属，各行其是，缺乏组织。它所信仰的神祇以及经书、塔庙、法师（活佛）等其他崇拜对象，也是千差万别。这说明，它虽然被列为世界性宗教，但在思想上、信仰上和组织上都是不统一的。唯一的共性，是主张业报轮回、自作自受之论，不承认甚至反对能够创世造人的唯一神；在理论上则唱"缘起说"，反对"一因论"。它的一大特色是流行到哪里就融入到哪里，包括收容种种神祇和鬼怪进入它的信仰体系，所以尽管它内祛"邪见"，外反"外道"，但总体上教义是温和的，发展形式是和平的，但绝不能否认它同时也具宗教固有的排他性和封闭性，它的社会性同样能够导致宗教歧视和宗教冲突。来华最早的佛经《四十二章经》定人身为"苦具",家庭为"牢笼",以弃妻子出家为"高尚",其悲观厌世如此,与儒家重人伦、修齐治平的传统很难相容,所以很快得到"大乘"的纠正;属于"大乘"的《大般涅槃经》视"一阐提"为仇敌,《菩萨戒本》认定诛杀诽谤和反对大乘者无罪,虽是极端的例子,可能反映了历史上佛教与外教的斗争也是十分残酷的,但进入中国内地,教义和戒律都有了根本性变化,伦理上要适应儒家观念,"一阐提"亦具佛性、亦可成佛的主张成了主流,而戒律则自行制定,大乘戒和小乘律都被改造了。佛教在日本又与中国不同,它曾拥有武装,发生过教派战争。藏传佛教曾作为汉、藏、蒙、满等诸多民族联结的重要纽带,但长期的政教合一体制,使它变成历史的反动,民主改革解放了百万农奴,也使藏传佛教得到新生;然而要肃清旧的影响,彻底实现政教分离的民主原则,迄今仍有敌对势力的干扰。这些,都属于宗教的社会性使然,是在信仰之外被附加进去的东西。

我之所以讲到一神教和多神教,并非在比较它们的优劣,也非针对它们的信仰者,而是想请那些讴歌宗教的党员学者和党员官员们,认真地学点宗教知识。只听宣教之言,或道听途说,就想当然地发高论,释政策,教导青年,指挥实践,太不负责任了。

四　科学无神论的历史作用和当前任务

从西方看,科学无神论作为一种思维方式的存在,集中反映在科学理性已经占据现代人类思维领域的支配地位上,而宗教自身则被放置在科学理性的视线和评判之下;作为生活方式的存在,则是社会世俗化的程度和速度,将宗教生活挤压到必须彻底改变以至难以为继的地步。宗教感情、宗教伦理、宗教道德,正在被人际感情、人间伦理和社会道德甚至法律条文所替代。宗教曾经包容一切学科、统帅全部生活方式的时代,早在200年前就开始瓦解了,如今给它剩余的地盘寥寥可数,科学、教育和哲学突飞猛进的发展,越显得宗教神学的渺小和微不足道。一些遗迹已经进入博物馆或作为文物被保存起来,一些宗教行为和宗教节日,越来越作为传统习俗而流传:神的地位和作用基本上已被人的地位和作用所取代。近数十年来，在不同地区宗教确有不同程度的复归模样，但稍作分析可见，这主要不是它的有神论在起作用，而是它的社会性能在被人为地抬高和加强——它的有神论在被某些国家和某些集团当作谋取政治势力和经济利益的手段，呈现出一种文明的倒退，历史的反动。

这一大的形式，亟须做全面的评估和探讨，而且必须与国际关系的整体形势和相关国家的社会变化紧密联系起来——诸如国际恐怖主义、宗教极端主义、民族分裂主义为什么会成为全球性问题？已经发生和正在进行中的局部战争与社会动乱为什么总有宗教的参与而且频发不已？如此之类，我们没有能力做出全面的估量和分析，但在考察宗教的社会性能方面，却是绝对不容忽略的背景。即以我国当前的宗教和有神论的活动状况，也颇能说明一些问题。

改革开放使我们国家取得长足的全面发展，生产力和国力的增强空前，民生的改善空前，文化的繁荣空前，公民的自由度空前。与此同时，沉滓浮起，海外渗透也猖狂起来。像"法轮功"这类邪教的滋生，"藏独"、"疆独"这类分裂势力的涌现，以及海外基督教向文化教育领域及边远地区的扩展，都是前所少有的动态。在这种咄咄逼人的形势下，有相当一批党员知识分子和党政干部，把宗教当成维护社会稳定、防止犯罪的精神因素，将形形色色的有神论当作不可触动的禁区，而无神论则罪不容赦，"宗教"一词变得真的神圣不可冒犯起来。这有些令人不知今日身在何时、何处，天下域中是谁主沉浮。

其实，中共中央要求加强无神论的研究和宣传教育的精神，始终是明确的、不动摇的。为了清除思想障碍，近来还特别强调，无神论研究和宣传教育是一项长期任务，这与贯彻党的宗教信仰自由政策并不矛盾。我想首先从这里谈起。

什么是"宗教信仰自由"？这一观念也是西方的。前已讲过，它本是西方资产阶级革命反对封建主义神权政治统治，要求从宗教枷锁中解放出来的口号，而后成了它们建国立宪的一条重要原则，马克思主义把它视为人类文明发展的优秀成果之一，工人阶级政党将它作为处理宗教问题的基本政策，而今则成为我国《宪法》规定的公民权利。它的本意，是保证宗教信仰成为完全由个人自主选择的事情，免受任何个人或组织的干涉和政治经济等外在力量的左右。因此，宗教信仰自由本身就含有不信仰任何宗教和持有无神论的自由，从而与《宪法》规定公民享有其他各种自由——尤其是思想言论自由的权利统一起来，而不是矛盾和冲突。自从美国公布《国际宗教自由法案》，专门用来推动除美国以外世界各国非政府组织的宗教势力的发展，在某些中国人那里，宗教自由就变成了"第一自由"，无神论也就成了"宗教"第一位的敌人。但是，《国际宗教自由法案》只是美国给"国际"的立法，美国自身是不在其列的；因为美国与欧洲一样，不但把宗教从教育领域中驱赶出去，限制了它的自由，也同样存在日益强大的非宗教组织和无神论思潮。

中国历史上从来不存在宗教问题。在信仰领域，信仰哪个神或不信仰哪个神，甚至要造个什么神，丢弃哪个神，没有什么力量横加干涉；激烈的反神者和虔诚的信神者可以和平地并存共生，极少发生宗教歧视，没有宗教迫害，更没有宗教战争。大家知道，梁武帝是以佞佛著名的皇帝，他的臣属范缜则是著《神灭论》反佛的健将；梁武帝曾以范缜"违经叛道"的罪名发动王公大臣、高僧大德60余人撰文围剿，结果除了给中国思想文化史上留下这样一笔值得称道的记录之外，范缜的身心没有受到任何影响，他的官照做，似乎还得到重用。最为佛教反感的所谓"三武一宗"事件，固然涉及释、道之争，但在中国史学那里，这只是佛教的膨胀已经严重地威胁到了国家的稳定而造成的反弹，是政治措施，不是宗教动机。就是说，中国历史上不存在宗教信仰不自由的现实，因而也就没有呼喊宗教信仰自由的必需。

尽管如此，国家对宗教的管理始终是严格的。至少有三条界限，宗教是不可以逾越的：第一，不能损害百姓的身家性命，包括人的生命健康和财物。第二，不能危害社会秩序和公共利益，包括妖言惑众、聚众闹事、敛财盗色。第三，不能威胁国家安全，特别是勾结官吏、参政干政、谋逆造反。凡触及这三条，大多以行政手段包括镇压在内的方式解决。正因为如此，政教分离，宗教与教育分离，是我们国家的历史常态。宗教作为一个严重的问题突出来，是随着鸦片战争基督教在中国的传播开始的：从来没有发生的宗教冲突发生了，这就是延续不断的"教案"，直到义和团运动与八国联军血洗北京。进入近代史的中国宗教，一开始就带有强烈的政治含义，成为中国人民民族民主革命的动因之一，"五四运动"之所以有

"科学"与"民主"做主导，接着全国性的"非基督教运动"和"非宗教运动"，都与这样的历史大背景有关。因此，在中国语境下的"宗教信仰自由"特别强调严格限制宗教干预政治和进入国民教育领域的含义。

中国共产党继承马克思主义的宗教观，对待宗教信仰问题有更新的视角：第一，是否信仰宗教属于公民的权利，不允许任何势力干涉。第二，有神论不符合实际，作为对人民负责任的政党，有义务道出事情的真相，进行无神论的宣传教育。这种法权上对公民的尊重和保护，与为人民服务和对人民负责的宗旨统一起来，特别体现了宗教信仰自由与宣传和研究无神论的一致性。第三，从毛泽东的《湖南农民运动考察报告》开始，就把宗教问题纳入中国革命和建设的总体任务和方针路线之内，毫不含糊地打击假宗教之名从事反动政治活动的各种势力，而对人民大众的信仰则采取由衷的尊重态度，因为他相信群众在革命和建设实践过程中通过教育和自我教育，会自行解决，反对越俎代庖，"引而不发，跃如也"。

有神论是主观精神世界问题，从唯物史观看，必须从滋生它的社会根源上寻找原因和解决的出路。因此，马克思主义无神论必须建立在相信和依靠人民大众的基础上，在实际地改善人民群众的物质与文化的条件和提高科学精神与认识水平上，发挥作用。就此而言，无神论不是消极的，不限于反对种种有神论；更重要的是积极的，是为了建立一种正确的思维方式与生活态度，是为了建设一种与宗教生活不同的生活方式——用人自己的头脑和双手，采取科学与教育的方法，创造一种健康美好、幸福和谐、自由发展的，同时也是充满着人性关怀、体现着人情温馨的生活方式。这样，科学无神论必然成为科学社会主义运动的有机成分，与未来的共产主义理想衔接在一起。

（原载《科学与无神论》2010 年第 5 期）

科学无神论的学科建设和道路

——在中国无神论学会 2011 年学术年会上的发言

一、现状：不错，但路很长。为什么？

中国无神论学会复会至今已有 14 个年头，《科学与无神论》也走过了
12 年。要问现在状况如何？我个人认为还不错，但路其漫漫兮大约很长。

说不错，是因为中央一直没有取消对无神论的支持，科学无神论挂靠
的中国社会科学院最近几年加大了扶持的力度，特别是设置了专业的研究
室和研究中心，有了编制，尽管现在还只有三位同胞，却是从无到有的一
大飞跃。

说路很长，是因为路上的阻力和障碍多得出奇，硬得出奇。鬼神论中
国自古有之，但反对之声，什么神灭论、无鬼论，疾虚妄，历代不绝；尤
其是到了近现代，几乎没有了鬼神论在光天化日下活动的余地。民初灵学
一时嚣张，提出"鬼神之说不张，国家之命遂促"的观念，"五四运动"
的先驱们立即予以迎头痛击；而一旦基督教要进入清华学校举办国际会
议，竟然导致"非基督教运动"和"非宗教运动"的激昂兴起，席卷全
国。我们从鸦片战争开始到新中国成立，鬼神论从来没有盘踞过主流舆
论。但自特异功能问世，却在城乡官民文化人中间时时闪现着神迹鬼影，
最后闹出了几个邪教疯狂，不得不动用国家法令去解决问题，仍贻患不
断。那些科学家哪里去了？哲学家哪里去了？大牌学者专家哪里去了？此
后的宗教热，又呈现新的姿态。其一要用"正教"抵御"邪教"，其二要
用土教抵御洋教，更绝的是要鬼神论去挽救世道人心，制止道德滑坡，建
设和谐社会，对外可用以显示我们的宗教自由比西方更甚，连国民教育体
系和国家研究机构也向宗教开放，西方行么？现在是要求共产党也向宗教

开放了。

二、阻力来自哪里？这种大环境促使价值观和人才观出现畸形。举例说，一批接受国外神学培育的文化人，占据了"宗教研究"、"宗教文化"的国家资源和话语平台；后边跟随着一些学舌的当权者和教授专家，形成一种奇妙的结合。他们有一种共同的声音：无神论作恶多端，绝不可宽容。所列罪状公开的有三：一是"文革"遗绪，极"左"思潮；二是反对宗教信仰自由政策和国家宪法；三是制造民族矛盾，破坏社会稳定。这么多的政治帽子，加上数不清的文字围攻，外与内协作，上与下交织，权与文互动，无神论还有多少可以活动的空间？——不过这里要交代一句，这股势力不仅针对无神论，也正在分化孤立爱国教会。

我们从日常学术活动中感到，中央对无神论一直取支持态度，要求强化对无神论的宣传和研究工作，并列入长远的战略规划。有关机关发下的文件，从六部委到五部局，讲得都非常好，措施也挺到位，给我们送来一阵阵鼓励和信心。遗憾的是，大约都因为"保密"锁到柜子里去了，反正我们是没有读到过。我想，党和国家设立那么多的机关单位，发了那么多文件，一定很辛苦，但要向大家保密，不想实行，写它们发它们干什么？大约在今年（2012 年）初我才得知，1995 年全国人大通过并经国家主席令公布的《教育法》中明确规定"国家实行教育与宗教相分离"；新疆师范大学早在公布之后不久就开始有计划地贯彻，而我竟然法盲到了无知的程度，真是惭愧得无地自容。可我们的一些高等院校的领导们呢，国家科研机构的领导者们呢，是他们也如此法盲，还是干脆目无国法？为什么把自己主管的学校和单位——确切些说，是国家委派你承担相应职务的责任人——就聘请外国的神学家当教授——什么兼职教授、客座教授、荣誉教授，让职业传教士作大报告，开办培训班，以致参与或单独进行国情调查？

什么都可以市场化，人不能成为商品，灵魂、国魂、民族魂不可以买卖。钱能通神，所以也有不少学者专家靠神发财。当前谁最有钱？一开印钞机成百成千亿美元就流出来了，除了用于打仗，就用于传教。于是也就有寄生于战争和宗教的文人。古代称文人无行，现下某些文人的行为近乎无耻。为了外国人的那点钱，把国人都目为智障；而有的国人，也确实利令智昏，为这批洋奴开拓市场。此外还有一种更重要的人物，他们并不信仰宗教，甚至还自称是无神论的马克思主义者，但却拼命为鬼神论喊好，而要把无神论——特别是科学无神论，批倒批臭，踏上一只脚，恨不得让它永不翻身。这不是个别的，在被权力机构奉为首席专家的席位中大约都是——其中或有一半是不信教的。

在这样条件下，科学无神能够生存下来，而且能够举行这么大规模的年会，有几十万字的论文，实在是件了不起的事。

三、信心和真理。钱和权都是好东西，它们诱人又吓人。所以在我们的同仁中有些消极，有点悲观。没钱没势，课题立项、出书、评职称难之又难，孩子、老婆、房子、车子没着落，这是现实问题。谁不正视这些问题，谁就不是唯物论者。但我以为我们还有足以骄傲的，那就是我们讲的是实话，不自欺，更不欺人，我们拥有真理，敢于坚持真理，而真理是不可以被驳倒的。鬼神有没有？其实科学发展到今天，连一些神学家也不敢肯定是有，当然也不敢肯定是无，所以学术神学回避正面回答；而文化护教者和吃教者也大都采取这种态度。所以他们绞尽脑汁要把宗教抽象为"文化"，用"文化"让人们淡忘鬼神体系，转而隐瞒宗教的信仰内核，并另以"文化"的名义去发挥社会经济、道德教化以至政治倾向等本非宗教所不应发挥的功能。然而宗教若没有鬼神，那它的超越、神圣、奥秘等就成了屁话，而它的信徒就彻底地失去了信仰对象。一句话，宗教不再是宗教，最多流为普通的社会团体。这正是某些文化人在宗教问题上的悖论。

但科学无神论敢于肯定，鬼神及其彼岸世界是不存在的；鬼神论没有任何经得住检验的事实根据，有关它的一切理性证明无一能够成立；剩下的是"见证"、宗教经验，但这些恰巧成为畸形心理学和脑科学的研究对象。就是说，没有鬼神及其世界是铁定的事实，肯定这一事实就是真理，就是正确的认识。过去、现在没有鬼神及其世界的存在，未来也肯定不会有。劳动创造了人，也创造了世界；物质财富的生产和人自身的生产，保障着社会的运转和促进历史的发展，也不断地改善民生，带来福祉。世上没有一个人是靠鬼神赐予生活的，仰望天空就会掉馅饼，发大财，只是痴心妄想。而我们科学无神论，把希望寄托在科教兴国和依靠劳动创造上。

然而为什么在全国人民致力于科教兴国，建设小康社会之际，鬼神论会一波波地不停息地向我们袭来？除了外部原因之外，我想可能与改革开放以来的形势有关。从政治挂帅转到以经济建设为中心，从计划经济转到市场经济，从相对封闭到打开国门，经济基础、社会关系、上层建筑、意识形态，一直到价值观念、道德准则，可以说是另一种意义上的天翻地覆。迄今30多年，仍有许多重大问题等待回答。就我们现在讨论的范围讲，在干部和文化人中至少有两种思潮值得注意：一种叫革命忏悔派，他追悔他所走过的道路，他否定过去的一切。一心想长寿不死，连他教导别人的唯物论和无神论全扔到了一边，热衷于神秘主义。这大约是特异功能流行的一个原因。

另一派是对今天的执政路线失去信心，但他们还特别看重执政的地位，所以就求救或求助于宗教，其理论代表就是著名的《马克思主义宗教观应该与时俱进》——此文的要害是把执政党从为人民服务解读成人民的管理者：人都有留有兽性，用人性对待他们不会奏效，所以就得用鬼神吓唬他们，让他们规矩起来——很怪，这篇文章反而受到某些宗教信仰者赞扬。其中还有些人，或许做了亏心事，怀有恐惧，所以要去求神拜佛，一面自慰，一面骗人。由此形成一个思潮，就是把宗教当作维护社会和谐的根本良策。可惜藏独、疆独的宗教恐怖分子以及基督教反华势力不给他们面子，所以回头来又要用"土教"去制衡"洋教"了。

所有这些神秘主义和宗教倡导者，没有一位认真谈过科学教育，为人民服务，为人民负责，倒是攻击科学，向学校引进宗教表现特殊积极。他们转移主流舆论向人民大众送文化知识，送科学技术，普及教育，提高民族文化和科学素质的努力，而是美化鬼神，丑化科学，搅乱教育，愚民骗人，弄得是非颠倒，善恶不明。他们夸大社会道德滑坡的公共性，把严峻的现实问题归结为宗教信仰不足问题。他们代表的是一种什么社会利益？这需要观察分析。

四、无神论的学科建设，是形势的需要，是时代的呼声，也应该是长期的战略布局。我们应该加大力度，与建设和捍卫社会主义核心价值观结合起来，联合全国一切有志于这一事业的学者共同奋斗，争取在较短的时期，写出一些针对性、有一定分量的论著来，至少能清理一下混乱的思想认识。

（原载《科学与无神论》2012年第1期）

"人体科学"述评

　　公元 1979 年；也就是我们国家的工作着重点转移到社会主义现代化建设开始的那年，3 月 11 日的《四川日报》发布了一条新闻：《大足县发现一个能用耳朵识字的儿童》。对于从旧社会过来的老人说，这不应该属于新闻。30 年以前，四川就被炒出一个"杨妹"，说她能够辟谷不食，一时轰动整个蒋管区，似乎挨饿的老百姓从此有了生路。结果是人所共知：它变成了一种政治的嘲弄，街头巷尾的笑谈。因为辟谷不食不能解决中国人的生存问题。用于宗教修持，那是一种幻想；用于社会实践，则是欺骗。然而这次"耳朵识字"的际遇不同，尽管有教育家叶圣陶和科普学者周建人等老学人斥为沉滓再起，但却异乎寻常地被一些科技界的学者捡了起来。由权威的科学家带头，宣称这条消息是"祖国大地一声春雷"①，是具有划时代意义的新发现；其新发现之物，称作"人体特异功能"。由此动员一切可能动员的国家科研单位和高等院校，运用各种先进的实验设备和测试手段，说是要"创建"一种能超越近现代一切科学的"人体科学"②；而敏感的作者则据之著《新世纪》，宣布这是开辟了人类"新世纪"的起点；原本作为一种群众性健身活动和辅助医疗的"气功"，被赋予了开发"特异功能"的机制；那些特别垂青于中国巫觋法术的学者，则从儒释道的古籍中，搜神觅怪，解"道"诠"玄"，用来论证"特异功能"存在的真实不虚，让"传统文化"蜕变成了单一的巫文化。于是乎，以"大气功师"为中坚，各路"异人"、"超人"不知从哪些角落里骤然"出山"，纷纷涌进都城闹市，住入深宅大院，往来于权力机构和学术单

---

① 《创建人体科学》，四川人民出版社 1989 年版，第 41 页。
② 四川人民出版社 1989 年出版一本书，书名就叫《创建人体科学》。

位，收徒聚众，组织成形形色色的登记或不登记的宗法性团体，招摇撞骗。这类团体的人数多少不等，命运通塞不一，共同形成一种持续不断、遍及全国上下、影响思想界相当深广的运动，至今已有20余载。海外有人称之为"中国新世纪"①。

与此有关的种种奇闻神迹，在国内新闻媒体中，在数不清的各类出版物中，是铺天盖地，举目皆是，以致国外的一些见怪不怪之徒也感到了怪异：中国又发生了什么？对于这样的问题，答案不可能那么现成，而首先应该质疑于它的倡导者：所谓"人体科学"究竟有多少科学，"新世纪"给人们创造的是一种什么世纪？

"人体科学"是"中国新世纪"的理论纲领，是"大气功师"的精神支柱，所以需要优先作些考察。

在这里，我们提请读者注意，千万不能望文生义，误认为"人体科学"当真是想研究什么"人体"的学科。"人体科学"创建者对于这一"科学"的内容，有十分明确的界定，是不能作任何其他解释的，那就是"将中医、气功、特异功能三者融在一起研究"的"科学"，因为"气功、中医理论和特异功能，孕育着人体科学最根本的道理②。"类似的说法还有不少，总而言之，是包括三个部分。

其一，是"中医理论"，即把中医理论作为人体科学的理论基础。为什么在中外各种学说中要特别选择中医理论？理由主要是两条。第一，"是因为中医理论发生于近代科学还没有兴起的时候，它也不知道什么是近代科学，更不知道什么是现代科学，所以它反而没有这方面的限制和束缚……也没有什么测量仪器，它唯一靠的就是自己的感觉"，简言之，中医理论的优越性，就在于是"自己内省，觉得有什么感觉"③。第二，是因为"中医理论考虑到整个系统，而且不限于人；人和环境这些因素它都考虑进去"，这就是所谓"人天感应"④。此"人天感应"是儒家神学"天

① 郑建生：《人类潜能运动及特异功能》，香港卓越书楼1995年版，参见最后一章。
② 《创建人体科学》，四川人民出版社1989年版，第42页。
③ 《人体科学与现代科技发展纵横观》，人民出版社1996年版，第89页。
④ 同上书，第91页。

人感应"的翻版，时髦的称号是"人天观"、"马克思主义人天观"，借用"现代科学"的术语，就是"人体科学"中称作"系统论"的那个骨架。

传统的中医理论是否同意"人体科学"的解说，这需要医学专家判断。但若把"人体科学"采用"中医理论"的理由就看作是人体科学自身的一种理论表达，那么我们大体可以知道它自己提倡的是什么——近代科学和现代科学对于"人体科学"来说，不是它创建的出发点，而是必须冲破的"限制和束缚"；唯一可靠的途径，乃是"自己的感觉"。此中，不但排斥"测量仪器"之类的科技手段，而且也没有群体经验的地位，"感觉"唯是"内省"，据说相当于柏格森的"直观"。根据这种观点，所谓"人天观"，尤其是在断定人与自然界相互沟通的中介方面，也只能是直观和内省，别无他途。

其二，是"气功"。不过在"人体科学"那里，气功的价值并不在它有一定的健身疗病作用，而是视它为人们后天开发"特异功能"的根本途径。一些善于吹骗的"大气功师"之所以能够被破格提升为"异人"、"奇人"或"超人"，从而被某些头面人物看重，很大程度是因为"人体科学"确认他们具有"特异功能"，被认为是"特异功能"真实存在的见证。

据"人体科学"研究，"高功夫师"之所以能够具有"特异功能"并运用自若，在于他们身上存在一种"气功功能态"，即"特异功能态"。"许多实验资料和经验表明，人一旦进入了特异功能态，发挥功能也就很容易了。"因此，"如何进入气功功能态的工作做好了，很多问题也就好解决了。"[1]"气功功能态"之所以如此重要，是因为只要进入这种状态，人体就能够发放"外气"，而这"外气"就负荷着能量无限的"特异功能"。从这一意义上说，"气功是打开人体科学的钥匙"[2]。剩下的问题是，这外气的"气"又是什么？

这个问题，很使一些信仰"特异功能"的学者感到烦恼，但也提供了许多"科研工作"的机会。可以说，"人体科学"下力气最大，动员力量

---

① 《人体科学与现代科技发展纵横观》，人民出版社1996年版，第154页。

② 同上书，第119页。

最多的，就是去探测和猜想那"气"的物质性质。《第二届国际气功会议侧记》一文说："气功中最深奥莫测的就是气……它是无形无状，无色无味，无影无踪，摸不着看不到的东西，然而许多事实证明了'气'的存在。""中外许多气功科学家用现代一流仪器测量"，发现它是"一种红外线"；"1997年，中国科学家进一步发现'气'是一种带电的微粒"；一位加拿大的气功师，"经过科学家实验"，认定"气是一种人体产生的电流"；"上海国际信息研究所运用现代物理学的实验手段"测试，认为"气是一种低频涨落调制的红外辐射"①。诸如此类的报告，多到无法统计，凡今天人们能够想象得到的，什么电、磁、光、力、能、波、粒、线、场等，几乎全有"实验"加以支持。这样，"外气"似乎就得到了"科学"的证实，"特异功能"似乎也有了切实可行的开发方法。

结果，在绝大多数情况下，有关的实验或者是因为实验的条件和程序不符合科学的规范，或者报告本身乃是假造，或者本是实事求是而后被人篡改利用，总之，迄今尚没有一项实验能够支持载有"特异功能"的"气"的存在，以致"人体科学"的创建者表示，人体科学早就宣布，它是超越近现代科学的，为什么要局限于现有的科学实验？②它要率领人们走一条与当代科学相反的路。然而，"人体科学"给予气功的非凡性能，造成的最直接的社会效应，就是从根本上改变了气功的性质，使它从一种大众的健身活动，变成了一种群众性的开发"特异功能"的运动。

其三，是"特异功能"。这个概念是"人体科学"的创造，确切些说，是"人体科学"这一美称的本名，仅仅为了策略上的需要，"特异功能"才改号为"人体科学"的③，所以二者是一回事。最初是指"耳朵识字"一类的"特异感知"（esp），继之又指在不接触人体即可将人摔倒，运用意念能从密封的药瓶中取出药片一类的"特异致动"（pk）。前者属于主体的感知畸变，即错觉或幻觉，后者是用主观意念改变客观物体或创造新的物种。为了支持这两类"特异功能"的真实性，"人体科学"的创

---

① "上海国际信息研究所运用现代物理学的实验手段"测试的结果，载《新华文摘》1992年第二期。

② 参阅《气功与特异功能解析》第七章第二节。

③ 《人体科学与现代科技发展纵横观》，第471、472页。

建者号召从中国古籍中搜罗和整理有关资料，称为"特异功能"的"古实验学报告"，范围包括儒、释、道史传中的各类神异记载。大体可用佛教的"五神通"，道教的神仙法术，儒家的望气风角、星占易卜等概括之，当然也少不了笔记小说中惯常乐谈的扶乩之类①，同时要求将它们翻译成现代的"科学"语言。于是，宗教传说中的所有幻想和奇迹，都成了"特异功能"的历史见证；而"鬼神"就可以称作某种"物质现象"；"虚无缥缈"的彼岸世界，也就变成了"真实"②。

"特异功能"的核心部分，是上述的"功能态"，在用"科学"术语表达时，叫做"特异思维"，是"人体科学"在教育领域影响最大的一种观念，曾被设想用来改造我们整个的教育体制。那么，什么叫"特异思维"？

"人体科学"计划在它的名下建立一种"思维学"，由三个部分组成：1."抽象思维"，也叫"逻辑思维"；2."形象思维"，也叫"直感思维"；3."灵感思维"，亦名"顿悟"。其中"抽象（逻辑）思维"，被认为是"我们常常说的科学方法"，而此"科学方法就是归纳推理"，此"归纳推理"似乎又就是"形式逻辑"，"数学家又把它数理化了，叫数理逻辑"③。本文不想讨论"人体科学"对"逻辑"解释上的高见，而在于它把归纳推理作为"逻辑"的代词，从而对整个逻辑思维的贬斥："要靠归纳推理来作科学那真是大傻瓜"④。据此教训学生："净钻那个什么推理呵，逻辑呵，我说越钻越笨，脑袋瓜都死了。"⑤

因此可以说，驱逐逻辑思维，是"人体科学"确立它的"科学"观的又一个重要的思想条件，而驱逐逻辑思维也就意味着驱逐理性。

"人体科学"欣赏"形象思维"，可惜是把它同所谓"直感思维"混为一谈了，这里暂且不论。评价最高的是"灵感思维"，因为它也以佛教提倡的"顿悟"命名，在启动"人体特异功能"以改天换地方面，似乎

---

① 《创建人体科学》，第347、357页。
② 李培才：《大自然的魂魄》，长虹出版公司1989年版，第15页。
③ 《人体科学与现代科技发展纵横观》，第63页。
④ 同上。
⑤ 同上书，第66页。

也会与佛教在禅定态中产生的幻象一样神通，所以又特别赐号"特异思维"。它的定义是："特异思维就是人在特异功能状态下的思维"，也就是产生特异功能的思维。例如"有一些气功师"，"不是平常的思维。有时他嘴里喃喃"，"跟念咒似的"①。又例如中国的"头号异人"，只要他"想到哪儿，哪儿就起作用，反之就不起作用"②。所谓"起作用"，指的是意念搬物、心想事成之类的功效，而他的"特异思维"就表现在"高气功师"的一"想"之中。据说，这种"特异思维"，不仅为"大气功师"们所有，一切"大科学家"、"大思想家"也无不如此。所以"人体科学"非常乐观地告诉人们：如果把这种思维搞清楚了，"大家都可以成为大科学家、大思想家"③。

于是，一个行将全面革新人的观念，革新科学和教育，从而改变整个人类面貌的世纪来到了，"人体科学"自名为"第二次文艺复兴运动"④。

这个"第二次文艺复兴"，即小说家所称的"新世纪"，将是一幅什么样的图景，很少有人作具体描述，但有两点比较清楚。

第一，人人都可以成为"神仙"。那"神仙"的形象，在诸如《大气功师》、《大气功师出山》等畅销书中可以略窥一斑。那些到处创造奇迹的"高功夫师"则树起了生动的榜样。人们从司马迁所记秦始皇时的徐福和汉武帝时的栾大的史实中，尽可对照领略。

第二，富国强兵。只要我们国人都能像"高功夫师"或"高功夫师"吹嘘的那样，发放各自潜在的无限能量，则"心想事成"，令世界任何列强也不再敢小觑我们——尽管这"理想"在近代的义和团运动中曾经大规模地实践过。有点历史知识的人，都会记得那最终的结局。

历史过去了两千多年，少说也有一百余载，在开发"神能"、与"灵"相通的想象上，究竟有了多少长进？且罗列几种，以见大略：扶乩是被淘汰了，为的是适应现代生活的快节奏；念咒叫做"宇宙语"，是为了赋予最原始的巫术以最现代化的色彩；教人浑浑噩噩，变成了诱人"恍

---

① 《人体科学与现代科技发展纵横观》，第467页。
② 同上书，第407页。
③ 同上书，第68页。
④ 同上书，第420页。此书有一小节题为"谈谈第二次文艺复兴"。

恍惚惚①；清醒时做不到的事，则劝你做白日梦；传统的闭目静坐，只是用来装饰大师的虚玄。从直接可见的现象看，这一切全在于诱胁人们听他的"带功报告"，喝他的"信息茶"，进他的"功能场"，读他的书，买他的磁带光盘和标准像，也就是进入市场，谋取暴利。同时广开"功"门，网罗徒众，将自我神异化，推动"宗师"个人崇拜，建立宗法等级制的严密组织。以致虚诞妄言能够变成圣谕，群体性的歇斯底里大发作，则成了"宗师"具有"特异功能"的实证。这一切，只要懂一点历史知识或神秘主义历史，都应该是很熟悉的东西，而对于某些科学家却新鲜得不得了。听几句神吹，看几次表演，就当成自己的新发现，这种思维方式究竟会有多少科学成分，应该是不言而喻的，但它发生在权威的科学家身上，那负面影响却是难以估量的。

在忙于运用最新科技手段对"特异功能"进行实验的同时，也调动了一些"哲学理论家"的积极性。根据"特异功能"被发现而新建的"哲学体系"究竟有多少，没有详细统计。凡古今中外，科学人文，随意剪裁，似乎能把白的说成黑的，黑的说成白的，或异想天开，都可以自命是一种哲学。但它们有一个共同点，肯定"特异功能"是真实的，是这类哲学得以无条件成立的前提。最新哲学唯一的任务就在于证明这种真实，阐述这种真实。至于内容，尽管繁杂而深奥，但用两句话可以说尽：自我是宇宙的缩微，宇宙是自我的放大；意识即物质，物质即意识。"大气功师"之所以能够能量无限，奥秘全在这种哲学里。而这种哲学，虽然自称创新，实是最常见的老古董——儒教有"天人合一"，佛教有"色心不二"，道教则是"肉身成仙"。我们的传统文化丰富而杂乱，拒绝什么，吸收什么，全靠我们今人做主，怨不得我们的老祖宗。

当然也少不了从西方输入的新学说为老古董帮忙，其中之一是对精神分析学派关于"无意识"的中国诠释。在20世纪30年代，弗洛伊德的思想在中国文坛上一度承担着反封建性观念的启蒙使命，而今则是荣格的"集体无意识"走俏。在"新世纪"那里，"集体无意识"是人类具有无限潜能的学术说明，而无限潜能就等于未开发的"特异功能"。按照这种

---

① 柯云路：《大气功师·前言》，人民文学出版社1989年版。

解释，进化是人类的不幸，尤其是语言概念的运用，科学与文明的发展，使人类本具的原始潜能丧失殆尽。所以"新世纪的曙光"，只能寄希望于向原始的回归，所谓"返真归朴"、"复归于朴"。关于这古朴，儒释道各有说法，"新世纪"总之为"毫无感觉的、毫无自我意识的、一切无分别的、无可言语的状态"。换言之，"是要使清醒的大脑恍惚，要使明确的感官混沌、朦胧……逐渐变成低等的、没有神经的生命，逐渐与宇宙融为一体"，即倒回到宇宙之初去①。

有人非常推崇"特异功能"弘扬的"人天合一"。那么，这是一种什么样的"合一"？此处解说得十分清楚："合一"的顶峰，就是回到宇宙之初，至少是回到"落后民族"，因为在"落后民族"那里，"几乎大多数人都有赴汤蹈火的特异功能"②。时下有不少学者把传统所谓的"天人合一"解作人类与自然环境的协调发展，固然与我们先人的理解有异，更与"特异功能"指谓的内涵全不相关。

提供空灵虚无的思想颇为时髦。一部将道教神秘主义当作挽救世界免于毁灭的大作告诉我们："应该使我们脑子里'一无所有，空空荡荡……放掉一切计划、目的、追求，放掉一切已有的体系，放掉你个人已有的全部思想研究成果。"③这种要求"我们"把自己的头脑一扫而空的方法，西方称之为"洗脑"。其目的，在"新世纪"就是用"恍惚"、"混沌"、"朦胧"将"我们"已经空洞了的头脑重新充实起来，以利于"高功夫师"的催眠诱导，对"我们"大众能够产生实际效用，给一些野心分子制造个人迷信和膜拜的条件。

一句话，"特异功能"和"新世纪"，在理论上是倡导反科学、反理性，制造思想混乱，腐蚀我们的知识结构和文明，干扰科教兴国的大计；在实践上是将传统气功塞进鬼话，肆无忌惮地传播愚昧主义，损害人的身心健康，败坏民族素质。这一方面令神汉巫婆的江湖骗术取得了非常"科学"的头衔，助长了那本来就根深蒂固的说谎造假之劣风，自欺欺人，误

---

① 柯云路：《大气功师·前言》，人民文学出版社1989年版，第283页。
② 同上书，第461页。
③ 柯云路：《人类神秘现象破译》，花城出版社1992年版，第7页。

人误国；另一方面则培植了大批量的"奇人"、"活神仙"，为一些别有用心之徒欺世盗名，以新的救世主自命，妖言惑众、骗财骗色、危害社会，破坏民主法制建设提供了温床。

实际上，所谓"特异功能"和"新世纪"并非我们国家独有的产品。西方的"新时代运动"和"新宗教运动"，在思想趋向上与此大体相同。约在18世纪，随着传统宗教统制的逐步削弱和宗教裁判所的失势，西方各国对女巫长期实行的镇压法令先后取消，以中印日为主的东方宗教开始西渐，以巫术为核心的神秘主义被作为与传统教会宗教对抗、崇尚个人自由创造、具有解放意义的新思潮，在思想文化领域开始流行。一般认为，"新时代运动"即发源于斯。到19世纪上半叶，围绕巫术中的通灵术和降神术形成许多派别，影响持久且与我国关系密切的有三家。按时间顺序说，1848年3月31日，以传说美国纽约州某村的福克斯姐妹能够与死者的灵魂沟通为起点，招魂的法术瞬传入欧洲大陆，被视作灵魂不灭、别有阴世的见证，一直延续到今天的日本。1875年，一名俄裔女巫和美裔少校，吸收佛教教义和修持方法，在纽约成立了"神智学会"，在欧美知识界引起不小反响，我国台湾现在流行的"新纪元"或"新人类"，其接受的主要就是这股思潮。到了1882年，英国伦敦创立了"心灵研究会"，吸收了当时许多知名的科学家，以"研究"人的特异能力为宗旨，出版了大量调查、考核和测试报告，由民初严复作为鬼神存在的西方实证介绍到中国，取名"灵学"。

西方的这股神秘主义思潮，也可以称作"唯灵论"运动，影响十分巨大。恩格斯撰写的《神灵世界中的自然科学》长文，就专门分析了一些著名科学家也为之颠倒着迷的认识论原因。"人体科学"的倡导者们是以"发展马克思主义"为己任的，但对恩格斯这样重要的文章，在"人体科学"的种种哲学构建中，竟视而不见，只字不提，其挂在嘴上的"马克思主义"，就很难使人感到真诚了，而我们推荐有兴趣于特异功能的哲学家，不妨读读。

20世纪进入50年代，尤其是60年代以来，海外"新时代"作为"新宗教"运动的一种重要形态，急剧高涨，涉及面异常广泛，在科技界也有相当的影响。以致某些邪教的骨干中，就包含有科技人员。例如物理学者卡普拉，就把当代物理学同东方神秘主义挂起钩来，走红中国。因此，所谓"特异功能"的热潮，与什么"新发现"完全无关，说白了，仍是海外"新时代运动"（"新宗教运动"的一种特殊形态）的翻版。

然而此翻版与彼原版有根本性质上的差别。

第一，从社会文化背景看，海外"新时代"与所谓后现代思潮产生的原因大体相近，是社会结构畸变和资本功能促使科技失控引发的派生现象，反科学、反理性、反工业社会以至于憎恨社会本身，实质上是对那种社会结构强烈不满的消极反映。民国以后，有一批曾经在改革封建帝制、传播西方文明中起过重大作用的先进人物，游观欧美以后，反而成为西方物质文明的全盘否定者，日本的一些学者还给这种物质文明开过禅佛教的救命处方，都与西方资本主义的固有矛盾不时激发严重的社会问题有关。

中国的情况完全不同。至少自鸦片战争开始，我们就懂得了"物质文明"的力量，以及科学技术对这种文明的意义。但一个世纪过去了，贫穷落后、受侮挨打的局面始终没有得到根本性的改变。共和国建立后，自50年代就开始把"现代化"作为国家建设的主要目标，"向科学进军"就是其中的重要口号。但几经全民性的痛苦挫折，直到70年代末才真正确定下来，至今距离那目标，即使没有内外的其他干扰，也绝非是指日可待的事。这是国家命运之所系，民族希望之所在。处在这样的历史条件，也追随着反科学、反理性的呼喊而行，起码是不合时宜。

与此有关，是反"科学主义"问题。西方"科学主义"或"科学迷信"——尤其是对军事武器的迷信，相当流行，这是事实，针对这种偏颇提出"反科学主义"的口号，有一定的合理性，对于我们全面贯彻科教兴国的方针，有不可忽视的参考价值。但这两种看来是相反的倾向，都是把科技抽象化了，有意或无意地忘记了科技能力毕竟要由人来掌握。由什么人，以及用于什么目的，也就是占有它和使用它的国家制度和政治性质，是评判科技作用时决不能忘记的条件。离开社会结构和政治因素，不论是宣布科学万能，还是说科学为万恶之源，都是片面。至于"中国新世纪"把西方的"反科学主义"当作他们反科学、反理性的同类，则是经过曲解或误解了的。

第二，海外的"新时代"或"新纪元"，就主流言，是为了个人或抽象的"人"或"人类"的完全解脱，从身心调节、与灵相通到向往神功奇能，都离不开"人"的范围，同时与政府保持距离。其中有些团体和派别，对现存社会不抱任何希望，以致想根本改变人自身，所以也自称"新人类运动"。以"特异功能"为内容的"中国新世纪"不同，其倡导者，至少在口头上，多立志于壮军强国，为民族争光，理由更符合国人当前的价值趋向。但一心臆想不经艰苦扎实的努力，只要意念一动，就会做到动天地，役鬼神，无须现代化，即能超过西方而走在世界之先，这种强国之道，大约是近一个半世纪以来积储下来的一种民族"潜意识"，很容易得到回应，包括某些政府部门的回应。"人体科学"能够动员一些科教单位的实际支持，与此不无关系。

也正因为如此，"人体科学"超越了单纯的信仰层面，不再是个人或部分人的问题。它力求证实"特异功能"的真实性并力争成为国家的全民作为，而由于其本质的反科学性，使它用以支撑"特异功能"的任何"科学实验"，都不可能不从弄虚作假中获得证实，这就使"人体科学"的反科学理论变成了十足的伪科学实践，重蹈了我国在50年代末期泛滥成灾的吹牛造假之风，对于社会整个风气之败坏，尤其是对科教界本应具备实事求是品格的侵害，远比其自身的自欺欺人还要严重可怕。如果容忍"特异功能"的臆想无阻拦地冲击我们各个科教领域，让伪科学步步得逞，那么，我们正在实施的科教兴国战略就将成为一纸空文，后果绝对是灾难性的。某些地方把振兴经济的希望寄托在"高功夫师"的聚敛上，某些机构把自己的安全兴旺交付给风水先生，某些人则把自己的命运交由打卦卖卜者流决定，而所有这些，都不全是发生在文盲科盲成堆的地方，也不是极个别的罕见现象，在持续了20年之后，似乎还没有根本变化的模样。

第三，西方国家有民主传统，法制比较健全，有"新时代"或"新人类"的市场，同时也允许批判者和反对者存在，但这两者都必须在法律许可的范围活动。如果组成团体，则需要依法登记。这看起来颇为公平，然而一些不法行为以至严重犯罪，在未被告发或没有彻底暴露于公众之前，法律则无能为力。造谣惑众非罪；骗财骗色，责在受骗者；诱人致死致残，难以追究。所以有些公开的或转入地下的组织，很容易蜕变成为"邪教"，一直到造成群体性惨案，方能进入司法程序加以解决。可是，悲剧已经发生了，一切都不可挽回了。从 20 世纪 70 年代美国产的人民圣殿教，到 90 年代日本产的奥姆真理教，或集体自杀，或集体杀人，相类的血腥事件，大小不等，几乎遍及大多数发达国家。如何应对这种形势的蔓延，至今还看不到什么有效的措施，从根本上看，则与社会体制上的问题有关。

我国的巫术传统很久，以灵魂不死、肉身成仙为中心的鬼神观念，渗透在国内各种宗教和民间信仰中，迷信的对象是无所不有，而普及的范围可能到达社会的各个层面。以此等鬼神迷信为纽带，组成形形色色的民间结社，发展成为社会作用往往不很相同的会道门，可以说贯穿在东汉以后的全部历史中，明清以来尤烈。这种文化心理上的沉淀，虽然可能随着社会的变革而受到冲击，但更需要社会的不断合理化和全民科学文化的普遍提高，这都将是漫长的历史过程。其间还会反复浮出，难以完全避免。"特异功能"促活了鬼神迷信，并以权威面貌推向全国，而一些别有用心之徒，乘机复活会道门式的组织，那社会后果，就不会像海外那样，仅限于局部问题——一般称我们的社会是处在"转型期"，是社会主义初级阶段，改革开放仍待持续深入，变数远多于稳定的常态社会。这种历史条件，使我们不能不想得复杂一些。这里且回忆一段历史：

辛亥革命推翻帝制，建立民国，国民中的思想相当混乱。一部分人感到没有皇帝的失落，一部分人对革命感到需要忏悔，在思想文化领域掀起了一场 20 世纪规模最大的灵学运动。1916 年，北京成立"道德学会"，翌年，创建"同善社"。前者流行于上层官僚；后者即以土著的神功异能作号召，分支机构遍及全国，自称会员数百万。这两个会社的背后，是安福俱乐部，目标很清楚：复辟清帝制①。1918 年新年伊始，上海成立"灵学会"，它的主体是文化人，且多受过西学教育。他们采用西方术语和进口照相术之类技术，着重从出版书刊制造妖孽文化氛围，推动传统巫觋复兴，与神灵交往。他们追悔过去曾参与过的社会改革活动，立志要用"鬼神之说"以救国命②这南北两大神坛，用传统文化和西方科学双重粉饰，

---

① 参见《中华归主》（上）"基督教以外的中国宗教"，中国社会科学出版社 1985 年版。
② 参阅《灵学丛志》。

带动全国会道门竞起，成了国家沿着民主主义方向发展的最直接、最猖獗的一种思想阻力。五四爱国主义运动，以科学和民主为中心口号，其针对的一个重要对象，就是由京沪灵学代表的封建迷信。五四人物在对待宗教问题上有些分歧，但在对待灵学迷信上，几乎无不口诛笔伐，完全一致。在这一点，新旧阵营异常清楚。因为不论是从科学的角度还是从民主的角度，不论就救亡而言还是启蒙而言，迷信都应该给以扫荡。这与西方科学与民主之兴起，思想矛头是针对宗教，巫觋反而乘机盛行的情况，是大不一样的。

我们的国家，是为人民服务，对人民负责的，我们不能静候公民在受到人身摧残以至死亡，或造成社会动荡之后再做善后处理，而应该是防患于未然。

将我们的国家建立在现代化的基础上，是百多年来国人梦寐以求的事业，前仆后继，崎岖波折，可以说，还从来没有今天这样良好的社会条件。历史的教训太多，都不应该忘记。其中之一，是把希望寄托到各种各类的幻想上，寄托在突然的奇迹上，恨不得一蹴而成，而不肯实事求是，脚踏实地，一点一滴，坚忍不拔地实干下去。至今发展到想入非非，力图把国运系缚到成神做仙和脑袋一转的灵感上，并且不允许有不同意见，不能"争论"。这种情况绝对不能再继续下去了。从这个意义上说，"特异功能"和"新世纪"，不但是反科学的，也是反民主的。我认为，科教兴国与民主法制之所以在当前特别需要，这也是一个重要的理由。

（原载《科学与无神论》2000 年第 3—5 期，署名钟科文）

《名人与名言》及名行

　　《名人与名言》是鲁迅先生写的一篇杂文，以大学问家章太炎先生为例，说明"名人"说的话，未必句句都是真理，而应该作具体分析。当社会流行名人崇拜，看重名人效应，并且确实因此而误导人们上当受骗的时候，重读此文，感悟良多，不能自已。

　　在这篇文章里，鲁迅特别提醒读者的是"专门家多悖"。他说，专门家的话，"未必悖在讲述他们的专门，是悖在倚专家之名，来论述他所专门以外的事。社会上崇敬名人，于是以为名人的话就是名言，却忘记了他之所以得名是哪一种学问或事业。名人被崇奉所诱惑，也忘记了自己之所以得名是哪一种学问或事业，渐以为一切无不胜人，无所不谈，于是乎就悖起来了"。他举出两位国外著名科学家为例，其一是德国的细胞病理学家维尔晓（Wirchow，1821—1902），"是医学界的泰斗"，"然而他不相信进化论——他学问很深，名甚大，于是自视甚高，以为他所不解的，此后也无人能解，又不深研进化论，便一口归功于上帝了"。据说他的有关演说被教徒所利用，"给了大众不少坏影响"。

　　现在也有些被科学技术界尊为"泰斗"的名人，其言论之"悖"似乎也是一脉相承，但却是另一种做派。对于社会，尤其是对于社会的青年学人，不是去传播他的专门和使他们成为专门家的方法，甚或不惜贬损他们获得成功的实际途径，却偏偏劝人去读他们并不熟悉甚或连看也没有认真看过的《老》《庄》《易》，悟解《周易参同契》，动员人们从古籍传说中搜神觅怪，以致把"有生于无"与今天的宇宙起源于大爆炸说混为一谈；将"一阴一阳谓之道"的"阴阳二爻"说成是当代计算机二进位的源泉。而"悖"得尤其匪夷所思的，则是把陈腐不堪的巫觋法术当成是一种新发现，用作创建"人体科学"的历史实验证据。由此造成的后果，不论从学术层面还是社会层面，其严重程度都是不应该轻易忘却的。由此留下来的教训之一，是"我们应该分别名人之所以名，是由于哪一门，而对于他的专门以外的纵谈，却加以警戒"。

英国人罗素，曾针对发生在科学领域里为"有钱阶级"和种族主义作辩的优生学理论，写过一篇短文，题目叫《科学家具有科学精神吗?》认为即使科学家，也不一定时时事事都符合科学精神，或成为科学精神的化身，因此，对他们的言论和主张，是否合乎事实，应该同样地持怀疑态度。他说，"搞科学的人，如果处理不带任何偏见的技术性问题，就会比谁都下更正确的判断。但不幸的是，当他们搞的是已有强烈己见的事情，往往就会失去公正的立场"。所谓"有强烈己见"，指的是成见特别是偏见。我们通常说"偏见比无知更可怕"，与"失去公正的立场"就大有关系。如果把偏见当作最新科学，向不甚了解实情的大众和求知欲正旺的学子推广，固然可怕，由此使他们失去公正的立场，即科学精神，那将遗憾终生，倍加可怕。

我们在笃信"人体特异功能"的科学家那里，就能发现大量充塞着"有强烈己见"的言论。当然，也有更多的科学家指出"特异功能"的荒诞。对于科学家们的异说纷纭，罗素的话仍然值得参考："一般群众不晓得在科学家之中究竟该相信谁的好，因此当听到某科学家对自己带有强烈偏见的事情，很有把握地叙述意见的时候，还是抱着怀疑的态度较聪明。因为科学家并非超人，所以和我们一样地容易犯错"。此话对于"特异功能"可能有点例外，因为在前个时期，是连怀疑也不许的。

如果科学领域中的偏见受到某种行政力量的特别支持，或为了取悦某种行政力量，偏偏要把偏见解释成为科学，那危害就更大了。大到什么程度呢? 就以罗素这里列举的事例看，它可以用来证明"劳动阶级"天生"怠惰"，也可以论证种族歧视和民族压迫合理，社会政治后果是显然的——例如，用"时间就是金钱"去调动"劳动阶级"的资本主义精神，用种族优劣论贯彻于西方纳粹的大屠杀和东方法西斯的对华侵略之类。苏联曾造就过一位科学界领袖人物李森科，这种造就对于当时某些科学学科形成的冲击是众所周知的，以致成为科学界声名远播的丑闻。我们是否也应该从中吸取些有益的教训?

　　由此忽然想到德国一位哲人在 19 世纪末对思想史的分析。他说，有个时期，英国的贵族把包括无神论在内的唯物主义当作"仅仅适合于世界上的学者和有教养的人们的哲学"，而"没有受过教育的群众"，只适合于宗教。现在有些名人，身为科学家，而且即以科学家的身份，向莘莘学子推荐宗教，就很容易使人联想起这种英国贵族来。还有一些以传播"马克思主义"为业的名流，也在那里忙着推荐有神论，甚或煞费苦心地去证明有神论的合乎道德，真不知道他们也是身为贵族，还是两重人格。德国的那位哲人还讲到他那个时候的"法国和德国的资产阶级"，说他们"不声不响地丢掉了他们的自由思想"，从原来"嘲笑宗教的人，一个一个地在外表上变成了笃信宗教的人"。对于这类变化，我们古人有句赞赏语，叫做"识时务者为俊杰"，轻之者称为"风派"。

　　我国姚秦时有一位大翻译家鸠摩罗什，他的身份是佛教徒，致力于翻译佛教经典；他的译籍对于中国佛教的影响程度，为任何其他译家所不可比拟；他的言论，等同圣谕；他的门徒，几乎网络了南北一时的文化精英。然而其人的行为，却往往与佛家戒律严重相违，最受非议的是娶妇生子，曾一次受"妓女十人"之多。这种言行的矛盾，统一在这位"名人"身上，很使一些他的崇拜者尴尬，佛教史学家则为他辩解，说他是不得已而为之。但他本人却有自知之明，所以"每至讲说，尝先自说：譬如臭泥中生莲花，但采莲花，勿取臭泥也"。他自喻为臭泥，其实是很伟大的。如果我们的科学家和"马克思主义者"也有这样的自知之明，我们的名人崇拜者能够把莲花与臭泥区别开来，我们的精神文明建设水平将会大大提高；如果能就此形成一种思想方法和社会风气，将会成为可持续发展的一种重要的因素，这就是驱逐盲从跟风，实事实说。

（原载《科学与无神论》2001 年第 6 期，署名钟科文）

科学家为什么会参与迷信活动？

　　1995 年 3 月 20 日，日本东京地铁发生奥姆真理教放毒事件，有 5500 余人中毒，11 人死亡，不但全日本为之震惊，也引起国人的关注。日本素以纪律、秩序和礼仪闻名于世，当今又是经济大国、科技大国，国民富裕的程度也远远走在世界的前列，而专以大规模杀害无辜为目标，蓄意同社会为敌的野蛮行径，就出现在这样的国度，留给人们思考的问题实在太多。由于奥姆真理教的骨干中有很多高科技人才，所以就谈点这方面的问题。

一　现代科学家的迷信

　　迷信是对某种超自然力量的盲目崇拜，在这种力量面前，表现为短缺或失去理性思维能力的迷执，所以显得异常愚昧。这种情况在科学家中相对不多，但绝对数也不小，有些还是在科技史上的顶尖人物。恩格斯在《神灵世界中的自然科学》一文中，仅列举英国的科学家就有我们熟知的弗兰西斯·培根和伊萨克·牛顿，以及与恩格斯同时代、与达尔文齐名的生物学家阿尔弗勒德·拉塞尔·华莱士，以发现化学元素铊和发明克鲁克斯辐射著名的物理化学家威廉·克鲁克斯；此外，德国有天体物理学家策尔纳，奥地利医生和解剖学家加尔等。其实，这种例子是不胜枚举的。在我们国家也不乏其人。

　　总起来说，近现代科学家的迷信有两个比较显著的特点：第一，对当前的超人崇拜，胜过对传统的上帝崇拜；第二，对现实人的超能力的信仰，胜过对上帝万能的信仰。所谓"超人"，这里指具有"超能力"的人；所谓"超能力"，又有许多名目，有的叫"超心理学"、"心灵学"、

"灵学"或"唯灵论"，即"通灵术"，在当今的我国，则名之为"特异功能"。其指谓的主要是两类能力，即"超感官能力"（ESP）和"意念致动能力"（PK），前者认为，人可以不经过正常感官系统感知正常人不能感知的事物和世界；后者认为，不借用任何物质手段，单凭意念即可创造或改变物质世界或物质状态。因此，超能力就是超越自然的能力，它的实质，一部分来自想象、幻觉或错觉，一部分来自有意的甚至是有组织的作伪。对它的信仰是原始巫术的思想基础，所谓星占卦卜、通灵降神、招魂附体、破壁飞行、隐身遁形、呼风唤雨、驱魔治病、长生不死、意念杀人、神通变化、无所不能，诸如此类通常认为是迷信的东西，被重新发现，悉归之于"超能力"的范围，或当作近现代科学能够证明的事实，或用以向近现代科学挑战，证明科学和理性的无能。由此形成一个相当规模的思潮，都可以包容在"新时代运动"这个大框架中，特别在发达国家中流行，而一些知识分子，包括某些科学家，充当了重要角色。

二 为什么他们一再自己欺骗自己？

某些科学家之陷入此等迷信，情况十分复杂，至少从 20 世纪下半叶就引起学者的注意和研究，但至今还缺乏一致的认识。一般说，发达国家的社会失衡、文化失衡和心理失衡以及由此带来的种种畸变，加上传统宗教和伦理的衰落，是种种迷信得以大行其道的共同原因。而科学家的迷信还有自己的一些特殊原因。他们把以迷信行诈的骗子也看作像自然科学家那样"真挚的真理探求者"，盲目轻信；又在这"轻信"的基础上，急于给种种神迹以"科学"上的确立和证明；当那些骗术被上千次地揭穿，还在"绝对相信"会有一千零一次是真实的出现，使得他们"一再地自己欺骗自己"。

在走进神灵世界中的科学家中，以物理学家和医学家最多，影响也最大。这与职业形成的思维方式有关，机械唯物论就是它的重要表现。据他们看，世界无非是物质和物质的运动。意识是物质运动的一种，所以意识也是物质；任何物质都有能量，人的意识就是人的能量，所以物质有什么能量，意识就有什么能量。从 18 世纪出现麦斯默尔的"动物磁性理论"

到今天的"电磁场理论",力图用自然科学的新发现解释"超能力"异常现象的学说,多到足以编成几部大书。各种时髦的场、线、点、子、流、波、信息、系统、密码、符号、隐秩序等理论,层出不穷。例如,有人认为意识也是一种超导体,所以也存在"精神温度"的"绝对零度"之类,说者和听者,写者和读者,似乎都很认真。

正是基于把精神活动等同于物质运动的哲学认识,推动不少科技工作者热衷于有关"超能力"的"科学实验",而且主要是采用物理和化学的实验仪器和方法。对这种实验和实验的结果,往往出现两种完全对立的意见:一些科学家断然否定,因为他们根本不相信有超能力的存在;一些科学家绝对相信,因为他们就是超能力的信仰者。1988 年美国国家研究理事会审议后发表了《增强人体功能技术考察委员会》的报告,宣布:"特异功能的存在迄今尚未获得科学的证据,仲裁支持、反对双方有待更具说服力的实验"。这个仲裁,对超能力的信仰者显然不利,但依然是经验主义的,这大体代表了国外科学界的一般态度。在我们国家,于此前此后都公开发表过一些证明超能力存在,而且惊俗骇世、足以震动整个世界、彻底改造科学命运的实验报告和预测报告,但到了今天,也大半原形毕露,真相开始为社会所知,但这远没有解决对超能力的迷信问题,因为引发超能力发生的诸多原因,并没有消除。

在这里,不能排除科学良心和职业道德问题,但本文则以诚实的迷信作为前提。

某些科学家走入迷信的悖谬,其一是背弃了自己的专业,盲目相信和渲染自己根本不了解或了解甚少的学术领域(例如侈谈哲学、宗教之类),往往表现出常识以下的水平而不自觉;其二是自视过高,认为他所不解的,世上无人能解,于是把他所不能解的或所谓"异常现象",不是归之于"上帝",便是归之于"超能力"了。

三　尼采说"上帝死了",复活的则是"内心的上帝"吗?

尼采说:"上帝死了",复活的则是"内心的上帝"。这一思想对西方的宗教是致命打击。它肯定了人的尊严和人为万物之主的地位,强化了人对自身能力的自信，对于推动自然科学和人文科学的创造性发展，有着积极的意义。但它同时将自我神化，将意识的能动作用无限夸大，所以一开始就带有神秘主义因素。相信这一思想的人群中，有一些影响力是很大的，则程度不同地接受了东方的哲学和宗教的一些观念。迄于今日，有不少学者鉴于科学应用不当造成的种种恶果，转而厌恶科学，公开提出反科学、反理性的主张，同历史上视自我为造物主的思潮合流，成了推动"新宗教运动"的一支重要力量。

大约从 18 世纪开始，西方开始认识到巫觋现象与精神异常有关。对于所谓"宗教经验"，也有不少从心理学和病理学进行解释的学者。有的学者还从精神病学的角度进行考察和研究。有关这个学科的研究进度和成果，社会了解得太少，理应有一个交流的渠道，同学术界广泛地沟通起来，有助于对产生迷信的主体机制有全面的认识。

（原载《中国科技信息》1996 年第 7 期，总第 82 期）

也谈"思维态度"

——评《迷信是人的一种思维态度》

那些抨击"迷信理性"、"迷信科学"的观点，实际上涉及的是两个问题，第一是科学理性在认识世界中的作用问题，第二是未知的领域是不是一定就是神灵盘踞的世界。

应该承认，现实生活确实有"把科学达到的成果划上一个圈圈"，"只承认这个圈圈里边的东西。"但这不一定是一种很坏的"思维态度"。理性思维是实践经验的升华和飞跃，必须借助概念才有可能。概念是认识的一种"成果"，因而也是"一个圈圈"。这个圈圈，有确定的内涵和外延，有相对的稳定性；如果没有这种稳定性，认识就会陷入混乱，使思维活动成为不可能。概念是认识之由个别抽象为一般的产物，它把握的是事物的本质，它的抽象更全面更深刻地反映着现象的真实，因此它来自经验而高于经验。运用概念的理性思维，是唯有人类才具有的高级思维形式。如果从这个意义上把"承认这个圈圈里边的东西"，当作"迷信理性"，那就是直截了当地反对人类思维，同海外那种视理性为本能的枷锁，认为只有"超越理性"才能获取真理的观点一样，只能是迷信幻觉的神秘主义，与是否是"迷信理性"毫不相干。另一方面，概念的运用是一门艺术。从唯物辩证法看来，概念只是全部认识之网上的一个纽结，是全部认识过程中的一个片断，如果不把它放置在普遍联系和发展变化中去理解和运用，那就会导致思想的片面和僵化，如果进一步把这种片面和僵化的思想当成绝对真理，那就是自我封闭，无异于精神自杀。如果把这种情况指斥为"迷信理性"，也是驴头不对马嘴。因为"理性"并不包含故步自封，而更多的要求是不间断地追求真理。在这里涉及认识的有限性和无限性，相对真理和绝对真理的辩证关系问题，对哲学有兴趣的同志不妨继续探讨。但对于《转法轮》及其理论支持者来说，他们抨击"迷信理性"的目的，其实是很简单的：摧垮你的理性，抛弃你的理性。

关于"科学迷信"的思路，大致与此相同。《转法轮》称，"现代科学"有个"框框"（不叫"圈圈"），到了爱因斯坦，就走到了这个框框的"最顶点"；如果"再往下研究，发现宗教讲的都是真的"，而今"被目前科学水平的框框迷信僵化了的人一概都说成了是封建迷信"，所以转而成了"科学迷信"。换言之，"封建迷信"才是真理，不承认"封建迷信"是真理就是"科学迷信"。这好像在变戏法，其实是独断，不是论证。"圈圈"论者则提出了许多例证，其中说，"经典力学时期，谁也想不到会有爱因斯坦的相对论……今天，包括爱因斯坦，又被新的理论所冲击。科学本身就是这样不断突破自己，不断深入未知领域"。这完全正确。一部科学史证明，人类正是通过科学和实践才把神秘莫测的未知领域变成人类可以共识的对象，那些曾被认为是神灵寄居的空间和神魔作怪的超自然力量，科学都逐一地揭示了它的自然面貌，将它们驱逐出理性世界。因此可以说，科学所到之处，就是神秘退降之地。譬如在当代中国，还有人去拜"痘娘娘"的吗？年轻的男女脸庞光滑如玉，他（她）们是连麻子也不知为何许物了。既然如此，为什么反而用科学向未知领域的不断进军，当作未知领域一定就是神灵存在的处所的证明？这种逻辑方法，实在莫名其妙，但却为许多"特异功能"信奉者当成驳斥科学的法宝使用。

当科学帮不上忙时，就去找哲学。一位"从哲学上这样解释"的学者说："人本身就是生存在多重时空，而不是一重时空里边的；我们那个思维的时空和肉体的时空不完全是一回事"。"思维的时空"与"肉体的时空"确有不同；"思维"可以海阔天空、古往今来；"肉体"不成，它只能依靠特定的物质存在，接受物质条件的制约，自己既飞不起来，也回不到过去，这道理并不难懂，有点常识就行。但在"哲学"那里并非如此简单。首先由此引出个"多重时空"来就显得怪异了。什么是"多重时空"，而且认定它还是"当代科学手段达不到"，"不能直接被我们当代科学所运用"，因而常人也是不可能懂的世界？这样的困惑，只有通过《转法轮》才能解决。在《转法轮》里，它叫"不同层次"或"不同空间"，总分两种，即"世间"和"出世间"，通俗点说，即"阳间"和"阴间"。至于那个与"肉体的时空"不同的"思维的时空"的"人"，也就变得与我们的常识相违了，名之曰"元神"，"元神"可以自由往来的"阴界"。看，讲得是如此清楚，除了跟着发昏之外，还有什么需要再"在认识发展中解决"的？

西方哲学，从古希腊的怀疑论到近代的不可知论，都讨论过人的认识能力问题，其中虽然也有把未知领域让给上帝的意味，但主要倾向是用来质疑鬼神存在的，曾几何时，这种哲学观念被颠倒过来，变成了支撑神灵世界的证明。中国东晋僧人慧远，提出一个著名的观点叫"神不灭论"，他用以说明神魂不灭的理由，就是人的认识范围有限，而未知的领域无限，不能用有限的认识去判定无限的未知。这种论断，还可以远溯到庄子，可见它对人的困扰实在是古今中外都有，并非我们现在的"哲学"所发现。因为事涉未来，仅从经验主义出发进行判断，那我们的世界在明天是否存在都无法得到证明，对其作任何虚妄推测，也都无法驳倒。今天的有神论，包括一切超自然论者，使用的还是这种看来不可驳倒的论断。但科学理性可以非常明确地回答：科学不断向未知的领域开进，已经以无数的事实证明，物质世界容不得神灵或其他超自然力的存在，而没有发现一件事实足以推翻这个无神论的论断。从这个意义说，科学和理性确实划定了一个"圈圈"，就是不容许在科学和理性之外，容纳什么超自然的神灵世界存在。科学是迷信的天敌，理性是科学的伴侣。照恩格斯的劝告，克服经验主义需要相信"理论思维"，有点"思想"，懂点辩证法："的确，蔑视辩证法是不能不受惩罚的"。我们的这位"哲学家"就受到了大大的惩罚。

此外，《转法轮》和哲学家都说，现在的"科学理论"解释不了"特异功能"之类的神灵现象，所以常常不承认"明明见到的事实"，背叛了"实践才是检验真理的标准"的"马克思主义观点"。在为"人体特异功能"作辩中，这也是一种很有影响的观点。

但这里首先要弄清一个前提，所谓："明明看到的事实"，指的是什么？是"高功夫师"的特异功能表演吗？表演不是科学实验。是媒体的广为渲染？渲染再多也无济于事实。那么是来自什么名牌学校机构的"实验报告"？是的，"科学实验"最具有权威性，但那得首先验证这些实验是否遵循了科学实验的程序，以及"报告"本身的真伪性质。根据全球迄今为止的统计，世界上还没有发现一例声称异常的现象，得到过真实存在的科学实验的验证。在猖獗的伪科学中，没有比发生在"人体特异功能"中的频率再高的了。

如此等等，实际上最令人佩服的特异功能，大约是"神功"治病。这确实比较复杂。"神功"本是"气功"的神异化。"气功"对健身和医疗的效用及其心理和生理机制，是医学界的研究课题，与神异没有关系。西方有"信仰治疗"的一派，中国有人相信香灰治病，临床上也使用安慰剂、催眠术。这都是科学可以解释的。"神功"神效最有说服力的证据，是来自病愈者，尤其是虔信者自述的个人感受。人们不能怀疑这种自述者的诚实性。但从科学角度说，主观感受并不能成为唯一的根据。中医讲究"问闻望切"，听取病人陈述，只是诊断的方法之一，而西医则主要依靠科学仪器的观测和化验，对某种疗法和药剂的疗效，要排除其他可能产生影响的因素，要作对比性实验和观察，动辄把"明明见到的事实"当成是实践已经检验了的真理，是对马克思主义的误解和曲解，"眼见为实"之说，就属于经验主义，而不是马克思主义。

（原载《科学与无神论》1999 年第 2 期，署名钟科文）

校园当以科学拒绝邪教

　　眼下我们的教育系统提出了一个深得人心的口号，叫做"校园拒绝邪教"。我作为孩子的家长，表示真挚的感谢和敬意。因为它是保护我们的孩子免受身心伤害的一项重要措施，体现了我们国家对青少年健康成长的关怀。那么，我们用什么拒绝邪教，以及如何拒绝邪教？

　　不言而喻，拒绝邪教不是要把学校大门关起来，也不是把孩子们的耳目闭塞起来，更不是把他们的思想禁锢起来。这不但与我们的整个教育方针不符，在信息如此发达的时代，也不可能。唯一积极而有效的办法，那就是提高学生自身的免疫能力，具备分辨是非善恶美丑的能力，而这个任务，无疑就主要地落到了我们老师的身上。我们家长对老师寄予厚望，认为教师才真正称得上灵魂的工程师，我是深有同感的。但是任务将十分艰难：社会上有哪一种邪恶势力会自我标明它是邪恶？李××标榜的是"真善忍"，而且还给他自己的图像涂上了许多光圈，俨然是一尊真神，以致有些人就信奉起来，膜拜起来，从而也就被控制或被操纵起来。所以要提高免疫能力，具备识别是非善恶美丑的能力，并不容易。

　　当前有一种意见认为，如果信了"正教"，就可以不信邪教了。意思是信仰了宗教就可以免受邪教的侵害。我以为，作为某种宗教的布道者，有理由说这样的话；他们从自身的立场参与反对邪教的行动，也应该受到欢迎。但是，如果让我们的青少年听从他们的话，把拒绝邪教换成信仰宗教，肯定会引发家长的不满，也许会导致其他更加严重的问题。可能严重到什么程度呢？当前的国际局势就包含着一些信息，这里无法详谈。时下有那么一种舆论，认为不管世界如何，当今的中国却非常需要宗教，认为只有宗教才能挽救世道人心，只有宗教才能填补所谓信仰危机，也只有宗教才能提供人们一个安身立命之处。我认为，这是错判了形势，错判了时代，也忘记了我们所处的国度。这种舆论对我们的学校有无影响，不大清楚。我看过八中的一个调查报告，说明我们的老师和同学也很关切这个问题。给我的印象是，不可等闲视之。因为有一种理论，正在大力支持宗教在当前中国的普遍发展。

西方的有些学者，认为科学只能解决"是什么"的问题，不能解决"应该是什么"的问题，或者说，科学只能在获取"真理的知识"方面起作用，而不能解答这种对"真理的知识"的渴望和应用是否正当。换言之，科学是纯工具性的，不可能用于解决意义、价值、目的一类人生观和价值观问题。解决人生观和价值观的，不是科学，而是宗教。此说在当今的宗教传道者那里，非常走红；在一些名人的演说和文章中，也当作一种时髦，向莘莘学子们灌输。其实，表达这一思想最经典，也影响最大的是爱因斯坦，今人多半是学舌，而且是学歪了的。爱因斯坦为什么这样主张，以及这一主张的实际意义，我在一篇短文中已略有介绍（见《科学与无神论》第十期《"科学没有宗教是跛足的"，什么意思》），这里我想强调的是，爱因斯坦所谓的宗教，是驱逐了上帝，没有人格神的，剩下的是曾由犹太基督教负荷的那种优秀的文化传统，按爱因斯坦自己的说法，就是"个人自由而又负责的发展，从而可以在服务全人类的过程中，自由而快乐地行使自己的能力"。换句话说，爱因斯坦讲的宗教是无神论的，一些人把他引为有神论的知己，不是无知，就是故意隐瞒真相。这是不负责任的。

自文艺复兴运动以来，西方的宗教形势变化极大，也可以说是天翻地覆。传统的一神教实际上已经处在全面衰落的状态，由此形成的神学，也是变化多端。尼采早就宣布"上帝死了"，响应者大有人在，尤其是在知识层。至于泛神论和自然神论，历史更久。以致有的在提炼宗教精神，提倡"爱的宗教"；有的则发掘宗教道德，提倡道德宗教；有的就把对自然规律的尊重，取代传统的宗教。至于新宗教的教主们，多半宣称他们自己就是救世主，就是活着的神。总而言之，正宗的一神教地位是被完全动摇了，于是有了"信仰危机"的感叹。现在有人把"信仰危机"套用在当代中国的头上，是牛头不对马嘴。西方的某些教会在本国本地已经没有什么市场，想到中国来填补这个莫须有的信仰真空，恐怕是错估了中国国情；我们的一些很有学问的同胞，也在跟着呐喊，以至听到科学无神论的名字，就拉下一副不共戴天脸色；有的人还动用"极左"的大帽子吓人，把无神论同消灭宗教等同起来。

这里顺便作个说明，把马克思主义的无神论解释成消灭宗教，如果不是误解，就是歪曲。为了阐明我们对宗教的基本态度，《科学与无神论》自创刊号开始，就在每期封面的办刊宗旨上书明："维护公民宗教信仰自由权利"。那道理我们也是一而再、再而三反复讲过，而且还要继续讲。我们把各民族的团结，各种不同信仰的人群以及信教和不信教群体的团结，一心一德，振兴中华，视为头等大事；人们存在不同信仰和不同观念，以及由此产生意见分歧，是一个民主法制社会的正常现象，是思想文化活跃的表现。我们尊重人们对宗教信仰的自由选择，我们也期望人们，尤其是有学问的人，对无神论也能够宽容。在公民权利上，大家应该一律平等。

简单说，我们主张用科学拒绝邪教，用科学精神、科学无神论拒绝邪教。

（原载《科学与无神论》2002 年第 5 期）

在科学问题上明辨是非是校园拒绝邪教之径

当前有一种意见认为，如果信了"正教"，就能够避免邪教。我认为，作为宗教布道者，有理由说这样的话。但是，如果一个学者也这样说，就是错误的，是错判了形势，错判了时代。如果让青少年把拒绝邪教变成信仰宗教，就更加错误。

我们主张用科学拒绝邪教，用科学精神、科学无神论拒绝邪教。

那么，怎么拒绝呢？在当前，我以为最重要的是在一些科学问题上辨明真伪是非。

科学的含义，当然包括科学知识，这是所有学校必设的课程，是大家的共识，毋庸多说；但同时科学还包括世界观、认识论和方法论，这就不是所有人都同意的看法了。不过，这也不是个别人的见解。西方学者在黑格尔以前，一直是把"自然哲学"同"自然科学"视为一回事，因为科学必然与自然观、宇宙观联系在一起，也必然涉及认识论和方法论。近现代人们还把用科学方法对社会现象的研究，称作社会科学，科学指谓的范围更为广泛，以至人生观、价值观等也都成了科学研究和科学评估的对象，从而把科学提升为通向"真善美"与"爱"的一种精神，所谓科学精神、科学思想、科学方法。在中国，这也不是新主张，"五四运动"提倡"科学与民主"的科学，就不单是从技术面和工具面上讲的。之后，国内学界发生了"科学与玄学"的论战，进一步明确了，科学不但可能而且必须介入人生观问题的解决，中国有为的青年，应该确立科学的人生观。整个新文化运动，也就是这样走过来的。科学所到之处，就是上帝退出之地；无神论则为科学开路。因此，无神论必然与科学共进，是科学精神的一翼。

科学在中国人民的心目中有崇高的地位；中央提出"科教兴国"战

略，大得人心，因此发展科学事业，在方向上应该不存在什么问题了。事实不然。从"二战"以后，西方就有一股反对唯科学主义的思潮涌动。科学而变成唯一的主义，抹杀了社会其他因素的作用，反对的理由十分充分。但与此同时，有人打起了反科学、反理性、反逻辑的旗帜，认为战争、犯罪、环境恶化，一切危害人类生存的现象，都是科学之罪，是由科学技术支持的现代化带来的恶果。这股思潮对我们的舆论界有过不可忽视的影响。这里只介绍两位国外学者的观点：一位是日本的禅师叫铃木大拙，他在西方发表过一系列反科学反理性反逻辑的演说，提倡回到原始的自然状态，而通向这自然状态的就是发源于中国禅宗的"禅"；还有一位是美国的物理学家叫卡普拉，他写了一本书，名《物理学之道》，认为"东方神秘主义"，"为当代科学提供了坚固、合适的哲学基础"，而这东方神秘主义，主要是中国道教的"道"。这两位学者代表了同一种思潮的两种不同表现：前者公开反对科学，中国走科教兴国之路，那就是重复西方的错误；后者认为科学思维就在中国的神秘主义里，至少是当代的物理学问题，需要从中国古籍里寻求答案。逻辑的结论是同一的：中国的神秘主义最好。

作为学术观点，讲什么都可以。对于我们的传统文化，如何评价，如何继承发展，尽可百家争鸣。但是，如果付诸实践，向社会推广，向广大的青少年推广，问题就严重了。我们都知道，二十多年的气功热，席卷全国每个角落。人们一般都是作为健身和疗病的辅助手段去参加活动的，而一些神汉巫婆则乘机装神弄鬼，自称大师、宗师、奇人、超人，招摇撞骗，以致招徒聚众，组成种种跨地区、跨国界、组织诡秘的团体，敛财骗色，为非作歹，成为邪教滋生的大气候。对于这个大气候的形成，"东方神秘主义"，就起了理论的指导作用。不过它在我们中国学者的表达里，不叫神秘主义，而名"特异功能"，亦称"人体科学"，还有其他一些名字。对于这类名字，在座的诸位可能比较熟悉，但对它的理论支架，以及如何为那些"大气功师"的神功进行论证的，说起来就会很长。我想这里先介绍一点它对我们青少年和教育思想的影响。

特异功能即人体科学，没有赤裸裸地提出反科学反理性的口号，而是采取了蔑视近现代科学、嘲弄理性和逻辑的态度。它认为，现有的科学和科学的思维方式，是对人的先天潜力即特异功能的窒息；中国对"特异功能"的发现，标志着对现有科学进行革命的开始，是"第二次文艺复兴"，是"新世纪"的曙光。"人体科学"的任务，就在于证实特异功能的存在，并大力加以开发和运用。据称，特异功能是自然能量演化于人体的一种积淀，所以特别存在于尚未成熟的、没有受到科学"障碍"的少年儿童身上，因此，用以证实和开发特异功能的主要对象，就是我们的中小学学生。于是一时间，对中小学学生进行实验，发掘他们的特异功能，相当流行；一批批能耳朵识字、透视人体之类的神异孩子，被推上了大小不等的表演舞台，使天真的孩子，蒙受了说谎的冤屈，耽误了正常的学习，事实上是对未成年人的一种精神摧残。有的则整班整班地练功，实验开发智力的捷径；个别的还诱导学生开"天眼"，看"南天门"。

与此相应，人体科学要求彻底改变我们的教育方针。它的倡导者说，如果"神童（指所谓有神功的儿童）这套东西发展了用到教育系统……从人体特异功能中找出规律，能够挖出人的潜在能力，那就是更高一个层次，人皆可为'神仙'"。他讥讽和批评逻辑思维，而自创一种"特异思维"，又与灵感、顿悟、创造性思维等混为一谈，实指所谓"特异功能态"（据说人处在这种精神状态中就能发放神功），要求向学校中推广。我见过一个 1997 年举办的会议文件，主题观念是："博学绝对不等于智慧……知识不如智力，智力不如素质，而素质则表现为对创造及其有益的直觉、顿悟和灵感。"简单说，素质就是"潜意识"，也就是潜在的特异功能。据此，一位师专的教授"检查"说，迄今为止，"我所知道的是努力或勤奋的价值，要想成功，必须如此……以上理解是何等浅薄。努力和勤奋在某种意义上说，是带有盲目性的，至多是一种'苦干'"。"苦干"也是来自特异思维对理性思维的讽刺。我认为这些老师都是十分敬业的，在为如何提高我们的教学水平苦苦探索，但如果听信特异功能的误导，就有可能毁掉我们的正常教学，毁掉我们的孩子。关于这一类是非，在座的老师比我清楚，不必我来啰唆。所谓直觉、智慧、顿悟、灵感、潜意识之类的概念，都有其特定的含义（多半是宗教的，个别是哲学和心理学的），在用于教育时，我以为应该慎重。

特异功能在神化气功、提供邪教滋长的思想土壤上，起了特殊的作用。它具有那么大的影响力，并不偶然。仅就思想的角度说，中国有长时期的巫的传统，近现代有灵学和会道门的泛滥，有颇深的历史渊源；而西方的灵学，以最新科学的面目进入国内，特别受到部分知识分子的青睐，成为特异功能泛滥的外因。它们使用的名目，都很新鲜动人，听起来十分"前卫"。譬如"新时代"、"新纪元"、"新人类"、"新新人类"等就颇有诱惑性；最新科学、第某次科学革命、科学理性所不可知等，则带有一定的鼓动性，适合某种逆反心理；至于说人人都有天赋的神功、等待开发之类，那就会诱发幻觉，想入非非；有不少高文化层次甚至在科学上取得一定成就的名人，参与鼓吹，则增加了号召力和盲信的程度。作为一种神秘主义思潮，通称"新时代运动"；在我们大陆，海外称为"中国新世纪"。以此等神秘主义为核心组成的团体，大多实行封建宗法式的家长统治，专横而严密，平素则表现为家长式的关怀，家庭样的温情和温暖，很容易吸引被冷落、被歧视的人群。西方这样的团体极多，此伏彼起，泛动不已，由于多以宗教的名义活动，所以称作"新宗教运动"。新宗教运动对正统宗教的冲击极大，是研究西方宗教动态和社会文化动向不可忽视的问题。它的性质很复杂，决不可一言以蔽之；西方的邪教，则是从中走向极端犯罪的一股。

总之，教育我们的孩子树立科学的世界观，是一项基础建设；这种教育应该是生动活泼，与实际密切相关的。邪教向我们提供了一个反面教材，应该充分利用，从中总结出有益的教训，以丰富我们的教育内容。其中，警惕反科学反理性思潮的侵蚀，提高识别伪科学的能力，我以为就可以作为内容之一，科学无神论有助于达到这样的目标。

（原载《科学与无神论》2002 年第 6 期）

科学无神论应该面向教育

由于多种原因，对于广大的青少年来说，无神论可能相当陌生，尽管无神论本身并不是什么新思潮、新观念。有些同志也因此对于开展无神论宣传有些疑惑：像这样一类老观点也值得重提？重提它有什么实际意义？在这里，我想从中国无神论学会这样一个社会团体的角度来谈点个人的认识。

广大青少年对于无神论相当陌生，这是事实。而这个事实本身就是一个很严重的问题。二十多年来，我们的舆论界究竟宣传了多少鬼神观念和神功奇迹，大约很难统计，仅就出版物看，从煌煌书店到街头书摊，几乎无处没有算命卜卦、看相讲风水之类的图书，相反的著作，可说是凤毛麟角。制造种种神迹异闻，创作所谓"高功夫师"流，那宣传力度更是铺天盖地，音像电视也动员起来，撒向全社会。而奇怪的是，造神捣鬼的事实昭然若揭，却不容披露，不容驳难。专门以炮制和宣扬神功异能的登记或不登记的期刊，遍及全国各大城市，即使合法宣传有神论的刊物也有多种，但人们却见不到一份宣传无神论的报章杂志。在这样一种充塞着见神见鬼，经常出现鬼话连篇、妖言惑众的气氛中，使孩子们稚嫩的心理，正待发育的身体，如何能久受熏染而免受摧残？

不止如此。大家知道，被认为是开拓"新世纪"的"特异功能"，就首先是在一个孩子身上"发现"的。什么是"特异功能"？不是用眼睛视物，而是用"耳朵识字"；不是通过手和工具去改变客体，而是"意念致动"，心想事成。这不是讲神话，也不是玩魔术，而是一些很有学问的名人向社会公众宣布的。这些名人认为，"特异功能"人人先天皆有，特别保存在少年儿童身上，那些成熟了能够运用自如的就是上述的"高功夫师"。因此，到处都有人把青少年作为开发"特异功能"的试验品，不是教育他们学文化、长知识、懂科学，健康成长，而是以那些新闻媒体炒红了的"高功夫师"为榜样，诱导他们"开发潜能"，"透视"、"遥视"或看"命相"，以致使他们幻视幻听，见神见鬼，或者迫使他们现场表演，公然说谎作假，招摇撞骗。针对这种精神和身体的双重摧残，不是更应该呼唤"救救孩子"吗？

然而还不止如此。按照"特异功能"论者的意见，我们当代人类，特别是成年人，其"特异功能"之所以显示不出来，是由于人类有了进化，有了文明，使先天固有的"潜能"退化了，丧失了，或者是被压制、被禁锢了。唯有孩子，尚未或很少接受文明的熏陶，葆有"天真"，因而孩子们也成了他们争夺的对象。有些名人一再要求在教育系统中开设"特异功能"的训练，虽然未成事实，但那影响也够恶劣的了。

据称导致"潜能"退化的因素很多，其中有语言概念，思想观念，以及自我意识，而以科学、理性、逻辑危害最烈，直是"回归原始"、开发"特异功能"的天敌，因此他们作了无数的学术报告，出版了一本又一本厚厚的大书，中心就是攻击近现代科学，反对理性，反对逻辑。他们把"恍惚"和"做梦"当成开发"特异功能"的途径，把愚昧无知作为获得这种功能的条件，而决定性的因素，是无条件地追随和忠于他们宣传的那类"高功夫师"，也就是那些别有用心的野心家、大骗子。这究竟要把未来的一代引向何方，应该是十分清楚的。

诱人处还在于有一套理论，反映在教育思想方面，对青少年的祸害可能更深。按照这种理论，人的思维有多种类型，最普通也是科学常用的是逻辑思维，亦称抽象思维，包括形式逻辑、数理逻辑、辩证逻辑，特别是"归纳逻辑"，都能使人思想僵化，扼杀创造力，是创新的障碍，因而必须抛弃。现在名人们发现了一种最新的思维形态，据说相当于佛教讲的"顿悟"，基督教的"灵感"，起名"特异思维"，亦称"气功功能态"。按这种"思维学"解释，"特异思维"就是通过"气功"发出"特异功能"的那种精神状态，包括上述的"恍惚"和"咒语"之类。一旦人们把握或进入这种功能态，那就会天才横溢，而且无所不能，真正实现道教想象的"神仙"。

这套哲理在逻辑学上的混乱暂且不谈，它被运用于教育，最直接的后果，是以"智力开发"的名义，干扰和损害孩子们接受国家法定的义务教育的权利，成为摧残少年儿童身心健康的理论支柱；以长远看，它把"知识教育"与所谓"智力教育"对立起来，讥讽"知识就是力量"，否定知识和知识积累的重要意义，否定继承和接受人类一切优秀文化成果的必要，否定思维方法、研究方法和认识能力需要实际训练的必要，以致使他们提倡的所谓"创造性思维"的智力、智慧，成了无本之木、无源之水，除了美丽的辞藻，就是故弄玄虚，以显示它的诡秘莫测。

当前我们要强化无神论的宣传，重要的两个原因，就在于推动科教兴国战略的实施，扫除严重妨碍和侵害科教兴国的反科学和伪科学，也要扫除严重妨碍和侵害我们教育事业的"特异思维"教育，彻底根绝对少年儿童作"特异功能"实验和诱逼他们做"特异功能"表演的非法行为。同时要让我们的孩子懂得无神论的道理，作为他们提高自我保护能力和全面健康成长的一个条件。这是家长和老师们的责任，也是全社会的责任。

从戊戌维新以来，社会上就有一种潮流，那就是改寺庙祠堂为学校，为兴建近现代教育提供物质条件。民国以后，尤其是经过"五四"运动，这种潮流也变成了一种持续的运动，城乡青年知识分子成了这一运动的中坚。新建的学校，特别是在广大的农村，成了破除迷信、传播科学知识和宣传无神论的文化中心。回忆这段历史，当然不是要今天的青少年去占领或毁坏依法建立的宗教活动场所，触犯宪法规定的宗教信仰自由，而是作为一种对比。一些地方挤占学校区域修寺盖庙，或将寺庙修筑于学校的近邻，严重干扰教学秩序；一些地方不惜重资，新建或重修种种豪华的宗教设施或迷信建筑，而不肯向教育界投资，让我们的孩子在像马棚样的屋子里上课，这实在令人难以容忍。更加不能容忍的是，一些学校，一些教师，不是教给文化和科学，而是迫令孩子如何"开天眼"，争见"南天门"，成了宣扬愚昧迷信的场所。有些家长强迫未成年的儿童磕头烧香，强迫他们参与本来不应该参与的宗教活动，或照直让他们愚昧迷信。

如此种种，仅就为了保护青少年的健康成长，为了让我们的教育事业正常发展，进行科学无神论的宣传，也是迫在眉睫了。这是一件大事，事关国民素质和民族未来，需要文化教育界有一个通盘的战略考虑。当然，这可能是杞人忧天。但愿如此！

（原载《群言》1999 年第 9 期）

在青少年中进行科学无神论教育的
必要性和重要性

　　如何在青少年中开展科学无神论教育，是一个很大的题目，现在有机会与各位老师合作一起讨论和研究，给我们增加了做好这个题目的信心，精神上的压力也减轻了不少。我想，在我们共同的努力下，一定会很好地实现这次课题要求的目标。

　　教育是育人树人塑造人的，是关系人的一生命运的大事，也是一门专业性很强的大学问，我是完全的外行，在这方面没有发言权。我的优势是年龄大，受教育的时间长，我就作为一个受教育者的身份，先作些回忆。

　　我生在山东半岛黄海之滨的一个贫困落后而又闭塞的小农村。但那时受到村民普遍尊重的，不是富有，也不是权力，而是另外两种人：老师和医生。医生之所以受到尊重，是因为他的工作系乎人们的健康以至生死，所以在尊重之余，也带有若干畏惧；老师之所以受到尊重，是因为人们把自己一家的未来和子女的前途寄托到了育人树人者身上，除了尊重还有敬佩。这也是整个中国的传统，我们那里把"天地君亲师"就称作"五常"，老师的地位与天地、父母并列。在新中国成立前，我们那儿就把供奉祖宗的祠堂腾出来办学，逝去的要为来者让路；周围村落中最好的房子不问可知，那就是学校。我个人的一生成长，以及每一个转折，都离不开老师的教诲和启发：我的第二代和第三代，情况和遭遇不一，也都离不开学校和老师这一关系。对于影响我们此后生活的老师，总是念念不忘。

　　我对于老师的尊重和敬佩，还有一个原因，就是在我的眼里，他们还是现代文明的传播者和推动者。我读过私塾，老师教我识字，也教我做人，我是同样感激的；但那时教给的首先是做一个家庭中的人，宗法关系中的人，封建道德化了的人，因而也只能得到天圆地方、孔孟之道、与世隔绝、与时代隔绝的知识；而进入"洋学堂"，即近现代的学校，那就完全不同了。与我们这个课题有关的，是破除封建迷信，普及科学文明。

古代的事就不说了，在我记忆里，几乎时时事事都离不开禁忌和迷信；信命信八字，信鬼神，信狐狸黄鼠狼能作祟于人，信古树旧器会成精作怪。那时地方上为供养种种神祇修建的庙宇，除佛、道、基督教者之外，还有三官庙、城隍庙、山神庙、龙王庙、关帝庙、土地庙，以及其他一些说不出名字的庙宇来；其信奉神祇之多，大至上天诸帝和风云雨雷，下至院落墙角，无处不在，甚至做饭的地方还要供个灶王，厕所还有个娘娘主管。农村本来寂静少事，只要稍有异常，不管是生老病死还是风雨变化，都会有一套神话或鬼话被编造出来，所以神迹或奇迹，经常被创造出来，尽管大同小异，内容陈腐。我就是在这样挤满了鬼神的夹缝中长大起来的。鬼神太多了，司空见惯，人们似乎也不那么当真恭敬和畏惧。但真正使我自觉，从思想上认识到这些鬼神观念之危害，必须加以清理的，就是我的学校老师。

那时候的学校，同时也是新文化的据点，是传播文明的中心。通过老师们的知识传授，打开了学生们一直处于家庭禁闭的眼界；老师们组织的种种具有现代化意识的文化活动，提高了学生们独立的思考能力。尽管课程很多，活动也不少，但就内容而言，学校给我们的可以归结为科学与知识二大类：科学和科学精神，扩大了宇宙观念，激发了人的主体性和创造性；历史知识和地理知识，则强化了对于人类和社会命运毕竟掌握在人自身手中的自信和责任。不论是自然科学还是社会科学，都对鬼神的存在和鬼神能够随意摆布人的命运，提出质疑，提出挑战。我曾目睹了一群年轻人推倒神像的情景，威严的天神和狰狞的鬼物，一瞬间就现出了它们的原形：一堆废土朽木。到了1949年，在我们周边十多个村落中，已经见不到宗教建筑的影子。学生在学校受到新文化和新思想的教育和熏陶，回家就成了新文化和新思想的宣传员；对推动整个农村从旧的传统中缓慢而不可逆转地走出来，起了积极而又最直接的作用。

当然，这不能说是学校孤立的作为，而是与社会整个进步和时局演变紧密相连的。我们通常都把中国的新文化运动溯源于1919年的"五四"

运动，科学与民主的两大口号就是那个时候提出来的；1921 年诞生中国共产党，1924 年开始北伐，可以说是中国现代思想文化史上最灿烂的一页。这都是大家熟知的常识。我这里想提及的是大家可能不大注意的两件事：

第一件，是反灵学运动。所谓"灵学"，是 1918 年和 1919 年分别在上海和北京由一批知识分子与少数官僚联合建立的一种降神通灵、企图用鬼神挽救世道人心为宗旨的组织，由此推动了封建主义会道门在全国泛滥，类似特异功能和"大师"崇拜的气功团体的出现。由于灵学的荒诞无稽，传播愚昧迷信，直接为复辟帝制服务，所以受到"五四"人物的普遍声讨，最后在北伐的扫荡中销声匿迹。

第二件，是非基督教运动和非宗教运动。基督教传入中国的历史可以上溯到唐代，但到了近代，则变成了帝国主义侵华的文化工具，在中国大地上，与鸦片、大炮共舞，目标是把中国基督教化，变成"上帝"的世界。1922 年，基督教系统用中、英文出版了《基督教占领中国》（汉译名《中华归主》）的大型调查报告，中国被作为"为基督征服世界运动"计划中的首选；同年，"世界基督教学生同盟"决定在清华学校召开年会，标志着基督教直接进入了教育领域，以此为导火线，首先在上海成立了"非基督教学生同盟"；接着得到北京学者们的回应，扩大而为"非宗教大同盟"，并发表宣言和通电，抗议世界基督教学生同盟在清华学校集会，由此发展成为又一次全国性的学生运动。这个运动提出的明确口号是教育与宗教分离；反对教会学校强制进行宗教教育，诱惑和强迫学生信教和参加宗教仪式；谴责基督教背离科学，宣传迷信。一句话，认为基督教在中国的宣教，不但是反科学的，而且是反民主的。这个运动也得到了中国基督教徒的广泛支持，他们提出的口号是，要中国的基督教，不要基督教的中国，主张自办教会，反对把中国教会变成外国教会的分支机构，受外国人的控制和支配。参与这次运动的学者，可以列出一个长长的大名单，著名的不但有李大钊、陈独秀、蔡和森等共产党人，而且也有朱执信、吴稚晖、戴季陶等国民党人，还有著名的无政府主义者李石曾、李璜、曾琦，被称为自由主义者的蔡元培、胡适，以及人们特别熟悉的梁启超、汪精卫等。这是思想文化界一个非常广泛的结盟，表达了反对帝国主义利用基督教奴化中国的愤慨。这个运动到了 1924 年变成了要求把教育权收归国有的斗争，大家知道，这个目标直到新中国成立后才得以完全实现。

　　我之所以特别追忆这段历史，一方面说明我的少年时代所处的学校，同时也担当着传播文明、破除迷信的使命，是否对我们今天的教育还有参考价值？另一方面则与最近见到一个光盘引起的感想有关。这个光盘是在地下流行的，全是为基督教占领中国作宣传的。我是从学校中得到的，说明它的宣教重点，就在学校。它讲了一大套历史，中心思想只有一个，那就是无神论最坏，中国的事全坏在无神论身上；中国的唯一出路，就是信神，而这个神是唯一的，只能是西方一神教的上帝。中国只要信了上帝，变成一神教的中国，自然就会有了民主自由，有了平等公正。看了这个光盘，有点出乎意料，没有想到那几位中国文人会变成外国的传教士，而且堕落到这种程度。但是对于不甚了解中国历史和新文化经历的人来说，可能有一定的蛊惑性。

　　事实上，无神论不是共产党的独创。近代无神论是西方资产阶级反对宗教黑暗统治的产物，早在18世纪，法国的唯物主义就以战斗的无神论名载史册。中国无神论作为一个概念被沿用下来，首创者是胡适，要求有宣传无神论自由的是蔡元培。而无神论作为科学和民主的当然之义，为当时中国所有的先进分子所接受，成为民族民主革命共举的一面旗帜。共产党的无神论建立在辩证唯物论和历史唯物论的基础上，它的世界观并不停留在无神论上，但它的无神论却是科学无神论的天然盟友。把无神论同共产党画等号，又把无神论同消灭宗教画等号，只是某些反共分子的谎言，他们力图通过这种谎言，挑动有神论者，尤其是教徒，对共产党起反感，疏离同共和国的关系。

　　其实，不论是"非基督教"还是"非宗教"，原是针对外国势力谋图基督教化中国而采取的应对措施，当然也是对盛行一时的宗教救国论所作的一种回答，作为一个纲领，从来没有得到共产党的理论支持；作为文化形态的基督教，陈独秀认为有许多优秀的东西值得中华文化借鉴。中华文化本质上并不排斥外来文化；中国的佛教就是舶来品，现在已是大家公认的传统文化的组成部分。有些人把不接受洋教，当做中国的"民族主义"抨击，也就是让我们放弃"民族主义"去接受洋教。"民族主义"现在是一个不受欢迎的字眼，但被某些人认为是中国的唯一伟人，而且之所以成为伟人就在于他有基督教信仰的孙中山先生，就把"民族主义"作为他的三民主义有机部分。孙先生的民族主义核心是民族平等，对外反对帝国主义以不平等待我之民族，对内主张各民族平等联合。对"民族主义"有各种解释。现在有人抨击我们为民族主义，实质在抨击我们的爱国主义，而我们知道，有的超级大国把它们的国家安全和国家利益已经推到世界的每个角落，包括我们的国家领土和国家主权，在这样条件下要我们放弃爱国主义，这意味着什么，其实大家都明白。

马克思讲过"宗教是人民的鸦片"。诚然，这是一个重要判断，但不是马克思主义关于宗教问题上的全部判断。共产党的宗教理论，以它的全部世界观为基础，服从和服务于它的整体路线和纲领，所以它从来不抽象地提出宗教问题和孤立地解决宗教问题。宗教作为纯粹的精神生活和思想认识问题，应该尊重个人的自主选择，所以共产党的政策始终坚持宗教信仰自由。执政以后，又把宗教信仰作为公民的基本权利，载到了共和国的宪法。当前有些打着马克思主义旗号为宗教作宣传的人，只是一味地攻击"鸦片烟"的论断，劝说共产党是如何地不应该与宗教作对，把广大教徒当做"异己力量"看待，以致造成一种假象，好像共产党当真是同宗教作对，不把教徒看成是自己的手足同胞一样。另一方面，又竭力为有神论评功摆好，只要信神，就比无神论好；因为信了神，有了神的管辖，人就不敢为恶，可以学好，所以信教的人，就都是道德高尚的人，而无神论者，天不怕地不怕，敢于为非作歹，所以就成了一批没有道德的卑劣小人。这类宣传不论动机如何，在信教群众和不信教群众之间、宗教与国家之间，都起着挑拨离间的作用。

关于宗教宣传，现在最热门的还有一套"与时俱进"的说法，那就是，科学产生于宗教，西方之所以科学发达，是因为基督教为科学提供了适宜的文化土壤；中国没有科学，科学是传教士带给中国的；科学给人类带来危害，只有宗教才能避免和挽救科学的危害。如此等等，没有宗教，没有鬼神，尤其是没有外国的一神教，中国就非完蛋不成。当年灵学有一个代表性口号，叫做"鬼神之说不张，国家之命遂促"。当代的宗教救国论者，呼喊的其实还是这个口号。

现在的时代与我生长的时代，有了根本的不同。我介绍我的青少年时代，只是为了回忆中国文化发展的历史大势及其与中国富强之路的关系，绝不是鼓动人们也像新文化运动那样对待宗教和有神信仰群众，因为历史条件有了根本性变化。现在的问题是，曾经以科学无神论为现代文明思潮的某些文化人，特别是既不信神也不信教的某些有文化的学者，也把科学无神论当成了旧思想的标志，奉信仰和宣传宗教为最新的时髦。这种思潮会造成一种社会氛围，起到宣教士所起不到的作用，潜移默化，对孩子们产生或明或暗的影响。但另一方面，近年来宗教发展的某些趋势，却越来越令人不安。

我们不怕那些大言不惭想把中国宗教化的妄想，我们对我们的民族文化和价值观念有充分的自信。现在担心的是它对某些青少年可能造成的实际危害。从全球范围看，宗教越来越变成政治斗争和聚敛财产的工具，由此挑起的宗教仇恨和宗教战争，可以说比比皆是；由此导致的人间惨剧，也不断有新闻报道。此中最大的牺牲者，是无辜的信徒，他们在各种各样神圣的名义下，做了人家的炮灰而不知所以；被冠以恐怖分子而自以为神圣。中国历史上没有发生过宗教战争，在总体上也没有宗教仇视和宗教压迫。但现在有人想在中国挑动宗教仇视，制造宗教事端，以致利用宗教分裂国家，分裂人民，那势力尽管微不足道，但却不可掉以轻心。如果让我们的孩子也变成别有用心者的工具，问题就大了，我们的家长和老师就无法向这些孩子作出交代。信不信教是宪法赋予公民的自由权利。孩子还没有独立判断和选择的能力，不能容忍向他们灌输宗教观念，诱迫他们从事宗教活动，更不许诱迫他们参加宗教团体。信仰完全是个人思想意识中的事，宗教团体却是社会组织；参加社会组织及其组织的活动，就是社会行为，个人思想要接受到它的熏染，意识要受到它的制约，严重的就是被洗脑，被控制，被操作，尤其是地下宗教和某些新宗教。"法轮功"者的自焚和杀人，是不应该被遗忘的教训。

我们提倡人的全面发展，要保障孩子们的健康成长。我们希望我们的孩子有独立的人格，富于创造精神而又品德高尚，同人类的进步和谐，求得自由幸福，并承担起社会责任，有所贡献；不希望他们从小就有屈辱的负罪感，匍匐于鬼神的恐吓，用乞求"神"的恩赐和福佑替代他们本来应该具有的自信、自强、自力。科学和文明早已显示，鬼神是不存在的。自称能够与神交通，自命是神的代言人的那些人，或宣布自己就是神，就是超人的人，不论用什么名字，一定要提高警惕。人格神至今还能存在，有许多原因。我们不能忽视虔诚的信仰者，我们应该对这些虔诚者的信仰表示理解和尊重，但是，用神的名义愚弄他人，控制他人，敛财敛色敛命，历史上太多了，不可忽视，不能木然。

为了保护我们的孩子，对我们的孩子负责，学校拒绝邪教，这是一个非常明智的举措；我个人认为，不论从国家法律还是国家的教育方针来说，学校同样应该拒绝宗教，拒绝任何形式的宗教宣传和宗教团体的发展。我们这个调研课题，直接是为了防止邪教有可能在学校继续蔓延提出的，同时也是为了了解一下宗教，不论是公开的还是秘密的，向学校渗透的情况，以及青少年可能受到的影响；对孩子们的喜好神奇和某些神秘主义现象，有些属于成长过程中的天性，则要具体分析，不能停留在粗暴斥责水平上。至于怎样具体进行才好，老师们考虑得肯定比我周全，我这里提出几点建议，供老师们参考：

第一，宗教信仰自由是公民的权利，学校拒绝宗教，是保障这一权利实施的重要措施之一。我们不能依照某些宗教的需要，剥夺孩子们在成年后的独立选择权；也不能因此干涉孩子们家庭的信仰自由权。然而在家庭、学校和社会之间，如何让青少年不受鬼神学说的侵犯，不为某种宗教的或邪教的组织所摆布，则是我们调研的一个重点。

第二，我们作这一课题的唯一目的，是全面贯彻国家的教育方针：唯一的立足点，是让我们的下一代身心健康、积极向上地成长起来，这与家长的利益也完全一致。因此开展科学无神论教育，不应该脱离国家的整体教育和孩子们生长的阶段性。我们把科学无神论纳入世界观的整体教育，这是一个很好的主意，应该继续多做这方面文章。但世界观的教育也不能脱离学校教育的整体和孩子生长的自然规律。在这方面，我们有教训值得吸取：教条八股，不但孩子们听了生厌，恐怕老师也不一定能说服自己。我们决不走这样的路。现在是信息时代，孩子们可能接触到的世界，包括网络世界，丰富多彩，五花八门，正义与邪恶都有，扯谎与真实并行，商品广告与文化艺术共举，以致美丑难分，真伪难辨。一些人在庄严认真地工作，一些人在男盗女娼。教人学好的宗教团体和个人不能说没有，但也不能被某些人甜言蜜语催眠，随魔鬼起舞。这就是社会，是当今青少年不能逃避的社会现实。我们不能把孩子关起来，封闭起来，而应是培养和引导他们如何正确看待和应对社会现实，如何提高辨别是非和善恶的能力，使他们既能保护自己，又能为推动社会进步做好准备。我们的科学无神论教育和宣传，就应该适应这样的社会条件和青少年状况去进行，去摸索。千万避免教条，避免起逆反作用。

第三，是一个长期任务，基本方式应该是潜移默化，日积月累，润物无声，让科学无神论贯彻在教学的每一个环节，学校的每一个角落，形成风气和氛围，造就学生形成自己世界观的有利环境，而不在于用多少课时，是否要开专门的课程。

第四，青少年的课外活动，也应该纳入我们调研的范围。希望朝阳区青少年活动中心介绍经验，并能继续有计划有系统地进行些试验。

（原载《科学与无神论》2003 年第 6 期，署名钟科文）

科学无神论必须进入大学校园

——一组有关调查和论文的述评

著名教育家蔡元培先生指出，西方"各国宪法，均有信仰自由一条"，其义在"解除宗教之束缚"，而非像现在某些人解释的那样，只有信教才有自由；蔡先生又认为，宗教乃是"用外力侵入个人的精神界，可算是侵犯人权的"，而非像现在某些人解释的那样，唯有信教才符合人权。公然揭示"无神论"为真理的是章太炎，至胡适而为新文化运动所共识，我们没有理由遗弃这一优良的传统。美国针对当前背离"政教分离"的趋向，正在兴起"新启蒙"运动，也值得我们反思。如果某些掌权者对"宗教"概念的演化和"无神论"的历史与内涵无所了解，仅凭布教者说或想当然指导相关工作，有可能离开文明的大道，反而去普及蒙昧主义。当代的大学生自立自强，独立思考，不需要套上神灵的枷锁；社会的进步，是科学文明的推动，也无须乎设立地狱天堂。

近些年来，关于宗教在大学校园内的传播，引起许多教育界人士的关注，有些教师已经在试验如何开展无神论教育，研究无神论的基本理论及其作为学科，进入高校系统的问题，并且取得一定的成果。但相比于宗教在大学蔓延的规模和速度来说，那力量和作用实在微不足道。有关行政领导部门的长期无所作为，使一些热心肠的同志也木然起来。最近读到去年几篇论文，又为之一动，现综述如下，以供大家讨论，也希望有关方面负起自己的责任来。

（一）宗教在大学生中的基本状况

《理论前沿》2004 年第 8 期载李志英的《关于大学生信教的调查与思

考》（略称《调查与思考》）中说："据 2003 年对北京地区 10 所高校 2820
名大学生的调查，信奉各种宗教的大学生占 9.2%"，而且"这次调查的
主要对象，是大学生中的党员和申请入党的积极分子，二者占了被调查人
员的 60.16%。这两类学生一般而言是大学生中政治上和精神上比较积极
向上的部分……大约占到在校大学生的 35% 左右"。

《青年研究》2004 年第 5 期刊左鹏的文章：《象牙塔中的基督徒——
北京市大学生基督教信仰状况调查》（略称《基督教调查》）。文章说，近
20 年来，"在大学校园中，不仅出现了大批'望教者'，'宗教文化追逐
者'，而且已有小部分大学生皈依了宗教，成了虔诚的宗教信徒。1998
年，北京市教委人文社会科学'九五'项目'北京青年宗教信仰状况调
查及对策研究'显示，北京市大学生中明确表示有宗教信仰的占 13.4%；
2000 年，上海市教委重点课题'大学生深层次思想问题研究'显示，上
海市大学生因各种原因而信教的合计为 11.8%。综合各地资料，对大学生
中宗教信徒所占比例的估计，最高在 20%，最低在 3%—4% 之间"。

这篇文章特别指出，"在大学生中，基督教的发展势头最迅猛，业已
超过其他宗教，成为信徒最多、影响最大的宗教"。1998 年，基督教徒在
北京市总人口中只占 0.23%，而在校大学生则占到 5.2%。这说明，城市
的基督教特别乐于在大学生中发展信徒。调查人在某大学的三个"聚会
点"连续作了两个月的观察，发现经常参加聚会点活动的教徒约占全校基
督徒的 57.3%，而全校基督徒则占全部大学生的 1.8%，有 180 余人。述
评者也听说过一个统计，说在校大学生参加基督教"团契"的人数，约占
整个大学生的 2%——也许是出自这同一次调查。显然，"这个结果比其他
一些调查结果略为偏低"。依述评者看，其所以偏低的原因之一，是他们
的调查透明度高，有的还是直接发卷调查，而一般在校的师生并不都愿意
公开自己的宗教信仰。

（二）对大学生信教原因的分析

这是所有研究这一问题的学者们探索的重点。上述二文都明确地指
出，信教的大学生，不属于弱势群体，《基督教调查》说："在生源地、
月均生活费用、学习成绩等几个反映大学生梯度差别的指标上，与大学生

总体的构成状况并无显著差异。"《调查与思考》一文，更令人惊奇地指出，他们所调查的那些信教大学生，多半是中共党员和申请入党的人。那么，是什么原因促使他们投到宗教门下？

《调查与思考》认为，主要是三个因素，其中除了第三由于家庭和民族传统信教的影响外，前两点是：1. "生存焦虑的影响，即需求性信教"，"面对家庭生存、个人生存和自身条件缺陷等种种压力，当他无法解决，无法发泄，无法承受，或缺少来自社会各方面的关爱时，宗教就会成为最有效的心灵的避难所"。2. "为了追求人生的终极关怀，即主动性信教"，有些大学生，"带着一种幼稚的理想主义来看待社会，但社会却并不符合他们的理想，而是越来越暴露出许多缺陷。他们愤世嫉俗，他们惴惴不安。当他们受的教育过于空泛，面孔过于呆板，不能很好地解释这一切时，以仁爱和行善为核心的精巧又深奥的宗教学说就易于乘虚而入"。

此文还进一步提出大学生信教的一些特点是，"信教不信神"和出于"心理调节的需要"，实际说的，还是入教的思想精神原因："这些人之所以信奉宗教，主要是他们把宗教作为了心灵寄托的场所，希望用宗教的武器改变社会道德混乱的状况。我国大学生信教人群中的相当一部分与上述情况相似，他们在社会主义条件下接受唯物主义无神论教育长大，又在高等学校接受现代科学的教育，要使他们在思想上真正相信神的存在一般不是一件易事。"又，"大学生正处在自我意识逐渐成熟的重要阶段，也是个性形成的关键时期……在处理学习、工作、友谊、爱情以及个人与集体、个人与国家等关系复杂的问题时，常常会引发激烈的心理矛盾和心理冲突，造成心理发展中的失调和不平衡……带来不适应感、焦虑感和压抑感"，由之出现心理障碍。"大学生出现心理障碍时，必然谋求释放以重新获得心理平衡。他们会向父母、亲友、师长等亲近人群倾诉……有的就投向宗教。笔者就曾亲自接触过这样一名大学生，当他面临压力无法解脱时，先是产生了自杀的念头，随后又企图遁入佛门"。

《基督教调查》指出，大学生信教的因素有二，一是家庭影响，而首居第一位的，"是生活在他们身边的基督徒个人的品德和面貌。正是这些人所追求的至善道德，在当今社会的道德'重构'中显示出了独特意义。

这种道德的恪守者——基督徒，不再被视为'异端'，而在某种程度上被当作'楷模'，对正处在人生观成型阶段的大学生，产生了强烈感召"。此文特别讲到这类大学生是如何在宗教氛围和与教徒接触中，使他们由"望教"者转变为"慕道"者，而终于成为教徒的。该文引用了一个有代表性的自述：

　　那是大一的上学期……一天我走在学校的马路上。突然两个女生过来搭话，说是韩国人，想跟我学汉语，交朋友。当时我特别高兴……我们先是回宿舍聊天。聊了有一小时，一个女孩突然问我："你听说过耶稣吗？"……接着，她说她们信仰耶稣，还问我有没有信仰……于是，她们就开始讲耶稣的故事，当时我只觉得好玩，也没往深处想。又过了两星期，她们突然打来电话，邀请我去她们家 Party，我答应了。到了以后才发现，那天被邀请的除了我还有五六个跟我差不多的大一新生。她们早准备好了各种零食，我们边吃边聊。这次直接聊到了神，她们引用万物的奇妙来证明神的存在和伟大创造。午饭后，她们放了一张光碟，是关于耶稣生平的。尽管当时我还不能完全接受，但我感觉她们那里的气氛特别好，每个人都那么热情。慢慢地，每次聚会我都参加了……随着我对基督了解的增多，真的感觉只有基督才能拯救我的灵魂。我相信上帝了，相信他能帮助我，指引我。说实话，还真得感谢那两个韩国妹妹，是她们把我带到了神面前，使我认识了神，得到了神的爱。

文章还登载了另一个大学生信徒的自述：

　　我是上高中时开始信主的。当时是因为母亲有病，和母亲一块儿信的。感谢主，后来母亲病好了，我也考上了大学。刚到北京……听老乡介绍，去了某某教堂……去的次数多了，总觉得跟学校上课一样……给人感觉，冷冰冰的。这期间认识了一个女孩，从她那儿知道我们学校也有聚会点。第一次去，感觉特别好。那儿都是和我差不多的大学生，而且都特别地热情好客。在听了我的自我介绍后，大家热烈地鼓掌欢迎，并且专门为我唱了一首《欢迎你》。接下来大家一起读《圣经》，一起唱圣歌。特别让我感动的是，聚会结束时，引领人让我说出自己的心愿，然后大家一起为我祷告，并且相约回去以后为我代祷。就这一次，我就被吸引住了。从那以后，我再也没有去过教堂。因为团契使我找到了一种家的感觉，在信仰上有人互相交流，在生活上有人互相帮助。我确信，团契就是我的家，是神在北京给我安的家。

大学一年级似乎是宗教最乐于光顾的群体。《调查与思考》统计："一年级学生信教的比例最高，达到 16.5%，二至四年级的比例是 10.7%，硕士研究生是 5.6%，博士研究生是 5.2%。"

此外，《山东省青年管理学院学报》2004 年 3 月号载赵芃的《在大学生中深入开展马克思主义宗教观教育》认为，"青年宗教信仰和'青年宗教热'已成为特定历史条件下的产物"，这"一方面反映了青年人不愿意循规蹈矩、惟命是听，愿意用自己的头脑去思考，并抱着文化宽容的心态对待宗教文化和宗教信仰，通过直接接触人类的一切精神文化财富，亲身去探索人间的一切奥妙；另一方面反映了部分青年在信仰中的迷茫和转移，信仰危机使青年失去了对政治的热情，失去了精神支柱"。

此文还说："部分大学生对宗教文化产生了兴趣，并对宗教产生了兴趣，继而研究宗教，甚至到信仰宗教。学生在生活中受到挫折……因而消极厌世，想在宗教里求得解脱。对社会上存在的丑恶现象感到愤懑，认为宗教能使人净化心灵……宿命论和迷信思想的影响……以及青年的逆反心理、思想政治工作的薄弱和国际宗教思想的影响等，都有可能使学生产生依托宗教的想法。"

《清华大学教育研究》2004 年第一期刊吴倬的《高校应重视马克思主义宗教观教育》，没有对高校宗教信仰的现状作具体介绍，但有一个总的评估："20 世纪中叶以来，世界出现了令人瞩目的'宗教热'现象，我国也于上世纪 80 年代改革开放后出现了明显的宗教升温。社会上的这种'宗教热'对高校的思想政治工作形成了不小的冲击，它严重地影响了大学生的世界观教育工作。"

（三）关于应对的措施

其中最普遍的意见，就是上述《学报》和《研究》所登二文提出的：在高校，对大学生，应该重视和开展马克思主义宗教观的教育。《学报》的文章讲了三点。第一点是讲必要性的，它举了三条理由：1. 有利于大学生深刻认识宗教的本质和特征；2. 有利于他们确立无神论思想和科学精神；3. 有利于他们解决和处理好宗教信仰问题。第二点是讲教育的主要内容的：1. 教育学生正确认识马克思主义宗教观；2. 引导学生正确看待宗教的社会作用；3. 开展科学世界观、人生观教育。最后一点是讲开展这一教育的途径和方法：1. 开展有关宗教知识的课程；2. 全面贯彻宗教信仰自由政策；3. 全面提高大学生的思想文化素质。

《研究》上的文章，希望通过马克思主义宗教观的教育，解决大学生中的这样一些实际问题："究竟是唯物主义世界观还是宗教有神论是正确的观点？"以及"神"的观念是怎样形成的？宗教为什么会长期存在？宗教的社会作用是积极的还是消极的？宗教与科学的关系如何？为什么有些科学家会信仰宗教？宗教道德教人从善，和集体主义道德有什么区别？既然说宗教是不科学的，为什么还要实行宗教信仰政策？如此等等。文章认为可以用马克思主义作四个方面解答：1. 说明有神论形成的原因；2. 说明宗教的本质和功能；3. 说明宗教和科学本质上的对立；4. 说明宗教道德的本质。

《调查与思考》一文专门列了一题，提出"大学生信教与高校思想政治工作"的意见，强调"最重要的是要看这一现象背后折射出来的高校思想政治工作存在的问题"，大学生是"当思想政治工作不能奏效时才转向宗教"的。

《基督教调查》的《结论和建议》最后一条是："在大学校园里，活跃着一支以留学生为主的外国人传教队伍。他们以'交朋友'、'学外语'为诱惑，吸引大学生参加基督教团契，宣扬教义，培养和发展信徒。对此，学校有关部门应依法加强管理。"

复述的这些论文提要，给我许多知识和启发，对于作者们，表示敬佩。他们关心大学生健康成长的心情，溢于言表；他们对当前高校世界观教育的缺失的评论，大约也不是少数人的看法；他们的建议，不应该被漠然置之。由此浮想颇多，也想借机补充几句。

1. 关于政权分离、教育与宗教分离问题

我主张我们的大学生，应该思想活跃，接触世界，认识世界。对于宗教以至流行的迷信，也应该有些必要的知识。宗教信仰自由不只是党的政策，而且是《宪法》规定的公民权利，这一权利同《宪法》规定的其他权利一样，是神圣的，不可侵犯的。大学生当然有资格享受这一权利。但是，还有一方面同样是不容忽视的，那就是为保障宗教信仰自由的实现，使之信教与否完全成为公民个人私事的政教分离、教育与宗教相分离。这一原则在法律上的表现之一，是不允许在国家机关、公众场合，以及公办学校中进行宗教宣传、宗教组织和宗教活动。我们国家为了把教育权收归国有，为了把宗教从国民教育系统中清理出去，实现教育与宗教的分离，自"五四"以来就是新文化运动的一大目标，得来不易。现下一些高等院校中放任宗教宣传和宗教活动，是一种倒退，背离了宗教信仰自由的宗旨。

宗教在大学校园里的实际情况，可能比上述的调查还要严重一些。即以基督教为例，海外的秘密（地下）传教就极其猖獗。我们的大学生是有反感，有抵制的，他们认为传教活动干扰了他们正常的学习和生活，但又有些茫然和无可奈何。在整体上，他们是非宗教的，有更重要的学习任务和更丰富健康的课外活动等待他们去做。他们希望全面发展，他们很忙。但即使是只对少数人有影响，放任宗教在校园中传播，也是有关当局的失职。

2. 如何看待青年人的心理问题

青年人在成长过程总是有烦恼的。有《少年维特之烦恼》，有《父与子》的烦恼，有《子夜》类的烦恼。矛盾是普遍的，主观与客观，个人与生存和发展的环境，理想与现实，如此等等，无不存在矛盾。处理不好任何矛盾，都会产生苦恼。从这个意义上讲，青年人出现心理问题不应该看作是反常的现象。学校的任务之一，就是要给予实在的关切，采取实在的措施，把他们引导到积极进取、蓬勃向上的途径。事不如意，遭遇困难和挫折，也是成长中的常态，总在妈妈的怀抱里，过着饭来张口、衣来伸手的生活，永远长不大，更不用说学好本事，为社会做贡献了。因此，不能把学生信教的问题，主要归结到学生的心理或精神层面。

　　蔡元培用"富贵不能淫，贫贱不能移，威武不能屈"界定"自由"的内涵；毛泽东以"苦其心志，劳其筋骨，饿其体肤，空乏其身，行拂乱其所为"训其子女。这种意志品格的锻炼，应该纳入我们的国民素质教育中。

　　对于青年问题，积极的建设比消极的防范好，掌握科学无神论比用有神论禁锢好。

　　3. "东方神秘主义"渗入校园，败坏科学精神，是宗教在大学中得以发展的一大要素

　　科学是实事求是的学问，知识需要一点一滴的积累，创新允许异想天开，想前人所不敢想，做前人所未做，但不能投机，不可取巧，不能让我们民族的未来寄托到神异和奇迹上。在学风上，尤戒造假作伪，其误国害民，我们是有过惨痛教训的。中国需要的是科学和人才，在科教兴国的今日，尤为重要。据此反思，自 20 世纪 70 年代末以来，我们的大学校园都引进过什么"新"的东西，用以误导和熏陶我们的大学生？

　　最显著的是"人体科学"、"特异功能"、气功大师、伪科学。它们步入校园，进入讲堂，编入教材，实地表演，又是实验报告，又是理论论证，妄想通过恍恍惚惚，吐气发功，就可以包治百病，把别人的钞票装到自己的口袋里，以至于左右天地宇宙和人生命运，无所不能；其倡导者还要据此发动"科学革命"、"文化革命"，实是作反科学反理性动员，其影响至今犹存。

　　与此有关，是把卜卦算命当作"预测学"，用当代的建筑理念，粉饰风水迷信，名之为风水学，扭曲和糟蹋传统文化，也在某些大学校园中大行其道，什么研究会，什么教授，其实是使封建迷信合法化，充当江湖骗子的批发商。

　　4. 关于大学生的宗教课程和宗教研究

　　说大学生须要懂一些宗教知识和宗教文化，我想不会有人反对。据我所知，主张研究宗教并建议成立宗教研究机构的是毛泽东，时在 20 世纪 60 年代初。到了 80 年代初，一些综合大学已经开设了宗教课程。之后，许多高校纷纷建立宗教系和宗教研究所之类，一时成为高校系统的一个不大不小的热门。问题是，这类宗教课程的教授方向是什么？是按毛泽东的

意见去办的，还是作为客观知识去办的，或者是充当了宗教布道和神学宣教的场所？

当然不可一概而论。宗教，作为一种传统性很强的意识形态和特殊的组织形式，其对社会历史和个人发展的影响，在我们的教育系统中，理应是客观的、有分析的，给以如实的表述和评价，我们的一些教师就是这样做的。但实际上，为宗教喊好，论证宗教之所以好，远比指出宗教的荒谬和弊端的多得多。西方近现代科技的发展，被归结为基督教的功劳。当前国内出现的某些不安定因素，被认为是宗教缺失的原因。在有些系、所里，无神论是不能谈的，也拒绝研究，其有甚者，认为无神论就是邪恶，与无道德、不道德等同。这就完全抹杀无神论在结束西方黑暗统治，开辟启蒙运动和推动科学发展中的伟大作用。至于对当代西方的无神论研究和传播，以及日益扩大的非宗教趋向，几乎成了我们教育领域中的盲区。对美国宗教基要主义在国内强化政教合一的历史反动，以及对外输出宗教价值观，干涉他国内政，似乎是熟视无睹。现下遍及全球的、挑动民族仇恨和恐怖，制造地区对立和战争的，极少有不打着宗教旗号，或以"圣战"名义，或用"文化冲突"对其民众进行舆论动员的。如果连火与血也不在话下了，只一味地高赞宗教的爱啊，善啊，难免使人感到这是狼对羊的爱，是为道德所不齿的伪善。

在20余年的时间里，有些大学校园里总有非巫即神的东西在那里隐约地游荡，这在中国教育史上恐怕是空前的；由此造成的氛围，误导一些大学生投向宗教信仰和神灵的怀抱，要比其他因素的影响更甚。

为什么要把巫和神请进校园？至少对某些活动分子来说，是为了敛钱。搞特异功能可以向国家申请钱，请气功大师可以从骗钱中分钱，而成立宗教学系或什么宗教中心、所，可以向宗教人士那里乞求钱。把教育商品化，把学校市场化，把宗教教学和研究当成"吃教"的门路，实在有些斯文扫地，又何以以文育人！

（四）有关的几个重要误解

就当前来说，把科学无神论的宣传教育同宗教信仰自由对立起来，是科学无神论难以进入大学校门的一大思想障碍。解决这个问题，需要有关主管部门学习。首先是学习《宪法》和有关法律文件，譬如《教育法》，同时学习党和国家历代领导人的有关言论和有关文件。当然，读一些马克思主义有关经典著作更好——起码可以参考一下西方。

我想讲的是另外几种误解：

1. "自然科学是学校的主课之一，本身就是无神论的"，所以无须再讲无神论。诚然，社会的进步，用宗教裁判所的方式处理科学家和无神论者，已不可能；科学的发展已迫使宗教失去许多世袭的精神领地。因此推动社会进步，发展科学事业，对于无神论来说，也是头等大事。我们反对脱离我们国家的总体任务和国民教育全局去孤立地开展无神论教育，而只是把它作为这总体和全局的一分子，服从并服务于这总体和全局。但是，数理化、天地生，自然科学本身并不等于无神论。宗教神学的发展动力之一，是极力地适应科学的新发现，将这些新发现，作出神学的解释，纳入神学范围，而不至于导向对"神"的否定。无神论就是针对种种有神论而言的，它有自己的特殊研究对象，特殊的理论内容，解决许多特殊的认识问题，不是其他学科可以取代的。

2. "马克思主义哲学就是包括科学无神论，学校都有这样的课程"，不必再讲无神论。按道理应该如此，事实不全这样。有的教授或研究马克思主义哲学的学者，就加入了邪教或为邪教作理论论证，为宗教说话或信仰了某一宗教的共产党员恐怕也不是个别的。马克思主义哲学应该是共产党人的世界观和方法论，作为指导原则，理应遍及一切学科，而不能仅限于去解决宗教神学问题。譬如上帝和彼岸的天国是否真实存在？神学对于上帝存在的论证是否成立？人类是否负有原罪，需要永远靠上帝救赎？上帝的观念是如何产生，以及怎样被历代神学家所不断塑造的？宗教经典是如何形成的，究竟是谁，为了什么，要假借神的名义，自命是神在地上的代理者，他们以及他们的团体在世俗历史中都起了什么作用？中国特别盛行的灵魂不死、肉身成仙、神功异能、风水八字、算卦测字、请神驱邪、因果报应，以及其他传统迷信和灵学之类，为什么都属虚妄，道理在哪里？人们为什么会相信这种种莫须有的鬼神之说，而且会影响如此之广大和持久，在认识上和思维方法上是个什么问题？如此等等，非常具体，都不是用马克思主义哲学原理可以抽象解决的。

　　与有神论兴起和发展的同时，无神论也在不断发展。对于上述中外有神论的观点和论据，中外的无神论都有相应的驳难，而且至今没有停息。无神论的进展，从一个重要侧面反映了人类认识的正确方向，以及人类认识的不断进步和完善，因此科学无神论有助于我们正确的思维，掌握科学的认识方法。

　　恩格斯和列宁都曾建议，把法国 18 世纪战斗的无神论文献翻译出来，广泛地传播到人民大众中去。原因之一，就是人们信仰的神灵世界有许多问题，需要专门的研究和说明，并非用马克思主义哲学的一般原理可以取而代之。

　　也正因为如此，我们呼吁建立一个独立的科学无神论学科——这也是一个系统工程。

　　3. "我们有思想政治工作，可以解决学生的信仰问题"，所以不需要单独地讲授无神论。前述的调查和论文，也大都把大学生的信教原因归之为思想政治工作薄弱的结果。我认为，这里有几个界限要划清：公民，包括大学生的信仰问题，原则上属于思想领域，而不属于政治领域；只有以宗教名义从事政治活动，才能归于政治问题；而所谓思想问题，指的也主要是认识上的，不都是政治思想有问题。

　　从历史上看，中国的宗教始终没有形成与世俗国家抗衡的社会力量，宗教活动与世俗的社会生活也没有严重的冲突。进入近现代以来，在整体上，宗教界是追随时代前进的，有着深厚的爱国主义情怀，中国基督教的主流也是如此。这同西方一神教国家，有本质的区别。因此，在教徒中，支持和参与社会革命，支持和参与国家建设，大有人在。而有些非教徒，包括无神论者，支持和参与反动甚至做汉奸卖国贼的也有。这犹如信教者未必道德高尚，没有犯罪记录，而无神论者未必就是不道德，成为犯罪的因素。因此，信教与否，是无神论还是有神论，并非是衡量政治倾向的尺度，也不是评量道德与否的标准。把信仰问题同政治问题或道德问题混为一谈，不仅会造成认识上的混乱，也容易引发种种不良后果。

　　按马克思主义观点，宗教产生和存在的根源主要有二：一是社会的，二是认识上的。社会问题需要由社会的不断变革和完善去解决；认识问题主要得在科学发展和科学普及基础上用说理的方法去解决。20 世纪初，人们已经发现，心理、生理乃至病理也是鬼神观念得以滋生的重要原因，不过相对而言，还是以前两者为根本。所以马克思主义政党历来反对用行政手段去干涉、禁止或消灭人们的宗教信仰，同时提倡说理的必要。

理由很简单：尽管宗教有其长期存在的客观合理性，尽管在政治上和道德上，信教与不信教没有原则区别，但这并不意味着有神论是真理，其对人们精神世界的负面影响，可以置之不理。无神论与有神论的争论，无神论对有神论的批判，不论在西方和东方，都有长期的历史，是人类在认识世界和改造世界中自我批判、自我提高、促进文明和发展中的必然趋向。今天也还是如此。以鬼神的存在为基础的世界观不符合事实，由此确立的人生观和价值观，损害人的尊严，贬黜人的价值，压制人的创造，易于受那些自命神灵代表者的控制和操纵，因此，反对宗教信仰向教育领域渗透，不应该视为对宗教信仰者的敌意。信仰是一回事，真理是又一回事。信仰是公民的权利，应该得到尊重；真理只有一个，需要捍卫。套用一句名言："我爱我师，我更爱真理"，我爱我的信教同胞，我也需要坚持真理。科学无神论以科学和理性支持无神论的真理性，有神论则以虚幻和非理性反映其荒谬性。我们的国民教育不能，也不允许用虚妄的鬼神之词教育自己的子弟。我们国家最需要的是提高社会主义建设中的科学水平，我们民族最需要的是振兴中华必需的民族精神和文明程度。有人说，中国的问题，从根本上说是因为没有宗教信仰。这是西方一神教的偏见，而不是事实，现在不应该继续重复这样的谰言。

（五）几个重要问题的说明

有神论不全等于宗教；有神论不仅存在于宗教团体里。中国大多数民众相信鬼神和灵异，但与宗教团有直接组织上联系的极少。西方宗教把有神论界定在一神论范围，神是唯一的，据此界定的无神论，就是否定这唯一的神的思想理论。中国有多神主义的传统，有鬼神论，有反鬼神论；围绕灵魂是否不灭，还有神不灭论和神灭论；所以我们今天讲的无神论，与西方是不全相同的。

据我所知，中国首先使用无神论一词的是章太炎，他在清末发表了一篇名文，就叫《无神论》。文章认为婆罗门教的梵天和基督教的上帝，都是虚构的，矛盾百出而不能自圆其说，而以无神论为真理。"五四"之后，胡适针对怀疑论在反对有神论上的不彻底性，明确宣示，唯有无神论符合科学的实证。然而就这些人物，有的并不完全否定宗教，像章太炎就是；有的则把反对的对象，推及一切封建迷信，陈独秀就是。我们现在沿用的无神论一词，就是来自民主革命的这一传统。

当前的有神论，已经不限于封建迷信深厚的无知愚民，而且深入到了科学发达、文化层次很高的知识分子群。恩格斯的《神灵世界中的自然科学》就开出一张知名科学家的名单，指出他们是如何陷入神灵世界的。这股风越刮越烈，以所谓"超心理学"即"心灵学"、"灵学"为中心，在知识界形成一种涉及面颇广、连续不断的活动，称作"新时代运动"或"新人类运动"。这些人并不承认自己属于宗教，大多没有独立的组织，即使有所组织，也比较松散。但由于他们的知名度对社会具有特殊的影响力，由之推动了此伏彼起、成千上万的以"宗教"自命的团体，形成所谓"新宗教运动"。新时代运动和新宗教运动的共性，是否认外在神的权威，蔑视传统宗教的既有地位，而前者多夸大人自身的作用，肯定巫术和神异的真实性，并力图给以科学的解释；后者更将其能够显示巫术神异的教主，奉为信仰崇拜的唯一对象，国外媒体多称为"膜拜团体"。

在我国的"新时代"，海外称为"中国新世纪"，也就是宣示特异功能的人体科学。我国出现的跨区、跨国性气功团体，实属膜拜团体，所谓"大气功师"，相当于教主。我国严禁的"邪教"，就是其中的违法者。

严格地说，新时代运动不属于宗教，新宗教运动是否属于宗教，国外有争论，但它们都是有神论的信奉者和传播者，所以我名之为"有神论的新载体"。

还有一些宗教或宗教倡导者，提倡把神从宗教中驱逐出去，使之成为无神的宗教。这个情况也很复杂。时下在西方最流行的是所谓"伦理宗教"，保留和改造传统宗教中的道德和价值观方面的内容，把神话和奇迹部分删除。章太炎可以作为中国的代表，他在《建立宗教论》中认为，中国未来建立的宗教可能是释教，但这释教不是烧香拜佛的迷信，而是以激发"自力"精神为核心的唯识学。西方一大批科学家和哲学家，崇尚斯宾诺莎的泛神论，认为神就融在自然界中，不承认在自然之外和自然之上另有什么神的存在。爱因斯坦的宗教观，可作西方现代科学家的代表。他认为犹太—基督教中不应再保留人格化的上帝，也不应依《圣经》中的神创论传教，他劝那些神职人员，最好去改做教员。他所提倡的宗教，是自由和为追求真理和创造而抛却私利的毅力和感情，以及与此有关的精神品格。早在俄国社会民主工党中，有人希望把社会主义造成一种宗教，英国罗素也把社会主义比作宗教。如此种种，这些人都把宗教泛化了，与本来以神灵为基本支撑点的宗教，已经不是一个概念。这种宗教泛化现象，在西方还有继续扩展的势头，也是宗教有神论走向衰败的一种迹象。

说明这些情况，是表示，有些自称的宗教信仰者和宗教维护者，不一定是有神论者；而有些非宗教的团体和文化人，却是兜售有神论很卖力的人，并且花样经常变换。我们科学无神论者与之论辩的，是在公众场所和新闻媒体公然宣教的有神论，尤其是企图把中国宗教化的那类言论，并非宗教信仰本身。

我国的教育，是属于全体国民的，是为了全体国民的。我们只能把先进的文化和科学的知识传授给我们的学生。我们应该让学生了解什么是谬误，什么是真理，让他们学会辨别是非、真伪、善恶、美丑，目的是让他们去追求真理，拒绝伪、恶、丑。有人提出，大学应该像蔡元培提倡的那样"兼容并包"，供学生自由选择，譬如聘请保后派的文化中坚辜鸿铭做教授。其实这例子本身就可笑。辜鸿铭到北大是教授英文和拉丁文的，而不是请他讲辫子、小脚、姨太太和"皇太后"。蔡先生的"兼容并包"是为了扩大教育的视野，而不是没有导向。他不但提出过"以美育代宗教"的主张，而且还是鼓动"非宗教运动"中的重量级人物。他的《在信教自由会之演说》，时隔90年，仍然值得教育工作者一读。他把西方"各国宪法，均有信仰自由一条"，照直解释为"解除宗教之束缚"。他又认为，宗教乃是"用外力侵入个人的精神界，可算是侵犯人权的"。

蔡先生是中国现代教育的主要开创者，是我国影响最大的教育家，他的这类思想，至今仍然回味无穷。

（原载《科学与无神论》2005年第6期和2006年第1期，署名文丁）

科学无神论教育与无神论研究

最近由人民出版社出版的《科学无神论大学生读本》、《科学无神论中学生读本》、《科学无神论小学生读本》都用了"科学无神论"作书名。无神论是与人类文明并存的一种思潮，有种种不同的表现形态；"科学无神论"则是无神论发展的新阶段，反映着时代的新特点。

我们的家长没有人把自己的子女交给鬼神摆布，学校的老师也没有人会让自己的学生痴迷于怪力乱神。相反，期望我们的下一代具备科学精神，拥有科学知识，使他们的身体和精神得到健康而全面的发展，是学校和家长的共同心声。但是，当代国内外的鬼神论者及其组织，包装得形形色色，有的像是神圣庄严，有的像是超凡脱俗；怪力乱神者及其组织，更假科学的名义炫示神异，宣布预言，显得全知全能。这种复杂情况，使人们在识别鬼神论和怪力乱神的谬误和欺骗方面，增加了许多困难，以致不慎陷入其中，成了某些利益集团的牺牲品，或政治军事斗争的工具。

科学无神论无力解决鬼神论的社会根源，但可以提高人们的鉴别真伪和自我保护的能力，有利于科学世界观的形成和心理健康。因此，开展科学无神论教育得到学校和家长的普遍欢迎，就是情理之中的事情了。

然而另一方面，自20世纪70年代以来，无神论在一些社会舆论中的声誉并不好。无神论受到诋毁，言论受到限制，而鬼神论则相对蔓延，以至为邪教的猖獗提供了温床。这个教训是不应该轻易忘掉的。

其实，研究无神论、评说无神论，不仅仅是无神论者和哲学、社会文化学者的事，宗教神学家也十分关切，也在研究。现在用宗教审判的方式对待无神论的时代早已终结了，但神学布道和批判无神论的力度却加强了，而且随着科学和无神论的发展不断增进新内容、更换新面貌。其中曾经视科学为奴婢的姿态，一变而攀附科学，就是神学的一个新特点。本来，任何一项重大的科学发现和科学假说都是对鬼神论的打击，为无神论提供证据，而神学则力图从中作出鬼神存在的诠释，将科学的新进展纳入神学的范围。就此而言，神学对科学的最新成就相当敏感，反应也很快捷。反观我们的无神论，不仅反应迟缓，内容陈旧，而且单薄。

即使是不证自明的真理，也应该是丰满的，能够启迪智慧，震撼灵魂。

在无神论的历史知识和理论知识方面，一些神学著作或许比我们大陆学界更加丰富，更加系统，也更有深度。至于追随科学的发展，适应社会的进步而进行的理论研究和哲学概括，我们的无神论还没有认真地提到议事日程上来。

现在我们的情况是，有些学者一听到无神论就摇头。这摇头的含义颇深，我这里只讲两种：一种认为，无神论浅薄，没有什么学问，只可以向愚昧迷信的老百姓讲，而登不了教育和学术的殿堂。无知也可能使人产生错觉，而这样的错觉往往是危险的。其实，只要想想法国的无神论在理论上曾经如何照亮当时的世界，至今还是人类文明史上的丰碑，就应该纠正这类错觉了，更不用说此后科学发展和社会进步带来的光辉和文明。

另一种摇头是认为无神论不识时务，就是说，无神论过时了。时兴的是什么？时髦的是什么？好像很清楚。其实这也是一种错觉。造成这种错觉的也有很多原因，其中之一是舆论的导向、学界的趋向。

我不认为神学家写的书都无价值，有些是非常好的，无神论者也应该认真阅读。但是，若只译介神学研究无神论的著作，只聆听神学对于科学与宗教关系的"高见"，至少是一种片面。如果据此得出时代的声音就是如神学所言，岂不是天大的误导，如果据此引导我们的孩子，我认为就是一种罪过。

实事求是地说，我们对本国古代的无神论还有所认识，对民主革命以来的近代无神论就不十分清楚；对于西方启蒙运动的无神论早有所知，翻译过来的名著也不算少，但系统研究却不多，至于当代无神论的新发展，可以说是完全陌生，完全隔膜。对于目前的无神论的教育和宣传有人认为是极"左"了，实际上是与世隔绝了。

在近些年的氛围中，人民出版社组织编写科学无神论读本，也表现了一种胆略，它符合家长和老师们的意愿，满足同学们这些方面的需要。但愿以此为契机，能够推动科学无神论更系统、更深入、更全面的研究，以便为我们的下一代提供更好的读本。

（原载《人民日报》2000 年 10 月 5 日）

无神论是科学精神的一翼

　　无神论是个外来词，英文 atheism，据说最早使用这个词的是希腊哲人柏拉图。它以否定上帝存在为中心，排除灵魂不死和一切超自然存在的观念，而主张用自然界本身说明自然现象，把人本身作为价值的尺度，将命运的决定权交给人自身。因此，它突出了人在世界中的地位，确立了经验和理性在认识真理上的至高无上的作用。

　　西方对无神论的分类颇多，大体有两种。一种叫理论的无神论，即自觉的坚持对有神论的否定，包括自文艺复兴运动以来不断发展的人本主义和在科学界有极大影响的自然神论；另一种叫实践的无神论，也可称作不自觉的无神论，指在社会实践或行为规范上并不考虑神的因素，像孔子提倡从"尽人事"上着眼，而"不语怪力乱神"之类。不论属于哪一种，均被普遍认为是人类历史上"文明和思考的成果"。

　　开辟近代无神论新篇章的，首先是自然科学。它的发现和发明，将神支配的领域逐渐缩小，同时证明了人的创造力，无须乎什么神灵帮忙。地球中心说被推翻了，使上帝失去了存身之地；进化论指出，人不是上帝的创造物，当然也与原罪没有关系。西方一部科学发展史足以说明，自然科学是无神论最坚固的柱石；而无神论对自然科学勇于从神学中解放出来，不断创新，起着清扫道路的作用。

　　在社会政治领域，无神论是反封建主义的斗士，在争取政教分离，确定宗教信仰自由为一种基本的人权方面，功勋卓著。它是促使西方一神教统制解体，将整部历史导入近代的一股重要的思想力量，被美称为战斗的无神论。它不但为无神论者争得了合法的自由权利，也给长期被定为"异教"的各种宗教信仰争得了平等。从这个意义上说，无神论也力求把宗教信仰问题变成完全属于个人的私生活问题。

中国是一个多神主义国家，也有无鬼论和神灭论的传统，具有近现代科学和民主内涵的无神论，实产生于"五四运动"前后。那时陈独秀提出要拥护科学和民主两大口号时说，"要拥护那赛先生便不得不反对旧艺术、旧宗教"。其反对"旧宗教"，与西方启蒙者大体一致，但不限于反对一神论，而是反对一切鬼种之说；反对"旧艺术"，具体指的虽然是"中国戏"，使我们联想起来的却是中国传统史学上的"艺术"观。

中国传统史学上的"艺术"，与西方的 art 不同，从《魏书》至《清史稿》，凡乎所有史籍，都列有"艺术"专传，或名"方伎"，将历算工艺、书画音律与医巫相卜、神术异能归为一类。这说明，在中国历史上，技术只与巫卜同流，百工则与通鬼神者为伍，至于科学，连与之类似的概念都没有，更说不上科学的独立发展。与此相应，巫卜和通灵术，则被当作史实，似乎比技术百工的地位还高。这种混淆虚幻与真实的界限，混淆主观想象与改变现实的界限，其危害之烈，在海禁打开之后，愈益显露出来。

当时所以特别要反对"旧宗教"，有一个重要的现实原因。稍远些说，是慈禧太后妄想用义和团的"神功"抵御外侮，而实质在镇压维新和革命，维护后党专制；近则有 1917 年、1918 年先后以京沪两市为据点在全国开展的"灵学"运动，阴谋复辟帝制。这类耳听目睹的经验教训留给"五四"人物的影响应该是很深刻的、多方面的，其中之一就是：迷信之于封建主义，乃是一个法宝，而破除迷信则必定要成为反封建的一项文化任务。这种认识，一直贯穿在民主革命的全过程，渗透在一切民主志士的灵魂里。可以说，中国的无神论首先是从科学的角度提出，同时也被纳入了民主的范畴。

"五四"以后，以梁启超的《欧游心影录》为标志，出现了公开反科学、反现代文明的思潮，回应"灵学会"主张的鬼神救国之说，提倡宗教救世，由此又引发了科学与玄学之争。玄学鬼张君劢搬弄柏克森等人的哲学，用"直觉"、"自由意志"一类神秘主义为灵学寻找哲学的支持，要求把情感世界和道德世界让给有神论控制，反对把人生观和世界观建立在科学的基础上，因此而受到陈独秀和胡适等人的激烈抨击。他们都很看重赫胥黎的怀疑论在反对有神论中的作用，但也都感到它的不彻底性，认为

"对于超物质而独立存在并且可以支配物质的什么中心"，"什么神灵与上帝，我们已无疑可存了"，在今日的中国，"我们如果深信现有的科学证据只能叫我们否认上帝的存在和灵魂的不灭，那么我们正不妨老实的自居为无神论者。"据此，他们"大声疾呼，出来替科学辩护"，号召把人生观和宇宙观建筑在科学的基础上，树立"科学的人生观"。

对这"科学的人观"，人们的理解并不一致，但有一点没有疑义，那就是在"上帝的有无，鬼神的有无，灵魂的有无"等"人生切要问题"上，作出科学无神论的解答，"促进思想上的刷新"。陈独秀更进一步，他用"唯物的历史观"说明有神、无神的社会原因，他提倡的人生观是包含了科学无神论并超过了科学无神论。

"五四"运动对于科学无神论的宣传，为确立科学的地位，促进科学的发展，起了划时代的作用。由此将传统的"神灭论"改造成现代意义的无神论，并使之成为科学精神的一翼，在今天实施科教兴国大计中，回忆这段历史，仍会引起强烈的共鸣。

（原载《科学时报》1999 年 8 月 18 日）

先进文化中的价值尺度

——学习"以崇尚科学为荣、以愚昧无知为耻"心得

"八荣八耻"不仅是道德范畴，而且是价值范畴，我认为。

从社会的某一个方面看，唯钱唯权是瞻，近乎成为风气；是非混淆，善恶颠倒，美丑不分，真伪不辨，令人忧虑，以至有人感叹，世道沦丧，人心不古，对现状不满，对未来失去信心。于是，向宗教求救者有之，主张尊孔读经者有之，拾后现代的牙慧者有之，一时间社会舆论的道德标准，先进文化的价值尺度，都成了严重问题。中央提出"八荣八耻"的荣辱观，重申并极大地丰富了中国共产党人一贯的价值体系，为澄清这些问题，指出了非常明确，非常具体的方向，应该首先成为思想文化界和科学教育界的行为指南，也是当代学人应该首先学习和实践的科目。

我这里仅就"以崇尚科学为荣、以愚昧无知为耻"，谈些个人学习的初步体会，希望大家指正。

一

当代科学是整个人类文明共同发展的果实，古代中国曾作过重要贡献；但到了近代，却只能向西方学习，而且是被迫的，是完全为了民族自救、民族自强的。作为国家行为，这种学习可以追溯到清朝末年的洋务运动。张之洞提出"智以救亡，学以益智"的设想，认为有学才能有智，有智才能有力，有力才能自强，自强才能救亡，而当时他所谓的学，就是西学，尤其是西方的科学技术。为此，他大力提倡开办西式学堂，不惜"以佛道寺观改为之"，令宗教为教育让路。

"五四运动"把科学与民主视作振兴中华的根本途径，所谓"民族的，科学的，大众的文化"也一直成为新文化运动的主流。在解放区，这种新文化有很好的实施，是全国的模范。新中国继承了新文化的优良传统，新中国成立不久，中共中央就提出了"向科学进军"的号召，文化教育领域欣欣向荣。但是后来，由于众所周知的原因，科学受到挫折，教育成了罪状，文化备受摧残，一直到共和国迎来第二个春天。

按我的理解，改革开放创造了一个以经济建设为中心，以科学技术为第一生产力，归根结底，以人为本的社会发展方式。这是社会主义运动史上的一个伟大创举。其中联结经济建设和人民利益的纽带，是科学和教育。从党中央先后提出"科教兴国战略"、"人才强国战略"，以及"科学的发展观"，建设"创新型国家"等，都可以看出我们这种发展方式的特点来。我们国家的性质决定，我们不能外靠掠夺，内靠压榨积累财富，也不能靠拼资源，拼环境，拼健康换取暂时的繁荣。在当前国内国外的形势下，把发展科学事业作为推动国家全面持久发展和社会和谐进步的唯一正确的选择。

"崇尚科学"理所当然地成了当代中国人的价值趋向。

二

对中国大众的多数人言，科学既是崇高的，也是高深莫测的；有强烈的希求，又难入其门。对科学，他们是"无知"的，而这种"无知"又是造成"愚昧"最直接的原因。

人民大众对科学的无知，是历史造成的。中国传统思想中有许多不利于开启民智、抵触科学的东西，像儒家的"民可使由之，不可使知之"；老子的"损之又损"、"常使民无知无欲"；庄子之把"民居不知"作为理想，都是有意地愚民或无意地愚民。加上人民的长期贫困，只能在饥饿线上挣扎，缺乏受教育的机会和条件，以致愚昧无知就成了国民素质中的一个严重问题。因此，"愚昧无知"不是人民大众的责任，而是旧的社会制度和历史局限造成的。近现代的先进人物，无不以国民的这种状况为耻，"知耻近乎勇"，所以立志奋起，期望能改变这种状况。新文化运动的一大内容，就是提倡白话文，推行大众教育，普及科学知识，以及破除迷信和移风易俗等，做了许多卓有成效、令人敬佩的工作。我想，"以愚昧无知为耻"，则是继往开来，在新的历史条件下，特别提高到价值观的层面，道德的层面，让我们的党政领导、科学教育和文化工作者更自觉地承当起用科学知识、科学方法、科学精神装备我们的民族，以全面彻底改变愚昧无知的落后面貌的重任。

"以崇尚科学为荣、以愚昧无知为耻"是八荣八耻的第三条，紧随在维护国家和人民的利益之后。这一序列的安排，值得品味的内涵很多。除了上述一般意义以外，我认为还有一点是不宜忽略的，那就是它具有特殊现实的针对性。

三

几乎与改革开放同时，就有一股与国家发展科学技术决策相对应的思潮涌现，叫做"人体特异功能"。它由毛泽东思想研究的特级专家和极度权威的科学家发现并提倡，以某些国家科研机构和高等院校为基地，以古代神异传说为文献根据，以神汉巫婆类江湖骗子的表演为"实践"的验证，创建了所谓"人体科学"。由人体科学的理论支撑，以开发特异功能为宗旨，以所谓"气功大师"为骨干，以气功为名义组成的团体的数量，无法准确统计。由各级政府支持的跨地区跨国界，类似会道门的组织，控制或影响的信众，动辄以千百万计。在二十多年中，给科学界带来混乱，给国家的科学事业造成冲击；为非法组织提供合法身份，为社会安定埋下隐患。时至今日，尽管这一切已经由历史作了结论，但"人体科学"的思想并没有得到应有的清算；起着"特异功能"载体作用的气功团体造成的恶劣后果，社会还得慢慢消受。有谁起来承担责任了？应该从中吸取些什么教训？在学习荣辱观中，我想，这应该是一个值得思考的重要科目，不要忘记历史，否则就难以前进。

"人体科学"是以启动"第二次文艺复兴运动"的名义，打着"科学革命"的旗号进行的。复兴的是什么"文艺"呢？是中国传统的巫术；革的是哪门"科学"的命呢？是西方以牛顿和爱因斯坦为代表的近现代科学。按人体科学创建者的说法，西方近现代科学以及借以产生的实验方法与逻辑思维，都已走到穷途末路；现在唯一的出路，是他们所理解的"天人合一"的理论和神化气功的方法，以及与任何逻辑思维都不相干的"特异思维"。据此，人体科学也启动了一场不大不小的宣扬古代迷信和声讨当代科学的风潮。

四

把古代迷信当成人体科学的古代"实验"，同时也把古代迷信当成了中华文化的精粹。于是"传统文化"开始走红。首先是《老子》，它的"有生于无"，被解释成最"科学"的宇宙发生论，"大爆炸"只是它的一个证明；同时还有《周易》，它用阴阳二爻推演六十四卦，被认为是创始二进位制的根据。作为中国人，我们当然应该高兴，从宇宙科学到信息科学，我们两三千年前的老祖宗都给解决了，还不该高兴么？此外还有一部《黄帝内经》，这更值得骄傲，因为据说，它的"整体"观念和未被近现代科学污染的"直觉"方法，是西方文化所没有的东西，人体科学即以此作为自己的"理论"基础。

也许出于偶然，这三部书在江湖人手里都做出了一番事业。老子的"道"，被置换成了道教神仙术的"道"，它代表着"东方文化"，成了"新世纪"的曙光，也给西方指明了出路。气功大师们的理论，主要来自这里。渲染气功大师们奇迹的作家，也就以"中国新世纪"自命。《周易》则恢复了《易》的原始功能：算卦。但这次算卦的名称更新了，叫做"预测学"。预测学变成了商场上经营的实业，大学讲堂里的一门学科，预测家成了某些暴贵暴富家的宾客。靠《周易》兴起的还有所谓"风水学"。其内容有二：一是看"阳宅"，二是看"阴宅"，据称能够从居宅和坟墓的位置及其排列上窥见所有者的吉凶祸福，现下被称为中国古代的"建筑环境学"。风水师当下的时运，与预测家大同，但市场更多的是向某些暴贵者和暴富者开放。至于《黄帝内经》，曾演出过不小的闹剧，有出版物可证。

把传统文化抬举或糟蹋到这样的程度，是值得骄傲，还是应该悲哀？

可以明确地说，我们传统文化的优秀部分不在那里，它们可以作为历史博物馆的陈列品，现代社会则应该坚决拒绝。

五

其实，讲神通，论奇迹，最多也最系统的，当然还是属于宗教。中国除道教之外，还有佛教。在这次神秘主义大潮中，被启用的佛教是它的"禅"。"禅"能致"神通"——与"特异功能"完全吻合的一种幻想。不过佛教有一条严格戒律，即不许妄说神通，犯者会被摒除僧团。因此，遵守戒律的僧尼，一般不会参与特异功能的宣传和表演，喧嚣者倒是一些文化人，包括大学教授、博士导师之类。现时有些暗潮涌动的是密教；密教的密，即是秘密之略，原本是佛教向非理性主义演化的一种表征，其中一部分，早在宋代即禁止流行。

至于被一些人断定科学为文化摇篮的基督教呢？西方的研究者认为，传说中的救世主耶稣，就是巫的形象；当代西方的怀疑论和无神论者一一指出《圣经》所记的奇迹，全是荒诞。像"耶稣家庭"那类属灵派团体，也时不时炫示特异功能样的特性。

近些年来，宗教内部的理性主义倾向，在相当程度上被社会高涨的神秘主义淹没了。

六

中央关于发展科学技术和普及科技知识，以及加强精神文明建设等一系列决定，早已指明了先进文化的价值趋向；取缔"法轮功"和一切邪教组织，取消人体科学研究项目，支持学术界反对伪科学，态度是明确的。但有些舆论的反响如何？

给人第一个感到不和谐的音符，是所谓"反对科学主义"。什么是科学主义？就严格意义讲，我国的科学发展只能算是刚刚起步，怎么就出现了"主义"？

扣"主义"的帽子，又加以反对的，理由大约有两个：

一是说科学的罪恶累累：现代战争的杀伤力和破坏力，环境日趋恶化，人类伦理面临危机，如此等等，都被归结为科学之罪。因此，人类若要得救，就得回归原始蒙昧，就得反科学、反文明。这种认识和主张，其实在老庄哲学中已经有了，尽管老庄哲学流行的时代，别有其合理性存在的根源。而当今的反科学思潮有意或无意地忽视了一个事实：就科学的技术性和工具性而言，科技不过是人的自然官能的延伸，是人的思维能力的创作和发挥，本质是为人类自身的安全、幸福和发展服务的。科技自身不具阶级性，也无所谓善恶。把科技成果用于什么目的，并不是科技自身的决定，而是由谁掌握科技应用权，说到底，是由社会的支配集团决定的。我们不能把科技应用不当的危害归诸于科技，与不能把人的犯罪归罪于人之有手足是一个道理。在声讨科技罪恶的背后，往往隐蔽着对不合理的社会制度的容忍和开脱。

二是说科学把人机械化、工具化。就哲学层面说，机械唯物论确有"人是机器"的论断，以致至今还有人仅从元素构成、理化作用等方面考察人的情感世界，所以有"爱情就是化学作用"，或者爱情就是"荷尔蒙"之类的说法；医学中也有人将活的人体只当做是解剖学上的拼凑，所以诊治的根据，唯有化验单与测验表；与脑科学进步的同时，不仅思维，而且人性和情感，也有被数字化起来的趋向。

然而，这不是科学之过。科学并没有证实人是机器，而是某种特定的思维模式，把人当成机器。

真正科学的哲学，是唯物辩证法。这种哲学肯定了机械论和分析法在加深人的认识，逼近真理方面的巨大进步，同时强调从发展变化和普遍联系上，从生命的整体，以及自然和社会的整体上，把握人的主观意识与客观世界的实际关系，以正确认识世界和改造世界，将人从必然的王国导向自由的王国。

其实，在商品化的社会制度下，把人当做赚钱的工具，才是人类的真正悲哀。但科学不能不承认这是社会发展的一个不可跳跃的历史阶段。科学一旦进入社会领域，变成社会科学，就必然要探求，如何使工具科技变成完全为人的，以及人如何从机器的部件和赚钱的工具回归到人自身，使人得到真正自由，变得更加尊严。我们知道，这就是科学社会主义的任务了。

七

与反科学或反科学主义相应的，还有捍卫"伪科学"的舆论。

什么是伪科学？"水变油"之类是闹得最大的典范，而"人体科学"则是影响时间最长，社会效果最恶劣的标本。伪科学的共性，是造假作伪，盗名骗钱，韩国黄禹锡事件是一个样板。

我国《科学技术普及法》规定，"科普工作者应当坚持科学精神，反对和抵制伪科学"。按韩国处理黄禹锡的原则，伪科学不但要科普工作者"反对和抵制"，而且还要采取行政措施，以至追究法律责任。但在我国，从张香玉的"大自然功"和"邱氏鼠药"事件开端，多是恶人先告状，而败诉的往往是科普工作者和科学家。这类个案，举不胜举，至今还有冤案未平。现在可好，干脆为"伪科学"鼓起威风来。据称，反对"伪科学"，就是阻碍科学的发展！

在攀登科学高峰的崎岖山路上，如果不允许犯错误，受挫折，摔跟头，那确实只有取消科学探索。但"伪科学"与此完全不相干，再说一遍：伪科学的性质，是造假作伪，并将造假作伪宣布为"科学"。二十多年来，我国民间自发的反伪科学的斗争没有停息过，所反的核心，也就在这造假作伪而以"科学"之名招摇欺骗上。

现下伪科学的捍卫者提出了所谓"科学外理论"，为伪科学作辩："科学外理论为什么必须接受科学理论的某些评价标准呢"，为什么不可以"另外提出一套评判标准"，比如"时空可以超越，实验不必重复，'诚则灵'可以接受"等等？——稍微了解情况的人都会知道，这些评判标准，正是人体科学借以创建的观点之一。

反伪人士揭露了伪科学的面目，对于捍卫科学尊严，推进科技的健康发展起了重要作用。但反伪科学断了依靠作伪诈骗者的财路，其成为伪科学不共戴天的仇敌，是可以想象的。于是涌现出了一些"反反伪"的斗士，而且赐给反伪科学的人一顶帽子："科学警察"——中国警察在红领巾那里是安全和爱的标识，但被称作"世界警察"的警察，却是一个十足的恶名。可就是这样一个贬义上的称呼，在南北一些颇有影响的媒体上突然行销，令人愕然。时到今天，是非标准依然如此颠倒，越证明党中央提出荣辱观的必要和及时。

我们希望，防止和反对伪科学，不应该只限于个人（最近有些单位）的行为，或仅限于道德层面的约束，而应该立法，让我们的科技创新有一个实事求是的环境，避免被造假作伪的行为干扰，避免人体科学一类事件重复。

八

当前还有一种思潮，也颇流行，那就是把人文精神与科学精神对立起来，用"人文关怀"，诋毁科学和理性为非人性的。

什么叫人文精神？就使用者的含义看，其实是指人文主义精神。人文主义即人道主义，是文艺复兴的主导精神，它的核心，是要求把人从"神道"中解放出来，恢复人的本性；在文化上，要求用人的世俗文化取代属神的宗教文化。它的显著结果，是科学、哲学、教育、文艺以至法学、政治等，纷纷从宗教封闭中独立出来，形成自然科学和人文科学两大门类。因此，从历史上讲，科学与人文，都属于人文主义范畴，而与宗教神学和宗教文化相对立，相对应。其后，由于科学的急剧发展，学术分类和分工愈益细密，遂产生了科学和人文两大学科，以及这两大学科在社会教育和社会作用上的关系和地位问题，20世纪下半叶，西方文化界还曾因此发生过争论（可参见龚育之的《科学与人文：从分隔走向交融》）。不过这些争论，同后现代倡导的反科学和反理性的人文精神，在性质上是完全不同的。

用人文精神诋毁科学与理性有一个诱人的口号，叫"人文关怀"；它的负面含义就是科学不把人当人，令人非人化。据此，他们是否主张发展人文学科呢？如果有这样的企盼，那就大错特错了。他们所谓的人文关怀，恰巧是人文主义精神的对立面：宗教关怀。西方出现的宗教基要主义的复兴，就与传统宗教保留下来的对教徒的亲切关怀与宗教集会的温情氛围有密切关系，它同西方商品化社会的残酷、冷漠与无情的现实，形成鲜明的对比。西方所谓新宗教运动的兴起，与基要主义复兴是同一个社会根源，在他们的小集团里，能够享受到比传统宗教更为温情的关怀——遗憾的是，新宗教运动却是西方邪教得以滋长的温床。近些年来，西方兴起了"世俗人文主义运动"，它既是非宗教的、无神论的、坚持科学的，又是提倡道德的、坚持家庭伦理的，唯一的不足，是缺乏政治和资本的支持。我国学界对国外以非宗教和无神论为内涵的新启蒙运动，几乎没有任何介绍，倒是热衷于"在马克思主义宗教观的思想逻辑中确立起宗教的人文价值"。

与排斥科学理性相应的人文关怀中，还有一种高深莫测的"终极关怀"，现在也很时髦。什么叫终极关怀？这本来是个神学术语，是"上帝"关怀的同义语，亦即"宗教"关怀或"宗教性"关怀。此种论者，首先把"人类精神"宗教化：人类精神的终极性质是宗教的，而一切文化形态，都是这宗教性的外化。换言之，终极关怀是给人类强加上一个宗教的本性之后才成立起来的"关怀"。譬如说，"原罪"是人类的宗教性，"末日审判"是人类的"终极"，那么，为了在"末日"到来的那天你不被打入地狱，神，从根本上讲是神在地上的代表，就会显示对你的爱和对你关怀，向你忠告，信仰宗教吧，按神的教诲去做，你就可以得救了。当然，我这里的解释可能直白了一些，不那么深奥。

我们关怀的是人们切实的现实生活，所以我们崇尚科学。

九

这里不能不说到科学与宗教，以及宗教与社会的关系问题。

科学与宗教的关系问题，是一个有久远历史的话题。除了上述用宗教的所谓人文精神诋毁科学以外，现下有一种颇为普遍的认识，所谓科学与宗教各有各的领域，二者是互补关系，相互促进；也有的说，科学只能产生于基督教的文化背景，大科学家都是信教的，言下之意，要想科学发达，就得信教。前一论点，多引爱因斯坦的话为证；后一论断，多出自文化基督徒之嘴。

这话说来太长，对前者，关心者可以读点爱因斯坦自己写的文章，像

《宗教和科学》、《科学和宗教》等，首先弄清楚他所谓的宗教是什么意思；对后者，高旭东著《中西文学与宗教哲学》可以参阅。我所讲的，主要是在宗教与社会关系上的一种主导性潮流："执政党"必须利用宗教。

对不起，说"执政党"必须"利用"宗教，是一些人背后的话，公开的文字极少有这样提法。但我以为这话可以更清晰地表达提倡者的原意，所以就这么用了。

为什么执政党必须利用宗教？道理一大篓，归结起来是三点：宗教有心理功能，有道德功能，有文化功能，总起来，宗教有社会功能。如果把这类话当做废话，有些不恭；如果进一步问，这些功能的具体内容是什么，那就好讨论得多了。

"无神论和科学无法克服民众对死亡的恐怖，宗教却能够做到"，宗教使人"不畏死"，而且赴死如归，这从伊拉克战争、中东战争、所谓宗教极端主义制造的恐怖、邪教的自焚以至上溯日本启用神道教发动法西斯战争、基督教进行过数百年的十字军战争，确实都得到了证明；至于用异教徒和圣战名义对于他人的迫害和杀戮，不也是"宗教心理"的功能么。让民众具备这样的"心理功能"，难免让人感到是居心不良；而教"普通人"去"相信有轮回报应"，即是坦率的愚民政策。

"人从动物演化而来，包含着野蛮、自私的本性，依靠人性的自觉，不足以约束其行为，出于恐惧，人要借助神的威力来规范自身，这就是宗教道德功能存在的依据"。这里的"人"是未加限定词的。于是问题就来了：说这话的人，是否也包括在这"人"中？如果是，那就是他在用自己的"本性"去度量所有的"人"；如果不是，他就是超人，是向"人"散布"神的威力"的布道者。中国的正统道德观，是建立在人性善，对人的尊重上的，用"神的威力"作威胁，与我们的整个传统精神也不相符。

"宗教是文化"是当前最流行，似乎也最令人骄傲的判断。可吃喝也是文化，厕所也是文化，有谁否认过宗教是文化？用不着马克思主义，常识也会告诉人们，文化有种种，在中国就有过封建文化、殖民地文化、垃圾文化，当然，也有民族的、科学的、大众的文化。时下如此强调宗教是文化，或许还有什么特殊深意？仔细看看原来如此："基督教塑造了欧洲与美洲文明"；"中国文化也是如此"，譬如佛教之于石窟，之于"中国语言"等。

前一句话，是史地概念的混乱：基督教的历史不足两千年，欧洲的铜器文明至少比基督诞生早上 3000 年。希腊罗马的文明辉煌，与基督教何干？美洲的印第安人就只是野蛮，没有文明？基督教产生在"东方"，为什么没有给东方带来欧美式的"文明"？文艺复兴和启蒙运动应该是最有影响的欧洲文明，历史赫然写着，当时维护和推行蒙昧主义的正是基督教，恰巧是这一文明的批判对象：科学、哲学、教育、法律以至文学艺术等近代学科，不都是从统一的神学中解放出来，才得以独立发展，从而打造出欧美的近代文明么？

后一句话，能够证明中华文化就是佛教"塑造"的么？"宗教文化是中国传统文化的一部分，而中国传统文化又是中国社会主义先进文化的一部分"，逻辑的结论就是，宗教文化是社会主义先进文化的一部分。这种推论可以成立么？如果能，就不存在"宗教与社会主义社会相适应"的问题；如果不能，就是放任宗教与社会主义社会不相适应。

事实上，中国共产党不论在执政前还是在执政后，都没有依据"鸦片论"制定自己的宗教政策；鸦片论属世界观问题，思想认识范畴，与作为实践意义上的宗教政策没有直接的联系。众所周知，党的宗教政策是服从和服务于党的总路线、总任务的；而总路线总任务的制定，则依据对现实社会结构的分析，对历史发展进程的认识，对国内外形势的考量，从来没有依据世界观去划分人群。党的宗教政策一贯是宗教信仰自由，后被纳入《宪法》，宗教信仰自由就成了公民的一项神圣权利。在法律面前，人人平等。共产党的根本宗旨，是全心全意为人民服务，对于服务的对象，一视同仁，从来没有作信仰或民族等方面的区分。

令人诧异的是，那些在宗教问题上为"执政党"出谋划策的人，既不谈宗教信仰自由的政策，更忽视共产党为人民服务的宗旨，却一味地谴责"鸦片"论，并据以断定，我们党把"宗教"（实指信教群众）当成社会主义的"异己力量"。

这是主观独断，如果不是无知，就是在离间。但其为执政党设想，也许是真的，可惜他对执政党的性质，作了与其他统治集团毫无区别的理解。他教导执政党的，是如何"管理政府，管理社会，管理宗教"。所以在他的眼里，执政党的任务只有"管理"，而没有服务。一部党史明确地写着：共产党之所以能够成为全国人民的领导力量，全在于全心全意为人民服务。只讲管理，不讲服务，不是共产党。因此，他对宗教讲了那么多好话，实在是在把信教人群当成是"异物"。难怪有人说他是在复辟封建统治者的愚民政策。

十

"以愚昧无知为耻"。这愚昧无知之耻，是民族之耻，是历史遗留给我们的；以此为耻，则是为了惊醒国人，振奋精神，为提高全民文化素质和科学素质而奋斗。不论是科学文化人，宗教文化人，或者文化基督徒，科学界、文化界、教育界，都首先应该树立起崇尚科学的价值观，承担起摆脱愚昧和传播知识的社会责任来。

迷信就是愚昧，偏见容易愚昧，无知可以造成愚昧。消除知识的匮乏是脱愚的关键，尤其是任重道远。有说，现在是知识爆炸的时代，百科全书式的人物，不可能再出现了，除了假想的上帝，谁也不会全知全能。因此，对于每个人言，知与无知，由无知到知，是并存的；人与人间，知识是互补的，"三人行必有吾师"。知识的发展，把人际关系联结得愈益密切起来。在这样形势下，自我的定位非常重要，按相声的说法，应该知道自己能吃几碗干饭。

有自知之明也是一种知识。古人云"知之为知之，不知为不知，是知也"。从"创建人体科学"到高谈"马克思主义宗教观"，毛病之一，就是违背这条古训，以不知为知，而且俨然是一副权威的样子。近人说：专门家多悖，其悖"未必悖在讲述他们的专门，是悖在依专家之名，来论他所专门以外的事"。在他的专门以外，却又以专家的身份动员国家建立一种新科学，创一种新思维，这悖起来的效果，是可怕的。在他的专业以外，向执政党妄谈他不知为何物的马克思主义，也是一种愚昧。类似的事，科学院院士中有之，名牌大学校长中有之，而他们都是作为青年导师，一代学术权威自居的。

我以为，专家学者，青年导师，应是先进文化的创建者和传播者，也是履行"以愚昧无知为耻"的模范。他们对于社会公共事务，应该倍加关切，也拥有更多发言的机会。作为一个读者，我认为十分必要，也是任何公民的社会责任。但这有个原则界限，就是不能把自己的无知当成自己的新知；不能把道听途说当成自己的发明。否则，影响周围，影响社会，周围社会有理由要求你负责任地消除这些影响。

由不知到知，由知之甚少到知之渐多，是一个学习过程。知识是无限的，学习没有止境，所以要活到老学到老。"不知为不知"是"知"的起点，误以"不知为知"而加以改正，是"真知"的起点。现在我们还没有像黄禹锡那类敢于面对国人坦诚自己造假骗人给国家造成损害的学者。如果这类学者有了认知造假作伪的羞耻之心，认知了诋毁科学诋毁理性的羞耻之心，尊重自己的学术良心，将是中国科教事业的大幸，也是建设先进文化的大幸。

当全国普遍树立起"以崇尚科学为荣，以愚昧无知为耻"的价值观，并付诸实践时，中华振兴就指日可待了。

（原载《科学与无神论》2006 年第 4—5 期，署名文丁）

向全民普及科技知识和科学精神者致敬！

——科学工作者的一项神圣使命

带动我国科学技术有效发展的是两个轮子，一是科技创新，二是科技普及。作为一个门外汉，我就科普问题谈点感受。

一

鸦片战争失败以来，为了从根本上摆脱国家贫困愚昧、落后挨打的局面，我们的先辈作了各种努力，政治的、经济的、思想的、教育的，各个领域都有不少探索者、试验者、实践者。其中有的成功，有的失败，但那种为民族独立、国家富强，为最广大的人民大众服务的精神，以及由此形成知识界的那股蓬勃生气，每一想起，总能令人胸襟顿开，催人奋发。这也是一种无形的财富，我们理应继承下来，继续创新和发展。

就文化方面言，我记忆犹新的就有几件事情。首先，是著名的"文学革命"——"白话文"、"大众语"，是至今我们仍在坐享它的重要成果之一，由此开展的文字改革，包括成功的拼音、半成功的简体化和远未成功的拉丁化，都力图把文化最重要的载体——话语和文字，交给普通老百姓，让老百姓也有享受学习文化知识和表达思想感情的权利；而将文学从象牙塔里解放出来，把反映人民大众的现实生活，表达他们的需要，吸引他们参与创作，则导致了大众文学和革命文学的产生。与此相应的是，以工人、农民为主要对象的识字和扫盲运动，遍及城乡的夜校和业余学校，推动平民教育多处开花，不论是作为教育救国的手段，还是启发革命的措施，都把教育的重点定位于人民大众。

文化教育大众化的一项极端重要的内容，就是科学知识的普及。因为我属于"科盲"群体，对这方面的情况不了解，但却十分关心。有些印象的是，西方近现代科学引入中国社会，首先是部分先进的文人，而后通过政府应用于机器制造，走进学校课堂，随后构成了我们教育体系中最重要的部分；与此同时，是将这些科学知识提炼成一种精神，与科学知识一起，向社会宣传，向大众普及。以《天演论》为例，它所张扬的进化论，提供的不但是一种知识，而且对改变国人的因循守旧，为民族的独立和发展提供了信心，整整影响了几代人。

就我了解的情况，当年的科普工作，重点大体放在两个方面：一是传播基本的科学知识，一是用这些科学知识，清除风行于社会的愚昧迷信。这里以鲁迅先生为例。他早年是学矿、学医的。他的第一篇论文，是1903年与人合著的《中国地质略论》；第一部翻译作品发表在同年，是法国人儒勒·凡尔纳写的科幻小说《月界旅行》；他的第一批学术论文是写于1907年的《人间的历史》——对海克尔种族发生学的诠释，以及1908年的《科学史教篇》——关于西方科学史的简介。此后他投身新文化运动，科普工作不得不停下来，但始终关怀有加。而运用既有的科学知识，与一切封建迷信作斗争，则成了他建设新文化的重要一面。

鲁迅对于普通民众的宗教以至迷信，抱有同情心，特别厌恶的是文化人去提倡愚昧、传播迷信，是他斗争的主要对象。因为这种斗争，既是普及科学知识的需要，更是提升国民科学精神所必需，所以贯穿于他的学术一生。其中最有名的一次战斗，是参与对1917年以来在沪京两地盛行的"灵学"的批判。1918年他在《新青年》上发表的《随感录三十三》，从中很能看出他把反对愚昧迷信同传播科学精神紧密结合的意向，至今仍有实际意义。此文开头的话，是大家都熟悉的：

现在有一般好讲鬼话的人，最恨科学，因为科学能教道理明白，不许鬼混，所以自然而言成了讲鬼话人的对头。于是讲鬼话的人，便须想一个方法排除他。其中最巧妙的是捣乱。先把科学东扯西拉，羼进鬼话，弄得是非不明，连科学也带了妖气。

这令科学也带了妖气的"灵学",就很像我们现在的"人体科学"——文章举的例子里,理论上有所谓"精神能改造肉体"之说;"实践"上则捧出一位"神童":"他说他能看见天上地下的情形","因为他有天眼通,所以本领在科学家之上"。

此外,鲁迅还抨击了我们当前被视为极时髦的一种观点——"科学害了人":

> "适值欧化东渐,专讲物质文明之秋,遂本科学家世界无帝神管辖,人身,无魂魄轮回之说,奉为国是,俾播印于人人脑髓中,自是而人心之敬畏绝矣。敬畏绝而道德无根柢以发生矣!放辟邪侈,肆无忌惮,争权夺利,日相战杀……"这简直说是万恶都由科学,道德全靠鬼话了。

后边还有一段专对某类文化人说的,今天似乎仍有针对性,引在下面,不妨作为镜子照一照:

> 其实中国所谓自维新以来,何尝真有科学。现在儒道诸公,却径把历史上一味捣鬼不治人事的恶果,都移到科学身上,也不问什么叫道德,怎样是科学,只是信口开河,造谣生事;使国人格外惑乱,社会上罩满了妖气……即此几条,已足可推测我们周围的空气,以及将来的情形,如何黑暗可怕了。

二

现在我们距离鲁迅说这番话已经快九十年了,中央把发展科学和教育作为兴国的战略决策,"黑暗"是从根本上驱除了,但此类"诸公"的思维,似乎依旧停滞在那个年代。

当前几乎家喻户晓,我国在进行体制改革。这体制改革中经常说及的,是从计划经济向社会主义市场经济转型,由此涉及每一个人,尤其是处在生产第一线的工人、农民和知识分子。对这一转型的理解和认识,并不完全相同，大多数舆论认为这是所有制和生产关系的转变，是把人无例外地推向社会，把人商品化，依靠市场的竞争发展生产力。在这里，我不想对这种舆论表示异同，但我想强调一点，还有一个方面，我认为是更重要的方面，是被舆论普遍地忽略了，这就是"科学技术是第一生产力"。

从近现代社会主义运动的历史看，工人政党一向高举的是革命大旗，致力于生产资料所有制和生产关系的变更。这些党执政以后，普遍注意发展经济，但重点是放在激发劳动者的生产热情上，因为多种原因，科学技术以及与之有关的教育，并没有得到应有的重视和更好的发展。当前舆论界阐释的体制转型，我认为依然停留在所有制和生产关系的调整上，不过方式变了，不再用政治思想工作去动员劳动者，而是打破他们的"铁饭碗"、"大锅饭"，让他们在下岗待业中自谋出路，通过市场方式推进生产力的发展。国粹的"恭喜发财"，输入的"时间就是金钱"，是两个代表性的口号。

然而，我不认为这是中央推行体制改革的唯一内容。我们的市场经济前边有一个限制词，叫做"社会主义的"。社会主义不是无政府的市场竞争，也不能依靠剥夺和掠夺，更不能用血泪和生命去换取经济效益。为了避免资本主义的历史教训，唯一可行的是大力发展科学技术，提高劳动者的教育程度，兑现"科学技术是第一生产力"。"科教兴国"，"人才强国"，突出的是国家和人民。国家要强盛，人民要幸福，从根本上说，要寄托在科学技术的发展和科学精神的确立上。近来中央反复强调"科学发展观"，"以人为本"，我认为这很值得我们认真思考。

什么是科学技术？国内外有许多界说。我的理解很简单，那就是人类可以无限延伸的认识能力和改造自然能力，保障人类生存发展和不断完善的能力，当然，它也是创造财富的根本手段。

我们都承认价值是劳动创造的。钱可以生钱，资本可以积累，但钱、资本自身却不能创造价值。一个赌城可以富甲天下，但它的社会生产力等于零，因为它根本不事生产。衡量社会发展水平的是社会生产力，不仅是拥有金钱多少。生产力由两个主要成分构成：生产工具和使用工具的劳动者，这两者的水平，直接受制于科技的发展水平和劳动者掌握科技的能力。假若我们的生产工具，能够用先进的科技装备起来，普通劳动者能够熟练地运用它们，社会生产力的先进性就有了持久的保障，经济的持久发展也有了物质的支持。人海会战，投入劳动量，延长劳动时间，增加劳动强度，传统上起过作用，但关键是用科技知识和科学精神将我们的劳动者充实起来。这也是保护劳动者，不断改善他们物质生活和精神生活质量的基本途径。说到底，"科教兴国"要落实到广大的劳动者身上。国家发布《科普法》的本意，可能也在这里。

因此，不论就国家的发展战略，还是增强劳动大众的创造能力，以至提高国民素质，科普工作和科学研究一样，是神圣的。科普面向的是缺知乏识的芸芸大众，播下的是文明，送去的是光明，当然，还有尊严和财富。我很惭愧，我没有科普的能力，只有表示我对科普工作者的尊重和敬佩。

三

将"科学技术是第一生产力"运用于新的生产方式，把科学和教育作为兴国的战略，是国人奋斗上百年才实现的梦想，略知近现代历史的人，都会知道，它在振兴中华、改造国民性中的伟大意义。有些出人意料的是，政治障碍消除了之后，还会有那么多的思想干扰。

第一个干扰来自"人体特异功能"。它轻蔑人类数千年发展起来的近现代科学，用第 X 次"科学革命"予以全部否定，而由此创建的"人体科学"，唤醒的是冬眠久矣的封建沉滓，把极其宝贵的科学资源——科学领导部门、科学研究资金、一大批学者和青年学子的精力，用于发掘、论证和传播神秘主义上，由此还带出了所谓科学算命的预测学、科学风水的环境学，如此等等，欺世骗人，造假作伪，形成一股极端恶劣的学风，和非常不利于科学发展和科学普及的社会舆论氛围。我们的一些长者，捍卫科学尊严，反对伪科学，针对的首先是"人体科学"以及这一类假科学之名，行欺骗之实的江湖术士。至于"水变油"、"邱氏鼠药"之类，更多地属于商品作假——把自己的低劣伪造的产品，打上"科学"创新的印记，盗名窃利，是更典型的伪科学、伪技术，但也比较容易为人识破，受到惩处。

特异功能的理论，涉及最新的科学成就，也涉及我们的文化传统和马克思主义哲学，并未得到系统的清理，而反科学主义和为伪科学作辩之风接踵而起，这就复杂得多。

"科学主义"是个什么概念？听过好多解释，主要是把科学与人文对立起来，把发展科学与以人为本对立起来，不一定能代表科学主义的所有含义。我了解的一种是西方，尤其是美国一些人的观点：科学绝对是个好东西，但绝不可作为方法论去认识世界和指导人生，例如，达尔文的进化论，应该原原本本地教授和继续研究，但不允许用进化论去考察《圣经》的《创世记》，以及其他神迹和灵异；如果从事这样的教学和研究，就是"科学主义"。他们是把科学与科学主义对立起来的——因为在他们的观念中，科学只能解决"是什么"的问题，提供"客观知识"，而不能或不许解决"应该是什么"的问题，不能提供人生的目的、价值和意义。解决后者问题的只能是宗教，伦理判断也只能基于宗教传统，而不是科学——科学知识和科学精神。

由此来看，科学主义一词的出现，实因为科学干预了宗教世界的世袭领地，所以才给这种干预一个恶谥的；我们有些学者把人文关怀解释成宗教的特权，恐怕也来源于此。所以他们反科学主义的一大用意，就是颂扬宗教，替宗教布道，期望把科学从人文和伦理领域驱逐出去，让宗教霸权。

当然，"科学主义"不是一个统一的学派，反科学主义者的用意也不是一种。但当我国的科技刚刚从落后起步，努力向前追赶的时候，当我国国民的科学知识普遍低下，亟待普及提高的时候，突然冒出个反科学主义来，难免不令人质疑，这是怎么回事？就我所知，说科学也会迷信，所以不能迷信科学，这是抨击科学最拙劣的一种；另一种最普及，说科学的坏作用太多：它破坏环境和人文伦理，它使杀人的武器精良，战争升级，它令人变成机器，失去人性；它会促成人类的最终毁灭……如此说来，他们的反科学主义实质就是反科学，他们讴歌的是自然——因为科学破坏了自然。如此一来，人是越愚蠢越没有知识越好，回归原始才是出路。这其实是复述国内外某些反科学反理性，欣赏和赞叹"混沌"者的陈词滥调。

我们不想讨论宗教信仰是否就会导人从善，令人心灵净化。就其对科学自身的评价言，符合事实么？科学技术是人类能力的外化，是作用自然界的工具。它和一切工具一样，没有道德属性，对任何后果都不负有责任；不论给我们带来的是利，还是害，取决于使用者、占有者、支配者，说到底，是社会的统治者和管理者，是社会制度。鲁迅在《电的利弊》一文中说得很中肯：

> 前年纪念爱迪生，许多人赞颂电报电话之有利于人，却没有想到同一是电，而有人得到这样的大害（引者注：此指电刑），福人用电气疗病，美容，而被压迫者却以此受苦丧命也。
>
> 外国用火药制造子弹御敌，中国却用它作爆竹敬神；外国用罗盘针航海，中国却用它看风水；外国用鸦片医病，中国却拿来当饭吃。同是一种东西，而中外用法之不同有如此，盖不但电气而已也。

我们的反科学主义者，不是追究破坏生态平衡的牟取暴利者，不是谴责掠夺成性的战争贩子，不是呼吁制止垄断资本、利益集团和法西斯的横行霸道，而把他们造成的种种恶果，都算在科学头上，人们有理由怀疑他们的"主义"在为谁，以及为什么行为作辩护？

最后，反科学主义、反《科普法》，反"反伪科学"，是同一类思潮。在这类思潮中，有不少有为的中青年学者。他们思想开放，文章多有文采；他们的许多知识，是很多人缺乏的；但他们的方法不对，他们不了解我们的国家在干什么，他们不知道人民大众需要什么，他们高高在上，指手画脚，也不知道他们的言论会产生什么社会后果。他们像是坐在文化沙龙里的文化贵族，认为只要发一个宣言，或者搞一个"签名"运动，就是拥有了真理——而真理其实是不靠宣言，也不由多数表决决定的。

"科教兴国"是我们国家最正确的选择，把科学技术和科学精神送到最需要的普通劳动者和最底层的民众里去，与科技创新是同等的重要，同等的伟大。建议乐于同科技过不去的学者们，也能参加到这个行列里来，为我们的国家和人民，做些实实在在的事。

（原载《科学与无神论》2007 年第 4 期）

"科学没有宗教是跛足的"什么意思？

把某些科学家信仰宗教，当成科学可以容纳有神论而大加渲染，是现今推行鬼神论常用的一种伎俩。

爱因斯坦无疑是 20 世纪科学发展中的一座丰碑，将永远为人们所景仰；他同纳粹的斗争和推动反原子战争的和平运动，至今还有非常现实的意义。他得到崇高的荣誉和普遍的尊敬，是理所当然的。但也正因为如此，他也有了被鬼神论者随意涂抹的特别价值。近来，在宗教研究领域，通行的是引用他的这两句话："科学没有宗教，是跛足的；宗教没有科学，则是盲目的。"

引用者的多数，是要锁定宗教对于科学之如何不可分离，给亵渎神灵的科学无神论一个打击；有人也用来向科教兴国战略质疑。然而要如此演义下来，仅凭这两句"语录"够吗？

《爱因斯坦晚年文集》收有爱因斯坦的以《科学与宗教》为标题的两篇论文。一篇写在 1939 年，一篇写在 1941 年。上引的两句话，就出在后一篇论文中。如果当真想了解爱因斯坦的本意，至少要把这两篇论文好好通读一遍。

（一）关于科学与宗教这两个概念，学者之间往往有很不相同的理解。在爱因斯坦看来，科学解决的是"是什么"问题，得到"客观知识"；宗教解决的是"应该是什么"问题，告诉我们"终极目的"。因此，科学只能是获取"真理的知识"的方法和手段，而不能证明对"真理知识"的渴望和应用是否正当；给予价值、意义和目标的，乃是宗教。

爱因斯坦对科学和宗教所作的这番界定，如果当作普遍的原则，大约在科学界和宗教界都难得到共识；但联系到他之所以如此界定的历史条件，认同的可能性一定会大大增加。他写第一篇论文的 1939 年，是希特勒德国入侵捷克斯洛伐克和波兰，标志第二次世界大战开始的那年；写第二篇论文的 1941 年，是军国主义日本偷袭珍珠港，爆发太平洋战争的那年。当时武器决定论几乎成了压倒一切的舆论；推动科技用于发展武器，则是各国头等重大的任务。在这样的形势下，呼唤宗教传统，要求对科学的渴望和应用，给予是否正当的审定；对科学的发展，给予价值、意义和目标上的评估，其实是在呼唤科学界和宗教界的正义和良心，对整个人类社会负责。就是说，这两篇论文的实质，是在动员大家一起反对法西斯。

"二战"以后，爱因斯坦把防止科技之可能用于暴力和战争的希望，转到了成立一个"世界政府"上；把解决科技可能带来的危险，也曾寄托到"创造一种社会制度与传统"上，他甚至向往着社会主义。就是说，他在寻求一种合理的社会制度，令科学和科学的发展，不致被妄用于毁灭人类自身。因此，他的关注焦点，也明显地是从科学与宗教的关系移向了科学与社会政治的关系方面。他终生致力于科技为人类的文明与和平服务；为制止和防止把人类导向更加愚昧和野蛮而斗争不息。

（二）同样重要的是，爱因斯坦对宗教的界定。他本人是生于德国的犹太人。他具体指的宗教是"犹太—基督教"。"犹太—基督教"作为他实际生活的传统和文化背景，因而以此立论，是自然而然的事。这与我们曾经生活在儒家传统和儒家文化氛围，因而说话立论总难离开儒家的情形类似。然而爱因斯坦的特别处，不在于肯定这一宗教的全部，而是它蕴含着他所看重的价值、意义的"目标"，那就是："个人自由而又负责的发展，从而可以在服务全人类的过程中，自由而快乐地行使自己的能力。"在这个"目标"中，有多少是通常理解的"宗教"，不言而喻。

在第二篇论文中，爱因斯坦干脆撇开了宗教本身，而是讲述他心目中宗教应有的精神。他说："我将不问宗教是什么"，只是要问"用什么可以刻划出一个使我认为笃信宗教的人的抱负"。他的"刻划"是，这位"笃信宗教的人"，"已经在最大限度内把自己从自私的欲望的桎梏中解放出来，而全神贯注于那些具有超个人的价值，而为他所坚持的思想、感情和抱负中"。简单说，就是为了一个崇高的理想，全神贯注，忘我奋斗的精神。这种精神之于科学，有双重意义：第一，"科学只能由那些满怀追求真理和知识热望的人创造出来"。第二，"相信那些在现存世界中有效的规律是理性的，即能用理性来解释的"。前句着重在对"追求真理和知识"的"热望"；后句着重在对"理性"的"深沉的信念"，这二者有多少是通常理解的"宗教"，也毋庸多说。然而就在这里，爱因斯坦作了这样的譬喻："科学没有宗教，是跛足的。"

问题是，爱因斯坦为什么把对真理的热望和对理性的信念说成是"源于宗教领域"？这可以作多种理解。但就文而论，他的实在目的是要用真理和理性把神灵从"宗教领域"里驱逐出去，所以他强调："重要的在于这个超越个人的内容的力量，以及对它超越一切的深远意义的信念的深度，而不在于是否曾试图把该内容与一神圣的存在联系在一起。"

（三）爱因斯坦对于宗教一词的解释，可以说是科学无神论的一种典型。众所周知，他是反对把科学和宗教对立起来的。但这有一个原则，那就是限制"关于上帝这一概念"和《圣经》对于科学的干预。他的许多话说得十分率直，对它再作解释是多余的，这里只要摘录就够了：

在谈及上几个世纪科学与宗教的冲突时，爱因斯坦说："当宗教团体坚持认为《圣经》中所有论述都绝对正确时，冲突就产生了。这意味着宗教这一部分对科学领域的干预；教会与伽利略和达尔文的学说之间的斗争就属于此列。""现在宗教领域和科学领域的冲突，主要来源于人格化的上帝这一概念。"不许宗教干预科学领域，这是解决二者冲突的前提；而致力于把"人格化的上帝"从宗教中清理出去，让宗教变得"更高贵"，这就是爱因斯坦为宗教所作的定位。

爱因斯坦对于《圣经》里所宣示的"全能的，公正的，仁慈的……能给人以安慰、帮助和引导"的人格化的上帝，也就是被信仰和膜拜的唯一的、绝对的、神圣不可侵犯的对象，素来是深恶痛绝。他说，正由于人格化的上帝"这一观念的简单性这一优点，使它能被最不开化的头脑所使用"。他又说，"人格化上帝这一学说"，其实就是把"巨大的权力交给牧师手中的那个恐惧和希望的源泉"。

爱因斯坦认为，"所有事件"都有客观既定的规律。除此以外，"无论是人类的统治还是神的统治，都不会作为自然事件的独立原因存在"。但尽管如此，科学要想"驳倒"那种"主张存在一个干涉自然事件的人格化的上帝的学说"，也不可能，因为这种学说仍能在"科学知识尚未涉足的领域中找到避难所"。据此,爱因斯坦劝告"一部分宗教代表",不要去做这种蠢事,因为这"不但是毫无价值的,而且是很不幸的",它将"对人类带来不可估量的害处"。他也期望"宗教导师们,必须有器量放弃人格化上帝的学说"。

如果一种宗教,尤其是一神教,驱逐了"人格化的上帝",也就没有了任何神灵,还是"宗教"么,"犹太—基督教"会承认爱因斯坦给它做的解说么?尽管如此,爱因斯坦并不拒绝宗教这个概念,他把"人格化的上帝"赶走了,为的是曾让宗教负荷的那部分传统文化,或"人文精神",包括他所希望的——对真、善、美的培养和追求。在当今动辄以"宗教是一种文化"作标榜的学者那里,不知是否也把神灵从宗教中驱赶了出去?

最后,对于某些科技工作者来说,还要引一段也许不算是题外的话,那就是"他必须使自己在研究中放弃唯灵论的研究方式,唯灵论是一种追求神秘目的的思维模式"。爱因斯坦当时指的唯灵论,主要是占星术;今天的唯灵论,范围就广泛多了,大致可以用"人体特异功能"来概括。按爱因斯坦的思路,把"特异功能"当作科学,就等于把科学引向绝路。

把爱因斯坦的"语录"当权威来引证,说明引证者是视爱因斯坦为权威的。如果确实如此,就不要望文生义,而应该认真地读一读他的书,知道他所教诲的究竟是什么。

[注] 爱因斯坦把"佛陀和斯宾诺莎"都算作"宗教人物"。此"佛陀"指佛教创始人释迦牟尼,西方有学者认为他是雅利安人,反对"神创论",所以佛教哲学是无神论的。斯宾诺莎是荷兰生犹太人哲学家,反对犹太教教义,提倡实质上为无神论的泛神论。他们都反对把人说成是"神之子",主张把人生的决定权归还人本身。爱因斯坦以此说明他的"宗教"概念。

(原载《科学与无神论》2001 年第 2 期,署名钟科文)

科学态度　科学精神　社会道德

——读朱××论藏传佛教

俗谚说："隔行如隔山。"我对于自然科学缺乏起码的专业知识，现在却不得不讲些与自然科学领域有关的事。我们老祖宗为幼儿写的启蒙的读物中言："教不严，师之惰"，最近有点新的理解——如果教师不能严格自律，应该自我批评或受到批评。

之所以写下这些话，与读了两篇文章有关。一篇叫《从藏传佛教到认知科学的崭新链接》，是用对话形式发表在网站上，记中国科技大学校长的高见；另一篇名《中医是复杂科学》，是这位校长以科学院院士署名的，发表在本年度9月16日《中国中医药报》上。前一篇涉及藏传佛教问题，后一篇涉及哲学科学方法论问题。初步印象，这位校长在这两个领域似乎都称不上内行，但却把藏传佛教和哲学科学方法论作为他提倡的所谓"认知科学"和"复杂科学"的论据，有些不可思议，所以特别赶在教师节的时节讲一点我的认识，我们应该怎样为人师表。

先讲第一篇。这篇文章的副标题叫做"朱××院士对刘××先生畅谈藏传佛教"。据编者按："由唐××根据录音整理，并请二位谈话者审阅后，贴于本站网上……以期网友们的思考之风气更为兴盛。"因为是经谈话者"审阅"过的，网上贴出后又没有看到谈话者提出异议，所以就话论话，认为用这样的东西去飨读者，引人"思考"，那"风气"实在"兴盛"不得。

一、刘先生说："内地有两个翻译大师，一个是鸠摩罗什，一个是玄奘，他们基本上都同时在初唐时期从事翻译。"史书记载，鸠摩罗什大约死于413年，玄奘死于664年；为什么要让死去250年的人，到"初唐"

复活？

朱院士说："大约公元前 7 世纪左右，松赞干布和他的继任者赤松赞布曾请来大批印度高僧，组织他们把佛教经典翻译成藏文。"史书记载，松赞干布与唐太宗同时代，都是 7 世纪人，怎么就变成"公元前 7 世纪"了？有这个"前"和没有这个"前"相差 1400 年，当然是大不相同。这是否出于口误或笔误？似乎不是，因为朱院士还有话："现在，翻译的藏文经典，已经是佛经最原始最珍贵的资料了。"根据史籍，汉传佛教在公元前 2 年就有了"浮屠经"，2 世纪中下叶，汉文翻译已经形成相当规模；假若说藏文译经发端于"7 世纪"而非"前 7 世纪"，怎么会得出藏文译经是"最原始"的结论来？朱院士还说："藏传佛教……走了两千多年，集累了大量的资料。"如果确实"前 7 世纪"是"7 世纪"之误，则"7 世纪"至今公元 2004 年，怎么会算出个"两千多年"来？这是哪门子算术？

这种年代上和计数上的颠倒混乱，出口就错，表现对话者缺乏起码的历史观念和佛教知识，比现有的相声材料还要生动。

类似的问题还有。刘先生说："佛教里面，藏传佛教遗留的经典最多。"朱院士说："汉传佛教也翻译了许多的经典，但大部分失传了。"这里的问题是：藏译佛籍和汉译佛籍各有多少，巴利文佛典又有多少，做过调查没有？汉译佛经原有多少，失传了多少，根据什么得出"大部分失传了"的结论？好像是研究有素，胸有成竹，其实是信口开河，说来全不负责。

二、朱院士说："藏传佛教和汉传佛教完全不一样。汉传佛教既没有恶，也没有善，既没有快乐，也没有悲哀。什么都没有。而藏传佛教的'空'和'乐'和'善'是不可分的。所以藏传佛教修到后来，在修炼过程中充满了快乐，充满了慈悲。"

据说这话是听某位"活佛"讲的。"活佛"对于佛教可以自有他的理解和他的信仰，所以他照直讲述他的个人看法，与客观研究和客观事实不相干，也无可非议。但作为院士则不同，仅仅这样复述而不别作说明，至少表明你在欣赏，在同意，在宣传。可事实如何，作为院士，你有过自己的"思考"吗？"汉传佛教"不讲善恶，那些汉人几乎无人不晓得的"善有善报、恶有恶报",是来自哪里？"诸恶莫作,诸善奉行"不是出自"汉传佛教"？"汉传佛教"不讲苦乐,那就抽掉了佛教的人生观,还能叫做"佛教"吗？讲"空"说"有",是佛家最普遍的谈资,这里不说也罢,至于藏传佛教的"善"和"乐",有许多特殊的内容,这不但要读点佛经,也要知史知事,如果翻翻史书的有关记载,看看某些造像和法器,就会有助于全面认识,而不只作出"快乐""慈悲"的结论了事。

三、其实,朱院士自己就体会到了其中的一种"快乐"。他看到了一位"年轻"的尼姑,在一心地围绕着一座山转,光今年已经"转了一百多圈了"。于是院士感叹说："她的生活很简单,她活在世上就是为她的信仰,就是围绕着这个神山转";并由"她"引申为"他们"："他们的生活那么简单、纯朴,没有我们这么复杂,却比我们快乐。"我对这位出家人的虔诚同样表示尊重,但是否"比我们快乐",那只能属于"我们"这个层次的感受,因为在西藏还有更多的人,包括藏传佛教的信仰者,一直在干着希望能过上"我们"那种"快乐"生活的事业。

这使我联想起一位自命反科学主义的论者,他去藏区也有一番感慨。他看到的是朝圣的藏胞："他们不断地伏下身去,让自己的身躯与广袤的大地合为一体。五体投地！这是一种伟大的肢体语言,使人得以与神灵对话,与苍天对话,并在这样的对话之中,使人自身获得了神性。而这样的语言,在城市里的汉民族之中已经集体地消失了。"这是带有伤感的遗憾,因为他表示他"缺少",他"不可能拥有"——不清楚他缺少的是"虔诚",还是未能拥有"神性",总之,他尽管歌颂"五体投地"到了五体投地的程度,好像始终没有去做与"大地合为一体"那种"伟大"的举动。他也是只高高地站在那里欣赏,唱赞美诗,而并不想自己去尝试的。

我们的圣人有一句名言："己所不欲,勿施于人",这在中外都被视为道德上的黄金律了。如果自己不欲做,只是欣赏他人做,或者通过这种欣赏去影响和鼓励他人做,按这黄金律的标准,恐怕就是最不道德的了。近来有学者对无神论特别反感,尽管他自以为他还是无神论者；有学者则竭力宣传宗教如何如何好,而他自己却什么宗教都不信。这种言行不一,与某些自然科学家作报告、写文章,劝人信仰某个神或超自然力一样,都令人纳闷。我以为,不妨想一想我们圣人的这条古训。

四、朱院士还有一段比较汉、藏佛教优劣的话，也是听那位活佛讲的："大约几百年以前，内地去了一个非常有名的高僧，也是禅宗的大师，和藏传佛教大师辩经。后来呢，汉传佛教败得一塌糊涂，藏传佛教从此看不起汉传佛教。"

这确实是汉、藏佛教关系中的一桩公案，而且颇著名，法国学者还为此写过一本书，叫《吐蕃僧诤记》。藏传佛教史书以此作为自己的佛教优越的见证，非常正常，因为佛教分化有许多派别，诸派之间进行争论以至互相贬斥是常见的事，所以在汉藏佛教间发生"僧诤"，也不奇怪。但是同样，出自院士无辨别地向公众复述，就颇奇怪，感到不那么正常。第一，史实如何，至今还是一个学术研究的课题，现存有当时人记当时事的汉文文献《顿悟大乘正理决》，所记与藏传就大有出入。作为院士在传播这些传说的时候，不应该听听另一种说法，看看更原始的资料吗？第二，不论佛教研究还是藏学研究都足以说明，藏传佛教受汉传佛教的影响是深远的，这其中就包括禅宗的影响，正像汉传佛教中也渗透着藏传佛教的某些内容一样。从唐蕃交涉到蒙元统一，这两种佛教系统就存在着千丝万缕的联系。藏传佛教有自己的特点，说到底与其独特的社会历史和本教传统有关，与接受或拒绝哪个国家的佛教系统没有必然联系。把汉藏佛教间的差别说成是谁看不起谁，更像是挑动的话语，不是学术语言。

朱院士对禅宗似乎也有兴趣。他说："'禅'其实也是释迦牟尼创造的。佛经故事'拈花微笑'可以说是禅宗的起源。"

关于禅宗起源的研究，从胡适开始就没有中断过，已经发表的有关论著，大约也够翻两天的。但把"佛经故事"作为论史的根据，却实在稀罕。

院士"也是人"，茶后饭余，传一些道听途说，讲一讲"佛经故事"，也是消闲的一种。但如果以院士的名义发表出来，让读者随顺这种思路去"思考"，那就把我们的院士水平限定在复述传言和讲故事的水平以下了。

据说，朱院士这次西藏之行，会见过三位活佛，与有关的研究人员谈过两个晚上。由此所得的知识，就使他感悟到"藏传佛教的许多修炼方法实际上就是心智科学（特别是心理学）的实验"；"原来在两千多年前佛教就专门在研究心智科学了"。什么叫"心智科学"？按朱院士解释，这是港台的称呼，大陆叫做"认知科学"；这既非是自然科学又非人文科学，而是新兴的"第三个科学"；"它实际上是研究人的心与智慧的规律"，是"心灵和智慧的科学"。

于是我懂了一点：追随藏传佛教传说的目的，其实是在追随港台（还有哈佛大学）的"心智科学"，自己始终是既无发现，也无创造的。不过这里离我们讨论的题目远了，关于"心智科学"的问题，有机会在考察朱院士的"复杂科学"时我们再一并探讨。

回归正题。我的意思是，做学术研究，首先态度应该端正，严肃认真，不能信口开河。说话要有根据，立论要符合逻辑；学风应该严谨准确，实事求是。学术良心、公共道德、社会责任，这也是商品社会、市场经济条件下作为学人特别需要的品格，而这恰巧也是人们对于科技工作者，尤其是从事教育的老师和校长以及行政领导们的期待。

（原载《科学与无神论》2004 年第 6 期，署名钟科文）

主编的话

2006 年 12 月 12 日中国无神论学会和《科学与无神论》杂志社共同召开了"科学与宗教学术研讨会"。来自自然科学与社会科学的研究部门、大学和新闻单位的专家、学者 30 余人参加了研讨会。

科学与宗教的关系问题，本是西方的传统话题，在中国，传统文化中没有，近代启蒙运动中也没有。传统文化中没有，是因为近代科学发端于西方，中国也没有西方一神教的信仰；启蒙运动中没有，是因为"五四"人物笃信科学，不把宗教视为积极的力量。可近些年来，这个问题，在我们国内学术界也引起议论，而且主动一方多半为宗教学者，影响至于青年学子和普通公民。为什么会出现这种变化，我们希望通过这次研讨会，引起大家的注意，倾听到各方面的意见。

在科学与宗教关系上，现在有两个问题是存在争议的：

第一，近现代科学产生于西方的基督教文化背景，因此，没有基督教就不可能产生科学。问题是，基督教在西方已有 2000 年的历史，为什么科学到了近代才得以产生？又为什么用火与血对付科学家的正是基督教的宗教裁判所？如果说，正是包括无神论在内的人文主义思潮冲破了封建主义的宗教枷锁才提供了科学发展的思想条件，是否更加符合史实？

第二，有许多知名的科学家，都是相信基督教的；假若基督教不是科学创造的精神动力，反而是思想阻力，与大家熟知的这一事实相矛盾。问题是，同样有许多科学家并不相信宗教，或者对宗教、上帝别有解释，是否能够说，非宗教或无神论才是科学创造的原动力？譬如有的科学家喜爱"东方神秘主义"，是否可以说东方神秘主义才能触发科学创造？

与上述问题有密切关系的是，推动科学产生和发展的究竟是些什么因素？一派认为，中国传统文化命定了与科学无缘；中国要实现现代化，依靠科学，推动科学的发展，唯一的出路就是接受基督教信仰，基督教化中国。问题是，基督教有这么灵么？且不从历史潮流说，基督教在西方的社会政治和文化思想中还剩有多少市场（已经被历史地淘汰了多少），即以科学来说，它获得的崇高声誉，不是迫使基督宗教不断地步步退却么？最近出版的一本大著《神学的科学》，将"上帝死了"的判断定为"胡说八道"，可实际还得用"科学"贴金；至于企图一再地把科学成果纳到神学体系中的努力，从《科学的灵魂》一书感叹宗教在西方被主流社会边缘化而显得气愤与无奈，就可以知道个大概。

如此种种问题，说大一点，是关系国家的命运，关系中国文化整体的发展前途。就我们而言，这是学术上的是非问题。

为了使更多的读者了解这次会议的内容，《科学与无神论》杂志将这次研讨会上的部分发言，编辑出版了这期专辑。

（原载《科学与无神论》2007 年第 2 期）

我所知道的"反科学"思潮及其他

近来反对"科学主义"的声音颇高。所谓"科学主义"是一种什么主义？提倡者是什么学派，什么人？都有些什么论著？我不清楚，很希望反对者能作些介绍，以便于具体讨论。但很难见到一致的见解。就我个人所知，有一种反科学、反理性的思潮相当流行，不但国外有，国内也有；不但现在有，过去也有，所以我就从这里说起。

大家知道，历史上西方宗教和神学在反科学上是很著名的，梵蒂冈至今还在忙着给某些科学学说恢复名誉，为一些遭受迫害的科学家平反。现在的有神论对于科学的态度有了许多新变化，文明一些的是拉近乎，搞调和，主张分工，承认各有各的价值和作用，井水不犯河水；直率或粗鄙一些的，依旧对科学抱敌视态度，其中的多数涌进了反科学这一大的社会思潮，起着推波助澜的作用。但这些问题涉及科学与宗教的关系，需要另题探讨，我的以下意见，仅限于学术界，不涉及宗教宣教领域。

一

关于"科学"一词，在国内就有许多不同的解释。我这里首先是指由西方产生和发展起来的近现代科学，包括它的技术，也就是"科技"——尽管有些科学史专家，反对"科技"这个词。这种科技的发展和应用，给社会和人生带来的空前变化，给人的思维方式以及整个精神世界带来的革命，都是有目共睹的，说"科学技术是第一生产力"，就是一个极恰当的总结。由此带给社会和思想界的影响的深度和广度，被反科学思潮作为理论和事实根据的，大体有下列一些：

第一，最突出的是机械唯物论的出现。机械唯物论有一个重要观点：

"人是机器。"这个观点至今还有不同的表现形式，例如把人的结构只看作物理化学的组合和运动，甚至忽视人的情感、意志、道德等**精神因素的特殊性质，**把人类的精神活动也作机械化的理解等。机械唯物论者又多是提倡人生应该幸福，主张快乐的**乐观派，**反对者据以为科学就是非人文、非道德的，带来的只是填不满的物欲，世道人心因此而受到败坏，与日俱下。

人是机器的观点也反映了资本主义把人商品化的社会现实，人变成资本家生产资本的工具由此而得到了合理性解释：人不但要附属于机器，而且等同为机器，所以现象上似乎是科学把人性泯灭了，以致在工人运动初期，把机器以及与之有关的科学技术视为自己的敌人。这种情况在中国也发生过，例如义和团就曾把铁路等视为侵略的标志。这可以说是最早的反科学的社会思潮，也是当代反科学思潮的口实之一。

与此有关的是理性的高扬。恩格斯在评论法国18世纪启蒙学者时讲过一段有名的话："一切都必须在理性的法庭面前为自己的存在作辩护，或者放弃存在的权利。思维者的悟性成了衡量一切的唯一尺度"[1]；但是，"这个理性的王国不过是资产阶级的理想王国；永恒的正义在资产阶级的司法中得到实现；平等归结为法律面前的资产阶级平等；被宣布为最主要的人权之一的是资产阶级所有权"。在这种"理性"下的人，只能是被物化了的和法学意义上的人，人性被财产的占有和无情的法律扼杀了；圣洁的爱情变成了简单的性关系，不得不服从冰冷的价值规律；充满温情和象征安全的家庭解体了，以至连你的孩子和双亲也被隔离得四面八方；剩下的人际关系，不是狼与狼，就是疏离和冷漠。

科学和理性的思维形式是逻辑；在一些学者眼里，逻辑就成了唯一有价值的思维模式。于是复杂的，充满情感的精神现象被简化成若干公式以及这些公式的运算，精神世界也变成了逻辑符号的世界。伦理意义上的"情"成了物欲的交换，"爱"成了奢侈品，传统的善与美则成了迂腐。

所有这类社会现象，都被一些人归结为科学之罪，理性之罪，文明之罪；与此相应，他们提倡直觉、灵性、超越、本能或神秘经验，抨击科

---

① ［德］恩格斯：《社会主义从空想到科学的发展》，《马克思恩格斯全集》第19卷，人民出版社1965年版。

学，非难理性，向往原始，回归于"零"（无）。海外所谓"新时代运动"（亦称新人类运动）就是以此类思想为主导形成的；它的进一步组织化，则成为封建家长式控制，弥漫着神秘主义氛围而又具有家庭般的关怀和温暖的团体，这就是"新宗教运动"。

第二，自"二战"和"二战"以后，武器决定论甚嚣尘上；所以迷信和炫耀武器，成了自我安慰和霸权世界最得力的手段。从另一方面说，武器决定论进一步扩大了"科技决定一切"的舆论的市场，降低或抹杀了社会生产关系的作用，无视以至蔑视人的因素，甚至把人视为可以用科技手段随意摆布、任意征服和奴役的对象。因此反对武器决定论者中间，也有人反对科技决定论；但它的进一步泛化，则转为反对科学技术自身。尤其是当今世界局势展示，由高科技支持开发和应用的大规模和灵巧的杀人武器，越来越引起人们的不安，原子弹就是其中之一，因此在反战运动中，不但有反对大规模杀伤性武器的呼声，也有归罪于科学自身而反对科学的声音：科学技术不但增强了杀伤能力和杀伤范围，也增强了战争的可能性和随意性。

第三，科技发展的最大成就，是人类对于征服和控制自然能力的不断增强。它在为人类改善生存条件、谋求福利的同时，也对生态平衡造成破坏，反过来构成对人类生存和生存质量的威胁。现在不但空气、水、阳光、土地这类生命存在的基本要素在受到破坏和污染，连生命本身似乎也难免厄运，遗传工程学的发展，一直运用到克隆人自身，就令人不寒而栗。因此，在环保和绿色运动中，也有对科学质疑以至反对的情形。当前有人把科学比作"双刃剑"，即是其中最流行的一种。

现在，反对战争、保护生态，已经成为全人类的责任，并正在变为社会的公德。因此，如果假借这种责任和公德的名义反对科学、反对理性，那么它的蛊惑性或可能得到更强烈的共鸣，也许比用其他论调更加有效。问题是，这些名义是只看到了现象，没有把握本质，并不完全符合实事。

二

仅仅突出科技带来的消极一面，这本身就是一种片面。科技给人类带来的福祉和进步，可以说是罄竹难书。这里只讲一件事。记得一位伟人似乎说过这样的话，世界什么问题最大？吃饭问题最大。中国民主革命的基本问题是农民问题，是土地问题；而农民问题和土地问题都关系吃饭问题。没有饭吃，人就不能生存，这是常识。鲁迅说，一要生存，二要温饱，三要发展。要生存和温饱，就得解决吃饭问题；而没有生存和温饱，发展就是空话。中国全部封建主义和殖民地半殖民地的历史，最终要从中国历史上没有根本解决吃饭问题上得到解释。新中国成立以后，我们实行过统购统销，凭票供应；以后又搞过大跃进，以粮为纲，也都是为了解决吃饭，所谓"一穷二白"的问题。由此带来社会结构和政治结构的变化，以及产生的后果，大家都不会忘记，而造成这种形势的原因之一，当与放弃"向科学进军"有关。1964 年，我在北京一个农村看到，一个小队的小麦平均亩产三百市斤，全体村民就喜笑颜开，欢庆收获；因为在平素这里只能打二百斤。可到了 1978 年，我在山东就看到的是亩产八百斤，而且还能再收八百斤稻米，在这期间我们的人口增加了不到两倍，而亩产增加了 4—8 倍。现在更了不得了。这是一个伟大的变化，单从技术的角度说，吃饭这个最大的问题在我们国家可以说是历史性地解决了；而得以解决的主要手段，是做到了真正的科学种田，其中仅品种改良一项所增加的粮食，就使我这样农村出身的人屡屡吃惊。至于说吃鱼肉蛋果品也可以顶替粮食，而且营养更加全面，在我也曾是一种全新的感悟。

现在有些人享受着科学技术带来的种种方便和舒适，同时又在诅咒科技的罪恶，声讨五四运动，贬斥文艺复兴，似乎有些不可思议，我认为有很深层的原因，一是认识上的偏颇，另一个是社会利益集团的误导。

工具的创造和使用，被认为是从猿到人的关键环节；火的使用是人类进入文明的重要标志。但是，这些工具用于什么目的呢，是劳动生产还是武器杀人？而武器是用于自卫还是侵犯？如果我们因为它们可能成为杀人的武器，所以拒绝使用工具，拒绝自卫，拒绝进化，永远停留在猴子的水平上，行吗？火曾被用作最严酷的刑罚，所谓火刑，在宗教迫害中曾被经常使用；人们能够因此而反对把火引入日常生活？鲁迅在《电的利弊》一文中说："外国用火药制造子弹御敌，中国却用它作爆竹敬神；外国用罗盘针航海，中国却用它看风水；外国用鸦片医病，中国却拿来当饭吃。"

这话是很痛心的。火药、指南针都是中国的发明，它们本身并不具有政治的或道德的属性；它们的功能及其实际效果，是由它们隶属的社会性质决定的；也就是说，是由使用它们的阶级、群体或个人的目的决定的。

科技是人的体力和脑力的无限延伸，它的性质与体力和脑力的性质没有原则区别。把一切罪恶推给科学技术，而不去追究科技成果的拥有者和使用者，如同法律中不去惩罚持刀杀人的罪犯而去惩罚杀人者的手和刀一样地荒唐；科技也是智慧和能力的结晶，是人的能动性和创造性最卓越的表现，而在道德和政治领域则是中性的，它对于它可能用于什么目的，可能造成什么后果，不负任何责任。科学技术被用作剥夺人权和扭曲人性的手段，破坏人类的生存环境，以至成为发动战争，屠杀无辜的武器，那原因其实是人所共知的，最主要的是经济利益的驱动和强权政治的需要，与政治体制和社会制度密切相关。反科学思潮反对的是科学技术本身，把现代化的一切弊端统归于科技之罪，至少在客观上是为产生这些弊端的社会制度和政治体制开脱，为妄用科技于残害人类本身的利益集团进行辩护。

当然，运用科技造成的某些危害，也不能完全归为社会问题。人的认识是从相对真理无限接近绝对真理的过程；科学技术作为人类认识世界的重要产物，也只能是通向无限的有限实现；对于它们应用于实践可能造成的后果，不可能完全预见，由此造成的危害也不在少数。一种药品被发明出来，可以有效地治疗某种疾病，但结果它的副作用可能比疾病本身对人体更加有害；转基因技术提高了食品的数量和质量，但它的长远效果，至今还没有一致的结论。在科技史上，这类例子很多。但这构不成反科学的充分理由。没有认识就不会犯错误，为了不犯错误就取消认识，这只能是笑话。科技的局限产生了某些危害，科技的发展则发现和治理了这些危害，于是人类的能力和生活又上了一个台阶。人类的智慧不会因噎废食。

三

最明确地提出反科学反理性口号，并对中国的学界有所影响的外国人，我所知道的有日本人铃木大拙。他的《禅宗与精神分析》有两个汉文译本（另本作《禅宗与心理分析》），对于东西方的思维方式，以至东西方文明作了比较。按他的说法，西方的思维特征是"诉诸理性"，对自然界是"科学而客观"的理解，突出的是"分析"；东方则是"整体的"、"混沌的"，直觉或感情的。西方表现的是语言逻辑，因而转化为情欲；东方则表现为"喑哑与愚笨"，"背后保持着沉默与安静"。铃木特别推崇中国文化，而且就把中国文化作为他所谓的东方文化的楷模和代表。他在解释"中国人为什么没有发展更多的科学与机械"这个令近代知识界长期思考的问题（所谓"李约瑟难题"）时说，中国人"满足于未开发的文明状态"，具体表现为对机器生产的厌恶和对手工劳作的乐趣，由此避免了遭受机器的奴役。相反，西方重科学与智力，使人"在总体上失去了生活"。他的结论是，只有以中国为代表的东方文化才能使人获得"绝对自由"；实现这种自由的途径则是"禅"。而"禅"在铃木的笔下就是神秘主义。

把东方文化归结为"东方神秘主义"并大加赞叹的外国人还有一些，在国内也颇盛行，像《佛教禅学与东方文明》等著作就应运而出。有的人则跟着宣布："人类面临着危机，这是由机器带来的危机，由科学带来的危机"，摆脱这危机的希望就在"东方文化"。不过这几位是把吕洞宾一流的道教作为东方文化的典范，并号召我们站起来，"迎接东方文化的新曙光"。

铃木大拙的话是在西方讲的，他的用意我们不得而知。他本人经历了日本侵华战争，也经历了太平洋战争和日本的宣告投降，他应该比我们更懂得科学技术对于保障自由和生命以及在摧毁自由和生命中，是什么因素在起着主宰的作用；中国学者更应该懂得科学带来的危机和缺乏科学带来的危机之间的界限，以及缺乏科学对于一个民族生存和发展的意义。

不过在国内真正形成一种社会思潮的反科学、反理性主张，是号称人体科学的人体特异功能。对于人体科学的是非真伪，至今也有不同意见，我认为是正常的。问题是，参与争辩，首先该把概念搞清楚，不能老是牛头马嘴。那么，什么是人体科学？我们已经介绍过多遍，这里不得不再重复一遍：

据这门科学的创建者说，人体科学就意味着发动一次"新的科学革命和文化革命"，也就是革既有的科学和文化的命。具体有三项内容："中医、气功和特异功能"，这看来是三个东西，"本质又是一个东西"，因为它们"孕育着人体科学最根本的道理"。

人体科学选中了中医的什么？是它的理论。为什么作这样的选择？"因为中医理论发生于近代科学还没有兴起的时候，它也不知道什么是近代科学，更不知道什么是现代科学，所以它反而没有这方面的限制和束缚"。那么，"靠什么方法形成中医的理论？就是靠感觉"，靠"自己内省觉得有什么感觉"。

人体科学又选择了"气功"的什么？"气功是打开人体科学的钥匙"。据称，气功的"气"是一种能量，"这些能量被用来调整人体功能态，可以把人体从一般清醒功能态，调整到气功功能态——可以发放外气"。这样的外气，具有透视物体、十步之外摔人、从密封的药瓶中抖出药片，以至于千里之外直接控制分子结构等无限功能。人体具有的这种能量或潜能，就是人体特异功能。

那么"人体科学"又是什么？据解释，人体科学就是人体特异功能的一个"别名"："因为这个特异功能，人家反对的很多——所以我们就把它换了一个词，不叫特异功能，叫人体科学。"人体科学即特异功能。如果将其运用于教育，就是培养"神童"；作为人的最终理想，则是成为"神仙"："神童这套东西发展了，用到教育系统中去，那么到21世纪，我们就可以做到人皆'圣贤'。如果能从人体特异功能中找出规律，能够挖掘出人的潜在能力，那就是更高一个层次，人皆可为'神仙'。"

到此为止，人体科学的概念才算是基本完整了：借用中医理论，直截了当，是为了对抗和反对近现代科学，提倡直觉和内省；借用气功，则是为了开发特异功能，也就是凭直觉和内省才能幻化出来、无所不能的"能量"，所以人体科学不过是特异功能的一个伪装。假科学之名行反科学之实，是标准的伪科学。

什么是人体科学所称的"直觉"和"内省"？创建者用基督教的"灵感"和佛教的"顿悟"加以说明，那就是人的从"清醒功能态调整到气功功能态"。据说气功之所以能够把人体的特异功能发放出去，全在于从"清醒态"到"气功态"的转换。这种"气功态"也称"特异思维"——由此人体科学又建立一个分支，叫"思维学"或"思维科学"。

按"思维学"的说法，人的思维分三类："抽象（逻辑）思维"、"形象（直感）思维"和"灵感（顿悟）思维"。其中"抽象（逻辑）思维"指的就是"我们常常说的科学方法，科学方法就是归纳推理"，是"思维学"批判和否定的对象，"要靠归纳推理来做科学那是大傻瓜"。要想不做傻瓜，就必须抛弃归纳推理，以及一切逻辑形式和"科学方法"。那么"做科学"，更确些说，做"人体科学"要靠什么？说到底，是靠"灵感（顿悟）思维"。这种思维是既"不知道它是怎么来的"，也"没有理由它就来了"，但却可以发生特异功能，所以也称"特异思维"。例如"有一些气功师"的思考，就"不是平常思维，有时他嘴里喃喃自语——跟念咒似的，过一阵子他这种特异思维的过程结束了，他把答案告诉你"。这种思维的功能是无限大，以至特异人只要"想到哪儿，哪儿就起作用"。

此类说法很多，尽管神妙莫测，归结起来，就是反理性反逻辑，把人的非清醒态当作产生神功奇能的源泉——所谓非清醒态，直截了当地说，就是思想上的"混沌"、精神上的"恍惚"——柯云路出版了那么多宣传气功大师神能无限的书，其实教人的也就是这几个字："混沌"和"恍惚"。

四

关于"人体科学"大家已经说得很多，为它公开作辩的眼下少见。但反科学的思潮并没有完全停息。现在的形式，是制造"人文"和"科学"的对立，二者是不可调和的。有一段代表性的话："近年来，科学文化领域主要的矛盾表现形式，已经从保守势力与改革开放的对立，开始向单纯的科学立场与新兴的人文立场之间的张力转变。"这个"张力"表达的是互相膨胀，互不相容，也就是以"人文关怀"的口实贬斥科学技术对人的积极作用。

据我所知，对"人文"一词的用途和解释并不相同，"人文关怀"是一种什么关怀，好像也没有统一的认识。从欧洲思想史上看，古希腊哲学家说的"人是万物的尺度"，可能是对人文精神的最早表达。作为欧洲的一种思潮，人文主义则是文艺复兴运动的核心思想，它把人的地位和价值提到第一位，作为思考所有问题的中心，由此提倡人文学科抗拒宗教神学，用世俗文化取代宗教文化，用人道主义否定神道主义，形成一种强大的反封建主义神权政治和神学意识的新文化运动。如众所知，正是在这一运动中，科学和理性才发展起来的：科学打破了神对人的枷锁，促成了人文精神的产生，而人文主义则为科学开辟了发展的前程，二者是完全同一的。此后则形成一种以"人"为重的价值观——这"人"或指个人或指人类，成为近现代社会的主流观念。现在的"人文关怀"呢？大体有三种趋向：一是坚持文艺复兴运动以来反神道的传统，与无神论或怀疑论相汇合，包括驱逐了神的"人本宗教"，以及人本主义哲学；二是与"后现代"思潮的融汇，其含义之一，是把科学技术看作对人类的束缚，而追求纯自然的"人"；三是为宗教神学所借用，诸如把"福音"作为上帝对人的关怀，也包括所谓"终极关怀"之类。除此之外，还有世俗的一般理解，即把对"物"的追求转变为对"人"的关怀，把对人的物质关怀转变为对人的情感（精神）需要的关怀，都可称为"人文关怀"。

总之，由于"人文"一词的用法极多，更难了解所谓"新兴的人文立场"是种什么立场，其标榜的"单纯的科学立场"又是什么立场，所以也很难对它作具体分析。但有些原则是可以说的：

第一，西方一些观念和思潮，有西方社会文化上的原因及背景，作为介绍和研究，非常重要，这就是我理解的"拿来主义"。但是，如果照搬到中国，用于解释中国的历史和现状，甚至企图用来指导我们的社会实践，那可能适得其反。在我看来，西方的反科学思潮和后现代主义的兴起，以及对人文关怀的呼唤，恐怕要从资本主义社会的内部结构上找原因，应该是当代社会主义运动研究的重要现象。我国的情况是苦于科学的奇缺，至今还处在"前现代化"阶段，这已经是人们的共识了，用不着多少论证；而争取实现国家的现代化，采取科教兴国的战略，也就成了我国唯一可能的选择。在这种情况下也跟着海外一些人呼喊反科学、后现代主义，是过于前卫了；假若有人借着这些口号推销鬼神迷信，美化有神论，以至用来搅乱人的思想，干扰现代化进程，使我们永远处在贫穷落后的状态，那么"前卫"可能就转化成对历史的反动。

第二，需要再次强调，由现代化带来的种种问题和危机，在本质上与科学技术无关，与现代化无关。把某种社会制度和政治体制造成的危害，转嫁给科学，不利于人类的发展和社会的进步。我们国家的社会性质不同，有条件避免西方现代化所造成的社会问题，避免科技的妄用，而且有越来越受到政府重视的趋向。但是，这并不是说，没有认识问题存在。我们应该承认人的认识是一个过程；由于认识问题造成的危害，那严重的程度也是非常可怕的。因此，如何更科学更民主地决策和运筹，使科学技术更好地服务于民富国强，创造更适合人类生活幸福和全面发展的物质条件，也日益成为公众关怀的重大课题。

就此而言，中国科协两盟委员会把以往的论坛改名"科学与社会"，非常适时。也是从这个角度说，反科学思潮以及后现代思潮提出的许多实际问题，具有警示作用，值得认真思考和对待。我认为，他们的指向虽然是完全错了，但列举的许多现象则是实际存在的，应该由全社会，尤其是国家，负起研究和解决的任务来。

第三，现在国内使用的科学一词，其实已不限于技术的层面；有人甚至主张把技术从科学概念中排除出去。这是个学术问题。但不论如何，所谓科学精神、科学方法、科学思想、科学态度，科学规律，以至科学世界观、科学人生观，都已经为社会所通用，也都包容在科学这个范畴里。其所以会被赋予这样一些内涵，我以为是反映了当前崇尚科学的时代精神：它的否定含义，就是非主观唯心的、非鬼神迷信的、非感情用事的、非急功近利的、非无所作为的……正面的含义至少是承认客观规律，承认理性价值，实事求是，锐意创新。就此而言，反科学反理性思潮，是降低人的价值，损害人的自主性和创造性，为神秘主义和愚昧迷信张目；因此对人，尤其是对正在成长中的青年人，也是一种严重的伤害。

（2003 年 12 月在科协两盟委员会一次座谈会上的发言）

读《"舍利子"之谜》有感

科学无禁区。不论来自何方神圣，它都要触动一下，搞清真相，这大约也是科学发展的一个规律。人们都承认，西方科学发达，而其中原因，说法纷纭，我以为其中之一，是不妨看一看近现代西方是如何斗胆地去触动上帝，以及硬是要搞清耶稣和《圣经》真相的那种认真和努力。假若我们至今仍然相信月亮是天神居住的宫殿，人类绝登不上月球；如果我们始终慑于痘娘娘的神威，天花也不会在今天青年男女的脸上绝迹。无数的事实说明，假使人们都浸淫于神灵创世和造人的神学，近现代科学就无从谈起。探索奥秘，质疑神圣，追求真相，执着验证，是科学发现和科学创造的思想条件，是一种科学精神。何宏博士的《"舍利子"之谜》，就颇生动地体现了这种精神。我们的时代，非常需要这样的精神。

"舍利"是外来语的音译，意译即是死者的尸骨，本义并没有什么神秘的地方。对佛舍利的崇拜，最初是出于佛徒对释迦牟尼这位伟大的创教者的敬仰和纪念。传说这位伟人死后火化，他的尸骨遗物，或被置于瓶中，或建塔安放，供信徒们瞻仰和供养，很有些像我国古代造坟敬祖的意思。后来的佛经传说日渐增多，形色种类也异彩缤纷，其中最普遍的一种，是把舍利说成与一般尸骨不同的特殊材料，有不可击碎的硬度，有许多不可思议的神异。一说认为，供养舍利会获福报，或速得"无上菩提"，这使舍利崇拜带上了某些功利主义的成分；一说认为，凡修持"戒定慧"三学成就卓著者，都会在身中结成舍利，这就是一些高僧大德也会产生舍利的原因；此外还有一说，认为舍利的出现，乃是国家太平兴旺的一种瑞祥，所以又有了可以通过"感应"获得的佛舍利，由此产生的崇拜，往往能够得到政府的重视和扶持，于是迎送佛骨佛牙，在有的国家，有的时候，就成了全国性节日。

　　这一切，都属于宗教信仰的领域。而宗教信仰的存在，自有其本身的社会、文化、历史以及认识、心理、生理的基础，非常复杂，所以一直成为科学，包括社会科学和自然科学，极为重要的研究对象。但是，从另一方面说，宗教信仰自由，是我国宪法规定的公民权利，它同其他公民权利一样地神圣不可侵犯。各种宗教都有自己的圣物、圣地和圣人，供自己的信仰群膜拜。这既依法受到保护，膜拜者的宗教感情，也应该受到尊重。我们是个无神论和多神主义共存的国家，多种宗教及其与无神论的融会共存，有悠久的历史，互相尊重是值得珍重的优良传统。西方的宗教与科学，科学与宗教，那对立和抗争已有数百年的历史，而今调和的舆论有日见浓厚的趋势；既是教徒，又是科学家的情况也不是个别的。当然，调和的总倾向，是宗教向科学让步，或给神另外安置一个地位或对神做新的解释。《"舍利子"之谜》一文，尽管是从科学角度进行的探索，但对包括死者家属在内的宗教感情，还是十分理解和尊重的；死者家属乐于协助做这种科学检验，无疑也具有相当的科学修养。这样的合作，不只是对科学的发展有利，也对整个社会的思想活跃和文化繁荣有利。

（原载《科学与无神论》2002 年第 1 期，署名钟科文）

关于开展科学无神论研究和教育之我见

开展科学无神论的研究和教育这个话题，是直接由"法轮功"问题引发的。

改革开放以来，国家经济发展迅速，人民生活水平日益提高，社会一片欣欣向荣，历经沧桑的人们都说，这是难得的太平盛世。但就在这样的形势下，却突发出个邪教"法轮功"来，给一些家庭和人身造成危害，给祥和的社会带来不安，而且至今仍未完全消除。为什么会产生这样的现象？今后能否避免，以及如何避免？此类问题引起许多同志的思考，一些学者也在研究探讨，由此引发的话题也就大大超出了就事论事的范围。我这里所谈的，也算是参与讨论的诸多意见中的一种。

一

李某人不过是一个江湖骗子，他的所谓"大法"，不是狂言就是妖妄，理智清醒的人，大约是不屑一顾的居多。但他却能招收一帮弟子，拉起一个法轮功来，还让那么多善良的人参加进去，这当然不能简单地归结为一个骗子骗了一群愚人的结果。法轮功的滋生和成势，有多方面的原因，可以也应该从多角度考察。在我看来，20世纪70年代末开始兴起的那股神秘主义思潮给它创造了一个最适宜的存活环境，这个原因几乎是公认的，不可回避，也不应该回避的。

这股思潮从两个方面兴起来，一方面有所谓"人体特异功能"的被发现，以及与之相应的伪科学的建立，制造和宣传了种种反科学、反理性的舆论，造成了于史罕见的思想混乱，使不少有大学问的人，也陷入了最粗鄙的迷信或迷惘中，直接干扰了我国科学和教育的正常发展；另一方面是把传统的气功，当成开发"特异功能"的渠道，将旧有的封建迷信和歇斯底里的集体发作，视为"特异功能"历史的见证和真实存在的证明，由此搅动沉滓浮起，一些野心勃勃的男女巫觋，一跃而上升为大师、宗师、高功夫师、活神仙，竞相组织跨地区跨国界的个人膜拜团体，横行无忌，挑战国家的民主法制建设。当时的妖雾鬼气，大家都不会忘记。法轮功就是在这种异常的文化氛围内的后起者，也是把违法犯罪活动推上不取缔不足以维护国家法律尊严的一个。

现在，那些风头十足的大师们，都已神气不再；他们组成的个人膜拜团体也先后瓦解。李某人让外国人包养起来了，他在干什么，众所共知；还能干什么，也可以预期。剩下的亟须我们考虑：这股神秘思潮自身为什么会发生，而且延续了约二十年之久？它的影响所及，不只是街头巷尾、穷村僻壤，膜拜它的也不只是无知小民，严重的是，它的发源地是现代化的大都城，堂皇地流行在一些国家科研机构、高等学府，得到科技界、社科界和文学界的许多名人的认同，受到某些权势者的扶持。可以说，这是中国新文化史上的一大丑闻，理应从中吸取足够的教训，尤其是在思想认识上。然而迄今为止，为"特异功能"所作的种种哲学论证和理论辩护，搞得那些是是非非，依旧还是一笔糊涂账；涉及许多公众的认识问题，远没有得到解决。假若不能从理论的高度指出认识上的失误，切实解决人们实际存在的疑惑，要拒绝邪教、根治邪教，使其不侵入、不复发，几乎是不可能的。

我们有长期巫的传统，会道门曾经遍布全国各地，彼伏此起，始终拥有不小的市场。民国初期，一些大知识分子发起了"灵学"运动，第一次给封建迷信披上"科学"的外衣，驻扎沪、京，唤起会道门的猖獗，遍布全国。后来灵学受到"五四"人物的声讨，会道门则被"北伐"扫荡。留下的遗憾，就是没有做深层的理论清算，缺乏相应的理论建树。

已有学者指出，当今的"特异功能"其实是"灵学"的重演，以大师崇拜为特征的气功团体，就是封建主义的会道门。它们在形式和旗号上或有不同，但宣扬超自然神力，包括灵魂不死、人体永生、天人感应、阴阳两界，以及算卦看风水之类，都可以用鬼神论概括之。**灵学的代表性口号是："鬼神之说不张，国家之命遂促。"**他们主张的是鬼神救国、强国，既可以作为鉴照"特异功能"伪科学的一面镜子，我们也不应该再继续留下太多的遗憾；开展科学无神论的研究和宣传教育，就是补救这种遗憾的有效途径。

二

海内外学界有一种看法，认为"邪教"滋生的根本原因，在于"宗教"得不到发展。他们提出用发展"宗教"的方法，去抵御邪教，替代邪教，其有甚者认为，当代的中国，只有宗教才能挽救世道人心，才有希望。

当然，"宗教救国、强国"也不是什么新口号，现下重新提出来，是把两个问题搅混了。我国的宗教界参与揭批邪教，表达了他们维护正教和社会稳定的正义呼声，理所当然会得到社会的普遍支持，并赢得相应的尊重。但是，要从根本上为宗教再定位，补救所谓"信仰危机"，或要执政党用作愚民的工具，或作为我国当代文化的出路，或为个人设立安身立命之处，如此之类，那问题的性质就完全不同了。

如果公正地评论，至少是近代以来，宗教在我们国家的发展，都没有像现在这样的迅速和兴旺过，不论是就社会提供的物质条件还是可享受的宽松空间看，宗教都处在一个黄金时期。宗教的这种繁荣，与我们多样性文化的繁荣是协调的，同祖国前进的步伐是适应的，所以得到教内教外的普遍肯定。无视这一基本形势，在诸多思想文化形态中，唯独钟情于宗教，这其中不但存在一个评估问题，也有个评估的标准问题。

我们是一个多民族、多种宗教、多神信仰和无神论、不信教者长期共存的国度，历史上从来不存在西方那种政教合一的体制，也没有发生过西方那样的宗教仇视、宗教迫害和宗教战争，因而也不存在西方那样的宗教信仰问题。这种文化和宗教格局，造就了中华民族多种多样、异彩缤纷的古代文明，促进了相互尊重又互相影响的民俗以及礼让和谐的人际关系。但从扩张性极强的一神教来看，中国没有宗教，只有迷信，中国也没有"神"，而是"无神论"国家；没有宗教就意味着堕落，"无神论"则是邪恶，按宗教裁判所的法律，都得判处火刑。假定今天仍然站在这样的立场上发表高论，指斥中国宗教的不发达，固然也是一种"自由"，问题是，这适合中国的国情，中国人能够答应么？

实事实说。西方一神教在近代向中国的输入，是用大炮开路，与鸦片并行的，是一页极不光彩的历史。由此挑起的"教案"和由此导致的后果，中国人视为国耻。20世纪初，"基督教占领中国运动"再一次有计划大规模的行动，而且直闯学校教育系统，当时的中国人就用"非基督"和"非宗教"的运动予以回答；宗教必须停止干预教育，教育权应该收归国有，是当时提出来的重要主张；与此同时，一些宗教人士也为之呼应，开展了自办教会、自主办教的爱国主义运动，而后又都汇集到了"反对文化侵略"的大旗之下。所以企图在今天实现这个梦想，绝对走不通。不论是武力威胁还是利益收买，都失掉信仰自由的本义，中国人不喜欢。时下一些外国人在做什么梦，我们管不了，但我们有些极熟悉中国历史的同胞，也把这一段历史忘掉了，还在大做请"神"的文章，做种种替一神教"占领中国"的动作，真是有些不知今夕是何年了。

多数提倡"宗教救世强国"的学者，并没有明确表示中国应该以何种宗教立国，而是统而论之：有宗教总比无宗教好，信神总比不信神好。列举的好处非常之多，最常见的是说，近现代科学是在基督教背景下孕育出来的，大科学家也信教；信教就会行善做好事，不会犯罪，万事大吉，天下太平。如果事实确实如此，有了宗教就有了科学，信了神就会道德高尚，那我也一定会拥护全民信教，而且就信这个一神教。但是翻一翻西方近代史，或者看一看科学史、宗教史或思想史，那结果必定是大失所望，可能得出完全相反的结论。如果自己不是传教士，却轻信布道者言，忽视史实或不顾史实，而用来鼓吹宣传，就是误导；向稚嫩的学子灌输，就是误人子弟。

其实，不必回忆历史，在我们周围发生的许多重大事件，就应该正视。譬如一些国家、一些地区，长时间的社会动乱和种族仇杀，以及不间断的局部战争，有多少是不假借"神"的名义进行的？不知道有哪位家长亲人，愿意让自己的子女眷属甘愿给"神"作牺牲品？"法轮功"制造的自焚惨剧，不也是痴迷于超人的恶果之一么？众所周知的恐怖主义、民族分裂主义、宗教极端主义，有不打宗教旗号的么？"宗教"似乎成了个神圣字眼，而许多邪恶往往就是借"神圣"之名进行的。

20 世纪 60 年代以来，世界宗教发展有两个瞩目的趋势，一是组织小型化，即所谓"新宗教运动"的兴起，性质非常复杂，发生在发达国家而震惊全球的那些"邪教"，就是其中走向犯罪的一种；近些年来力图想登陆我国的，也大都属于这类教派。另一个重要趋向，就是宗教的政治功能被强化，坚持和重回政教结合的旧路，加上神秘主义的复兴，极容易成为一些利益集团进行政治活动和政治攻击的工具。我们的学界舆论应该具有起码的责任心，至少要提请人们对这类趋势保持警惕，而不应该一味片面地颂赞。开展科学无神论的研究和宣传教育，就有助于复兴理性，提高警觉，把人从"神"的烟笼雾罩里解放出来。

三

在建设国家、振兴中华的路上，我们已经取得世人公认的成就。但我们还在唱着《义勇军进行曲》的国歌，依旧面临生存和发展的问题。把科学技术和国民教育切实地搞上去，把民主法制建设好，全面提高我们的民族素质，实现现代化，依旧是艰巨的历史任务。实事求是地说，中国不缺少宗教，也不缺乏神。鬼神之多，可以出部大型辞典，而宗教的完备，也可以开个博物馆。西方有学者早就指出，中国最缺乏的是科学，"五四运动"的旗帜是科学与民主。科教兴国，依法治国，是五四精神的继承和发展，并在全心全意为人民服务的宗旨下的实施。这反映了历史的要求，体现了全国人民的意愿，得到全国各族人民的拥护。中国宗教界提出"与社会主义社会相适应"的口号，是道出了广大教徒心声的。

但是，假若继续让愚昧迷信弥漫大地，让鬼神观念控制头脑，而且时不时地制造一些事端，我们就很难顺利地实现国家既定的目标。因此，破除迷信，揭露伪科学，弘扬科学精神和科学思想，几乎与"特异功能"和鬼神论流行的同时就在学术界中提了出来，并有过相当激烈的论辩。但是"破除""揭批"不是最后目的。现在的形势，是要求进一步从认识论的高度，进行与时代相适应的理论建设，而且从国民素质教育的视角，广为普及。其中最重要也最迫切的一环，就是加强科学无神论的研究和宣传。

大家都在说，鬼神论的存在是长期的，那么同样应该说，无神论的存在也必然是长期的；这是辩证法，也反映了一种文化上的生态关系。

现在，有些同胞对"无神论"一词颇多反感，有些人则忌讳多多，似乎成了一个禁区；我们的多数青少年没有听说过，不得其解，是一个盲区。有道是，有神论有人讲，无神论无人讲或难得讲；有神论有钱，无神论无钱或缺钱。此中的原因可以有各种分析，但有一点是掩盖不住的事实，就是这种现象有些反常。我们一些开放十足的学者理应知道，即使在西方宗教文化发达的国家，对无神论也没有如此禁忌，如此恐惧，如此仇视，自我封闭到近乎无知的程度。在西方，一些神学院开设无神论课程，神学家也写大部头的无神论史，是司空见惯的事，有头脑的传教士也有面对宗教批判和无神论的勇气。为什么宗教界自己都不回避的问题，而被目为无神论国家的学者却不能理直气壮地发表意见，进行讨论？一些有作为的宗教团体提倡同马克思主义对话，而我们一些号称用马克思主义作指导的国家学术单位，研究宗教却规避研究无神论，这能够说是正常么？结果之一，是有人依旧散布中世纪视无神论为邪恶的滥调，为鬼神论的畅通清障；或者混淆问题的性质，把无神论研究和宣传同反宗教行动混为一谈，有意无意地在信教与不信教间制造政治的或社会的隔阂。这些情况对现代任何一个政教分离的民主国家来说，也不都是正常的。

西方的"无神论"是针对一神论，反对一神教统治发展起来的，它为科学开路，科学为它作证，成了科学精神的重要一翼；文艺复兴以来，又成了人本主义、人文主义思潮的核心性观念。因此，对于无神论的评价，西方舆论总体上是很高的。《不列颠百科全书》说，无神论是"文明和思考的产物"，"无神论在西方世界的发展，使人的地位上升"。这个说法有相当的代表性。

无神论话语实际占据着近现代西方思潮的主流。我们且不说法国唯物主义者的战斗无神论，也无须提醒尼采早已宣称"上帝死了"；罗素的《为什么我不是基督教徒》介绍到中国来也不止一天，爱因斯坦主张把人格神从宗教中驱逐出去，在学术界也属常识。不论用《创世记》还是用《世记经》去解释世界和人的起源，在有一定文化知识的信教群中也不会当真看待。科学和无神论实际上是所向披靡，使得宗教神学也不得不作巨大的调整。如果从理性被引进神学算起，为"神"的真实存在作本体论的论证，就煞费苦心，还成为哲学上的一大问题；至于迄今还在给"神"的性质设计规定，更是异说纷纭。不但宗教的组织形式在变，宗教的含义在变，"神"的面貌也在变。西方力图把自己的传统宗教改造成某种伦理系统、价值观念和习俗文化，不但行诸学术界，而且在相当程度上贯彻在他们的实际生活里。科学，以及自然神论、怀疑论、无神论，还有更广泛的人本主义和个人自由主义，都在设法把"神"从传统的宗教概念中排挤出去，宗教概念的本身越来越失去它的原意。海外一些华人神学家，就在把儒家伦理输入到上帝概念中去。所以当说某位科学家也相信宗教，而不说明他信的是不是驱逐了人格神的宗教，或干脆就是无神论的宗教，那至少是一种片面。

以汉民族说，在信仰上是多神主义的，没有一神教的传统，因而也不存在像西方针对"上帝"那样的无神论传统。中国关于"神"的歧义很多，指谓的事物也不一样。其中作为"天"的人格化，也被称为"上帝"，但得不到西方教会的认同，最多的用法，是指"天神"和不朽的灵魂"识神"。"子不言怪力乱神"，大致可以代表儒家存疑派的主张；王充著《论衡》，"疾虚妄"，开破除鬼神迷信的先河；范缜写《神灭论》，在古代理论思维上达到一个高度。这一切，确实与西方特定意义上的无神论没有关系。既然没有西方的神，当然不会存在针对这神的"无神论"。但是，在否认有超自然神力这一基本精神上，不论是无鬼论、神灭论和无神论却是一致的。

中国的无鬼论和神灭论，建立在中国历来重人事的民本主义上，即使是"天"的意志，也要体现在人事上，并最终由人事来作检验。"人事不修，专治鬼道"，历来被视作政治腐败和思想堕落的表现。因此，即使上帝真的落户中土了，它在中国人的眼中也不可能比其他鬼神高明到哪里去，也必定为成为无鬼论和神灭论的批判对象。这也是有史可考的。

当前我们使用的"无神论"概念，确实是从西方舶来的。无神论作为西方文明和思考的产物，以及它对于人的尊严和地位的觉醒和肯定，在近代中国的新文化运动中得到强烈的共鸣。首先使用这个概念的就是"五四"人物，但他们却不是用来专门否认一神教的上帝的，而是把当时灵学宣传的那些鬼神和法术，积淀深厚的封建迷信，也统统列入了无神论涤荡的范围。所以中国指谓的无神论，也就是无鬼神论。这种无神论是作为"科学与民主"的当然之义，构成了新文化不可分割的有机部分，因此，一讲到科学的，必然是无神的；要发展科学，必须破除干扰和阻碍科学发展的鬼神论。于是古代的无鬼论或神灭论，与西方的无神论结合，一并提高到了近现代科学的基础上。用科学知识、科学思想和科学精神，武装我们的头脑，贯彻到我们的教育中，也成了科学无神论的思想使命。

四

十多年以前就有人著文，说当前的执政党不应该把自己的宗教政策建立在"宗教是人民的鸦片"这一论断上。马克思和列宁在什么历史背景下和在什么意义上做出这样论断的，不是本文讨论的问题。人们不清楚的是，断言执政党是用"宗教是鸦片"的论断作为制定宗教政策的根据，出自何处？从党的几代领导人的文集和党的有关文件，大约是找不到的。因为像对待宗教这类关系社会整体发展的政策，决不会也不可能依据某个个别的论点作出。众所周知的是，执政党的宗教政策同它的全部宗教观完全一致，建立在唯物史观和辩证唯物论的整个理论基础上，建立在马克思主义同中国国情的紧密结合上；而在实际工作中，就要求宗教工作必须服从和服务于党的总路线和总任务。这些原则，在著名的十九号文件中又作了全面的阐述，并为中央所屡屡强调。

奇怪的是，在斥责"鸦片"说的舆论里，人们竟见不到党的宗教政策是什么，"宗教信仰自由"在他们的视野里消失了。实际上，这个宗教信仰自由已不仅仅是党的一贯政策，而且载入了共和国宪法，成了共和国公民平等享受的神圣权利。对就在眼前的"宗教信仰自由"的白纸黑字置之不理，好像执政党没有这个政策，宪法里没有这个规定，于是剩下的只是一个"鸦片"论断，假若我是一个宗教徒，也必然产生反感：我们的广大教徒，都成了吸毒者了。这或许不是有意地挑动宗教情绪，离间关系，但是不能忘记，立论、讲话一定要有根据。

信教还是不信教，有神论还是无神论，主要是认识上和观念上的差别。它们与政治上的进步与否，道德水平的高低，没有直接联系，所以也不是评判人的政治立场和善恶行为的标准。历史上的无神论有很多形态，据说历史上英国的贵族就是无神论者，但他们却向他们的臣民推销宗教；同是"五四"时期的无神论者，政治上分野则很大，后来还有当卖国贼的，而宗教界的爱国主义趋向，则发展成了民主革命和祖国建设中不可替代的积极力量。同样道理，宗教徒也不都是道德高尚，这随便翻翻《十日谈》和《袖珍神学》一类的书就会清楚；至于宗教界中的败类，国内外都有，留心一下历史和当前的新闻，就会知道。也就是说，政治观点和政治行为是由现实的特定的社会经济关系形成的，道德是这种社会经济关系的主观反映；宗教和哲学高居于社会上层建筑的最顶峰，一般并不决定人们具体的政治行为和道德操守。用信教或不信教，有神论或无神论去判断或划分人的政治立场和道德水平，不符合事实，容易产生偏见，制造隔阂。

宗教信仰自由原是西方新兴资产阶级革命，反对封建主义教会专制提出的口号，西方民主国家普遍把它写进自己的宪法中，它的基本精神，是政治与宗教分离，教育同宗教分离。但在具体解释上，随着时间的推移和国度的差异，有所不同。马克思主义继承了这一先进思想，并把它置于自己的世界观中，特别强调，宗教信仰是属于个人的私事，每个人有充分自主选择的权利；信教还是不信教，信这种教还是信那种教，或者昨天信教今天不信教，今天不信教明天信教，过去信那个教现在改信这个教，如此等等，都是个人的自由权利，任何人和任何团体都不得干涉，也不得歧视。

作为执政党，依据宪法施政，当然要执行宗教信仰自由的法令。按照政治与宗教分离的原则，国家机关不许传教；按照教育与宗教分离的原则，禁止在学校传教。对于公民，不论信教不信教，信这种教还是信那种教，主张有神还是主张无神，不分民族，不分亲疏，一视同仁，平等地维护和保障他们应该享有的自由权利。在这里，维护法律的尊严，国家依法行政和公民依法行使公民权利，就变得非常重要。这是保障我们多民族、多信仰的人民团结一致、思想文化生活多样化的基本条件。国家法律不允许任何势力假借任何名义，破坏社会的和谐和稳定；也不允许在不同的宗教信仰中制造歧视以至仇视。法律应该成为规范一切社会行为的最高权威。

这是一个法权问题,也是用互相尊重的态度去处理人际关系的道德问题。但还有一个问题:"吾爱吾师,吾更爱真理",有神还是无神,涉及了是非真伪问题。执政党的指导思想,是人所共知的;尽管无神论不是它的全部理论,但却是它的科学世界观的有机组成。因此,对于执政党和它的党员来说,宗教不是个人的私事。执政党有义务、有责任如实地说明宗教的真相,揭露鬼神观念的虚妄;作为一个党员,不仅要模范地履行公民的义务,而且还有遵从党章的义务:不能加入任何宗教团体,也不能崇奉鬼神,搞迷信活动,在原则上,他应该是马克思主义的无神论者。

从面对现实,尊重历史,保障人权的角度,必须提倡和捍卫宗教信仰自由;从尊重真理,推动社会历史的进步,保障个人的全面发展来说,必须坚持和宣传科学无神论。这两者都是公民之间的事:享受权利,遵守法律,大家一律平等;是非属于认识领域,对于广大群众有个科普教育问题,发生在学术界则是个争鸣问题,在真理面前也是一律平等。

不过这还都是抽象的议论,抽象的原则。当前提出开展科学无神论的研究和宣传教育,却是据于非常具体的客观需要。"法轮功"得以形成的神秘主义理论应该认真清理;一味赞扬鬼神的言论,应该得到大众的辨识;科学无神论需要舆论的支持。从整个人类文明史看,宗教和科学曾经发生过激烈的冲突,冲突的结果,总是宗教向科学妥协,为科学的发展让路;西方的神学,曾经严格控制着教育,把哲学当成它的奴仆,令文学艺术成为它的宣教工具,现在,这些学科都早已从中分化和独立出来。历史不能倒退。科学无神论的中心任务,是为"科教兴国"战略和民主法制建设服务,任何阻碍和干扰社会进步和国家发展的言行,都不应该苟同;科学无神论主要针对的也只限于这一类的言行,而不是一般的有神论,更不是合法的宗教。

科学无神论作为科学世界观的组成部分,对于提高我们青少年识别是非的能力和自我保护的能力,促进他们的身心健康和全面发展,具有不可忽视的意义,历史的和现实的,正面的和反面的,数不清的经验和教训,都在提醒我们:他们是祖国的未来,肩负着精神文明建设、提高民族素质的重任。因此,如何在教育系统贯彻科学无神论教育,是一个值得探讨的大课题。

我们有悠久的历史，灿烂的文化，光荣的传统，但也有过多的封建迷信，沉滓很深。社会主义现代化不可能建立在物质的贫困上，也不可能建立在精神的愚昧上。继承和发扬我们传统的优秀文化，和改造落后的迷信观念，应该是同步的。我们反对把传统文化中的精华，加以曲解而用于愚弄群众和欺骗群众；我们提倡的是化腐朽为神奇，使科学无神论和科学精神，更具有民族的和地方的色彩，更易于在大众中传播，为大众接受。

我的理解是，先进的文化，必定是科学的、大众的。科学无神论在这个领域可以做许多建设性的工作。但有个前提，那就是，必须给科学无神论正名，给它提供研究和宣传的条件。我们不能总是处在少知或无知的地位，落后于神学家。

（原载《科学与无神论》，署名钟科文）

构建和谐社会更应当理直气壮地
宣传科学无神论

——答《中国党政干部论坛》记者梁丽萍问

一　现在讲无神论合时宜吗?

记者:一般认为,宗教渗透出现极端情况,可能会威胁现代国家的政治安全。但也有观点认为,要和西方世界打交道,和他们交朋友,推动建设和谐世界,就不能和西方宗教顶牛。中国国内有 1 亿以上的宗教信徒,要构建和谐社会,也不能和他们发生冲突。像 17、18 世纪欧洲战斗的无神论和后来苏联、东欧的宣传无神论、打压宗教,最后都留下很多教训。因此,一些人认为,现在讲无神论不合时宜。您是怎样看的?

答:宗教从来不是一成不变的,西方正统的一神教的统治地位已经完全被动摇了。

自文艺复兴运动以来,西方的宗教形势变化极大,也可以说是天翻地覆。传统的一神教实际上已经处在全面衰落状态,由此形成的神学,也是变化多端。尼采早就宣布"上帝死了",响应者大有人在,尤其是在知识层。至于泛神论和自然神论,历史更久。以致有的在提炼宗教精神,提倡爱的宗教;有的则发掘宗教道德,提倡道德宗教;有的用对自然规律的尊重,取代传统的宗教。至于新宗教的教主们,多半宣称他们自己就是救世主,就是活着的神。正是在这样形势下,西方才有了"信仰危机"的感叹。现在我们一些很有学问的同胞,也用这种观点判断当前中国的文化形势,甚至想请基督教到中国来填补这个莫须有的信仰真空,以致听到科学无神论的名字，就拉下一副不共戴天的脸色；有的人还动辄用"极左"的大帽子吓人，把无神论同消灭宗教等同起来。

从宗教的现实作用来分析，在全球范围内，宗教越来越变成政治斗争和聚敛财物的工具，由此挑起的宗教仇恨和宗教战争，可以说比比皆是；由此导致的人间惨剧，也不断有新闻报道。此中最大的牺牲者，是无辜的信徒，他们在各种各样神圣的名义下，作了人家的炮灰而不知所以。中国历史上没有发生过宗教战争，在总体上也没有宗教仇视和宗教压迫。但现在有人想在中国挑动宗教仇恨，制造宗教事端，以致利用宗教分裂国家，分裂人民，这种势力尽管微不足道，但却不可掉以轻心。

我们不能忽视虔诚的信仰者，我们应该对这些虔诚者的信仰表示理解和尊重，创造条件让他们专心于信仰；但是，用神的名义愚弄他人，控制他人，敛财、敛色、敛命，历史上太多了，至今依然，科学无神论也有责任提醒我们真诚的信仰者免受或少受无辜的灾难。

至于说17、18欧洲战斗的无神论，本是资产阶级革命的产物；"打压宗教"则是当时资本主义从封建的神权制度下解放出来最重要的思想准备，"战斗的无神论"是它的左翼，"宗教改革"则是它的右翼；二者都是向中世纪宣战、开启近代文明的思想先锋。它们带来的是政教分离的资产阶级民主政治和个人自由的原则；留下些什么"教训"呢？那就是在对待宗教问题上的不彻底性——只从文化和意识形态的角度反对宗教，而保留了宗教滋生的社会根源以及对传统宗教的形式变更；批判了作为结果的宗教，而没有解决宗教产生的根本原因。现在有人声讨"战斗的无神"，是在开历史的倒车，或是对西方以科学理性、民主法治和生活世俗化为主轴的现状无知。

说"苏联、东欧的宣传无神论，打压宗教，留下很多教训"，意谓苏东社会主义国家的崩溃，是由于打压宗教和宣传无神论的结果。这不但是更大的历史颠倒，也是国内外一切反共的宗教势力的共同舆论：夸张和抬高宗教干预政治和左右政治的功能，以便赚取敌视社会主义势力在经济和政治上更多的扶植和资助。这已是有目共睹的事实，此处不想多说。但有一个方法论问题需要指出，宗教属上层建筑，它对社会经济体制确实有很大的反作用，但归根结底它要受经济基础的决定和制约；内因是根据，外因是条件，外因要通过内因起作用。这些都属于常识——如果离开苏东当时的社会经济结构和经济状况，只从宗教上寻找它们崩溃的原因，是只看到芝麻，丢掉了西瓜，只注视假象，不想触及真相。有些自称是中国人的传教士向外国总统进言，让外国人利用"上帝"的名义颠覆中国的社会体制，就错把苏东的溃败归咎于宗教问题。中国当前依旧处在社会转型时期，即社会主义初级阶段，它存在的众多问题，包括思想文化、道德价值、宗教信仰等种种方面，都与社会的变化紧密相关。我个人认为，这是中国必经的，也不得不经历的道路。党中央反复强调科学发展观，以人为本，立党为公，执政为民，走依靠人民大众的路线，行为人民大众服务的宗旨，并日益明显地反映在许多有关的实际政策和举措上，以便从根本上推动社会进步和实现人民福祉，为逐步缩小宗教活动的范围和程度创造条件，而决不把宗教当作掩盖社会矛盾、愚弄民众、保持平安的手段；其严格遵从和捍卫宗教信仰自由的公民权利，是建立在吸引全民集中一切精力谋发展，实际地改善自己的物质生活和文化生活的劳动和创造中，不允许用宗教问题转移、干扰和破坏各族人民的这种意志和努力。信仰只能归于信仰，不允许违背教徒意愿强制把信仰与政治挂钩，与社会意识形态挂钩。对共产党员和其他先进人士来说，有责任向大众说明鬼神和其他超自然力量是不存在的，天堂和地狱以及其他彼岸世界只是虚妄的幻想，启发人们的自我教育和觉悟，贯彻"引而不发跃如也"的传统，而不允许包办代替和行政干涉。科学无神论不是针对宗教信仰自由的，而是为了更全面地贯彻这种自由；它在当前的最主要的任务是推动"科教兴国"战略的实施——我们认为，科教兴国不仅是实现民族复兴和贯彻中央正确决策关键性环节，也是我们无神论得以发展的客观需要。

记者：也就是说，从世界宗教发展趋势和无神论在世界的传播以及有神论的负面作用来看，宣传无神论都是很必要的。

答：诚然如此，但不止如此。当前宣传无神论在很大程度上是被逼出来的。作为马克思主义世界观前提的无神论思想被淡化、边缘化，甚至被妖魔化的状况，相当严重，在自称是"马克思主义宗教观"的研究中，无神论都难有一席之地；无神论之作为一种学术观点，在"学界"甚或"政界"被挤压到难以生存的地步，这种情况只要认真翻翻这20多年的出版物、看看新成立的"宗教研究"机构，统计一下相关的学术会议就会知道个大概。虽然中央领导有过多次指示，有关部门也发了相应的文件，但是落实的情况并不尽如人意。与此并行的是西方宗教政治势力通过多种渠道、多种形式向我国渗透——特别是通过文化形式的渗透，迄今尚未引起社会的足够注意其对我国的文化安全和意识形态构成的威胁。如果无神论的话语权被完全剥夺了，那将是古今中外的奇观。所以必须为无神论正名，把无神论的立场和观点毫不含糊地亮明，至少应该像《不列颠百科全书》释义的那样，认识到无神论是人类"文明和思考的成果"——我们有些学界和政界的同胞，很不喜欢这样的"文明和思考的成果"。

二　应高度关注以文化为掩护的宣教活动——这种宣教的实质是改变我们的教育性质，争夺未来一代

记者：我们各级教育机构、研究机构本应担负起无神论宣传的主渠道作用，像您这样的一批学者这些年做了艰苦努力，取得了一些成效。但另一方面我们也注意到，在我们的大学和国家研究机构里，还存在着以文化研究、学术交流的名义进行的宣教活动。比如，比较突出的是国外基督教的传播，以至于出现了"有神论有人讲，无神论无人讲"的现象。

答：的确，在大学里传教问题比较严重。基督教在当代中国大学的宣教是历史性突破。这主要表现在两个方面，一方面是一些以传教为目的的外国教授和学生，进入高等院校，通过讲课和交流进行秘密传教，包括聚会、发放或流通宣教图书和光盘；近来则趋向公开化，在校园里随时拦住他们看好的对象很直白地拉人入教，成了高等院校一道似隐似显的景观。更严重的一面是，某些大学和国家学术研究机构为基督教宣教开辟了合法而且被评估为水平很高的平台。这些宣教人物普遍具有在海外接受高等神学教育的背景，有颇佳的外语水平，打着学术的旗子，用"价值中立"、"客观研究"等名义，推销基督教及其世界观体系和价值系统；他们通过"学术活动"操控舆论，企图影响政界，最后影响国家决策。这类人，他们自命"文化基督徒"或"人文神学家"，实际在建构"汉语神学"系统，推行神学承载的意识形态和价值观念；在宗教理论层面则推行西方

"宗教学"，以抵制马克思主义的宗教研究。他们的主要代表得到相当的信任和重用，占据宗教舆论、宗教教学和宗教研究的制高点，起着引领时潮的作用。他们评判我国传统，指画当前局势，迎合或营造某种并不健康的文化氛围。

记者：以世界惯例和我国历史传统衡量，现在这种状况是否正常？

答：当然不正常。对一个马克思主义政党领导的国家来说不正常，在西方所谓"民主国家"也不正常。我们先看看西方。最近，一位加拿大的神学家向中国的读者说：神学在中世纪时，由"修道院与教堂转移到大学"，但到了18世纪启蒙时代，"大学认为它不符合理性要求……在这种情况下，神学又返回到教会中去。今天在北美，一般大学不设神学课程，充其量仅设宗教学课程"，而当前中国让神学进入大学，让国家科研单位承担创建"学术神学"的任务，这使欧美的布教者们喜出望外，感到兴奋。这位神学家是反映了一些事实的。在当前的西方国家里，美国是基督教氛围最浓烈的一个，但教育与宗教相分离的原则总体上依旧行之有效，不用说公立学校，即使一些传统上著名的教会大学，也把神学教育压缩在一个极小的角落里，实质上与该校的主体脱钩；上述那位神学家就是加拿大某大学的神学院的；我们香港的一些大学也有神学院，他们的宗教活动也只能使用神学院名称。相比之下，美国在这方面仍然落后，20世纪60年代初，美国无神论者协会打了一场"世纪性"官司，迫使"诵读《圣经》和祷告从美国50个州的公立学校中被驱逐出去"，理由是"美国禁止公立学校让牧师入校组织宗教仪式"；当前美国宗教界力挺对抗进化论的"智能设计论"进入课堂，受到科学界的普遍反对，在极少数的州都难实行。至于欧洲，基督教势力一直是一幅持续衰落的情景，教育与宗教的分离相当彻底，像法国规定，连佩戴宗教饰物都禁止进入学校。我们的东邻日本一些学校，明确宣示，宣教品不得进入校园。

再看看我国的历史传统。基督教传入中国的历史可以上溯到唐代，但一直成不了气候。到了近代，则变成了帝国主义侵华的文化工具，在中国大地上，与鸦片、大炮共舞，目标是把中国基督教化，变成"上帝"的国度。自从1910年以美国为主导的基督教普世宣教会议决定在中国大规模宣教，并于1922年以中英文同时出版《基督教占领中国》（即《中华归主》）的调查报告，迄今已近百年。西方由此作出的种种举措，不一而足，但至少有一点是不成功的，就是在此之前始终没有打开中国公立大学的大门，更没有进入国家学术单位。

教育是国家公共资源，每个公民都有接受教育的权利；背负民族的未来和希望，必须服务于民族复兴的大计。让宗教侵占这些资源是不公平的，也是不正当的，向学生强制灌输宗教信仰与宗教信仰自由的原则相悖。这一点，中国自从由科举制改学校制以来，就是明确的，而且是一直被捍卫着的。我们的教育有着光荣的历史，其中之一，是从一开始就不允许宗教的介入，经过"五四运动"的洗礼和"非基督教运动"的涤荡，连外国的教会学校也要接受国家的监督和管理，使其服从国民教育发展的宗旨和大局。

中国共产党继承了五四运动的优秀传统，包括在教育与宗教相分离上已经取得的成果，而且更进一步，将新文化运动提出的教育权收归国有的呼吁，变为现实，让宗教教育从国家教育系统中走出去，还归于宗教团体自身，并给以法律的保障，实现了教育与宗教最彻底的分离。当前基督教重新回到学校，是一种后果恶劣的倒退。其实质不限于当前争夺意识形态领域的话语权，或许令我们"面向未来"的教育变味，成为培训宗教传教士、出产神学的基地。这是西方基督教势力的一种谋划，当前的事实和事件已经发生了，如果认真做个调查，那现象会史无前例，触目惊心。

三　需要澄清的思想误区和必须处理好的关系
——科学与宗教关系中的两个问题

记者：五四时期在我国思想界曾爆发了著名的科玄论战，玄学派特别强调的就是科学在解决形而上问题方面有无法克服的局限性。时下也有一种舆论，认为科学是工具性的，不可能解决人生观和价值观问题。只有宗教才能担当此任。您如何认识这个问题？

答：这在西方是个传统话题，可近些年来，也在我们国内学术界引起议论，主动一方基本上是宗教布道者，有些名人，包括大学校长、科学院士的演说和文章中，也当作一种时髦，向莘莘学子展示。此中提及最多，被当作宗教与科学融合得天衣无缝、遂成为谈者的表率的经典，乃是爱因斯坦。他有句被引用最多的话："科学没有宗教，是跛足的；宗教没有科学，则是盲目的"。这话对宗教自身可能有所帮助，因为此文的目的在规劝宗教彻底改变自己的性质，即驱逐作为人格神的上帝，抛弃信仰主义，请神职人员改做公共教育工作。由此发扬"犹太—基督教"负荷的那种优秀的文化传统，按爱因斯坦自己的说法，就是"个人自由而又负责的发展，从而可以在服务全人类的过程中，自由而快乐地行使自己的能力"。但是，他所称赞的这种"宗教"能够被现实的"犹太—基督教"接受么？一些学者把他引为有神论的知己，不是无知，就是故意隐瞒真相。这是不负责任的。

你所讲的玄学派主张，今天仍有人在重复。他们的共同错误是把"科学"与机械论的"科学观"混为一谈；无视或忽视科学发展对人认识世界和思维方式的巨大影响。在今天，科学在本体论上对宗教创世造人说形成的致命威胁，导致宗教神学不得不求救于新康德主义，把有神、无神问题悬置于一边，力图回避信仰对象的真伪虚实问题，由此可见科学给他们造成的狼狈。所谓科学不可能解决人生观和价值观问题，不过是宗教宣教和护教者们的自欺欺人之谈，只要翻翻公正一些的哲学史、文明史、科学史甚至宗教史，都能得出与之截然相反的结论——科学之进入人类的生活，以及对我们思想观念的影响，全面深刻，实例触目皆是，还需要一一列举么？

记者：在科学与宗教关系问题上，还有一个热门说法，那就是，科学产生于宗教，基督教为科学提供了适宜的文化土壤。的确，有一些著名科学家是信教的。您怎么看？

答：最热衷于宣传这类观念的是"科学文化人"中归依文化基督徒的大学教授。在他们看来，是基督教"为近代科学的出现和兴起提供了强大的支持和背景，可以说没有基督教就没有现代科学"。直接的结论是，近现代科学没有在中国产生，是因为中国没有基督教传统；潜台词是，我们推行科教兴国，必须优先接纳基督教。

诚然，近现代科学产生于西方基督教国家。问题是，基督教在西方已有 2000 年的历史，为什么科学到了近代才得以产生？又为什么用火与血

对付科学家的正是基督教的宗教裁判所？如果说，正是包括无神论在内的
人文主义思潮冲破了封建主义的宗教枷锁才提供了科学发展的思想条件，
是否更加符合史实？其实，这个问题涉及的是科学得以产生和发展的基础
和动力问题，凡是了解点西方近现代翻天覆地的历史的人都应该懂得，仅
仅归结为"文化"或"精神"的原因，与史实严重不符。这里我们不讲
那些工业革命的 ABC 了。

大家知道，有许多知名的科学家都是信仰基督教的，有些甚至还相信
巫婆的降神术。问题是，同样有许多科学家并不信仰宗教，批评巫术并对
巫术现象做科学研究；更有些科学家对宗教、上帝作别类哲学解释，或直
接宣布自己是无神论者——是否能够说，非宗教或无神论才是科学创造的
原动力？譬如有的西方科学家喜爱"东方神秘主义"，是否可以说东方神
秘主义也能成为科学创造的源泉？

与上述问题有密切关系的是，推动科学产生和发展的究竟是些什么因
素？一些人认为，中国传统文化与科学无缘；中国要实现现代化，依靠科
学、推动科学的发展，唯一的出路就是接受基督教信仰，将中国基督教
化。问题是，基督教有这么灵么？且不从历史潮流说，基督教在西方的社
会政治和文化思想中还剩有多少市场，已经被历史地淘汰了多少，即以科
学自身来说，它获得的崇高声誉，不是迫使基督宗教不断地步步退却么？
最近出版的一本大著《神学的科学》，将"上帝死了"的判断定为"胡说
八道"，可实际还得用"科学"贴金；至于企图一再地把科学成果纳到神
学体系中的努力，从《科学的灵魂》一书感叹宗教在西方被主流社会边缘
化而显得气愤与无奈，就可以知道个大概。

客观一些说，西方的科学家大都是基督徒，是个历史现象，因为在神
权严酷的统治下和全民神学教育的熏陶下，不信教就没有生存的可能；历
史的趋向，是《宪法》高于《圣经》，神权政治失势，宪政统治社会，宗
教教育被排除在国民教育之外，是以科学家信教的数量在急剧减少，最新
一轮的"新无神论运动"，就是由欧美知名的科学家发动和组织起来的。

记者：什么是宗教信仰自由？据美国《国际宗教自由法案》的解释，
宗教自由是第一位的自由。这种界定被国内一些家庭教会组织在国际上作
为攻击我们依法对宗教管理的根据。您怎么看？

答：宗教信仰自由本是西方资产阶级革命反对封建主义神权政治统治，要求从宗教枷锁中解放出来的口号，而后成了它们建国立法的一条重要原则，马克思主义把它视为人类文明发展的优秀成果之一，工人阶级政党将它作为处理宗教问题的基本政策，而今则成为我国《宪法》规定的公民权利。它的本意，是保证宗教信仰成为完全由个人自主选择的事情，免受任何个人或组织的干涉和政治经济等外在力量的左右。然而现实中，这种自由极难实现，原因颇为复杂，社会发展的程度是主要的，宗教组织传教则是经常的。

没有一种宗教愿意自动退出历史，不断地扩张则是它们共同的本性。基督教要求它的信徒，必须传教，传教是上帝赋予教徒的神圣使命；传教者可以成为圣徒，有望与上帝坐在一起，否则难免地狱之灾。这种利诱与恐吓，把信徒紧紧地系缚在它的教会中，想方设法去拉人信教。我们邻国的基督教徒为什么那么疯狂地到国外传教？是把基督教这条宣教的教义特别凸显了，加上利益的诱惑，以致有时不顾死活。也正是疯狂的传教，成为宗教冲突和宗教战争最重要的口实——不用讲外国历史了，回想一下在中国发生的教案就可以知道个大概。据此我们会理解，为什么说宗教是侵犯人权、妨害人的自由的。因此，如何冲破宗教的精神束缚和组织束缚，还人以个性自由和全面发展，一直是宗教信仰自由的重要内涵。

社会政治因素是宗教信仰自由难以贯彻的另一个关键。即以美国为例，它在其 2006 年度《国际宗教自由报告》中宣示了"宗教自由是最首要的自由"之说，并引证当时国务卿的话说："对美国来说，没有比宗教自由和宗教良心更根本的东西。我们的国家就建立在这一基础上，宗教自由是民主的核心。"就在这种理念的基础上，美国会通过了《1998 年国际宗教自由法案》，倾美国全部国家权力——总统、国会，国务院和国家安全委员会合为一体，向全球推行其"宗教自由权利是美国建国之本和生存基础"的价值观以及维护美国的国家利益与国家安全。据地下教会布道师们解读，"最首要的自由"即是"第一自由"，一切自由都要为它让路；所谓基督徒的法律人士也要求我们国家依照第一自由的原则为宗教立法。然而美国这个法案只是为国际立法，并不适应其本国。原因很简单，这样的自由是凌驾在宪法之上，与公民的其他自由是冲突的——从美国建国至今，公民不仅有宗教自由，而且还有非宗教的自由；不仅有宗教团体存在，还有无神论团体的存在；宗教自由与批评宗教的自由是同等的。这是美国不可能将此法案施之本国的法律层面的原因。实际上，美国真正看作第一位的，是它的国家利益、国家安全、美国价值观，包括国内稳定和社会治安，任何人触犯了这几条红线，它都不能与之共存，"最首要自由"之说，不过为它利用宗教干涉别国内政的借口罢了——若它在国内也实行起来，"首要自由"立刻就变成了"大乱自由"，它敢干么？

美国为国际立法，并动用国家机器推行它的《宗教自由法案》，实质在剥夺人们应该享有的全面自由，包括真正的、含有不信教自由的宗教信仰自由，而为美国的国家利益和颠覆他国政权效力。这种事实，从我国不断产生一类表白效忠于美国"国家安全"的家庭教会文人就会得到印证。

从这里我们懂得一个道理：民主与法治是绝对不可分离的双胞胎；自由脱离宪法和法律的轨道，其本身就变成虚妄，也得不到保障；谁想把宗教特殊化，让宗教自由驾凌于宪法之上，超越法律的规范范围，就必定失去自由。这是当今一切民主国家，包括美国在内，共同遵循的铁律。

记者：您认为中国的政教关系应该是怎样的关系？

答：我认为，研究政教关系问题至少要考虑到两个原则，一是中国的历史传统，包括近现代以来的文化结构；二是中国现代化进程的客观条件，包括当前所处的国际环境。简单说，中国历来是以人为本、以民为重的国家，崇尚人事而神道设教，巫觋传统与祖宗崇拜造就的是多神主义，拒绝一神教而致力于通神、封神和役使诸神，所以自始至终（包括佛教和道教）没有也拒绝承认有创世造人的上帝，这同西方长期的一神教统治，导致政教对立或政教合一的局面形成最鲜明的对比。在中国传统中，宗教被置于服务社会经济结构，服从社会政治需要的地位，从来没有形成独立的社会实体和独立的政治力量。大多数宗教观念和宗教行为与封建主义礼教和日常的生活习俗结合在一起；鬼神之说非常流行，既可能受到一时的崇拜，也可以当作消闲的谈资，既不痴迷，也不执著。因此，总体上国家对宗教处在直接管辖的权威地位，宗教则争取国家的承认和支持，二者的关系也可以称为"主从关系"。

1840年以来，中华民族一直处在外御强敌，内行变革，为民族的生存和复兴苦苦挣扎和奋斗，洋教扮演着文化侵略的角色，受到普遍抵制或反对，儒释二教曾被寄以西方"宗教改革"式的希望，而作为时代的主旋律，则是近现代教育、科学和民主，宗教处于更低下的地位，"五四"之后掀起的"非宗教运动"，到大革命时期达到顶点。因此，政教关系上的主从关系没有原则性变化。

基督教自唐朝就进入中国，历经元明清三代，一直未能扎下根来，及至随鸦片和大炮进驻中国，成了唯一能够与当时进步思潮和政府对抗的宗教力量，从而也成了改变政教关系上主从模式的可能性因素。但是，随着民族民主革命的节节胜利，尤其是中国基督教爱国力量摆脱外国势力控制的斗争，西方基督教在中国无法无天的撒野已经不可能，国家对宗教的管辖权在民国时期已经逐步被全面恢复过来，新中国在这个基础上进一步完善，更能体现宗教信仰自由的原则。

我国现行宪法规定，公民享有宗教信仰自由的权利，包含着不信仰宗教的自由和随意改变自己信仰的自由；宗教团体被列在结社自由项目中，依法接受国家管理，并不享有法外特权，更没有允许宗教干政或参政的规定。当前大家对政教关系中的主从关系表示质疑，我认为可能有三个原因：

第一，马克思主义是执政党的指导思想，视人民为历史的主人，是党的依靠力量，是唯一的服务对象；作为共和国言，人民即是国家的主人，亦即国民，一切权力归人民所有；作为社会成员言，人民就是公民，在法律面前人人平等。在这人民、主人、国民和公民的称号下，没有民族和信仰之别，没有上下高低之分，不容分割，不容分裂。然而在近30年里，一种强势舆论和行为，却人为地将他们分离开来，本来是人民代表，硬要称其为宗教代表；本来是作为人民、国民或公民作出的贡献，偏要记在他们的宗教身份上；本来应该作为人民、国民和公民对社会发挥作用，偏要说成是让宗教发挥的社会作用——据我所知，这并非完全出于信教者自愿。他们认为，作为一个中国人而为国家社会作出贡献，比作一个教徒更值得骄傲；让他们安心于私人的信仰，比让他们参与政治活动更亲切；他们表达他们的政治主张和参与政治活动，是基于他是人民的一分子、国民和公民的一分子，而不是作为教徒的一分子。突出宗教的身份和社会作用，客观上是分裂社会、分离人民群众。

第二，对形势的误判。近 30 年来的国际动乱和地区冲突，没有宗教参与其中的异常稀罕，而某些国家和民族也往往打出宗教旗号作为自己的内聚力。于是一些舆论不顾这类现象背后的经济和政治背景，而归因于宗教头上。这种文化主义十分流行，由此夸大了宗教的作用，并不顾事实地断定宗教在全球快速增长；也不加分析地将国内宗教的非常规发展，当成全球性规律。他们把当前社会风气不良的一面，归因于信仰的缺失；有意或无意地忽视社会风气的积极一面，特别是爱国主义和社会责任心的空前高涨与科学理性的逐渐普及，以及党和国家在打击腐败、廉政建设与引导社会正气等方面所取得的进展。

此外，可能还有其他一些误解，譬如把党统一战线的政治策略混同党联系群众的作风，把人民代表大会的国家立法机构混同于作为统战机构的政治协商会议，将作为宗教界的领袖与代表国家权力的领导混为一谈等等，也都使得政教关系模糊与混乱。至于用西方模式和西方话语去解读和解决中国的政教关系问题，我以为很难得当。

四 加强和改善无神论教育要突出重点

记者：改革开放以来，随着社会思想文化日益多样化，共产党员，特别是党员领导干部信教问题，日益引起各方面的关注。为此，中共中央组织部早在 1991 年 1 月 28 日特别发出《中共中央组织部关于妥善解决共产党员信仰宗教问题的通知》，明确规定，党员不准信教。从实际效果看，收效不大。尽管我们无从了解党员特别是党员领导干部信教的总体情况，但是，从媒体一些批评性的新闻报道和一些腐败案件的披露中，我们感觉到，这个问题不仅没有解决，反而变得更加突出。比如，"法轮功"等组织"本身就有相当数量的共产党员，甚至党的高级干部做骨干"。此外，还有拿着劳动人民创造的钱财"购置的公车到寺庙烧头香的领导干部，有靠委身于算命先生去指导工作的市委书记，有在大院里埋符咒企求升迁的县委班子成员，有虔信佛教以致成为腐败分子的副省长"……令人忧虑的还有，在相当多具有共产党党籍的学者中间"吃教""媚教"现象已屡见不鲜。有一种舆论就认为，共产主义是政治信仰，是此世的，基督教是精神信仰，是来世的，二者可以并行不悖。您怎么看？

答：这些年来，党员发展得很快，数量在逐年增长，良莠不齐，理念不纯，属正常现象。中央组织部早就关注到党员信教问题并发了文件，我还是第一次听说，表明中央精神要下达到普通党员那里该有多困难。

在宗教问题上，对党的纯洁性构成威胁的，主要在领导干部和党员知识分子信教。从党培训高级干部的学校到党领导的国家研究单位，都有公开要求共产党向宗教开放的声音发出来；有的党员已经担任地下教会的"长老"，依然还在大学里做他的党员教授，令人不可思议。中央决定要解决党不管党的问题，不可以自我变质——法轮功是个教训。此前有个比"法轮功"还庞大的全国性膜拜性社团，支持它和参加它的党员干部级别更高，数量更加可观。这类教训应该得到更高层次的总结。

您上边讲到的那些现象和论调，是比较普遍存在和得到某些共鸣的。有机会我们可以再讨论，这里我想集中谈谈吃教和媚教问题。

宗教的存在和发展有其社会的、认识的和心理、病理的根据，这些方面相关学科已有所研究。但系统地研究宗教自身的经济支柱者，我见到的成果很少。大家都知道西方基督教在没落，但很少了解其没落的经济因素。就直观现象看，加拿大某天主教教堂，出租给同性恋者作为聚会的处所，而同性恋是与天主教教义极端抵触的；欧洲的某些基督教教堂转让给伊斯兰教，好像还不是个别的——为什么？因为信徒的奉献和捐献萎缩了，教会的经济来源枯竭了，神职人员的收入下降了，而要想同中世纪那样靠出卖"赎罪券"赚钱已经不可能了。但是，把宗教作为政治力量去实现自己的政治目的，西方的尤其是美国的政治家们，从来不敢怠慢。对内它有讨好教徒、拉拢选票的功能；对外它有干涉别国内政和扩大势力范围的功能。在这两个方面，大资本家也舍得花大钱，扶植宗教的对外扩张。像美国的《国际宗教法案》，它的实施不只有政治行动，而且有多渠道、多名目的资金投放；大资本家设立基金会，也以种种资助名义参与对华的宗教渗透，这都是公开的秘密。他们培植和收买非政府组织，培训和豢养地下传教人士，设置和资助相关调研项目，举办豪华的学术会议，组织留学、参访、对话，不一而足。就我所知，我们的研究单位和高等院校举办的有关宗教的学术会议，以及与宗教相关的出版物，不由国内外宗教界出钱的几乎是奇迹。这是吃教、媚教的外部资源。自从国家推出"创收"的政策以来，意识形态与文化同时被推向市场，如何增加各自单位和个人的收入，就成了某些学术单位和教学单位苦不堪言的负担。教育在中国从来不是商品，但被当作商品运作；思想领域承担国家价值观、民族尊严和意识形态的重任，也变成了商品，等于自断咽喉。这些年的话语追随西方，几乎亦步亦趋，诸如普世价值、终极关怀（或终极实在）、绝对、永恒、超越以至于灵性、信仰，无不来自西方基督教而被当作时尚。一些高等院校挂上宗教学系的招牌，成立各类宗教研究所或研究中心，至少初衷是"创收"，解决经济窘迫问题。对比之下，海外在我们国内投放的资本，公开的和秘密的，无法统计。以约翰—邓普顿基金会为例，2007 年 1 月 30日"维真网站"公布了它为《科学，哲学和信仰》研究课题招标的一则消息，谓：以三年为期，投资 200 万美元，专为"中国学者"的研究者提供资助，条件只有一个：证实和宣传科学产生于宗教就可以。至少在武汉、上海、北京的一等一的大学接受了这个项目的资助，确实成果斐然。近来国家注意到了这些现象，投入宗教研究的资金相比前些年增加了许多，但是，把持宗教学界的护教派，特别是文化基督徒已经形成气候，包括有关国家社科基金和重大的调研项目，恐怕都难得到公正的使用和取得客观的效果。现在要解决吃教和媚教问题，就得从学术方向和研究人才的调配两个方面上着手。

解决宗教的非正常传播问题，也是个"系统工程"，不能脱离我国当前的整体任务和党的历史使命，抽象地讨论宗教和谐或政教和谐，不一定妥当；认为挂一个马克思主义牌子就平安无事了，也有些天真。用"马克思主义宗教观"的名义对抗无神论，或把马克思主义也纳入不讲无神论的行列，甚或说马克思主义具有基督教的"因素"、是"基督教的世俗形态"、《资本论》是基督教原罪的一大证明，如此等等高论，不乏其说；将马克思主义的科学性降低为一种"信仰"，挤进"信仰中国"之中，还影响到了党内的主流。这类堂皇而实荒谬的论调，很容易在科学社会主义运动复兴时代下把水搅混。借此机会，我想简单谈谈科学无神论——马克思无神论是它的高级形态问题，也算是对于种种不实的误解或歪曲，起个辩诬和以正视听的作用。

科学无神论是马克思主义世界观的思想基础，它源自法国的启蒙运动和德国的费尔巴哈的人本学，吸收了当时科学最新的发展成果，并给以辩证唯物论和历史唯物论的改造，因而也是最为彻底的无神论。这是事实，从来不成问题。谈论马克思主义的世界观，包括它的宗教观，如果丢弃或离开科学无神论，也就丢弃和离开了马克思主义本身。但是，还应该强调，马克思主义无神论之有别于其他无神论的地方，绝不单是对"神"的否定，更不是"消灭宗教"。它不单是否定性的。

第一，它是一种思维方式，是一种世界观、人生观，一种历史观，一种方法论。基督教的核心观念是上帝创造世界创造人，以承认人必有罪为前提，把对基督的信仰和"救赎"作为人类得救的唯一途径，为了牢固地树立这种神学观念，像美国还把"我们信仰上帝"印在美元上。由此形成的观念系统，迫使人们只能为上帝效劳，听从上帝的派遣，实质上是做自称为上帝在地上的代表和代言人的派遣。

共产党人的世界观和历史观告诉人们，自然界是客观存在；人是自然进化的产物。劳动创造了人，养育了人；男女之性爱造就了人类的延续。人民群众创造历史，劳动创造财富，所以共产党只能依靠人民而不是神，只能反映和实现人民的意志，而不是假借神的名义进行愚弄和欺诈；只有为人民服务，而不是去侍奉鬼神；党的价值体现在全心全意为人民谋利益上，而不是体现在虚妄的"上帝之爱"或"终极关怀"上。这种世界观和历史观形成党的根本宗旨，也深深地扎根在我们民族的人本主义的文化传统中。

第二，它是一种生活态度和生活方式。在基督教思想教统治下的生活，有两个教条必须信守：其一，必须承认自己有罪，有罪就必然受罚，这罚最终是下地狱；其二，必须承认自己不能救自己，因为这罪是人的始祖不听从上帝的话造成而为人类所继承下来的，叫做原罪，只有皈依耶稣才能获得基督的救赎。不承认这两点当不了基督徒。教会是上帝在地上的标志，神职人员代表上帝对信徒进行监管，信徒是"群羊"，监管者是"牧者"，所以说到底，教徒只能是听"人"的而不可能听"神"的。这样，人只有在负罪中生活，生活得在不停顿地祷告忏悔中度过，现时的学者称这种生活态度和方式谓之"敬畏",算作"精神"的至高境界、文化的"灵魂",而现实的目的只有一个:今世也避免犯罪——不信宗教,尤其是不信基督教,人就要犯罪?那首先得看对"罪"如何界定;如果不听上帝代表们的话就是"罪",则异于基督教的宗教所谓"异教徒",以及不信"神"的无神论,都该烧杀,这不但有宗教裁判所为证,也有十字军东征标榜史册。如果说的是一般社会犯罪,则除非用罪恶的眼光注视人间世界,否则绝得不出这种恶毒的结论来。

如果人活着,只是弯腰祈祷,跪着忏悔,哪来人的尊严,人的自由和人的权利?整个人生都被扭曲了。美国第一个无神论组织的领袖,一位"让美国人停下脚步,审视他们价值观的无神论者",曾展示她所设想的非宗教的生活方式,概括之就是:依靠人类自己的力量创造大家共同的幸福生活;摆脱了宗教控制人才有全面发展的可能,才有发挥主体创造能力的条件。

第三,也是一种社会制度,一种社会运动。马克思主义认为,宗教不是愚人遇到骗子的产物,作为组织起来的体制型宗教的产生和发展,主要根源来自社会。要彻底战胜这种宗教,单凭文化斗争、无神论宣传远远不够,因此,它把对宗教的斗争和无神论宣传转向对铲除滋生宗教的社会根源的斗争,这就是它的社会主义运动和共产主义理想。这样的社会主义不是信仰,而是科学;这样的无神论不是停留在语言上,而是与科学社会主义运动的实践相结合的。

记者:我们也注意到,从马克思主义发展史上看,有这样一种现象,马克思早期著作中无神论讲得比较多,后期著作中讲得比较少;到了恩格斯的时候,他不是批评无神论讲得少了,而是批评无神论讲得多了。后来列宁甚至允许宗教徒入党,这种现象也成为一些人反对无神论、宣传宗教的根据。

答:这需要了解当时的历史背景。马克思和恩格斯都是从青年黑格尔派分裂出来的。青年黑格尔派继承法国战斗无神论的传统,而且有更深层次的发展,到了费尔巴哈的人本主义达到顶端,马克思和恩格斯都受过他的影响,对《基督教的本质》的出版,恩格斯做过这样的回忆:

　　这部书的解放作用，只有亲身体验过的人才能想象得到。那时大家都很兴奋：我们一时都成了费尔巴哈派了……

　　马克思的《黑格尔法批判导言》中也还有费尔巴哈的影子。但不久马克思就发现了费尔巴哈的根本缺陷，即把"人"只从"类"上理解，当成一种抽象，而马克思认为，人是社会的，是社会关系的总和。这一思想完整地反映在《关于费尔巴哈的提纲》中。由此从宗教批判、哲学批判和政治批判，转过研究资本主义经济问题。这些思想集中反映在马克思的两大发明——唯物史观和剩余价值论，以及社会主义从空想到科学转变的实践上。接下去大家都知道，马克思主义的创始人就着重于领导工人运动，对宗教的理论批判让位于对产生宗教根源的社会制度的批判上，从单一的思想斗争转向革命的实践。从此以后，我们几乎看不到他们有像早期那样用力批判宗教荒谬的论著，因为这个任务资产阶级革命的启蒙学者已经解决了，他们要所解决是挖根子的问题。

　　据此是否可以说，马克思和恩格斯放弃了无神论，欣赏起有神论来，甚或皈依了宗教？这与你提出所谓恩格斯"批评无神论讲得多了"的问题有些关系。借此机会我想多啰唆几句。

　　马克思恩格斯对巴黎公社的成败功过都有总结。按对待宗教和无神论态度区分，在参加巴黎公社的工人中大体有四类，第一类，完全凭阶级感情行事，对宗教极度反感，但缺乏理论指导；再一类可称为"极左"的布朗基主义和无政府主义；相对正确的是德国和法国的工人党，第四类是仍持宗教信仰的工人。恩格斯在《公社的布朗基派流亡者纲领》一文中对后三类工人特别作了分析：

　　　　我们的布朗基主义者与巴枯宁主义者有一个共同的特点，这就是他们都想成为走得最远、最极端的派别的代表者——他们要在无神论方面比所有的人都激进。在我们时代，当个无神论者幸而并不稀奇。在欧洲各工人政党中无神论已经成为不言而喻的事——至于德国绝大多数的社会民主党工人，则甚至于可以说，无神论在他们那里已经成了往事；这个纯粹否定性术语对他们已经不适用了，因为他们不只是在理论上，而且在实践上根本不相信神了；他们**干脆把神打倒**，他们在现实世界中生活和思考，因此他们是唯物主义者。在法国情况也是如此。如果不是这样，那么最简单的做法就是设法在工人中广泛传播上一世纪卓越的法国唯物主义文献。这些文献迄今为止不仅按形式，而且按内容来说都是法兰西精神的最高成就；如果考虑到当时的科学水平，那么就是在今天看来它们的内容仍有极高的价值，它们的形式仍然是不可企及的典范。但是，这却不符合我们的布朗基主义的胃口。他们为了证明自己比谁都激进，于是像 1793 年那样，用法令来取消神。

我之所以引文如此之长，是为了不失恩格斯的原意，避免像有些学者那样，随意肢解阉割。按我的理解，这话的核心是批评布朗基派的，但却是对比欧洲工人党的总体状况来讲的。这总体状况是：在那个时代"当个无神论者幸而并不稀奇。在欧洲各工人政党中无神论已经成为不言而喻的事"，像德国和法国的工人党，"不只是在理论上，而且在实践上根本不相信神了；他们干脆把神打倒，他们在现实世界中生活和思考"——既然对"神"的信仰都不存在了，还要宣传无神论，那不成了无的放矢？

但是还有相当一部分工人，并非像德国大多数社会民主党人那样，依旧还持有神的观念，怎么办？那就需要宣传教育，而不是"用法令来取消神"。怎样宣传教育？在当时政治形势异常急迫（流亡国外）下，"最简单的做法就是设法在工人中广泛传播上一世纪卓越的法国唯物主义文献"。传播老无神论者的文献，是一种"最简单的做法"，却非唯一的做法，是在依据"科学"新成果进一步发展不可能的条件下的无奈之举。

简言之，恩格斯的意思是说，"无神论"或者已无客观需要；或有需要，但那是说服教育，而非强迫命令，并非因为讲多了。于是转过笔头批评主张采取行政命令"使人们成为无神论者"的布朗基派：

> 取缔手段是巩固不良信念的最好手段；有一点是毫无疑义的：在我们时代能给神的唯一效劳，就是把无神论宣布为强制性的信仰象征，并以禁止一切宗教来胜过俾斯麦的关于文化斗争的反教会法令。

　　"文化斗争"是铁血宰相俾斯麦与天主教教廷的一种斗争形式，他在1871—1879年颁布的一系列反教会的法令，到了80年代后期就取消了。恩格斯讲这番话的时间是1874年，正是反教会法来势汹涌的时刻，但已经预见到它的必然失败。由于在恩格斯那个时代，宗教的颓势已经非常明显，在那个当口，强制人们去信仰无神论，反而起了刺激一般民众宗教情绪的作用，对工人政党来说，则是用文化斗争转移了政治斗争的方向。有神无神属思想认识问题，绝非用行政手段可以解决的。布朗基派的错误是把"无神论"的作用推向极端和绝对，使真理变成了谬误。

　　关于恩格斯对布朗基派错误的批评，列宁在他那个时代又重新提了出来，这可参见《论工人政党对宗教的态度》。他在论文中发挥说，西欧在实现了比较完全的信教自由以后，

　　　　资产阶级政府往往故意对教权主义举行假自由主义的"讨伐"，转移群众对社会主义的注意力。德国的文化斗争以及法国资产阶级共和派反教权主义的斗争，都带有这种性质——这就是目前西欧社会民主党人对反宗教斗争普遍采取"冷漠"态度的根源。

　　我的理解是，当时的资产阶级共和派之所以热衷于反教权主义还有一个原因，那就是为了彻底地实现政教分离，将宗教干预世俗国家的能力剥夺殆尽。而列宁认为社会民主党人对此表现"冷漠"，是可以理解的，为的是"使反宗教斗争服从争取社会主义的斗争"。就在这里，列宁提出了一个著名的论点：工人政党不仅要与宗教作斗争，而且"必须善于同宗教作斗争"。这"善于"的关键是："社会民主党宣传无神论，必须服从社会民主党的基本任务。"

　　列宁同时指出，西欧的党可以在反教权主义表现"冷漠"，但在俄国的资产阶级民主革命并未完成，而这一革命又必须由无产阶级担任领袖阶段，"德国社会民主党人把工人政党要求国家宣布宗教为私人的事情的主张"，在俄国就不能"偷换成宣布宗教对社会民主党人和社会民主党本身来说也是私人的事情"。也就是说，党必须承担起宣传无神论的使命来，

更不允许宗教有神论作为私人的事在党内自由泛滥。

到了1922年，列宁在养病期间写下了《论战斗唯物主义的意义》，"战斗的无神论"也是在这篇文章中提出来的。其中有一个著名的观点：

> 一个马克思主义者如果以为，被整个现代社会置于愚昧无知和囿于偏见这种境地的亿万人民群众（特别是农民和手工业者）只有通过纯粹马克思主义教育这条直路，才能摆脱愚昧状态，那就是最大而且是最坏的错误，应该向他们提供各种无神论宣传材料。

为什么不能用"纯粹的马克思主义教育"取代"无神论教育"？很简单，宗教神学有自己的特殊内容；对马恩列来说，批判宗教理论体系，只要指出它的神学性质就算完成了；因为在他们那里就像18世纪法国唯物论一样，"神学"除了荒谬之外，别无可论。但对一般民众来说，神鬼是否存在本身还是个大问题，何况在鬼神论基础上还有数不清的花巧说教，所以必须有无神论的启蒙。

此外，我想强调，认为马克思、恩格斯不讲无神论，所以在"马克思主义宗教观研究"中竭力排除无神论，这若不是对无神论怀有严重的偏见，那就是对马克思主义缺乏起码的知识。说来话长，可以找个机会再谈。

最后说一句，我们杂志把维护宗教信仰自由的公民权利和推动科教兴国战略的实施作为办刊方针，就是从服从和服务于党和国家大局的着眼的。当前的重点，是研究和宣传科学无神论，为国家的长治久安与和谐社会的建设服务。列宁曾引老狄慈根的话说："当今社会中的哲学教授，多半实际上无非是僧侣主义的有学位的奴仆。"我们近期可能注重于揭示"文化传教"的现象和理论，看看当前的中国是否也有"僧侣主义的有学位的奴仆"——不过这奴仆不属于农奴主，而属于外国有势有钱的主子。

（2010年1月16日答《中国党政干部论坛》记者梁丽萍问，因故未能公开发表；此处略有增删）

谈宗教信仰自由问题

——无神论应否享有平等的言论自由？

中国是一个巫文化悠久，多神主义与神灭论长期共存的国度，在近代以前，没有西方历史上那种宗教歧视，宗教对立，宗教迫害和宗教战争发生，宗教也没有发展成能与世俗国家相抗衡的社会政治势力，所以不存在宗教信仰是否自由问题。有见于愚昧落后，国弱民贫，与普遍迷信有密切联系，中国的启蒙运动以无神论为自己的本然属性，采取了破除迷信，旁及宗教的态度。此后，宗教信仰自由为全社会接受，但必须从属于民族振兴，国家富强和社会进步的大局，已成为民众的共识。改革开放为宗教的正常发展带来了春天，同时也挟有混乱与无序，而封建迷信在所谓"人体特异功能"和赋予开发"特异功能"以新职能的气功带动下，泛滥成灾，伤害人的身心健康，干扰科教兴国和依法治国大针，败坏国民精神素质，并且利用某种权势，压制和打击不同意见及反对者，这使科学无神论依法获得平等发言权，争取全面实现宗教信仰自由的公民权利，变得非常之必要和迫切。

宗教信仰自由，现在多被理解成只是信教的自由，而不包括不信教的自由；有些人把宗教信仰自由当作一项基本人权，也按这种理解对他国宗教状况指手画脚，指导他们的社会活动。这弄得人们有些懵懵懂懂起来，好像不信一个什么教，真的是一种罪恶。但若认真一想，这种理解实在有悖历史与逻辑。

从西方的历史看，宗教信仰自由的提出，首先是为了反抗中世纪黑暗的宗教统治，它与当时的自然神论、不可知论（怀疑论）、无神论以及人本主义等思潮一起，要求从严酷的宗教思想枷锁中解放出来，给科学、理性和教育独立以至政治民主、社会进步等开辟道路，也为每个人的健康和全面发展创造条件。因此，从本原上说，宗教信仰自由是争取摆脱宗教钳制的自由，它是西方资产阶级民主革命的原因之一，也是成果之一。

中国历来是多神主义和无神论共存的国家，宗教从来没有形成能与世俗政权相抗衡的社会实体，也没有建立过政教合一的国家体制，因而不存在像西方那样一神教的垄断和专横。信教与不信教，以及各种信仰之间，在活动空间上大体是均等的。像儒释道三教一类的争论，延续了一千七八百年，中间虽然互有消长，主流则是协调和谐，合一的趋势很明显，所以也不存在西方那种宗教仇视和宗教战争。

总而言之，在纯宗教信仰的领域，中国的历代政府和广大的民众都是宽容的，没有自由或不自由的问题。但是，如果超出纯宗教范围而从事别居用心的活动，或者某种宗教势力非常态地急剧膨胀，以致破坏了社会平衡或经济稳定，或威胁到了国家政权的安全，那就必然引起社会动荡和政治冲突，宗教问题随之而突出出来。例如历史上多次发生的毁佛限佛事件，禁止和取缔民间宗教秘密结社，以及自黄巾起义借助太平道，一直到太平天国运动借助拜上帝会，那数不清的以神异作号召，以宗教为纽带组织起来的种种农民武装暴动，无不带有浓厚的宗教信仰色彩。然而不论是从事社会历史还是文化宗教的研究者们，几乎没有谁会认为这类宗教问题与信仰自由问题有关。也就是说，中国的宗教问题是直接由社会经济和政治问题引发的，它与西方那种由信仰禁锢（思想禁锢的一种。中国的思想禁锢主要是文字狱）产生的宗教问题，有着根本性质的不同。

我认为这一区别很重要。这反映了中国人对待宗教问题上的一个基本态度：信教或不信教，信这种教或那种教，以及选择或唾弃什么教，主要是从个人家族的或国家社会的利害关系上着眼，有明显的功利主义和实用主义色彩。假若不了解中国宗教信仰上的这一特点，就很难把握中国宗教问题的真正脉络。

19 世纪末的戊戌变法失败以后，中国知识界产生了两种完全相反的主张：一种是提倡宗教信仰救国，所以康有为倡导组建孔教（儒家的宗教化），梁启超鼓动扶植佛教，而辜鸿铭、严复（晚年）等更把希望寄托在神拳或灵学上；一种是发动启蒙运动，把振兴中华的重任交给科学与民主，所以有陈独秀、胡适等"五四"人物的高举无神论大旗，有蔡元培等参加发动的"非宗教运动"，而"破除迷信"则始终是新文化运动的当然任务。这些不同主张，甚至发生过激烈的争辩，但论者无例外的，都是把民族兴亡作为立论的基本出发点，很少就宗教信仰论宗教；而西方关于宗教信仰自由的观念，也是在五四时期引进并在这一立论基础上加以解释的。

那结果是众所周知的：中国近现代史接受了"五四运动"的传统，宗教信仰自由的问题，被历史地放在了民族独立和社会解放的从属地位，爱国主义以及与之密切相关的科学和民主，几乎成了国民全体公认的道德律，苟有与之相悖者，不论宗教信仰如何，都会受到反对。在认识上，无神论就成了科学与民主的天然规定。在这一点上，早期的中国国民党和中国共产党没有区别。

共和国成立，共产党成为执政党，无神论在前期思想文化领域占据统治地位。但宗教信仰作为思想观念问题，将会长期存在下去，绝对不能用行政的粗暴手段加以干涉，因而保护宗教信仰自由，有了特殊的重要意义，以至被郑重地列进了宪法，规定为公民的一项基本权利。不过在知识界理解中的宗教信仰自由，实际上还是新文化运动的继续和发展，因为多神主义和无神论共存的状况并没有根本的变化；全力改变贫困落后面貌，建设现代化国家，是比任何事情都重要的头等大事，宗教信仰问题必须服从这个大局，而不许借以对抗。"文革"事实上废除了宪法，它给宗教信仰领域带来的灾难，与带给整个国家的灾难是同等性质，因而也随着拨乱反正和改革开放而得到了恢复和发展，总体是正常的，各方面都比较满意。这很不容易。

然而另一方面，同时而来的则是无序的膨胀，使早先被压制的某些宗教和传统迷信，走向了泛滥成灾的一端。迷信与宗教似乎成了一种社会性时髦，官僚层和文化层中都有不少趋之若鹜的知名人士，为之倡导和鼓吹，而无神论被目为"极左"，偶有涉及者，又往往当作"文革遗风"贬斥，竟至难以开口和为文。此等倾向在清算"文革"思潮时期，似乎还有充分的理由，但是当考虑到振兴中华究竟需要什么样的精神支柱，特别是在提出了科学技术是第一生产力，而科教兴国和依法治国备受学人的由衷支持以来，继续片面地解释宪法赋予宗教信仰自由的权利，反过来压制、甚至剥夺发表无神论言论的自由，那就是把历史拉向倒退，而不是推向前进。当前至少在三个问题上，已经相当混乱：

第一，关于把民族同宗教信仰视为一体的问题。人们习惯上将国内某些少数民族的传统宗教当作该民族的全民信仰，所以在一般统计上也把该族的人口当作该族的信教人数。这非常荒唐。假若根据此种认识作判断，定是非，甚或采取什么行动，那就更加荒唐。因为这既违背事实，也有悖常理。且不说把一种信仰强加给尚无选择能力的儿童是多么的蛮横，即使在成年人中也是通不过的。据一位从事藏学研究的藏族青年自述，他仅仅因为不信仰喇嘛教，在他的家乡就被视为异类，他感到十分痛苦。

对比一下，一些蒙古族知识分子认为本民族接受喇嘛教本身就是一种耻辱，内蒙古进行喇嘛教改造，主要就是由他们支持和发动起来的。中国回族人遍及全国各个省市，在内地和沿海的一些地区以及知识分子中，就不都是信仰伊斯兰教的。

其实这很简单，人的民族成分是先天决定的自然属性，不可能自由选择；人的宗教信仰属于后天的观念和情感，可以完全凭个人的意愿自由决定，尽管有些宗教学者不愿意承认这一点。在当今民族主义和宗教热潮正在纠葛不清地成为各类重大事端的爆发点之际，将人为之事混为自然之事，无疑如火上浇油，实质上也否定了宗教仰自由本身：宗教信仰自由是人们不分民族和种族差别一律应该享用的权利，它的本义应该意味着宗教对立和宗教战争的消除，而不应该与之相反。

第二，关于宗教信仰自由高于社会道德和民主法治的问题。国内外流行一种舆论，似乎只有信教，即使迷信随便是个什么鬼神，或超自然物，或彼岸世界，都比无神论者的精神境界高超。有人认为，只有如此才能与"文革"划清界限，才符合改革开放精神；甚至提出，唯有信教才能维护道德风化和社会稳定，最好是把信教当作每个人的安身立命之地。当然，也少不了有把信教作为衡量"人权"的一般尺度，而完全无视不信教的权利的言行。这就造成一种社会氛围，促使很多地方和部门把修建宗教或迷信设施及其相应活动，当成开辟财源的方便之门；在某些官员心目中，认定只有维护宗教或迷信的利益才是维护社会安定团结的大局；至于学术研究领域，迷信和宗教一样，都成了不可触动的禁区，以致连宣传封建迷信的出版物也能够从街头书摊汹涌地流向豪华的书店，而想发表一点无神论的观点，真可以用"举步维艰"来形容，直至今年上半年，全国还没有一本传播科学无神论的刊物被允许出版。

由此导致一系列社会恶果，不但严重地扭曲了当代人实有的价值观和道德观的现状，而且纵容一些别居用心分子敢于假借宗教信仰自由的名义胡作非为，一直到滋众闹事。此中常见的现象，是因为研究者或媒体发表了与某个宗教派别或迷信团体的观念不甚相同或者利益有违的言论，大多属于学术讨论范围的问题，假若认为它们不可宽容，有关派别或团体完全有权进行反驳，与之论辩；如果认为该等言论已经触犯国家有关规定，那就应该诉诸法律，依法处理。这可以说是任何民主国家的常规，也是常识。但有些人好像没有这样的常识，不想依常规行事，所以动辄以游行示威、静坐围攻等"大民主"的方式，威胁政府，迫使当局作出符合其政治性要求的解决。最后的结果，此等"大民主"一般是得胜回朝，而作者和发表者总得受到相应的惩处。这样，就形成一种恶性循环，宗教信仰自由似乎成了一块圣地，即使是客观地如实叙事和陈述个人的学术意见也得处处避讳，至于设卡审查，这里就不提了。

当前中国正在努力从事民主法制建设，依法治国是最重要的步骤，在宗教信仰自由问题上发生的此等曲解和偏袒，是一种严重的干扰。这次"法轮功"闹事，对于当局来说，就是长期纵容某些迷信团体非法活动并使其无理要求屡屡得逞的后果，或者更准确些说，是某些长官进行袒护、违背法制原则的恶果之一。

第三，关于"人体科学"开创了"第二次文艺复兴运动"的"新世纪"问题。这里讲的"人体科学"是一个有明确界定的概念，据它的创建者介绍，这门"科学"由三个部分组成，那就是：以"中医理论"为理论基础，以开发和应用"人体特异功能"为根本目的，以"气功"为开发和应用手段，而它的核心是"特异"功能。

"人体科学"所谓的"特异功能"，是指人体具有的无限而又无所不能的超自然潜力，在西方一般分为两大类，即"超常感知"，"意念致动",主要是从巫觋法术一类现象中概括出来的。西方知识界对它们的关注以及进行考察和研究,至今已不少于150年,称为"心灵学",近来又名"超心理学"。对此类现象,学界大体有肯定和否定两派,其余或者存疑,或者不屑一顾。到20世纪90年代,随着"新时代运动"和"新宗教运动"中的神秘主义高涨,普及率上升,在某类知识分子中也拥有不少信徒,尤以发达国家最为突出,但在严肃的学界和政界,则越来越没有市场。迄今为止,凡宣称有哪种超自然能力真实存在而又经得住真正科学检验和测试,一项也不能成立。中国的同类思潮是在辛亥革命以后引进的,译作"灵学",由某类文人和官僚为骨干,应用当时最流行的扶乩和给鬼神照相术,支持遍及全国的会道门急剧发展,先后受到"五四"人物的批判和"北伐"的扫荡。因此,不论国外国内,所谓特异功能都不是什么新东西,更谈不上新发现。

然而自70年代末这个以"特异功能"新名目出现的旧思潮在国内再度泛起时,立即被一类号称"马克思主义"哲学的宣教者、科学技术名家和科技官员当作国家民族兴盛的希望、人类未来的必然走向,令人莫名其妙地抬举起来;紧随其后的几个文人,或称其为"新世纪",或誉之作"新曙光",鼓吹得越加使人浑噩。由于中国的巫觋传统既久且深,儒士方士都自称能动天地,驱鬼神;土生土长的道教擅长神仙术,自外传入的佛教能修五神通,都具有玩弄大自然于股掌之上,创造"阴""阳"两界于一念之中的绝大本领,"人体科学"即把此等见诸古籍中的记载当作证实"特异功能"的"古实验报告","人体科学"也就成了宣传鬼神论最具权威的载体。

与此相应,一些野心十足的巫觋化了的气功师,或由巫觋转化来的气功师,一夜之间就变成了具有"特异功能"的"高功夫师",被目为"奇人"、"超人",尊为"大师"、"宗师",身价陡然飙升,不但可以出入党政单位、深宅大院,而且能够高登科学殿堂,驻扎高等学府。一些高官俯首甘称弟子,一些大学者奉之为"新世纪"的样板,也不乏膜拜其下的名人。作为个人的信仰问题,他人无权干涉,但在中国这块充塞着多神主义传统残余的土壤上,只要挟那样的机关和那样的头衔,就足以震撼社会,更不用说还通过手中的权力了。因此,由此产生的社会效应是相当剧烈,也相当恶劣的。

首先，气功本是一种大众性健身活动，在一些医院和疗养院也当作一种辅助性治疗手段，社会各阶层都有人参加练习，影响面很广。由于"人体科学"强加给它以开发"特异功能"的全新职能，使它很快变成了制造鬼神和奇迹的最广最大的发源地，推动着愚昧迷信在全国范围的大普及。一些满腔野心而以"超人"、"奇人"自诩的巫觋气功师，则趁机组织以其个人为唯一崇拜对象、以师徒的宗法关系为最高组织原则和道德法规的团体，把吹嘘自家神功最灵最神作为欺骗手段，争取社会名流和大众媒体的支持，实是过去会道门的变种，又类似现今海外的邪教，轻者止于骗财，或加上骗色，而诱发心理畸变，精神失常，导致家庭不和或破裂，以至致残致死等事件，几乎成了司空见惯的现象。至于内外勾结，广收门徒，聚集力量，纪律严酷，行动诡秘，特别着力于跨国宣教，时时准备应变，居心很难推测的巫觋气功组织，也绝不是"法轮功"一家。"法轮功"只是此等浊流的后起而又急于显示政治实力的一个。

其次，"人体科学"将"特异功能"的"发现"当作"第二次文艺复兴运动"的发端，矛头是直指近现代科学。它认为，既有的科学已经走上穷途末路，人类正面临一场新的"文化革命"，那就是彻底否定近现代科学以及科学借以建立和发展起来的思维方式——理性，逻辑。"人体科学"之所以选择中医理论纳入自己的体系，据其说明，就在于中医没有受到西方科学的"污染"，全凭感觉和直觉行事。直觉是最高级的思维方式，特名"特异思维"，是发动"特异功能"的精神机制之所在，亦称"气功功能态"。因此，所谓"人体科学"本质上是反科学、反理性、反逻辑的伪科学，而反科学、反理性是西方自50年代就兴起的新思潮之一，也不新鲜。

但就是根据这种观念，"人体科学"却要求向学校系统推行气功，提倡在青少年中开发"特异功能"，以致严重地损害了孩子们的心身健康。同时又将其提升为教育理论，把开发智力与学习知识对立起来，造成思想混乱，直接影响了教育事业的正常发展。

可以说，"人体科学"是20多年来宗教无序、迷信猖獗的当之无愧的精神柱石。从巫觋"大师"们制造一件件轰动中外的伪科学丑闻，到法轮功拼凑其奉为圣经的《转法轮》，都布满了"人体科学"的痕迹，而且成为它们名副其实的保护伞。权力部门就"人体特异功能"（即"人体科学"）发过一个著名的"三不"指示，在实施上，则是只许"人体科学"和由"人体科学"理论装备起来的气功宗派自由宣传，禁止反对者进行批判或与之争论，以致使许多欺骗世人的严重事件不得披露，令骗子继续像个正人君子一样行骗如故，使伪科学真像在开辟一个"新世纪"似的，照旧在高文化层中招摇撞骗。仅就"法轮功"这次闹事来看，那个"三不"及其施行的权力部门对其屡屡视国法好欺的活动，一再庇护，对深受"法轮功"之害的当事人和他们的家属、师友的控诉，以及为之呐喊的正义之声，或者置若罔闻，或者加以压制和惩处，是非曲直颠倒到如此程度，评之者称其为昏聩，而依常理实在应该追究主管者的责任。

然而，中国的无神论传统也是根深蒂固的，即使在"三不"严苛的禁令下，那基础也没有动摇。可以说，在国内唯一能够与"人体科学"作根本理论上的斗争，而且不屈不挠，使"人体科学"的伪科学、真迷信的面目逐渐为更多人所识，科学无神论起了中流砥柱作用；在揭露巫觋神功的欺诈和罪恶方面，科学无神论是最勇敢的斗士；而宣传科学精神，支持科普事业，推动科教兴国战略的实施，破除封建迷信和蒙昧主义，则是科学无神论的日常使命。也由此可见，科学无神论并非向宗教宣战，只是要求对宗教信仰自由不作片面解释，如其本义那样容纳无神论的言论自由。从全面和历史的观点看，至少在中国，有神论者和无神论者在根本利益上是一致的，涉及国家命运，民族前途，社会进步等重大问题上有着本能的共同语言。无神论者理所当然要尊重宗教信仰者的自由选择和公民权利。

（原载《波士顿纪事报—学苑》1999 年 12 月 17 日）

试看《1998 年国际宗教自由法案》
中的"宗教自由"

　　有些学者高调主张宗教进入社会所有公共领域，"宗教自由"是主要的法理依据，赋予宗教这一厢情愿的功能则是它的理论基础。本文仅就法理而言，这类主张来自美国《国际宗教自由法案》宣扬的宗教无政府主义，实质在搅乱舆论，干涉他国内政。它驾凌于他国的法权和主权之上，也违背美国的建国宗旨和宪法原则——政教分离。所以这一《法案》在其本国无效，我们的响应者也到了该打住的时候了。

　　我对美国的形象性感知，一是法国赠予的"自由女神"雕像，一是印在美钞上的"我们信仰上帝"。自由和美钞是令许多人心向往之的，青少年时期的印象特别深刻；及至晚年拜读《1998 年国际宗教自由法案》，将外来的"自由"与本土的"宗教"联结到了一起，于是有了另一种了解：原来"自由"是需要与美钞携手的，为的是保障和推动"宗教"的扩展，这与"自由不是免费的"的碑文有异曲同工之妙①。自以为这种了解颇为难得，所以写出一点来，以飨同好。

一

　　《1998 年国际宗教自由法案》的中译本收在宗教文化出版社出版的《国外宗教法规汇编》中，大家可以翻阅。阅后令我首先感叹的，是美国

---

　　①　在华盛顿所建朝鲜战争纪念碑的碑文称："自由不是免费的"（见 2010. 10. 25《环球时报》头版头条文）。

政界干事的那份富有远见的气魄以及推行时表现出来的意志之坚定和举措之周详，尽管它的哲学素以实用主义著称——这个《法案》可能酝酿以至实验过多年，取得过不少上佳效果才水到渠成的。因此它可以开动全部国家机器，从总统、国务院、国会、国家安全委员统一运作，许多教会组织和教会院校协同配合，形成国家、宗教和非政府组织各以不同的优势对外扩张，政治威胁、经济收买、文化宣传，合法与非法手段齐头并进，以至于能够在基督教历来势微的我国制造出相当强大的舆论，进入高校讲堂和学术研究机构，地下教会敢于与国家法规公开对立，相比之下，我们几乎没有相应的理论的和学术的应对，更不用说战略性的思考了。

这个《法案》有两个显著特点，第一，宣布美国"从建国至今，宗教自由一直是我国最首要的自由之一"；"宗教自由权利是美国建国之本和生存基础"。第二，它的适应范围是只对外、不对内，是为世界各国立法，在其本国绝对无效。这两个特点看起来是互相矛盾的。按第一点，它只能实施于美国，第二点则明文规定，它只能实施于别国。官方的这类表达，可以作为我们解读美国政界言行技巧的一例。我的问题是：

首先，什么是"宗教自由"，尤其是"最首要的自由"？《法案》只规定宗教信仰的自由，没有规定不信仰宗教的自由；换言之，人们只有对宗教信仰进行选择的自由，没有在信仰和不信仰宗教之间进行选择的自由，更没有从宗教退出来的自由。这样，宗教自然就成了唯一的自由，其他自由全然不在话下。这样，"宗教自由"就成了麦克斯·施蒂纳的"唯一者"，至高无上，可以任我纵横，无法无天，此即"宗教无政府主义"。

其次，以"宗教自由"为国际立法的目的何在？官方正式宣示："美国人民捍卫宗教自由的决心——不仅在国内，而且在全世界——始终不渝——'对美国来说，没有比宗教自由和宗教良心更根本的东西。我们的国家就建立在这一基础上，宗教自由是民主的核心'"。所以"宗教自由"就成了美国捍卫其国家利益、国家安全和输出美国价值观的行动纲领。它在文字上的反映是每年炮制出一份《国际宗教自由报告》，自称站在"寻求和促进宗教自由的人士一边，反对企图扼杀宗教自由的人"，并借口所谓"宗教迫害问题"，直接插手他国内政。由于它完全无视这种"自由"

是在干什么，由此造成了什么后果，与"问题"的真相又有多大的距离，所以每份报告几乎都无法自圆其说，又反映出宗教霸权主义面貌。

先看"唯一者"自身的冲突。2006 年度《国际宗教自由报告》说：2005 年 9 月丹麦《日德兰邮报》发表了"讽刺穆罕默德的 12 幅漫画"，"欧洲媒体基于言论自由决定刊登这些漫画"；而"在欧洲占人口少数的穆斯林人士，将这种做法视为对伊斯兰教的直接攻击和对伊斯兰教的不宽容"。——按《法案》精神，在这个案例中，穆斯林对穆罕默德的信仰应该是最典范的"宗教自由"行为，而欧洲那些"言论自由"者则是典型的"企图扼杀宗教自由的人"。可《报告》并没有像它宣示的那样，对前者表示"捍卫"，对后者表示"反对"，却是模糊处理，不了了之。实际上，"言论自由"与"宗教自由"在这里发生了激烈的碰撞；如果说美国当真是依据"宗教自由"立宪，则在其《宪法》中必然会包含这种冲突——让"宗教自由"凌驾于"言论自由"，岂不是对骄傲地站立在美国大地上的自由女神的亵渎？这放在后文再说。

事实上，你的"宗教自由"与他的"宗教自由"之间本来撞击得就十分惨烈。基督宗教与伊斯兰教各以其信仰为名而发生的战争，至少可以上溯到"十字军东征"，一直延续到今天的许多地区；"圣战"就是双方一些教派共举的一面旗帜——两种"宗教自由"，若都按美国《国际宗教自由法案》规定的那样"自由"起来，后果将比什么人为的灾难都可怕。韩国一个基督教团体一行 19 人，跑到阿富汗去"自由"布道，结果被捍卫自己"宗教自由"的对方扣留或曰"绑架"，二人送命，余下的被韩国政府千方百计赎买回来，这是人所共知的消息。另据《宗教与世界》2009第 10 期转载韩国《首尔新闻》9 月 2 日报道：

　　韩国的基督教徒人数超过 1000 万，约占总人口的 1/4——其对海外输出的传教团数仅次于美国。如果韩国政府对其在海外的活动不加干涉和限制的话，或将引发更多的宗教冲突和流血事件。

报道具体指的是这样一些事件：

在韩国众多基督教团体中——很多社团前往也门、阿曼、约旦等中东伊斯兰教国家进行传教活动，不但引发当地人的反感，遭到这些国家强制驱逐出境的现象也是屡见不鲜，仅今年上半年在也门就发生过两起专对韩国人传教团的袭击事件，造成多人伤亡。

韩国政府在认识到问题的严重性之后，"严格限制基督教团体前往海外活动"。对此，

本部位于华盛顿的美国基督教人权团体ICC日前发表声明，谴责韩国政府对于韩国基督教社团出国进行传教采取限制政策是侵犯人权。

于是，《法案》阐释的"宗教自由"，在这里就转化成鼓励和挑动宗教仇恨和宗教冲突。

又，2009年11月28日《参考消息》刊登法新社都柏林11月26日电："爱尔兰教会为长期虐童道歉"——"一份证据确凿的新报告显示，该教会在过去三十年里掩盖了儿童遭受性虐待的问题"。天主教神父对儿童施行性虐待近些年来已不再是新闻，相关教会为此作出的道歉和巨额赔付也屡屡曝光。这则新闻引人注意处，在于它还揭示了"天主教保育机构蔑视以至挑动普遍存在虐待儿童现象"，导致"爱尔兰政府表示歉意，因为政府未能对保护儿童"作出公开的表态。"宗教自由"进到了教会的保育机构去虐待儿童，神职人员把儿童当作性奴，相关政府是否对此负有责任？消息回答，"爱尔兰政府"表示，作为"国家机构在处理这一问题时"是"失职"的；它的司法部长说："他阅读调查结果时'感到越来越厌恶和气愤'，并承诺要让作恶者'无处躲藏'。"（见2010年4月15日《环球时报》）

依照《法案》，韩国政府和爱尔兰政府都触犯了《国际宗教自由法案》，是应该受到美国的反对和处罚的，因为它们都违反了"宗教自由"——《法案》设置"唯一者"的用心之一，就在蔑视和挑动宗教团体及宗教领袖（首先是基督教的）对抗有关国家的法令，将相关国家在宗

教问题上的司法权以至主权剥夺殆尽。现在是，针对它的伙伴国家是否也敢如此嚣张？那就等待看它最新版的《国际宗教自由报告》了。

最后，"宗教自由"是指纯粹个人的自愿选择，还是需要美国政治大棒和美钞诱惑的支撑？

上述《国际宗教自由报告》中有一则关于朝鲜"宗教自由"状况的"特别关注"，其中列举：1. "国务卿根据《国际宗教法案》决定延续制裁"；2. "美国于 2005 年秋在联合国大会上联合发起谴责限制宗教自由的决议案并使之顺利通过"；3. "2005 年 4 月数名国务院官员在众议院国际关系委员会"就朝鲜的"人权记录及美国政府为执行《2004 年北韩人权法》所作的努力而举行的听证会上作证"，通过他们向美国公众发表演讲，以不断提高其国内人民对朝鲜"国内人权惨状的了解"；4. "任命×××××为北韩人权特使"，以"敦促包括大韩民国和日本在内的其他国家加入日益扩大的国家努力"，敦促朝鲜"改善人权状况，停止侵犯宗教自由"。其中特别引起我们兴趣的还有下列几项：

> 2005 年，美国国务院还给全国民主基金会提供 49 万 6 千美元专款，用以加强和扩大对朝鲜民主主义人民共和国人权状况的观察和报告，同时也给"自由之家"提供专款，用于组织一系列会议和其他活动，旨在敦促北韩政权停止践踏人权。自由亚洲电台和美国之音也提供固定的朝鲜语广播。美国政府的政策允许美国公民前往北韩旅行，许多教会和宗教团体为减轻那里的缺粮少药造成的困苦组织了多项努力。

此中"许多教会和宗教团体为减轻那里的缺粮少药造成的困苦组织了多项努力"语焉不详，不知道他们做的是什么努力；至于所谓减轻"缺粮少药"一项，很容易让人们想到基督教经常性的布道手段：小恩小惠，因此它还得了"糖果教"、"大米教"之类的雅号，而这一手在对中国贫困地区的布道中也是颇有效果的，但其与当地人的真正信仰有多少关系，从中可以推知。至于提供给"自由之家"的专款有多少，不像"自由"那样说得出口，所以不会公布；"组织一系列会议和其他活动"都是什么内容，也见不得阳光，公众更难知道——但它警示我们，凡不是因为诚实劳动而去拿着外国人的钱，组织"非政府组织"、从事"组织一系列会议和其他活动"者，也需要我们某些挥舞"宗教自由"的同胞给以"特别关注"了。

"自由"应该是提供个人全面发展的，文艺复兴和启蒙运动把人从宗教枷锁中解放出来当作自由的首要目标，时下则千方百计要人们回归宗教的圈套中，并冠之以"首要自由"；而今宗教自由被列进了"人权"考察的范畴，当年接受西方影响的蔡元培却把它排在"侵犯人权"的行列。时代和地域的差别真的就如此之巨大么？真理只有一个，让科学理性证明，让全部文明史说话吧。

二

中国是《国际宗教自由法案》实施的重点对象。它对国人有没有影响呢？

大家都知道，美国招纳并纵容了藏独、疆独中的宗教极端分子，也是美国把我国已经依法取缔的邪教组织当成个专司捣乱的宝贝供养；而通过基督教渗透输出它的世界观和价值观，人们就不一定那么熟悉了。我曾经引过一段消息，这里再重复一次：2006 年 5 月 11 日，美国总统公开会见了三个中国家庭教会的成员，其中的一位进言：

"里根总统因为埋葬了苏联东欧的共产制度而成为美国历史上最伟大的总统之一。帮助中国发生这种变化，也许是上帝给总统先生的历史使命"。因为这"既符合上帝的公义，也符合美国的国家安全"。

这令我们又开了一次眼界：原来"宗教自由"的实际意义在这里！至于苏东的社会主义解体，是否是美国通过"宗教自由"去瓦解的结果，那是另一回事，但企求在中国制造埋葬"共产制度"的事，则是从共和国成立以来从未停止过的活动，现在不过更强化了宗教这面旗子罢了。

公开响应这位家庭教会代表的言论不多。因为作为中国人而一心为外国的"国家安全"着想，众所周知是个什么东西；说这就是"上帝的公义"，难免被视为精神错乱。普遍的做法是，从"文化"层面，关心"国家"、专注"信仰",将宗教打扮成"道德"的标志,"意义"之所在,独特的"终极关怀"、"真善美"的载体、"科学与民主"的本原,如此等等,从而促成"宗教救世"、"宗教救党"的理论和舆论的强势。此类言论之多,留心当代宗教研究领域的人士不会陌生。

此中自诩具有"普世意义"的基督教声音最高,影响也最大。但奇怪的是,这最高、影响最大的声音不是来自中国基督教的合法教会,而是自称"非教会"、"非信仰"的"学界"。这个"学界"以基督教研究为名,与海外势力联手发起所谓"汉语基督教神学运动",是着力在高校、科研系统建构和普及而与爱国教会相背离的另类神学,号称当代"显学",其取得的成就,令国外的基督教也为之兴奋不已。一位外国神学家感叹:神学在中世纪时,曾由"修道院与教堂转移到大学",但到了 18 世纪启蒙时代,"大学认为它不符合理性要求……神学又返回到教会中去。今天在北美,一般大学都不设神学课程,充其量仅设宗教学课程"。在当前的中国则例外地"转移"到了大学和科研机构之中。一位著名的文化基督徒说:当代中国"在大学建制中出现基督教课程,由国家出版社出版基督教学术书籍,在台、港亦是少见的"。他由此得出结论:"可以看到,基督教学术已成为共产党文化制度的一个组成部分———一旦基督教学术和教学在大学体制中确立下来,基督教学术的制度化就有了实在的基础"。这个判断是否准确,仍待观察,但它反映了我们向宗教全面开放的做法与西方文明发展的方向存在何等差距:"教会"神学遭受蔑视和抨击,"学术"神学则在大学和学术机构中显赫放光。

然而这并没有满足《国际宗教自由法案》的要求。每一版《国际宗教自由报告》出笼,中国总会名列前茅。响应"宗教自由"召唤的多属地下教会,用之与公权力对抗,而"学界"则表现得温文尔雅,说是为国分忧,向执政党献策,目标在将宗教推向"公共领域",参与或接管人文关怀(精神世界)和道德教化以及发挥"社会和谐"的功能。略举几段话看:

解决当代中国宗教信仰存在与发展的矛盾关系,关键在于开放宗教关系,还宗教与信仰的社会实践自由,给宗教信仰一个公共实践、公开交往的社会空间。

党可以把公民伦理道德教育的责任和精神产品的供应作为私人事物交还给宗教（如同中国古代和现在世界上大多数国家的做法一样），个人的道德教化由宗教承担，行为由国家依据法律制约规范。

还有更学术性的论述：

承袭种种"处境化"的神学诠释学，催生出所谓的"公共神学"。——"公共神学"不能依据任何"单一的信仰传统"，也不能"以任何民族的身份、任何民族的价值观为核心"；因此，其话语模式"可以被教会以外的人所理解、论说和尊重。"——神学必须对现代人的普遍处境作出诠释，而不能"将宗教语言减损为自我封闭的语言游戏"。要真正引导"宗教与社会主义相适应"，通过上述线索发掘基督教的自身资源和神学依据，也许是必要的。

此亦谓之神学之"学术目标在于学术之外"：

基督教研究必须走进中国人的社会处境中；中国的基督教研究，包括汉语神学，理应针对这种处境提出基督教的解释和主张。

对这类诉求，不论是提倡"宗教的社会实践自由"，还是催生基督教的"公共神学"，或"走进中国人的社会处境中"，甚至命执政党把精神世界让位给宗教接管，此中是是非非，读者可以有自己的判断，这里不想一一分析，但集中一点，它们力图冲破国家宪法和法律的规定，让宗教在社会上不受任何约束地自由泛滥是一致的，这就是《国际宗教自由法案》所称"宗教自由"在"学界"的主要卖点，也是中国宗教无政府主义的主要表现。至于还想通过西方基督教神学改变当代中国的社会面貌，可以暂且不谈。

三

那么制定《国际宗教自由法案》的美国是什么情形呢？即以"国际"周知的两件事来看：1978 年"人民圣殿教"这个美国宗教团体中的 919 人被迫逃亡于圭亚那集体自杀，震惊世界，这是否体现了"宗教自由"？1993 年，又一个宗教组织"大卫支派"受到警方的武装包围，导致大火，该派信徒 86 人被焚死亡，再次震惊世界，这也是"宗教自由"？前者是因为该教派组织限制信徒的人身自由、隔断与社会的联系、引发有关家庭和公众的忧虑与愤怒而政府却长期采取放纵或不作为的态度所导致的悲剧；后者是因为拥有非法武器威胁社会安定，所以政府也以武装对付武装的手段对付之而造成的悲剧——"世界"是怎样解读这类事件的，我们不清楚，但可以肯定它们不会发生在中国，中国《宪法》规定和保障的"宗教信仰自由"，比美国的"宗教自由"要人道主义得多，对公民权利的维护也全面而实在得多。像上类宗教团体，在中国称之为"邪教"，事前须有防范，事发需要依法处理，直到坚决取缔，以便及时地解救被裹挟的广大信众。我们的文化传统和社会舆论不允许以保护某个人或某个社团的"自由"为借口，危害绝大多数人的生命安全或社会的整体利益。

至于此一"宗教自由"与彼一"宗教自由"冲撞一类的事件，也经常发生在美国本土。以最近来说，2009 年 9 月 28 日美国《基督日报》以《美基督教领袖呼吁信徒禁食以抵制穆斯林祈祷会》为标题称：

> 以"表达及证明伊斯兰教美好多元的一面"为号召的大规模穆斯林祈祷活动 9 月 25 日在美国首府华盛顿的国会山庄举行。此活动的主要目的是"表明伊斯兰教之庄严的属灵原则——来自多元人种、种族背景及国际的穆斯林们一同聚集，将展现他们的团结及穆斯林美好的多元性"。人们把这次聚集视为是"激励一个穆斯林新世代兴起"的机会——伊斯兰教教长召集祷告的声音"在林肯纪念中心、华盛顿纪念碑及其他庞大建筑物中带出声音回荡的效果，来环绕整个国会山庄"。美国基督教领袖及华人教会均对此表示关注，呼吁信徒以禁食

祈祷来保护美国以基督教为原则的立国精神。

美国祷告事工创办人鲁安格、国家祷告日行动小组领袖雪莉·杜布森、华盛顿家庭研究委员会主席托尼·帕金斯和美国许多主要的基督徒领袖们，已号召美国全地的基督徒在 9 月 24 日东部时间晚上 7 时半至 9 时一起为美国祷告。

鲁安格在代祷呼吁信中警告，一场极大的属灵争战已经透过伊斯兰教界的大胆行动显明出来——美国的基督徒既然处于民主自由的国家，就有责任联合起来以抵制。（见 2009 年第 11 期《宗教与世界》）

今年在美国"9·11"事件 9 周年临近之际，佛罗里达州一个约 50 人的福音派教会"灵鸽世界服务中心"教主琼斯，声称《可兰经》不合《圣经》真理，并将 9 月 11 日定为"国际焚烧《可兰经》日"，要带头焚烧。消息一出，舆论大哗，震动整个伊斯兰世界，阿富汗的穆斯林反应尤为强烈，而美国法律以"言论自由"为由，表示无能为力，最后国务卿甚至总统出面加以劝说才没有兴起大的风波来。它的背后还有美国的伊斯兰教徒要在世贸遗址附近建立清真寺，而一些基督徒示威反对，导致纽约州、田纳西州、加州和德州出现多宗对伊斯兰教的暴力事件。继根深蒂固的种族矛盾，国内的宗教矛盾也浮出水面。

在我看来，《国际宗教自由法案》与美国的宪法本质上是对立的。其宪法第六条：

> 在美国，宗教测试不得作为公职或公众信誉的资格证明。（不得对出任公职者进行宗教方面的测试，也不能以宗教信仰来作为衡量出席作证者的信誉的凭证和依据。）

此规定的内涵当然只能由美国的立法和司法机关进行解释。作为读者，我的理解是：宗教在国家政治活动和社会公众活动中不占有任何特殊地位和作用；所有公民以及公民社会，不容许因宗教信仰问题而出现分裂；不论公民的宗教信仰为何，或是否有宗教信仰，一律平等，不得有高低上下之分。这其中已经包含着政教分离和教育与宗教相分离的根本原则。宗教信仰不能列入社会公共调查范围，大约是民主国家的公例；过去到美国签证，有一栏是宗教信仰，必须填写的，现在也已经取消。为什么？因为信仰完全属于私人的事，国家以及任何社会团体或个人都无权过问。《国际宗教自由法案》以立法形式规定美国有权采取政治和经济手段扶植宗教，而不顾及不信教者的良心、尊严和权利，实质在分裂他国的公民社会和公民团结。这在美国宪法中是绝对读不到的。

又，1791 年宪法第一修正案：

第一条　国会不得制定关于下列事项的法律：确立国教或禁止信教自由。

此条亦译作："国会不得制定设立宗教或者限制其自由实践的法律"。

根据专家解释，这一修正案体现了美国"政教分离"与"宗教自由"的两大根本原则。其中第二句，

最高法院确立了"国家的迫切利益测试原则"：1. 任何宗教行为都不得违反公共法律，但专门针对宗教、教派或教会的法律将是违宪的；2. 政府有权对宗教实践进行限制，只要这种限制是中立的，是对所有人都有效的，而不是专门针对宗教实践的。

据此，美国处理政教关系有两条原则界限：

1. 法律不承认宗教的特殊性。宗教信仰者同非宗教信仰者一样，宗教团体同其他社会团体一样，都要遵守国家的法律；2. 少数派和个人的宗教自由权利神圣不可侵犯。

这里特别提请拿《国际宗教自由法案》吓唬国人的宗教无政府主义者留意了：在美国本土，"宗教自由"，是在不得违反"公共法律"和承认"政府有权对宗教实践进行限制"的前提下施行的，宪法权威至高无上，政府权力不容挑战，宗教不具有任何法律之外的特殊性。

顺便一提美国占领军帮日本制定的宪法。它的第二十条有两项特别规定：

——任何宗教团体不得从国家接受特权或行使政治上的权利。

——国家及国家机关不得进行宗教教育及其他宗教活动。

前一个规定是为了废除"神道教"之作为日本国教地位的，也使任何宗教重登国教地位成为不可能；后一个规定是将宗教彻底地从国家机关，包括国家主管的文化教育系统中清理出去，在政教分离、教育与宗教相分离上更为坚定，它是连政党也要同宗教分离的（以上引文均见《国外宗教法规汇编》）。

应该承认，美国的宗教势力远比欧洲强大，实现政教分离的道路，艰难曲折。也正因为如此，要求限制"宗教自由"侵占公共领域、捍卫政教分离的呼声此伏彼起；不许宗教干政，尤其是把宗教彻底赶出学校的努力，步步取胜。20世纪60年代初有美国无神论者欧黑尔反对在公立学校进行宗教活动的诉讼，迫使美国最高法院作出合乎这一诉讼要求的判决；结果，"诵读《圣经》和祷告从美国50个州的公立学校中被驱逐出去"。进入21世纪以来，美国的人文学者和科学家正在成功地拦阻基督教会和神学家们炮制与推行的"智能设计论"进入学校课堂，而世俗人文主义和无神论的社会潮流也不断加大对无遮拦的"宗教自由"进行遮拦，并提供着科学合理而且更自由更美好的生活方式。就此而言，《国际宗教自由法案》不仅是违宪的，也是对美国建国的"先贤"们的背叛，对美国人民"良心"的扭曲。

我们国家历史上不存在西方政教合一那种类型的宗教问题。共和国宪法对待宗教的原则基本上也是两条：宗教信仰自由与政教分离。宪法第三十六条规定："中华人民共和国公民有宗教信仰自由"，相应的规定是："国家保护正常的宗教活动。任何人不得利用宗教进行破坏社会秩序、损害公民身体健康、妨碍国家教育制度的活动。"——此中，什么叫"正常的宗教活动"？什么叫"妨碍国家教育制度"？这可以从《宪法》通过的1982年由中共中央发布的《关于我国社会主义时期宗教问题的基本观点和基本政策》中得到说明。这个文件说：

> 任何人都不应当到宗教场所进行无神论的宣传，或者在信教群众中发动有神论还是无神论的辩论；但是任何宗教组织和教徒也不应当在宗教场所以外布道、传教，宣传有神论，或者散发宗教传单和未经政府主管部门批准出版发行的宗教书刊。

换言之，在宗教场所以外"布道、传教，宣传有神论"就是非法；社会主义的国家学术研究单位当然不属于"宗教场所"；所谓"国家教育制度"至少应该包括《宪法》规定的第十九、第二十条以至第二十三条、第二十四条等诸条，因此，一旦宗教宣教进入国家教育体系，就是违宪。1995 年 9 月 1 日通过的《中华人民共和国教育法》更明确地规定：

> 第八条　教育活动必须符合国家和社会公共利益。国家实行教育与宗教相分离。任何组织和个人不得利用宗教进行妨碍国家教育制度的活动。

美国著名学者塞缪尔·亨廷顿有两部著名的著作：《文明的冲突与世界秩序的重建》和《我们是谁——美国国家特性面临的挑战》。前者在两伊战争、伊拉克和阿富汗战争中已经得到了证实；后者由近几年美国国内在宗教认同问题上的矛盾逐步激化，似乎也在证实之中。我们提倡多元文化共同繁荣，尊重每个人在宗教信仰上的自由选择，绝对不希望不同文明和不同宗教的冲突在世界上以及我们国内发生。此中捍卫和完善我们国家的民主法制体系，就是极其重要的一环。借此机会也劝告那些信奉宗教无政府主义的公民和学者们，也该到了回归法制的时候了。

（原载《科学与无神论》2010 年第 6 期，署名文丁）

关于美国对外关系中的宗教元素

——记媒体的一些有关论述

　　《科学与无神论》2005 年第 1 期上发过一篇《记中国无神论者与美国基督教徒的一次对话》，其中提到，在大多数中国人的心目中，美国是一个标榜民主和自由的国度，有时还心向往之，所以骤然听说，美国原来是以宗教建国，依据宗教立宪的宗教国家，确实有些意外的惊诧。继之一想，是否那民主自由运转得越来越令人冷漠了，于是返回来重新求助于宗教？不管这种臆度是否对头，由此却引发了我认识美国宗教状况的兴趣，有了增加这方面知识的渴望。去年读到了一些有关的论文，今天偶尔翻了出来，现将宗教之与美国的对外政策部分，作一简略介绍，以供同好。

　　这第一个应该介绍的，当然是美国国务院 2006 年度《国际宗教自由报告》了。报告的《前言》表示，"美国人民捍卫宗教自由的决心——不仅在国内，而且在全世界——始终不渝"。撰写这个报告的是美国"国际宗教自由事务无任所大使"。报告的目的，是在全世界"促进和维护"宗教自由"这项普世权利"。质言之，就是要加强美国宗教观和价值观向全世界推行的力度，美国政府在意识形态领域也要承担起世界警察的职责来。

一

　　这个结论不是记者杜撰的，而是美国的另一些学者的观点。这里先让我们读一读贾斯丁·雷蒙多（Justin Raimondo）在华盛顿特区的全国新闻界俱乐部，对巴勒斯坦中心大会发表了一个题为《以色列在美国的议院外活动集团——谁，什么和为什么》的讲话。它揭示美国现政府在制定中东政策中的宗教背景，这对美国政府宣示的"国际宗教自由"和"捍卫宗教自由的决心"，是一个很好的诠释。

讲者首先提出，"美国的中东政策实质上与美国的根本利益毫不相干"；可在针对"恐怖组织的战争中，美国可能发动一场针对阿拉伯—伊斯兰世界的战争"；伊拉克"从来没有攻击过我国"，为什么要"对伊拉克残忍地发动战争"？这类事件，都是贴着"国家利益"的标签掀起来的，事实上，应该追究的是，制定这些政策究竟在满足谁的利益。至于用"公正"、"民主"或保护"我们盟友"等说词证明这些政策的合理性，不过是彼等利益既得者胡诌出来的幻觉。

于是讲者进一步分析说，"美国保守的犹太复国主义组织"，有"两股构成亲以的议院外活动集团，即新保守主义和基督教保守派"，"在共和党内起着举足轻重的作用。这两股力量并驾齐驱，互相支持，主宰了美国的外交政策"。在这两股势力中，新保守主义起主宰作用。他们中的"一半成员是报纸的专栏记者，另一半成员是有影响力的作家和学者。后者一边从事着政府部门里的工作，同时又在有影响力的华盛顿智囊团里游刃有余"。"如果新保守主义者是将军，基督教保守派就是替他拿着武器的下手。"

讲者接着回顾了这个派别的过去和现在："新保守主义是美国左派中产生出来的一种政治思潮。"它最初的骨干主要来自共产主义运动中的托洛茨基派。随着时间的流逝，他们不再信仰社会主义，而憎恨苏联。"他们有的只是对斯大林及其继承者的偏执狂般的仇恨，以及狂暴的好战性。"他们"在一件事上是一以贯之的：追求一种侵略性的外交政策。早在他们还是托派分子时，他们就坚持认为'不断革命'是必需的，并且攻击斯大林主义者在输出革命方面做得不够。既然他们是所谓的保守主义者，他们坚持认为，我们应该输出'民主'，并且当白宫在这方面做得不够时，他们就加以批评"。

"冷战结束后，新保守主义者们咒骂了半个世纪的劲敌突然消失了，与之一同离去的是全球干预主义的外交政策的基本原理……在那整整十年中，新保守主义者们由于缺乏敌人而衰弱……但是，世贸双塔的坍塌，新保守主义运动又被注入了前所未有的活力。它的首要政纲就是要建立全球帝国。该运动在共和党内占据了绝佳的地位，目的是要将比尔·克里斯托尔所谓的'仁慈的全球霸权'付诸实施。他们宣称，为了保卫自己，我们必须成为全球霸主，而且就从中东下手。"

"以色列在每个新保守主义者心中享有特殊地位"，原因"在冷战时，以色列是美国最忠实可靠的盟友，它代表的所有价值与它的邻居们迥然不同：现代性、民主和西方文化。新保守主义者们坚信，所有这些东西都应该传播到全球。如有必要，可以诉诸武力。"

再接下来，讲者就说明"共和党内的基督徒保守派"，以及其与新保守主义的联系。他说，本来这两个集团的历史是迥异的，但在"无条件地支持以色列"上找到了共同点。不过"基督教保守派对以色列的兴趣完全是神学方面的，所以它采用的方式与新保守主义不同"。

"在《使徒行传》第一章中，使徒问上升的耶稣：'主啊，你复兴以色列国就在这时候吗？'《新约全书》中的这段引文集中体现了基督教保守派对以色列的迷恋"的原因——认为以色列"在'末日'能起关键作用"——"这段引文表现了被称为'天命史观'的清教徒倾向，而天命史观曾在 19 世纪末盛极一时，现在正在复兴中。"

按《圣经》指示，"耶稣有朝一日会回来，并且在地球上建立一个永恒王国"，即千禧年王国。但基督教保守派背离了这一传统的基督教思想，即在基督回来以后，上帝的王国才会建立。他们则将原有的思想颠倒了。"他们认为，是人类的行为，而无须上帝的行为，就足以让这个王国建立起来。再者，人类的行为能够促进基督的再次降临。"

"通过逐字逐句地阅读《圣经》和分析其中各种各样的预言，基督教保守派发现了我们正处于'末日'的证据。"在他们看来，世界"未来将会陷入大的混乱，但真正信仰《圣经》的基督徒们会在混乱开始之前被'欢天喜地'地带走（即进入天堂）"。至于"所谓的苦难时期，这种苦难会在耶路撒冷西北面的一个山谷，即世界末日善恶决战的战场，最终得到解决。当基督徒们'欢天喜地'地被带走后，以色列人将占有地球上的教堂……这将标志着《圣经》中预示的另一个神学时期或者'天启'的开始"。

　　讲者强调，"这种清教徒基要主义信条的变种，就是我们所知的'基督教犹太复国主义'的根基。'基督教犹太复国主义'这一运动比犹太人多元化的正式建立要早一些年"。讲者引唐纳德·瓦格纳教授在《基督教的世纪》中的文章《福音派和以色列：一个政治联盟的神学基础》里的话说：

　　"当以色列在1967年的战争中占领耶路撒冷的时候，基督教保守派相信，末日即将来临"。譬如，一位《今日基督教》的编辑，在1967年7月写道："在两千多年的时间里，耶路撒冷第一次完全掌握在犹太人的手中。这震撼了《圣经》的信奉者们，使他们对《圣经》的准确性和合法性有了全新的信念。"

　　讲者最后指出："为什么美国要发动一场很可能不会给我们带来好处的战争？有人说，这全是由于石油。"但这只是一个次要因素。"我们现在探讨的不仅仅是与伊拉克的战争，而是一场地区性战争。在这场战争中，伊朗、叙利亚、巴基斯坦和沙特阿拉伯都将被看作是我们的敌人。新保守主义者和基督教保守派所需要的是新保守主义领袖诺尔曼·波多雷茨（Norman Podhoretz）所谓的'第四次世界大战'。第三次世界大战是指冷战。像波多雷茨所说的，第四次世界大战将会是乔治·W. 布什的'反对武装的伊斯兰之战'。"

　　在关于"第四次世界大战"和美国军队征服中东地区的预想中，"对新保守主义者而言，这不仅使他们保卫和扩大以色列国的愿望，而且使他们的美国霸权主义理论得到了实践和合法化。对基督教保守派来说，它应验了'末日'的预言，为世界末日善恶决战的战场赋予了现实性，使其成了一个真正的战场。这些就是我们非理性、危险的中东政策的两大支柱。我们甚至无法想到能改变这种政策，除非它的基础被削弱，并且，我们只有在经过了艰苦的努力后，这两大支柱才会轰然倒下。"

　　根据贾斯丁·雷蒙多的上述分析，基督教保守派与新保守主义是主宰美国外交政策的两大势力。这一外交的核心纲领，是建立"仁慈的全球霸权"，即"全球帝国"（有心的读者，可以参见亨廷顿写的《我们是谁》中的观点）。实行的方法主要有三条：第一，"输出民主"，首要是宗教自由，即基督新教的自由；第二，如果输出不顺，不惜诉诸武力，发动战争；第三，用于战争动员的舆论，是《圣经》的"末日"论。中东战争即是"末日"的表征：上帝的王国即将从此建立起来，而实现这一王国的手段，则是"第四次世界大战"。

二

贾斯丁·雷蒙多的观察，集中在中东。在其他地区呢？最近出版的第十五辑《国际儒学研究》里有篇文章，文中说："最近看到一位自称是中国人的先生向美国总统（按：布什）献策，其中有言：'里根总统因为埋葬了苏联东欧的共产制度而成为美国历史上最伟大的总统之一，帮助中国发生这种变化，也许是上帝给总统先生的历史使命。'为什么要美国总统帮助中国完成这样的'历史使命'？这位先生说：因为这'既符合上帝的公义，也符合美国的国家安全'。"

这位中国先生的话，看来是吃透了美国总统的精神，完全为了投其需要而言的。因为：

第一，按美、中两国某些对宗教有特别偏好的人士的观点，苏东的解体，主要原因是美国政府长期实行包括宗教在内的思想渗透造成的，而宗教渗透之所以会产生颠覆他国政府的政治作用，就在于苏东这些国家，缺乏宗教自由，没有美式信仰。因此，从"美国的国家安全"考虑，就应该以同样方式解体中国。

第二，美国某些顶级人物，把各地区和各民族间的文明差别，视作世界政治冲突和军事冲突的根本原因；在他们看来，美国是上帝护佑的子民，基督教特别是盎格鲁—基督教文明，承载的是美国的建国精神和美国人的价值观，因而也是美国国家安全的前沿和底线。

第三，近些年来，体现美国国内民主自由的总统选举就在打这张牌，对外发动战争，也在打这张牌。一个总统可以脱口把对伊拉克战争说成是"第二次十字军东征"，那就足以了解"上帝给予总统先生的历史使命"，以及被宣示的"上帝的公义"究竟是个什么东西了。

以总统身份、官方形式接见和公开表态支持那些拒绝中国法律监督和政府管理的基督教教派，并且通过种种渠道扶植他们在中国的活动，目的只是为了"美国的国家安全"，这逻辑的性质，人们可以一目了然；这样事件的发生，在中美建交以后的历史上是破纪录的，是否意味着还有下一步的动作，人们只有拭目以待。但至少有一点已经证明了，所谓"国际宗教自由"实质在为恢复当年外国传教士在中国享有的治外法权。一些人把中国的历史次序给颠倒了。（注：见文末）

但从另一个角度看，这种种迹象似乎又在显示着美国传统的民主和自由的没落，不得不启动宗教这张牌，同时展现着某些基督教派在今日到处宣讲的"爱"啊"善"啊以及"民主"等话语之虚伪和可憎。

三

在我读到的文章中，比较全面分析美国对外关系中的宗教动因的，当属载于美国《涉外事务》（*Foreign Affair*）双月刊 2006 年第 5 期上的《上帝的国度》一文，副标题是"福音派和外交政策"，作者沃尔特·拉塞尔·梅德。文章很长，这里且看一二。

首先是，宗教在美国整体中的地位和作用："宗教塑造了美国的民族性格，促进了美国人世界观的形成，影响了美国人对国外事件的应对方式。宗教阐释了作为上帝选民的美国人的自我认识，还表明了他们的信念，即他们有义务将自身的价值观传播到全世界。"由于宗教在美国人生活中如此重要，"政治家们总是到宗教经典里去寻找论据支持自己的观点"。

然而，如众所知，美国是个移民国家，文化也是多元化的。就宗教而言，几乎没有哪种世界性和民族性的宗教没有美国市场，而且类型异常繁多。但是，主流却是基督新教。信仰新教的人数，超过美国人口的一半。因此，能够影响美国对外关系政策的，主要是新教系统，其他宗教几乎不起作用——这也是民主原则：少数服从多数。

美国新教源于 16 世纪英国的宗教改革运动，由此形成传统表现为三大派系：一是基要派，二是自由派，三是福音派。灵恩派在神学上有自己的特点，但在信仰上仍属福音派的一个支流。作者对这三大派别形成的原因及其各自特色，分别作了考察：

　　美国新教内部分化的直接导因，与对待科学的态度有关。早在 19 世纪，"大部分新教徒相信，科学证实了《圣经》教义的正确性。但是，当达尔文的生物学和学术性的'高级批评'开始不断质疑《圣经》原作者及有关该书真实性的传统观点时，美国新教运动开始分裂。现代主义者认为，在一个文明时代，保卫基督教的最好方法，是将新的学术融入神学中……基要派信徒认为，教派应该坚持新教信仰的'基本教义'，例如《圣经》的原原本本的实情"。这是发生在 20 世纪初的事。

　　不久，围绕着是否应该适应现代化世俗生活问题，基要派内部也产生了分化，其中所谓分离主义者认为："真正的信仰者应该同与现代主义相妥协或以任何形式容忍现代主义的教派一刀两断。"但此派很快就从政界和文化界中退出去了；而另一派，"依然保持着与世界的联系"，它就是原称"新福音派"，现在简称"福音派"的那个。现代主义者则构成自由派，分离主义者依旧以基要派自称。

　　一句话，对待科学的发展和现代化生活变化持不同的态度，是促使美国新教一分为三的主因。由此形成的政治观念和对外关系上的理念，也就有了很大的差别。"基要派对国际秩序的前景极度悲观，认为基督徒和非基督徒之间存在一条无法逾越的鸿沟"；自由派反是，"认为基督徒和非基督徒之间的差别很小"；福音派则介乎上述两派之间。要言之，基要派认定，基督教文明与非基督教文明的冲突是难以避免的，所以对世界前景表示悲观；自由派不同意这种观点而持乐观态度，福音派则左右其间。

　　如果说，基要派信徒对美国国内的社会改革前景只是持悲观态度，那么对"基于世俗伦理"来建立世界秩序，以及具有类似职能的全球机构例如联合国，"就持彻底敌意的态度了……他们认为，与压制教会、禁止改信基督教和在伊斯兰法律惩罚改信基督教者的政府合作，毫无道德可言"。但他们没有明确，压制其他宗教教会或非宗教团体，是否是同样的毫无道德。

　　基要派深信《启示录》所言的世界末日和最后审判，预示将结束人类历史的巨大而可怕的事件。"撒旦和他的人类帮凶将发动针对上帝及其选民的最后叛乱；基督徒将经受巨大的迫害，但基督将消灭他的敌人，统治一个新的天国和一个新的地球"——请记着，基督将消灭他在世界上的一切敌人，统治一个新的地球，这是美国对外关系中的一种不可忽视的"民意"。其制造基督徒在世界非基督教国家遭受"迫害"的舆论，为这样的民意增添了非理性的悲情，使它具有了更加强烈的敌视异教和排他性的蛊惑力。

自由派基督徒与此不同。他们认为基督教的核心在于伦理教化而不是经典教条。从17世纪开始，这一思潮已经开始将道德的内核从基督教神话的外壳中分离出来。对于《圣经》描述的七日创世、伊甸园和亚诺的大洪水、耶稣神迹，以及神学中的三位一体、道成肉身等，都持怀疑态度。他们"不相信基督是超自然的存在"，而把他仅看做是"高尚的道德导师。他们通过终身的服务——主要是面向穷人的服务，仿效耶稣的伟大人格"。他们也传播达尔文主义和对《圣经》的批评或质疑。这样的新教自由派很多，"美国社会界、知识界和经济界的精英们，大都属于这类教派"。

与此相关，他们认为，基督徒与非基督徒的差别被夸大了。"他们相信全世界的伦理是相同的。佛教徒、基督徒、印度教徒、犹太人、穆斯林，甚至无宗教信仰的人，都能对是非问题达成一致。"正因为如此，"他们对一个和平的世界秩序以及联合国那样的国际组织的前景，持乐观态度。实际上，自由派基督徒经常将为上帝的国度进行的战争，解读成了为支持国内外进步的政治事业而发出的召唤"；《启示录》中关于黑暗的预言，指的是为建立一个公正的世界秩序所面临的困难，而非基要派理解的那样。

第二次世界大战和冷战期间，自由派代表了美国的世界观。"今天，自由派基督徒超越种族和宗教界限处理世界秩序和合作问题所体现的某些乐观精神，反映了他们早期在美国国内形成统一体时的成功"。但是，它也面临许多问题，这首要反映在它的存在基础上：它的教徒对于宗教事业和宗教事务往往不大热心，而逐渐消融于现实主义，热衷于世俗世界的活动，由此导致了整个教派主流的萎缩；其次，它在西方十分关切的堕胎和同性恋问题上，立场与罗马教廷相左，被天主教统治集团疏远；最后，它主张减少对以色列的支持，受到犹太人的冷落。实际上，对上述问题，主流教派内部就有分歧，从而加速了两极分化。"基督教自由派作为一个整体，对美国社会的影响日渐减少。"

那么，这是否意味着，曾经作为统一美利坚合众国意识形态的那个新教，对富兰克林、杰克逊产生过巨大影响，由罗斯福、杜鲁门、艾森豪威尔等信奉过的教派就此衰退下去呢？这也要看历史的抉择。

关于福音派，作者认为它走的是介于基要派和自由派之间的"中间道路"。"其核心信仰与基要派相同，世界观则深受美国社会固有的乐观主义的影响"，与自由派接近。

福音派与基要派相似而与自由派对立的，主要表现在对基督教根本性质的理解上。自由派认为"行善和遵守道德律，是通向上帝之路"，因此，基督教的本质在于伦理教化。福音派与基要派则一致认为，这种信念"背叛了基督的神示……由于原罪，人类无论如何也完全不能遵守任何道德律。基督教的基本启示是：人类通过崇高伦理标准以取悦上帝的努力，终究会落空，只有基督被钉死在十字架以及他的复活，才能拯救人类……当自由派基督徒将伦理作为其神学思想核心时，基要派和福音派信徒质疑他们是否懂得基督教的真正内涵"。

此外，福音派与基要派同样地相信，"死时没有接受基督的人，将注定永远与上帝分离……那些'自然的'人，即未被拯救的人，自己不能作出任何善行"。他们又都相信，"《圣经》的预言会实现……持有千年至福期前基督再临论，即相信基督会在预言的一千年和平统治建立之前，再临人间。最终，人类建立一个和平世界的所有努力，都将失败"。

如果据此制定美国的外交政策，那除了替天行道（履行上帝意旨，向非基督信仰人群灌输基督信仰）和诉诸战争之外，可以说没有第二条道路可供选择。由此可以理解，为什么西方帝国主义的对外侵略，总会伴同基督教的文化占领，而且是那样的理直气壮。

但是，在世界观上，福音派与基要派却有重大区别。前者以温和的加尔文主义为行动指南，认为"基督在十字架上的牺牲，只是为了上帝想拯救的少部分灵魂而做出的，其他灵魂没有被拯救的机会。但……每个人潜在地拥有得救的恩惠，并且上帝给了每个人足够的恩典，让他能够选择得救，只要他愿意这样"。就是说，主流的福音派修正了加尔文主义将人类分为天生能够得救和根本不能得救的两大阵营，而承认"上帝爱每一个灵魂，他会为任何灵魂的迷失而极度悲伤，并且急于去拯救他们"，因而相信，几十亿灵魂仍能被拯救。这一教义，鼓动福音派信徒"有效地去传播福音"，"强化基督徒对世界承担的义务"，以便"将迷失的灵魂带到基督那里，并有助完成神圣的计划"。

由此也可以理解，某些福音派信徒之所以有那样强烈的布道热情和急切的传教欲望，以及充满了对每一个人，尤其是对非基督徒奉献出来的那份"爱"，其宗教依据即在于此：为了拯救你，必须让迷失了的灵魂回到上帝那儿，让承载原罪的肉体归信基督教。这种教义上的开放性，实际隐含着极端的自我封闭和鄙视他人的高傲，更适合对外文化扩张的需要。

但是且慢，读者是否也会因此而悲观起来呢？论文作者特别提醒我们，美国还有一个闻名遐迩的"实用主义"传统："美国文化中的实用主义与福音派信仰中的某些反理性因素相结合，产生了相当广泛的公众忍耐精神"，也就是对矛盾和冲突的包容性。只举一例来说，绝大多数美国人否认进化论，长期反对达尔文主义，一些文化人和媒体还鼓噪要发动对达尔文学说的全面围攻，但实际上，即使在基督徒众多宗教氛围活跃的一些州里，"它们的大学仍然在教授天文学、遗传学、地质学和古生物学，根本不考虑宗教宇宙论，而且美国继续在支持世界上最成功的科研机构"。福音派认为这种看似矛盾的情形，是理所当然。直到今天，福音派还"非常乐意让《圣经》年表与化石记录之间的矛盾，悬而不决"。但是，他们反对所谓"科学主义"，即"通过教授进化论或任何其他科学来消除上帝存在及其活动的可能性的做法"。

咱们国内曾闹了一阵子的"反科学主义"，这可能是来源之一。哲学上反对本体论研究或反对哲学形而上学的思潮，除怀疑论和不可知论之外，那原因也可能与此有些关系。

四

为什么会置科学与宗教矛盾于不顾，并使之并行不悖？其实该文作者就是在用"实用主义传统"作解释。但什么是美国的"实用主义"？尽管早期的胡适先生有过介绍，但太过理论化，我以为倒可以从马克斯·韦伯的《新教伦理和资本主义精神》一书中，获得一些更具体、更切实的印象。

韦伯的这本书，在当前的中国影响是颇大的。有些学者认为，此书道出了一个真理，即宗教对于经济发展所起的促进作用，起码基督新教是催生了资本主义经济。然而若当真研读过此书的人，恐怕得不出这样的结论。它的书名就告诉读者，它阐述的是新教伦理与资本主义精神之关系，不是论证宗教与经济间的关系，哪怕是新教与资本主义经济间的关系。把精神、伦理观念等纯属意识形态的事，归诸意识形态与社会经济的关系，这至少是一种误读。由于与本题无关，这里不论。

韦伯的书，旁征博引，可以说将资本主义精神揭示得淋漓尽致；而他诠释的新教伦理，力求忠于新教，尤其是清教徒一系的原意，所以赢得广大读者。他把这两者连接起来考察的结果，使人非常清晰地看到，宗教是如何追随社会制度的转变而为新的生产关系塑造新的精神的，或确切些说，新教在塑造资本主义精神中是如何改造并发挥了基督教的传统理念及社会功能的。由此也证明了另一个读者可能十分熟悉的观点："'基督教本身'没有任何历史，基督教在不同的时代所采取的不同形式，不是'宗教精神的自我规定'和'它的继续发展'，而是受完全经验的原因……所制约的。"此处所谓的"经验的原因"，就是人们生活并经验于其间的社会经济基础，宗教则属于它的上层建筑。

从韦伯的书里读出唯物史观来，这可能令一些人扫兴，有机会笔者还想更详细地谈谈这个问题。但这里只想探求，韦伯所谓的新教伦理究竟是什么？按我的理解，那就是改造上帝的形象和性质，将他关于禁欲主义的教诲，变成必须"勤俭"。勤俭持家，勤俭办事，也是中国文化中的优良传统，为什么没有因此产生资本主义精神？这就得进一步看韦伯描绘的资本主义精神指谓的是什么。欲知其详，最好去读原著。但我认为最能体现出来的，当是在今天中国也流行的"时间就是金钱"。

这个口号的提出，有个思想背景，即按韦伯介绍的资本主义精神，是：人为钱而生，人生就是为了赚钱。为人而不去赚钱，必定天诛地灭。一般人大约是缺乏这种精神的。

那么怎么去赚钱？新教伦理就提出来了：一定要"勤勉"，严格说，是勤俭。"勤"打造的资本主义精神，就是上帝要求选民去勤于赚钱；在当时，譬如富兰克林时代，主要就是增加劳动强度和延长劳动时间。"俭"打造的资本主义精神，就是生活俭朴，勒紧裤腰，少消费，少花钱，因为钱自身也能增值，节约可以用于再投资。那么，赚钱干什么？赚钱本身就是目的，人生不应该别有目的。新教伦理与资本主义精神的这一结合，就首先体现在"时间就是金钱"这个口号上。

韦伯之所以强调新教伦理的资本主义精神，或资本主义精神贯穿在新教伦理中，是因为它们本质上对资本主义发展有利，对资产阶级兴起有利。它限制资本家成为纯粹的寄生虫，以及将劳动产品仅仅用于奢侈性消费，从而与封建贵族和封建主义生产关系区分开来；而对于工人阶级和劳动人民，则用金钱激励他们为生产更多的剩余价值自愿地卖命。大家都知道，现今的"国际劳动节"就是为了纪念工人阶级抗议资本家无限度地延长劳动时间，争取8小时工作制而用血换来的胜利。具体事件就发生在生产"时间就是金钱"这个口号的美国，时间是1886年5月1日；此后变成工人阶级维护自身权利的运动，一直扩展到欧洲以至亚洲。韦伯于1920年去世，作为一个社会学家，他当然不会忽视如此重大的社会问题。

其实，最近仍然有学者在注意新教伦理所包含的资本主义精神。《101个哲学问题》的作者写给中国读者的话中说："自加尔文之类的清教徒出现之后，我们就知道富人将上天堂，穷人不光受罚，还要下地狱。"比较一下《圣经·旧约》所说："骆驼穿过针的眼，比财主进上帝的国还容易呢"，二者的区别不啻天壤。从此也可以知道新教是在顺应什么思路进行"改革"，所谓"宗教改革"的社会性质是什么——尽管相对封建主义来说，资本主义代表的是一种符合社会发展潮流的崭新的生产关系。

现在我们大体可以理解美国"实用主义"的具体内涵了：金钱第一，利益原则；一切道德说教，自由民主、宗教信条，全部都要服从这条铁律。因此，不论是发动"第二次十字军东征"也好，维护"国际宗教自由"也好，"输出民主"或保卫美国的价值观，如此等等宣教，在考察其对外关系上，都不应该转移对它们背后的那实实在在的经济利益的注意。经济利益是美国的真正命脉，而我认为这并不是耻辱；只要不是掠夺或剥夺他国的财富，人们希望美国人民个个都能富有起来。这听起来似乎不像谈宗教上帝那么神圣，但却是实情。

注：今天又看到一个材料，是 2007 年布什总统给"对华援助协会"会长傅希秋先生的信。信中说，"对你在帮助受到宗教迫害的人士上做的优秀的工作，我表示非常感激。你杰出的行为深深地感动了我。你的信仰、勇气和富有献身精神的领导工作对我们大家都是一个鼓舞。你对他人的献身精神反映了全能上帝的大爱"。对这话的含义，还可以从肯尼亚的独立领袖乔莫—肯亚塔的话中理解："白人手捧福音书来到非洲，他们告诉非洲人，上帝住在天堂；就在非洲人在天空中寻找上帝时，白人在他们的土地上大肆掠夺"（见《参考消息》2008 年 10 月 9 日文章《自由资本主义制度走到末路》）——美国的政治领袖们在竭尽全力向中国推销天上的上帝时，他们在我们的大地上又在干着什么呢?!

（原载《科学与无神论》2007 年第 2 期，署名文丁）

记中国无神论者与美国督教徒的
一次对话（摘要）

2004 年的 8 月 7—9 日，中国无神论学会和北美华人教会组织了一些有关学者在北京举行了名为《中美宗教文化的现在与未来》的学术研讨会。会议开了两天，大家此前从未晤面，但互相尊重，气氛亲切，讨论热烈，普遍感到意犹未尽，希望有机会能做更深入的交流。研讨会后，美国学者参观了在北京的道教著名道观白云观和佛教著名寺院雍和宫——道教和佛教是中国历史最久的宗教。

中国的无神论者和美国的基督教徒同堂对话和讨论，在记者的心目中，至少在中国的历史上还是第一次。尽管规模不大，时间短促，但它反映了两国普通人民之间，不管文化背景和宗教信仰以及价值观念等存在多少差异，依旧蕴含着发展交流，增进了解以及和平、友谊的真实心念和热切企望。

美方代表都是从事基督教宣教事业的学者，所展示的是美国基督教新教在美国建国和制宪中的巨大作用，以及献身基督教事工，为社会贫困大众服务的途径和事迹；中方代表都是从事宗教研究多年的专家，着重介绍了中国文化和宗教的总体特色，呈现的是多种宗教并存共生，多种文化形态独立协调的局面。

在讨论中，美方学者强调了基督教在建国和制宪中的作用，并认为，迄今为止，大多数基督徒认为美国还是基督教国家。一个参选总统的公民，如果不是基督教徒，要想当选，是根本不可能的；尤其是无神论者，哪怕他的道德水平和工作能力再高，人格是如何的卓越超众，也绝不会被选为美国总统，这原因，就与美国的立国基础有关。认为早期许多移民从欧洲逃来，为的就是选择宗教自由——信仰基督教（新教）的自由。

中国学者提出，在中国大多数人的心目中，美国是民主建国的（不是宗教建国的），是自由女神的国土（不是独尊基督的），美国政府的对外宣传，也是打着民主、自由和人权的旗号。美国是个移民国家，现在美国国内，除了基督教外，还有天主教、犹太教、伊斯兰教、印度教以及佛教等多种宗教存在，甚至对宗教持有异议的无神论、怀疑论等也有一定影响，也就是说，美国的文化应该是多元的，至少可以分为两种：基督教文化和非基督教文化；如果至今还强调基督教立国，是否对其他文化、信仰和价值观的侵犯和排斥？有的总统以总统的身份在公众场合宣传基督教教义，扮演着传教的角色，是否与宪法规定的政教分离原则相背离？

美方学者回答说，美国当然是民主国家。"美国不是明确地被建立成一个基督教国家，但它的发展中暗含着基本的基督教思想。因此，宪法不是'基督教的'，但它的确反映了'基督教舆论'，并反映了基督教世界观的基本思想。"民主就是少数服从多数。在一个基督教占多数的国家，不可能在基督徒外选择总统。"我们的现任总统乔治·布什先生，就是这样一位公开身份的基督徒。他声称自己每天都阅读《圣经》并作祈祷……《时代》杂志的一次民意测验显示，大多数的投票者以及79%的共和党支持者都相信'我们美国是一个宗教国家，而这种宗教的价值观应该指导那些在办公室里的政治领袖们'。"（由此谈到对当前民主党和共和党两位总统候选人在对待宗教问题上的差别，以及可能胜选的估计和评论，此处从略）。"宣传自己的信仰，是公民的权利；总统也有权宣传自己的信仰"（一位中国学者插言：作为享有公民权利的个人和作为握有国家权力的总统，似乎不应该是一个概念）。

有中国学者问，我们都注意到了哈佛大学教授亨廷顿关于"文明冲突"的观点，也注意到"十字军东征"的"口误"。对于中东战争，以及现在的伊拉克问题，请问在座的学者是怎样看待的？一位美方学者表示他不想回答这个问题；有美方学者则表示不能同意在伊拉克的做法。

中方学者普遍认为，通过美方学者的这些介绍，不但对美国的基督教在社会和政治中的作用有了更深入的了解，也对美国的社会及其文化特点有了新的认识。这应该是中国学者极大的收获。但是，与会的美方基督教学者是否能代表美国人的普遍看法？带着这些问题，会后记者特别留意了一下与此有关的一些论述。这里且看法国《费加罗报》2004 年 10 月 1 日所载法国评论家居伊—索尔曼文章《上帝是美国的吗?》中的一段：

> 美国人坚信，像以色列人一样，美国是上帝赐予的希望之乡。美国是上帝的选民。美国的自由派和保守派认为，美国并不是一个政治、经济和国际的中心，而是一个宗教性的中心。保守派认为，美国从根本上来说是宗教的美国，宗教应当支配人们的行为（家庭和政府的行为）。自由派不敢说自己是无神论者，他们是在俗教徒，主张政教分离。政教分离问题是两派争论的根源。

> 但人们谈的是什么宗教呢？美国现在有数千个宗教派别，保守派认为使各种宗教联合的因素比使彼此分离的因素更重要，这就要求各种宗教融合，犹太教徒、基督教徒、佛教徒和穆斯林，最后都应信奉唯一一种"美国宗教"。这种宗教是美国的，它确信美国救世使命的神秘性，每个信徒都认为自己同上帝有联系。自由派尽管也信教，但它在宗教问题上的态度则像欧洲人一样，比较温和。

> 正因为如此，美国社会中的分歧，主要不是集中表现在经济问题上，而是集中表现在性、同性恋，或学生应接受什么价值观等问题上。在这种斗争中，自由派往往处于守势。布什带领着一支充满热情的大军，克里只能联合各种抵抗力量，而不能提出一种集体行动方案。

记者感到，这段话使我们加深了研讨会上美方学者的发言；反过来，由于听到了美方学者在研讨会上的发言，才使我们理解这篇评论的具体含义。研讨会上的美方学者提请我们注意这次大选的结果，也正是从两位候选人对待宗教态度上存在一定差别而着眼的。

关于"文明冲突"问题，尤其是宗教冲突问题，已经超出了单纯的理论范围，引起全球关注。2004 年 9 月 23 日墨西哥的《改革报》刊登一篇文章，就与此有关。文章说，21 世纪国际政治体制的标志，是"原教旨主义"，"现在这个时代是原教旨主义之间发生冲突的时代"。它进一步陈

述说，21 世纪初，

> 一方是现在控制着美国政治的新保守主义者的民族主义，他们是基督教新教原教旨主义的合法继承者；另一方是伊斯兰极端分子，他们已经对美国宣战，他们指控美国想摧毁伊斯兰教的基本教义，以便在中东和伊斯兰世界建立世俗政权，建立附属于或至少亲近美国和以色列的政权。布什总统及其亲信，其中特别是副总统和国防部长，是美国原教旨主义的化身；作为他们的对立面，本·拉登和"基地"组织的头目，是伊斯兰原教旨主义的化身。他们的动力是阿拉伯和伊斯兰世界长期积累的对信仰基督教的西方的仇恨。其结果就是双方之间公开的战争……

在此稍前，9 月 21 日美国的《国际先驱论坛报》则发了一篇题为《设法将伊斯兰问题摆入欧洲议程》文章，其中说：

> 亨廷顿在《我们是谁》一书中写道，"多边文化论的实质与欧洲文明背道而驰"，因为"它基本上是一种反西方的意识形态"。据此，亨廷顿"质疑欧洲在 21 世纪是否能在伊斯兰教影响不断扩大的情况下保持稳定"。普林斯顿大学名誉教授刘易斯认为，欧洲如果不能"制订同化穆斯林的纲领，那么（伊斯兰和阿拉伯）移民问题，很快会被种族主义者和法西斯控制"。至于法国和荷兰计划培训具有本国民族自豪感并忠于国家的阿訇，刘易斯认为，"这些只是空中楼阁……有些美国人感到，欧洲精英以为与土耳其的联系就是通向伊斯兰世界的桥梁，而土耳其将成为阿拉伯世界的榜样，这些想法都过于幼稚。他们（指有些美国人）说，奥斯曼帝国时期阿拉伯民族征服欧洲的历史遗留下的憎恨情绪，使阿拉伯人很难将土耳其世俗政府视为榜样"。

记者对于国际政治问题素无研究，对于美国、欧洲以及穆斯林的宗教文化也缺乏知识，所以对于这类评述难置可否。就记者所知，中国公众，包括新闻媒体，一般注意当代地区冲突中的经济和政治因素，而对于它们发生的宗教文化背景则了解得相当不够，报道更少；即使是被公认的教派冲突和宗教战争，也多愿意从社会的和政治经济的角度考察，很少从宗教和文化层面去理解和解释。因此至少对记者来说，上述评论是新鲜的，为我们观察世界提供了又一个视角——观察世界和观察其他事物一样，可以有多种视角。10 月 17 日香港《亚洲周刊》载文《美国推动军购战火烧两岸》，其中引美国专家查莫斯新著《帝国的悲哀……》谓："查莫斯教授说道，美国乃是庞大的'军产复合体'统治一切的国家，它必须依靠永远不停的战争来维持繁荣。它可以透过媒体的操弄而创造敌人。"

这就是又一种视角，由此观察起来，好像比"文明冲突论"的判断更为现实。

至于中国一般学者多不从宗教和"文明冲突"的角度观察国际或国内矛盾，原因可能是多方面的。记者就认为，把宗教和文化的差异解释成为一种不可调和的矛盾，以致必然引发武装冲突，非采取暴力和战争的手段去解决不可，是一种文化主义的观点，并没有抓住，或有意遮盖了问题的实质，即导致宗教和文化问题背后的社会根源。但是更重要的原因是，中国的文化特色和历史传统，使中国一般民众对于宗教迫害、宗教仇视和宗教战争，以及由文化差异造成的对抗，非常不容易理解——因为在中国，缺乏理解这类现象的历史积淀和文化基础。

这个原因也可以从中方学者的发言中看出一些端倪。

中方学者就中国的文化和宗教的特点作介绍说：中国有五千年的文化历史，并没有预先确定一个唯一的意识形态作为国家的基础，更没有宗教立国的传统。春秋战国时期是"百家争鸣"，可以不说了；公元前 221 年秦始皇统一全国，实行的是法家；西汉初年，改行黄老之学；至汉武帝（前 140—前 87 年）时，"罢黜百家，独尊儒术"。到了东汉中后期（约 126—226 年），佛教和道教兴起，由此形成了儒、释、道三教长期并存的文化和宗教结构，与不信鬼神真实存在和"不语怪力乱神"的思潮一起，一直延续了下来。

这就是说，中国有容纳多种民族和多种意识形态的长期历史；中华文化就是在这种内外交流和相互融会中形成并发展着的。佛教是最早的外来宗教文化，它首先是由外来的侨民和移民带来中国，并形成为多种宗派的；推动它向全民扩展的主力，则是进入中原的少数民族。这其中，佛教没有成为战争的导火线，更没有引发宗教战争，相反，佛教成了连接各民族相互交往、相互融会的重要渠道和纽带。佛教也没有危害和败坏中国原有的文化，而是适应中国的文化土壤和社会需要，丰富了中华文化的内容。

到了隋唐及其之后，犹太教、基督教、伊斯兰教，以至琐罗亚斯德教（祆教）和摩尼教（明教）都传入过中国。但最后，除了伊斯兰教在中国的十个民族中落脚扎根，构成中华文化的重要组成部分，其余大都是自生自灭了。这个自生自灭的原因，不是出于宗教仇视，也不是文化排外，而是普通民众不愿接受，当时的社会环境不能容纳。它们是在平等的宗教竞争中消失的。

"戊戌变法"（1898 年）前后，中国人开始了向西方学习的高潮，在政治制度方面，引进了"君主立宪"和"民主共和"并化为实际的政治行动。在社会思潮方面，则有达尔文的生物进化论、开辟西方近代政治文明的民主主义以及具有反资本主义性质的无政府主义和社会主义，纷纷涌入，而且都产生过广泛的影响。至于哲学流派，凡在西方有影响的，中国也几乎无不介绍。由此也可见，中华文化既不封闭，也不僵化，基本上是采取"拿来主义"，供社会历史自身的挑剔和选择。挑剔和选择的结果，集中反映在"五四运动"的口号上，那就是"科学和民主"。受西方宗教改革的启发，主张宗教立国或鬼神救世的，也有不少名人，但这宗教指的是儒教和佛教，而没有西方的宗教。相反，西方的基督教，不论是天主教、东正教还是新教，都遭到拒绝，倒是迅速地接受了西方以否定上帝（God）真实存在为特征的无神论。20 世纪 20 年代掀起的"非基督运动"，就是与欧洲的非基督运动互动的。

基督教在中国是一个很特殊的问题，所以中国学者特别介绍了中国基督教的情况。

基督教传入中国，前后有三四次之多：唐、元、明和清前期。这三四次，都以失败而告终。进入近代，基督教的传入主要是随着殖民主义的鸦片、大炮和不平等条约进来的，由此制造了许多令人记忆难忘的流血事件

（教案），中国的史学家和大多数的中国基督教徒，认为这是帝国主义文化侵略的主要形式。另一种则与中国南方的农民起义有关。太平天国运动（1851—1864 年）组织"拜上帝会"，把基督教新教改造成自己起义的舆论工具和组织手段。这样的基督教，是纯粹属于"中国的"，因而得不到西方基督教的认可；相反，一些以基督教立国的西方列强则帮助非基督的清政府把它镇压下去了：是用火与血清洗的。看来，中国文化并非与基督教文化势如水火，而是因为在这背后隐含着帝国主义和爱国主义，殖民主义和民族独立之间的对立和斗争。了解了这样的社会背景，就可以了解中方学者为什么说"'三自'是中国基督教的正确选择"了。

中方有学者指出，作为宗教信仰和文化形态的基督教，在现代和当代的中国，完全是另一种评价。认为早期基督教是"无产者"的运动，与西方社会主义的兴起，有着千丝万缕的联系；"宗教改革"本质上是为反封建主义服务的，在推动西方历史发展中起过巨大作用。作为一种信仰，基督教和其他宗教信仰一样，理应受到同样的尊重，不能因为它被某些人当做谋取私利的工具而盲目排斥。中国的一些伟大政治家和著名作家，对于耶稣的人格极其敬佩，对于《圣经》的价值也推崇至极，以致不少人受到基督精神的熏陶和影响，并见诸种种文字；然而历数这些伟人和作家，最后都没有成为基督徒，更没有动员他人去做基督徒。这也说明了中华文化的一个方面；学习和接受人类创造的一切优秀文化，丰富自己、充实自己、营养自己，以至消化成自己的组成元素，但绝不会轻易皈依某种宗教或文化，不会为自己的发展设定界限，不会给自己套上继续前进的脚链，从认识论上说，这可能也是一个民族或一个人保持旺盛生命力的思维方式。

中华文化的历史演化到了今天，有人概括为"多元一体化"。按我的理解，那就是统一的中华文化而多元化的昌盛和繁荣。就宗教言，我们现在有五大宗教并存，此外还有散布在各地方的民间宗教和少数民族的原始宗教，而仍在大众中信奉和继续创造的神灵，更多到无法计数。但大多数民众，对鬼神持怀疑或否定态度，民众普遍的认识是：中国缺乏的是科学，而不是宗教神灵。因此，信仰宗教的人数尽管在持续上升，但说到底，还是少部分；当然，自觉的无神论者，为数也不一定很多。总之，尽管信仰问题如此多样和复杂，在各个信仰不同的民族之间，在整体社会的不同信仰层面，人际关系却是协调的、和谐的，因为宗教问题引起社会的矛盾和冲突，可以说从来没有发生过。中国宪法把宗教信仰自由规定为公民权利，其实也正是中国社会现状的实际反映。用这样的自由观点去认识流血的宗教冲突和宗教战争，就难以理解；对那种把文化的多样性和差别性当做世界必然发生冲突的原因的论点，也就难以接受。

按中方学者的认识，人们的文化观、宗教观、价值观，一句话，属于观念形态的东西，至少在可以预见的将来，不可能被强制统一起来，或加以强制的"同化"，变成唯一的模式，尤其是在不同的国度和不同的民族之间，哪怕自称是如何如何的优秀，得到上帝如何如何的恩眷。20 世纪发生的世界大战，就有一种文化观在支持，那就是种族优越论；种族优越的主要表现，就是文化优越。优等民族具有天赋征服劣等民族的权利，有用优等文化消灭或改变劣等文化的义务，于是侵略战争爆发了；消灭或强行改变异民族的文化，包括语言、历史、宗教以至风习的活动，也被大规模地开展起来。我们称这种主张和行为，叫做法西斯主义。法西斯主义的特点之一，就是自视文化优越，对内实行文化专制，对外进行文化侵略，在其殖民地则推行文化奴役，种族灭绝。

记者感到，与会的美方学者，至少有一部分是赞同文化和宗教多元化的，他们大体也了解中国的这种多元化现状。据此他们提出一个问题，为什么中国天主教没有与罗马教廷建立正常的关系？这怎么解释宗教信仰自由？对此，中方有学者认为，这个问题不单纯是个宗教问题。在纯宗教范围，中国天主教与罗马教廷有着多种形式的沟通和联系，问题出在政治层面：梵蒂冈至今依旧与中国的台湾保持外交关系，实际在干涉中国的内政，而这是包括天主教徒在内所有的中国人绝对不能接受的；中国的天主教徒有长期参与反帝爱国主义运动的传统，对于历史上梵蒂冈利用它的宗教特权参与对中国的侵略，记忆犹新，所以一直坚持"自治、自养、自传"，独立自主的办教原则不动摇，而这又是梵蒂冈不愿意看到也不愿意接受的。

中国无神论学会介绍了他们的性质和活动。

中国无神论者同所有的宗教教徒，在争取社会进步，文化繁荣，民族团结和国家统一，以及人的健康和全面发展等方面，是完全一致的；世界观上的差别，宗教观上的差别，相对于他们之间的一致性而言，是次要的，也是人们精神生活多样化和丰富性的表现；思想意识发生变化，是文化的常态，但这全出于自愿，而不应该采取行政手段，采取威胁利诱的手段，当然更应该警惕挑拨离间，制造冲突。会上，无神论学会展出了临时收集到的杂志 30 多种，无神论的只有一种，即《科学与无神论》双月刊，其余都是宣传宗教或研究宗教的。中国无神论学会有些像美国的无神论者协会，现在是少数，而且有待得到更多的社会理解。

应该说，这次研讨会开得很成功。有神论和无神论看起来完全不同的两种观念形态，中国和美国看起来有着完全不同文化背景，但他们的学者却能够自愿自发地会聚一堂，坐在一起，共同交流，扩大视野，增加认识，而且气氛是那样的友好热烈，都感到有所收获。以此为例，可以说明，文化和宗教上的差异，并不能淹没人民间在根本利益上的一致和互相交往的希望，和平、友谊、对话、交流，是难以阻挡的大潮。美方学者引证说，PEW 研究所

在 2002 年度全球态度观察发现，世界上大部分的有影响力国家认为，美国在制定国际政策的时候，并不在乎其他国家的利益。美国人认为他们自己是蛮有美德和优点的，但是世界上大部分的人并不这样认为，他们认为我们美国人的行为是与美德背道而驰的。

他们强调，"我们还要关注《圣经·新约》中耶稣和保罗所提出并定义的'爱的原则'，作为基督徒行为的最高伦理规范，同时我们也要建议美国的国家决策者们，能够根据这种'爱'的内涵重新反省他们对信仰的理解"。中方学者认为，这可能代表了基督教在大多数民众信仰者中的声音。

（原载《科学与无神论》2005 年第 1 期，署名文丁）

关于宗教神学进入国家教育系统和科研机构问题的商榷

宣传科学无神论、批评有神论是否正当、是否合理，是科学无神论研究需要回答的一个前提性问题。马克思主义是我们立党建国的根本指导思想，坚持科学无神论是坚持马克思主义的题中之义。坚持辩证唯物主义历史唯物主义，坚持马克思主义宗教观，都必须坚持科学无神论。坚持科学无神论不能不分析、批评有神论，这是由科学无神论在研究对象和基本结论方面的特殊性决定的。不研究不批评有神论的科学无神论是不可能存在的。科学无神论研究和宣传必须坚持以马克思主义为指导，遵循党的宗教工作基本方针。坚持科学无神论同努力实现宗教方面的三个"和谐相处"是统一的。

改革开放 30 多年来，在"科学技术是第一生产力"和"科教兴国"、"人才强国"等一系列理论和战略决策的引导下，我国的教育和科研事业取得重大的成就，为国家的腾飞和民族的复兴，构筑不断深厚的基础、提供可持续发展的动力。当然也存在不少为公众关切的问题。就科学无神论的维度看，给我们的教育和科研制造麻烦甚至形成危害的有三件事，一是持续约20 年的"特异功能"和有害"气功"成灾，二是"传统文化"之被扭曲；三是宗教的非正常扩展。这三件事，都与正面的世界观教育相对薄弱、导致精神世界易受新旧神学的侵蚀有关。当前最突出的问题，是第三件事。

一

自 20 世纪末，宗教在高等学校的传教活动就已经由秘密转向公开。

在中国排名前列的某些高等学校的某些院系以及某些公立研究机构，从面向宗教界"创收"、寻求经济资助开始，接踵而来的是收受海外不明身份和宗教团体的调研项目，联合举办宗教学术会议，提拔海归中的神学人才，聘请国内外神学教授（兼职或客座）或宗教职业者，开设"介绍"性或"知识"性的宗教课程，举办宗教神学、宗教教义的论坛或讲习班，派遣研究生或教学研究人员出境接受教会学校的培训，甚至以"神学"命名自己的教学机构与构建自己的学科。最近有由国家相关机构和师范院校参与的宗教论坛中，更提出"性灵教育"应该全面进入中国教育系统——从幼儿教育到大学讲堂；有的还主张把高等院校是否为宗教开放、设置神学课程，定为考量学校水平的标尺。

如此等等，向我们提出了一个重大问题：公立学校和国家科研机构是否应该向宗教开放，把人的精神世界果真让给神学驰骋——这与人类文明史的发展方向能否相容，西方发达国家政教分离的历史和现实是否就是如此？这与中国戊戌变法以来近代教育的理论和实践是否一致，与中国革命和建设密切相连的文化教育理论和实践是否相符？这与中国特色社会主义的社会性质和建设"先进文化"的要求能否相容，与国家的教育培养人才的方针和目标是否没有矛盾？

当然，不是没有宗教不许干预教育的规定，但现实展示的是缺乏应有的效力。即使在舆论方面，公众的呼声、学者的言论，还没有形成一种力量和机缘，足以在相关问题上辨明是非。从理论原则层次上，应解决迫切需要解决的认识问题，尤其是在积极地建设科学世界观方面。

二

实行教育与宗教的分离，是西方资产阶级革命现存的优秀成果之一，至今在欧美国家依然行之有效；随着现代化和世俗化日益广泛和深入，宗教在公共学校已经基本绝迹，传统的教会学校也早已世俗化，有些只能保留一小块神学院而与整个学校隔离存在。中国由科举转为新式学校教育的一开始，就是与宗教分离的，辛亥革命后的思想教育家们又屡屡强调，迫使基督教教会各级学校也不得不逐步把宗教课程和宗教活动退出来，直到新中国成立，宣布教育权归国家所有，将教会学校合并或关闭，而宗教的神职培训与神学教育则专属于依法成立的宗教院校。这里摘引一些有关的言论，供参考：

1. 清光绪二十九年（1903），张之洞等为国家制定的《学务纲要》，针对当时情况特别规定：

> 外国教员不得讲宗教　此时开办学堂，教员乏人。初办之师范学堂及普通中学堂以上，势不能不聘用西师。如所聘西师系教士出身，须于合同内订：凡讲授科学，不得借词宣讲涉及宗教之语，违者应即辞退。①

张之洞是近代提倡"教育救国"的祖师。他在《劝学篇》中说："自强生于力，力生于智，智生于学。"只有"学"才能够使国家独立自强，民族振兴。为了解决办学设施的匮乏，他主张将"祠堂之费"改用建造学堂，将"佛道寺观"直接改为学堂，他把发展教育看得比维护宗教一时的利益重要得多。在清政府那么衰微和腐败的情况下，也没有把希望寄托在宗教上，哪怕是中国祖传的宗教。

2. 1922 年的 3 月，现代教育的先驱蔡元培发表了他的《教育独立议》，明确提出：

> 大学中不必设神学科，但于哲学科中设宗教史、比较宗教学等。
> 各学校中，均不得有宣传教义的课程，不得举行祈祷式。
> 以传教为业的人，不必参与教育事业。②

如众所知，这三项主张，就是西方启蒙运动带来的教育与宗教分离原则的主要规定，当时主要在法国实施。

---

① 《张百熙、容庆、张之洞：学务纲要》（1903 年 11 月），转引自舒新城编《中国近代教育史资料》上册，人民教育出版社 1981 年版。
② 原载《新教育》第 4 卷第 3 期，转引高平叔编《蔡元培全集》第四卷，中华书局 1984 年版。

　　同年 4 月，蔡元培在"北京非宗教大同盟讲演大会"上演说——《非宗教运动》，重申了他的上述三项主张，并再次表示，他"绝对的不愿以宗教参与教育"，因为宗教"完全是用外力侵入个人的精神界，可算是侵犯人权的"。① 他的"人权"观也值得我们今天谈人权者参考。

　　3. 胡适被看作"全盘西化"最主要的代表人物。但正是这个胡适，却坚定不移地反对把中国基督教化，他使用的武器，不但有西方的科学和哲学，而且有"中国固有的自然主义哲学"。1926 年 3 月，胡适追记了他在上一年于燕京大学——中国影响最大的教会大学——教职员聚餐会上的讲话。他说：

　　　　我们有人要问，上帝究竟有没有，灵魂究竟有没有。西洋近代科学思想输入中国以后，中国固有的自然主义的哲学逐渐回来，这两种东西的结合就产生了今日自然主义的运动。②

　　他所谓的"自然主义"就是唯物主义无神论的自然观。他反对基督教占领学校：

　　　　右手拿面包，左手拿《马太福音》，那是救世军的行为，是萧伯纳所讥笑的。但是右手拿粉笔和教科书，左手拿《马太福音》，也是我们所反对的。教育是为儿童的幸福的，不是为上帝的光荣的。学校是发展人才的地方，不是为一宗一派收徒弟的地方。用学校传教，利用幼稚男女的简单头脑来传教，实行传教的事业，这种行为等于诈欺取利，是不道德的行为。③

　　面对这些"封建主义"的士大夫、"资产阶级"的自由主义者，我们当代的党政干部，号称共产党员的学者，在对待宗教问题，特别是兴盛于

① 原载《新教育》第 4 卷第 3 期，转引高平叔编《蔡元培全集》第四卷，中华书局 1984 年版。
② 《今日教会学校的难关》，载《胡适文存》第 3 集卷 9，黄山书社 1996 年版。
③ 同上。

教育和学术领域中的宗教问题上，不可以扪心自问，自我反省一下么？

其实，执政党关于教育与宗教相分离的原则不仅有马克思主义的理论依据，而且也有《宪法》与诸多法令的规定。《中华人民共和国宪法》第36 条规定：不得利用宗教进行"妨碍国家教育制度的活动"。《教育法》更明确规定"国家实行教育与宗教相分离"。《义务教育法》第四条规定："国家、社会、学校和家庭依法保障适龄儿童、少年接受义务教育的权利"；第十六条第三款，"不得利用宗教进行妨碍义务教育实施的活动。"1983 年中共中央第 19 号文件规定得更为明确："宗教不得干预学校教育和社会公共教育"，"绝对不允许强迫任何人特别是 18 岁以下的少年儿童入教、出家和到寺庙学经"，关于宗教活动的范围规定得也非常明确。问题在于履行，在于落实；在于为什么难以履行，难以落实。

三

当前的一个最重要的现象，是人为地把人民群众分裂为信教的和不信教的，听神的和听人的；把信教者作为国民和公民的爱国行为及其对社会的贡献，转移到宗教的名下，归结为宗教信仰所致；同时给予作为国民和公民的信教者以特殊的社会政治待遇，使宗教信仰群成为一个特殊阶层，从而把宗教信仰本属于私人领域的事误导到让宗教发挥社会政治功能上。于是以"宗教"名义"超越"国家认同和民族认同，以"终极关怀"为名"超越"社会关怀和人际关怀；以"宗教自由为第一自由"曲解国家《宪法》，抗拒国家依法管理，如此等等，随之而来。它们的"理论"大都出自高等院校和科研单位的"文化基督徒"、"人文神学家"以及其他文化护教者，由此影响政界；而政界中的某些权势者，由于种种原因，附和或扶持这类思潮，以致形成相当的影响力。这一切似乎并没有得到有关部门的足够注意，更缺乏有力的、系统的质疑和应对。在中央的直接支持下，科学无神论依然是一支重要力量，但活动范围被压缩到微不足道的地步；人才奇缺，后继无人，中国社会科学院决定成立"科学与无神论研究中心"，是最近的事情，院的有关领导是将其视为"濒危学科"来加以抢救的。

四

科学无神论的实质，是确立和捍卫科学的世界观。它与科学社会主义运动的联系有长期历史，是所有形形色色神鬼论的天敌。但在最近几十年里，它受到严重的歪曲与贬斥，应该为之正名，期望能堂堂正正地进入大学校园和相关研究机构。

什么是无神论？《不列颠百科全书》的释义可以代表西方的公众认识：无神论是人类"文明和思考的成果"。令人奇怪的是，我们有些学界和政界的同胞，很不喜欢这个"文明和思考的成果"。

其实"无神论"这个概念并非是单纯对"神"的否定，仅有消极意义；"无神"与"有神"是两种世界观的对立在宗教问题上的反映，它更有积极的建设的一面。对"科学无神论"来讲，也不单是指站在科学的立场、以科学为依据和运用科学方法、为科学发展开路，它更有下面几层含义：

第一是一种思维方式。是在否定鬼神和彼岸世界的基础上，描述和提供科学的世界观和社会历史观，此即是唯物主义特别是辩证唯物主义和历史唯物主义。人与自然都不是上帝的创造物；自然界是客观存在的，不以任何精神意志为转移；人是劳动的产物，在劳动中发展。控制自然界发展、决定社会发展以及个人发展的是人自身，而不是"神"。

第二是一种价值体系。人的价值高于一切，神是人的虚幻产物。有神论贬低人的价值，把人罪犯化、奴婢化、羔羊化，让人永远匍匐在神灵脚下，以便于自称是神的地上代表或代言人扮演"主"或"牧者"的角色。因此，科学无神论与思想解放运动，与自由、人权和人道主义、人文精神、人性论总是同道的。

第三是一种生活方式。人是社会关系的总和，不需要对神负责，而应对社会负责；不需要服侍神祇，而应服务于人民；不需要把感情寄托在上帝那里，而应把爱和友情洒满人世间；不需要把命运寄托在神灵的福佑上，而应掌握在人自身的正确决定和努力上。因此，人有理由自主、自信、自尊、自力，面对现实，发挥主观能动性，不屈不挠，有所发现，有所创造，有利于个人的全面发展，有益于人类的幸福和社会的进步。在精神世界中，就会生动活泼，充满阳光，而不总是处于负罪的、恐惧的、畏缩的状态；在道德上，就不会受宗教排他主义的误导，对人一律平等，将爱与善普及到所有的人，而不会去仇视甚至屠杀无神论者和所谓的异教徒，就可以避免宗教对抗和宗教战争，成为世界和平的重要条件。

第四是科学无神论只要彻底，必然导向合理的社会制度。马克思主义无神论是科学无神论发展的高级形态，它之区别于以往无神论的地方，不仅表现在思想理论的深度，而且主要反映在与科学社会主义运动和共产主义理想的有机联系上。按马克思主义观点，组织化宗教之所以存在，主要原因在不合理的社会制度；无神论的宣传和教育固然是必要的，不可削弱的，但要彻底消除宗教有神论，必须铲除滋生这些宗教有神论的社会根源。因此，它不同于文化主义，认为只靠文化领域的思想教育就可以消除宗教有神论的错误观念。与文化主义相反，无产阶级政党必须依靠一切工人、农民、知识分子等劳动者，不分他们在思想上有神还是无神，团结一致地为铲除宗教的社会根源，为创建理想的共产主义社会作斗争，并在这个斗争中自然地消除既有的宗教观念。这个任务是长期的，根据不同国度和社会发展程度而分阶段地进行，而且每个阶段都会有其特殊的政治纲领与策略。这样，科学无神论的宣传教育必然是，也只能是工人政党总纲领与总策略的组成部分，服从并服务于它们。

当前的科学无神论服从和服务于中国特色社会主义建设，依据《宪法》维护宗教信仰自由的公民权利，着重推动"科教兴国战略"的实施。对干扰和阻碍这一大方向以及在世界观和价值观上制造混乱的各类鬼神论进行揭露和批判，同时正面研究和宣传科学的世界观体系，融入中国社会主义核心价值体系的构建中。

（原载《科学与无神论》2010 年第 2 期）

为何选择"教育与宗教相分离"的话题座谈

——有关"两科座谈"事宜的通报

一　缘起和组织

在20世纪与21世纪之交的约8年期间，在中国科协设立的"促进自然科学和社会科学联盟"起过非常积极的作用，社会效果良好，参与者普遍感到受益匪浅，希望能够延续这一传统，在新的社会文化条件下，发挥自然科学与社会科学互补的优势，以利于科学发展观的顺利推进，科教兴国战略的具体实施。2010年11月初，一些有兴趣的同志聚在一起集中做过议论，结果认为，当前由国家机构重新启动一个类似的"两科联盟"的实体有相当的困难，而形势的变化确实需要两科的及时交流，现实的办法是两科学者可以自愿地、不定期地就共同关心的话题进行座谈。这种形式机动灵活，也更便于学者自由发表意见。2011年4月，来自《科学与无神论》、《民主与科学》以及《人民日报》、科普作家协会、中国科协、五柳村网站等单位的若干学者，以个人身份参加了对这一座谈形式的筹划，初步设想的共识如下：

第一，两科座谈不是社团组织，也不定期聚会，何时聚会，交换什么话题，参加者都有提议的权利，总原则是适应时代需求和公共关切。

第二，《科学与无神论》杂志社负责提供聚会场合，并与五柳村网站一起负责联络，其他经费则由与会者自行负担，实行AA制。

第三，座谈的情况和主要意见，分别于不同的媒体上发表，以引起社会的关注和共鸣。

第四，要着重发现和吸引中青年知识分子的参与。

第五，最近一个阶段，主要讨论"教育与宗教相分离"问题，捍卫和落实国家的教育方针，纯洁国民教育领域，以科学精神和唯物论世界观维护青少年不遭鬼神之说的侵蚀。这与当年两科联盟的重点活动既是接续的，也有所区别。

二　为什么"座谈"要从"教育与宗教相分离"话题开端？

第一，这与当前社会文化形势的变化有关。反科学和伪科学以及由之支撑起来的愚昧迷信思潮和后期之转化为邪教，现在至少从法律层面得到了解决；尽管仍然不时有人为之叫屈伸冤，但已经成不了气候。几乎与邪教的覆灭相衔接，另一类以"宗教"或"正教"形式出现的对"宗教的迷信"泛滥起来。在我国的政策和法律语境中，迷信不是宗教，正如同说邪教不是宗教一样，二者不容混淆——宪法规定，宗教信仰自由是公民权利，迷信则不受法律保护，邪教则被法律禁止。但自"灵学"运动提出"鬼神之说不张，国家之命遂促"以来，它就像幽灵一样，总会不时地现身在舆论圈内游荡。现在表现为一种颇为流行观点，认为邪教的产生，在于宗教受到"极左"的压制，所以需要继续反"左"，扶植宗教的发展；另一种观点认为，改革开放以来，共和国出现了信仰危机或信仰真空，社会丑恶现象不断，最好的出路，是让宗教去解决人们的"安身立命"问题，发挥宗教在道德教化和促进社会和谐上的积极作用；还有第三种观点，认为共产党已经成为执政的党，同当年作为革命的党相比，在地位和作用上已经有根本性变化，它的宗教观也必须"与时俱进"，转到"利用宗教"的轨道上。

第二，上述三种意见都指向了科学与无神论。较普遍的言论是：

（1）"宗教属于价值信仰，科学属于工具理性"；科学理性对人进行奴役，宗教信仰才有人文关怀。

（2）宗教与科学并行不悖，"爱因斯坦与牛顿都信教"，现下又有霍金也信教之说。

（3）近现代科学、民主和法制，都发生在西方，基督教信仰是它们共同的文化背景，因此，中国接受基督教化就成了中国现代化的必由之路；中国传统的人本主义文化造就民族自大，必须彻底遗弃。此类观念渗透在宗教学、科学哲学、社会学、法学、文学、美学以及政治理念和政治活动中，活跃的基地主要在高等院校和社科研究机构，在一定程度上得到某些政府官员的默许，很少得到相应学科的反响和应对——这种沉默标志着相关知识和责任的短缺，隐藏着社会的躁动与不安。

（4）关于无神论与宗教的关系比较复杂，需要多说两句：就无神论的本义说，它所反映的是人类经验和科学证实了的一个基本的事实，即世界和人不是神的创造物，人的命运也与神无关；"神"的存在，得不到科学理性的证明。因此无神论与科学一致，是有神论的天敌，不可调和。

信仰鬼神和彼岸世界，是宗教区别于其他文化现象的本质属性，属于世界观范畴，而世界观是认识问题，人际间存在极大的差异，在人格上应该互相尊重，在是非上需要科学探讨。科学无神论对宗教的态度，提倡和而不同、不同而和；信教与不信教的人群间，既是同胞，也可以是同志。然而一旦有神论被组织成为一种价值—伦理体系和社会团体，即构成一类意识形态和社会实体，转化为影响甚或左右社会的物质力量，这就超出了思想认识范围，它的性质和作用就要从它承担的社会角色来考察，要站在历史的高度进行评价。正因为如此，我们拒绝抽象地讨论宗教问题，不抽象地说好或说坏，一切都得让事实讲话。

作为信仰者个人，同时也表现为社会关系的总和，本质上是人性的、社会性的，宗教只是他的诸多属性或身份中的一种，而且个体差别极大，尤其是在我国的历史传统和文化背景下。所以绝不能用信教和不信教、信这种教和信那种教去划分社会人群。动辄用宗教信仰作为划分社会人群的尺度，是传教士的行为，制造信教和不信教、信这种教和信那种教之间的隔阂或冲突，是某些别有用心的社会势力挑动的结果。不同信仰的人民大众有和谐相处的一万个理由，没有相排斥到不共戴天的一个理由。有些"专家"将科学无神论妖魔化，诬之为"极左思潮"，要消灭宗教，是反对宗教信仰自由，破坏社会和谐，如此等等，为的是堵住无神论的嘴，剥夺无神论的话语权，方便宗教的自由泛滥，大举向社会公共领域侵占，包括学校甚至家庭。

　　第三，美国对外实施《国际宗教自由法案》，正在我国一些教派和文人中发酵。它把宗教自由宣布为"首要自由"，放置在国家宪法和国家主权之上，形成一股宗教无政府主义之风。在我国则倡导"教权"大于"国权"，"听神的，不听人的"；把《圣经》作为一切言行的最高权威和指南，蔑视政府管理和法律约束。因而在传教上横冲直撞，公共文化领域，尤其是各类高等院校和科研单位，成了他们传播教义、神学和培训教徒的最被看重的领域。这种趋向有愈演愈烈之势，致使"教育与宗教相分离"的国家立法，形同虚设，触发家长、教师和社会多方面的忧虑和关切，所以也理应成为我们两科座谈的一项急迫内容。

（原载《科学与无神论》2011 年第 6 期，署名文丁）

关于认真落实"国家实行教育与宗教相分离"立法的呼吁

——在"两科座谈"上的发言提纲

同志们，朋友们，请让我介绍一下有关"教育与宗教相分离"的立法和当前实行的情况。分四点：

一　立法文件

1995 年全国人大通过并经国家主席令公布了《中华人民共和国教育法》，其第八条规定："教育活动必须符合国家和社会公共利益。国家实行教育与宗教相分离。任何组织和个人不得利用宗教进行妨碍国家教育制度的活动"。这个规定的依据是《宪法》"第三十六条　中华人民共和国公民有宗教信仰自由"。内容大家可以自行参见。所谓"国家教育制度"，就体现在我国已经公布的《教育法》、《高等教育法》、《义务教育法》、《职业教育法》以至《民办教育促进法》等国家法规中。

二　立法简史

关于"教育与宗教相分离"的立法，西方国家早在百年之前已经完成了，现在基本上已不再作为一个重大问题出现。我国历史上不存在西方那类宗教问题，所以直到清末西方列强通过基督教文化侵略制造血案，并有计划地向我国国民教育系统传播时才作为一个原则问题提出来的。最初可以追溯到 1903 年（清光绪二十九年），张之洞等为国家制定的《学务纲要》；比较完整的思想反映在蔡元培先生于 1922 年 3 月发表的《教育独立议》中；1925 年胡适更向西方在中国创办的教会学校发起抨击，"教育是为儿童的幸福的，不是为上帝的光荣的。学校是发展人才的地方，不是为一宗一派收徒弟的地方"。——这个过程非常明晰地显示出，"教育宗教相分离"原则在中国教育界被提出来，完全与应对西方的宗教渗透，即文化侵略的最重要的表现有关。

西方教会直接在中国办学，早在 19 世纪下半叶就开始了，一直作为培养和传播基督教、变中国为基督教国家的思想基地，享有不受我国法律约束和政府管辖的特权。1924 年春，属基督教的广州"圣三一学校"学生会为反抗校方的无理处罚，发表宣言，呼吁争回教育权；同年 10 月，全国教育联合会第 10 届年会一致通过《学校内不得传布宗教案》。次年 2 月，《中化教育界》出版"收回教育权运动专号"，与会者提出：

> 信教自由是近代各国宪法上的一个通则。保障这个通则的根本办法，是要教育独立于各宗教势力之外，即无论何种宗教，不得借教育做宣传的工具；无论何级学校，不得含有宗教的臭味、设有宗教的课程、举行宗教仪式，才能办到。

对于教会学校，民国政府早自 1917 年起，屡屡颁布教会学校必须向国家立案的法令，1930 年更颁布了"整顿教会学校令"，力促其贯彻"教育与宗教相分离"这一世界性原则，尽管收到一定效果，但没有根本性触动。新中国的建立，教育权完全收归国有，教会学校的世俗教育部分被合并于各级公立学校；而相关的宗教教育则归各级教会建立的宗教学校承担。应该讲，宗教回归了它的私人信仰世界，不再受到社会其他力量的左右，宗教信仰自由也就变得干干净净，而教育和科研领域也可以专心致志地为国家培育人才、出产科研学成果的业务。也就是说，宗教不再成为文化教育领域中的一个什么大问题。

三　立法的背景和当前的状况

"文化大革命"是个转折点。宗教界与党政界、文化界和教育界等所有领域同样地受到冲击，但也同样地经过落实政策，本来没有什么特殊的地方，但后来却被某种舆论将宗教神圣化起来，似乎"文化大革命"是专对宗教发动的，所以只要对这种舆论持不同意见，就会被扣以"文革遗绪"，"极左回潮"等可怕的政治帽子，于是炒作"宗教问题"对某些"专家"来说就由"险学"变为"显学"，对另一些学人言，则从拥有"言论自由"变得几乎缺失话语权的境地。"宗教信仰自由"因此而失去了它的本意，成了无政府或反政府的口实；而文化教育和社科研究部门则成了有规模地入侵的首要目标。我个人估计，大约就是这样的背景，才促使"教育与宗教相分离"史无前例地从国家立法的高度作出规定。这应该是中国教育史上的一件大事。

但迄今我还没有见到立法部门关于这一立法的背景说明。这里我想根据自己个人的感知罗列一些现象，供大家参考：

第一，近十多年来，各方面对在校大学生（包括研究生）信教的调查报告很多，难计其数，可见受到关切的程度之高。其中，结论是一致的：大学生信教是大陆高等院校出现的"新现象"，特征是，一是普遍化（没见到例外的调研报告）；二是数量在持续增加。但对这一现象的态度则完全相反：一方是喊好，以基督教为主体的"宗教学"专家将这一现象当作宗教具有"普世性"的证明，相关的海外势力则既惊喜又满意，因为在他们的国度，学校是绝对不许宗教活动的。另一方则表示忧虑，认为这不是教育界的常态，所以探索如何扭转这一现象的途径。

第二，现象反映在大学生身上，但问题恐怕出在教育行政当局上。这里举几位有代表性的大学校长或副校长为例：

就在今年，北京某大学的校长邀请台湾的大和尚给学校主讲"禅人生"，并聘之为该校的"荣誉教授"；

某科技大学前校长确认藏传佛教为"认知学"，近来又以佛教"缘起性空"贬斥和比附"弦论"；

北京某大学设立宗教文化高级研究院，邀请佛教和道教协会的两位副会长担任副院长。

某大学以"哲学翻译系列"名义首批推出由美籍华人专业传教士推荐的"北美宗教文化专集"四种。它的哲学系副主任与香港汉语基督教文化研究所联合主编和出版神学图书六种。

某大学为美籍宣教士在它那里举办兜售"宗教市场论"的培训班，并以课题形式搜集和调研国内宗教状况，而它的党员副教授则是基督教私设聚会点的长老。

公安系统的某大学也请这个二道贩子去作报告——而宗教市场论的基调，是鼓吹宗教无政府和基督教的排他性，以及从制造社会冲突中扩大势力。

据网上材料，曾做过军队大学政委的一位将军宣称："宗教决定了文化，文化决定了民族的性格，民族的性格决定了民族的命运"，而他召唤的"宗教"，恰巧是"中国人心中没有"的那位基督教信仰的"永恒的神"。

其实，从中共党校系统中也时有鼓吹宗教的声音传出，而对无神论的抵制和憎恨尤其令人惊诧。

第三，然而最突出的现象，当是以"基督教文化研究"和构建"学术神学"名义在高等院校和科研机构的传教布道活动。这个活动的发起和参与者的中坚号称"文化基督徒"；以其活动的有目的性和不断扩展的态势，自称"汉语基督教神学运动"；它在大陆的主要基地是少数大学和科研机构等关系宗教的学科，影响则遍及全国各类有关宗教教学和研究单位。它的核心人物，基本上掌控着"宗教学"领域，从行政到学术，从教学到科研，从科研经费到职称评定，从社会调研到形势评估，从群众团体到专业机构的领导权和话语权。他们大多是出身国外的神学院或有过接受神学教育经历的高级文化人，外语好，论著多，活动能力强，与党政有关机关的关系良好，是当前在文化教育领域最有权势的宗教——基督教的传播者群体。

第四，宗教之向文化教育领域扩展，海外势力是重要的因素。略述数点：

1. 美国对外实施的《国际宗教自由法案》，正成为我国一些基督教教派和神学文人的行动指针。它把宗教自由宣布为"首要自由"，放置在国家宪法和国家主权之上，造就了一股股宗教无政府之风；在其历年公布的《国际宗教自由报告》中，中国是首要的攻击目标，要害就在激励宗教无政府或反政府活动。

2. 北美设有专门训练高级别传教骨干的基督教高等院校，欧洲一些国家的基督教教学和研究机构，以及香港的某些专对大陆文化人布道洗脑的基督教文化组织，都是基督教神学通向内地的桥梁，也是内地相关大学和科研机构输送学生和学者进行基督教培训洗脑的基地。

3. 美欧的各类扶植基督教扩展的基金会，对开拓大陆市场起着重大作用。例如，由美国加尔文神学院和基督教哲学研究会等操作的约翰—邓普顿基金会，目标就是为在中国大陆发展基督教"训练学者，强化对中国大学生的教育，并维持和深化在中国的调研"。

4. 在学校秘密传教和发展教徒的力量有两股，一股是通过外籍教员授课的方便，课上贩卖私货，课下偷偷聚会；另一股是韩国人以不同身份的秘密传教，令人尤为厌恶。韩国基督徒的对外传教，包括进入伊斯兰国家，非常猖獗，中国更是它的传教重地。据报道，在其本国，一些基督教教派已经酝酿组织政党，直接挑战它们的国家宪政。

最后，需要指出，西方帝国主义力图将中国基督教化，或曰"中华归主"，从不间断地制造"教案"以至八国联军血洗北京至今，没有改变过；但方式有了更新，那就是从"大炮"上下来，将重点转移到抓文化，抓意识形态方面。早在1887年传教士韦廉臣在上海创办"同文学会"（基督教出版机构），就在一封信中说："设立这个组织的动机，是要在思想上'解除中国人的武装，使他们俯伏在我们的脚下'"。此人死后，李提摩太继任总干事，更名为"广学会"，1899年他也在一封信中说："我认为十分重要的课题是重新考虑我们如何控制中国舆论，如何对中国的主要高等教育学府取得更多的管理权——掌握了这些机关和中国宗教界领袖，我们就抓住了中国的脑袋和脊背。"至1949年1月，司徒雷登给美国国务院的电报还说："现在有思想的中国人都受到新主义的影响——因此，基督教的圣经如果能广泛推销，必能有不可预测的价值。"同年3月，美国"世界基督教协进会"会长穆德说："圣经不但继续在引人归主上起着重大作用，而且现在又增加了一种政治作用，那就是它可以作为一个堡垒来对抗一种行将席卷全球而基于无神论的人生观。"占据文化教育领域，特别是高等院校和科研机构，就是抓住了中国的脑袋和脊骨，解除中国人的武装并使之俯伏于美国脚下的上上策。

四　几点建议

1. 我国在解决"邪教"向国民教育系统渗透中，有个很鲜明的口号："校园拒绝邪教"；用什么拒绝？我们曾提出一个补充意见：用"科学"拒绝。现在我们同样提出一个口号："教育拒绝宗教"——这个"拒绝"的是宗教传教和宗教活动，不是宗教研究。在我国历史上，提议把宗教作为党和国家重要研究对象，并在中国科学院体制内建立宗教研究机构的是毛泽东。他有个很著名的批示，基调是"研究宗教"、"批判神学"。当前的情况，宗教研究不是多了，而是被"传教"误导到信仰范畴而失去它的客观科学性了；"神学"没有受到批判，反而以"教外神学"名义在文化教育领域成为"显学"。吃教、佞教、媚教很普遍；非宗教的科学理性和唯物论无神论，失去应用的学术地位和话语机会。解决之道，就是彻头彻尾地实施"国家实行教育与宗教相分离"。就积极方面设想，是创建科学无神论学科，有利于全面准确些地认识人类的文明发展史。当前能否认真执法守法，则是衡量国家所有公职人员的起码准绳。

2. 宗教的基础职能是满足教徒的信仰需要。一些舆论给予宗教种种功能，甚或把宗教当作"文化"的唯一载体，将文化与宗教等同起来，将宗教问题与民族问题、宗教职能与政治职能等同起来，都背离宗教的信仰本义。其所以出现此类误解，是把作为社会物质力量的宗教团体与宗教之作为精神层面的存在混为一谈，将信仰宗教的群众与群众的人民、国民、公民以及不同的职业的身份混为一谈，以致把宗教抽象化为一般文化和道德的载体，更不问是哪类宗教、信仰何方神祇、去向哪方彼岸——要"超越"到哪里去。应该强调，"宗教信仰自由"立法的关键，是保障个人在宗教信仰上拥有充分自由选择的权利，而不是要宗教信仰去发挥其他的社会功能。作为社会团体的宗教机构体系，那是另一类问题。

教育的任务是教书育人。国家教育体系是为培养国家栋梁之材，为民族的未来准备人才而建立的，为全国每个家庭、每个人服务，绝对不能成为宗教私家布道的场所。世界有三大宗教，而且还在持续地产生新的宗教；中国有多神主义传统，当前也有多种宗教形态，在"宗教信仰自由"的立法保护下，各有定位，各有活动途径和空间；把公共事业转让给宗教任何派系都是侵犯公共利益。一切从事教育事业的行政人员和教职员工，都必须承担起"国家实行教育与宗教相分离"的职责来，并接受社会公众的监督，而不能依凭几位"宗教学"专家的话语打转。我们短缺教育家，尤其是教育思想家。时代和使命都在呼唤和盼望他们的出现。

3. 从国家有关各类教育的立法看，当前教育的主要任务是"实施科教兴国战略"，"提高全民族的素质"——这对所谓"转型期"的现状而言，具有特别强烈的现实意义。中华民族能否真正的复兴，国家是否能实际上独立，关键在于能否实现科技上的"创新"和发挥教育在"人才强国"中的作用，而捍卫和落实"国家实行教育与宗教相分离"则是必要和必需的步骤与前提。事关大局，匹夫有责。希望我们社会科学和自然科学工作者，结合自己的专业做出应有的贡献。

作者说明：此文本是在一次小型两科座谈会上的发言提纲，有一些材料和观点在《科学与无神论》杂志上刊载过，如2010年第二期《关于宗教神学进入国家教育系统和科研机构问题的商榷》，2011年第五期金宜久教授的《文化传教："抓住中国的脑袋和脊背"》等，所以是否公开发表一直有些犹豫。但座谈不久，这个《发言提要》就在网上流传开来，这使我的犹豫等于零，与其留在网上一时，还不如印在纸上，让后人也知道，我们国内还发生过此类事情。路漫漫其修远兮，科教兴国，依法治国，实在不易。

发言的原则是对事不对人，也不是针对单位，因为人是多面的，单位的整体工作可能是优秀的。但若不提及具体的人和单位，那些事就没有出处，那些议论就是无的放矢。最后，就这么的吧。

对"二道贩子"之类则是例外。美国的《排华法案》在百年之后的今天才得到美国的道歉。广大华侨在国外受到的歧视和迫害及其处境的艰难，国人一直是耿耿在怀而无可奈何；他们心眷故国乡土之情，我们也是身感亲受，灵犀相通。这种联结是有传统的，不会终结的。但是，对于其中担任外国公职或企事业职务者，我们国人必须清楚地认识到，他们的立场和维护的利益是属于他们的国籍国及其企事业的，绝不应该给予非分的期望，更不用说过分的要求了。问题是，我们也要守护我们的国家利益及其企事业利益。这叫公事公办，国事国办，与民族感情不是一回事。把他们等同中国的公民看待，完全不设防，任他们在教育系统、国家机构自由行动，又是办培训班作大报告，又是调查国情，干预国是，严格讲，是违法的，至少是头脑不清。

(原载《科学与无神论》2011 年第 6 期)

也谈"宗教市场论"及其在中国大陆
"宗教文化"中的卖点

"宗教市场论"是为宗教高速扩大势力支招的。它把神灵当作商品，把宗教组织和神职人员当作公司和商人，将信徒和俗众当作需求者，而社会和文化领域则是宗教市场或潜在市场。它发现的"信仰法则"是：一神教最具竞争力，多神教软弱无能；"张力"和"排他性"是宗教得以强大的内驱力，宗教冲突，特别是担当社会冲突的载体，是吸引教徒"委身"最有力的渠道。它把宗教的经济收益定为最高利益，鼓动社会一切领域都应该对宗教开放，自由竞争，蔑视民主宪政，抨击国家主导，属于宗教至上、宗教无政府思潮。其在中国是向依法治国的方针挑战，直接冲击"教育与宗教相分离"的国家立法。

本刊上期（2011 年第 2 期）在《卷首语》和《宗教市场 对谁开放》两文中都论及《信仰的法则》一书及其近来在中国大陆的走俏，但涉及的具体内容不多，本文想作点简略的客观介绍。

一　概说

该书的正标题曰"信仰的法则"。宗教信仰有什么"法则"？简单说，就是商品交换中的价值法则。副标题是"解释宗教之人的方面"，就是说，宗教还有"神"的方面需要"解释"，该书未谈，那任务或许留给"神学家"了，所以在当前称霸于宗教"文化""学术"领域的"汉语基督教神学运动"中可算是别树一帜，值得公众留意。

全书共分十章，加一个《导论》和一个《附录》。有关"信仰法则"核心部分，由99个"命题"和36个"定义"组成。"定义"是作者对专用名词的特殊界说；"命题"则表达作者的基本观点。全书内容就在论证这些观点之如何正确，即宗教得以迅速崛起和扩张的秘诀。

此书的观点确有特色：反对一般研究者认为宗教有"非理性"的一面，而是着力抬举"理性"，采用"实证"的方法，并因此自名"科学"；同时否认"世俗化"在淡化宗教热情和促使宗教衰退中的事实，为的是把宗教也纳进"市场"这个最世俗的领域。据此，它反对国家宪法对宗教的主导地位和政府依法监管的权力，而让宗教无政府取得像市场无政府一样的效用；最后是鼓吹宗教"张力"，强化宗教"排他性"，从社会冲突中争得市场份额。

"宗教市场论"亦名"宗教经济论"，核心是突出"经济利益"在信仰的取向和力度上的决定性作用，作者称其为"宗教的社会科学研究"即"宗教社会学"中的最新创作，相当充分地表达了美国的实用主义哲学和个人主义价值观，客观上则反映了宗教最重要的一种社会属性：赚钱。

从基督教看，"宗教市场论"既可以算作它的传播学——充分运用"神"的唯一性所产生的张力与排他力布道宣教；也可以视为基督教的神学，因为"上帝"的等级及其价值被评为至高无上，并论证了为什么"上帝"最值钱，最值得信仰。

二　神灵作为商品和供应商的双重性以及宗教市场的主要法则

凡属市场至少得有三个要素，一是有进入市场的商品，二是有提供和推销商品的供应商，三是有对商品的需求方。供、需双方是市场的两端，商品则是连接双方的唯一介质，没有商品就谈不上市场。在这三者的定性与关系上，该书表达得十分混乱。它既把神灵当作商品的供应方，又把神灵当作唯一的商品——神灵供应给需求方的东西，就是神灵自身。在第四章专论神灵与其信徒间的"交换条件"中称："神灵想要什么？——神圣存在物为其恩惠所索取的价格也是有局限的"。此中"神灵"或"神圣存在物"拥有的是"恩惠"，这是他们的"价值"；但"恩惠"不能白给，神灵也"想要些什么"，要为他的价值"索取"相应的"价格"，而这种价格并非神灵随意可以制定，必须受市场法则的制约，所以说是"有限的"——尽管神灵是怎么"想"的，如何"索取"，我们不是神学家，完全无知，但神灵之作为"恩惠"的供应商，应该没有问题。据此再看以下命题：（前面命题省略）

命题9："一个群体所崇拜的神灵数目越大，跟每一个神灵的交换价格就越低"。

命题10："在跟神交换时人们愿意为被认为更可靠的神付更高的价格"——定义6释："可靠的是指神灵在遵守诺言上可依靠，并且待人有恒常一致的倾向。"

命题11："在跟神灵交换中，人们愿意给被相信会更易回应的神灵付更高的价格"——定义7释："易回应是指神灵关心人、了解人，并且为人行动"，即"相信'上面有一位很关心'自己"；"通常用'上帝同在'这句话来承认上帝的关心。这种对于神的回应性的感受在犹太教、基督教和伊斯兰教的正统上帝观念中也一样。这样一个上帝是一个极有吸引力的交换伙伴，可以指望他给人最优化的利益。"

命题12："在跟神灵的交换中，人们愿意给被相信其范围更大的神灵付出更高的代价"——定义8释："神灵的范围，是指他们的能力的多样性和影响的幅度"，例如"犹太教—基督教—伊斯兰教传统的全能上帝"。"更大范围的神可以提供更有价值的回报，因此也可以反过来要求更多。实际上，只有更大范围的神灵才能提供如此有价值的回报，以至于它们的获得只能是在另外一个世界"。

命题13："神灵的范围越大（和越易回应），他们就越可能有能力提供彼世的回报。相反，跟小范围的神灵的交换相对局限在此世的回报。"

命题14："在追求彼世的回报中，人们愿意接受一个延长的交换关系"——定义9释："一个延长的交换关系是指人在一个很长的时间内定期付款，常常直到死时。"

命题15："在追求彼世回报中，人们愿意接受一个排他的交换条件"——定义10释："一个排他的交换条件是指人只能跟一个特定的神——交换。犹太人、穆斯林和基督徒不仅必须进入长期的宗教交换关系，而且他们必须只跟一个神 God 交换。"

命题 16："人们会寻求拖延宗教代价的支付。"

命题 17："人们会寻求最小化他们的宗教代价——跟神灵交换过程中斤斤计较。"

其中崇拜的神灵与跟之交换的神灵是同位语，受到信仰的上帝就是交换伙伴。在神灵作为供应商固然可以讲得通，但商品已经不限于"恩惠"，而是神灵自身了。逻辑的结论是，神灵出卖神灵自身；需求方与之交易的对象，既是作为商品的神灵，也是商品拥有者的神灵。如此看来，"宗教市场"的准确界定应该是"神灵市场"，因为它买卖的商品，以及与之讨价还价的供应商，都是包括上帝在内的神灵，而非抽象的"宗教"。现在且跟着这类混乱逐一地考察这些命题：

命题 9 表明，多神论宗教的神灵最不值钱，因为神灵间的竞争激烈，信徒可选择的花色品种繁多，价格自然得降下来；相反，一神论宗教的神是万能的，他能够满足信徒的一切需求，其作用的范围无限、持续的时间永恒，价格自然会居高不下。因此，佛教、道教以及民间宗教，全是便宜货；犹太教、基督教、伊斯兰教等自然高贵，这是神灵市场中最重要的一条价值规律。命题 12、13 和 14 都是命题 9 的具体诠释，表明神灵的本事越大，管辖的空间越广、时间越长，提供给信徒的回报越有价值，俗众对其委身或投资也越值得。如全能的"上帝"，不但管人的生前，更管人的死后，所以需要终生服侍。佛也神通广大，但远不如上帝那样能够创世造人，赎人升天堂、得永生。至于只能满足现报所需，例如祈求彩票中奖、赌博赢钱、治病祈福，升官发财之类，更是等而下之的了。

其次，命题 16 和 17 表明，作为需求方的信徒在跟神灵交换时，是讨价还价的，一方面，需求者希求从信仰的神灵那里获得"最优化的利益"；他方面，又寻求最小化他们的宗教代价，从拖延付费，到"不失去钱财"都有。看来给神灵付款，实在是信仰者不得已而为之的。

命题 10 可以看作是信众对宗教的一般期望：假若认识到神灵根本"不可靠"，人们绝不会把钱花费在对他们的信仰上。至于哪种神灵"可靠"或"更可靠"，除了听宣教者的宣告以外，绝对找不到什么客观标准。作者断定"可靠的是指神灵在遵守诺言上可依靠，并且待人有恒常一致的倾向"——如果当真知道神灵还有诺言并遵守诺言，甚至还知道神灵如何待人，那么这人必定擅长通灵术，做个巫婆神汉就很不错，侈谈什么"宗教市场论"的"科学"就多余了。

至于命题15，表达的是一神论宗教所特有的价值观：它的教徒"愿意接受一个排他的交换条件"。按定义，"排他"只是强调跟唯一的神进行交换，但实际包括对一切非 God 信仰的排斥和敌视，这在《圣经》中有许多明文记载：从父母家庭到社会国家，从"异教徒"到所有教外的思想文化，如果不能将其征服，那就将其消灭。

但是，现实告诉人们，在市场上买卖的只能是商品；供需双方也只能是公司或人；商品不会自行交易。如上所说，若需求方是在与神灵交换而不是与神灵的供应商交换，就与常识背离，何况神灵仅仅是个虚构。此外，但凡商品必有制造商，神灵这一商品是哪里生产的，也缺乏必需的交代。因此，整个立论漏洞太多，令作者也无法持续行文，于是就不经意地给出了以下两个"定义"，把这漏洞给补上了：

定义11："教士是宗教专业人员——解释、监督和（或）进行跟神的交换。"

定义12："宗教组织是社会单位，其主要目的是给一群个体创造、维护和提供宗教，并且支持和监督他们跟神的交换。"

"宗教专业人员"，包括神父、牧师以至教皇和神学家，他们享有两项权力是一般教徒所不能有的：第一，对神的解释权，包括对神的形象的塑造，起着商品加工的作用；第二，对信仰群体及其活动的监督权，在"跟神的交换"中担当代理商或批发商角色。

"宗教组织"亦即"宗教公司"，同时又是"社会单位"，任务有对外对内两个层面。其对外有三："创造"、"维护"、"提供"。就是说，只有作为宗教的组织才具备"造神"的功能，若没有群体性的信仰和拥戴作为前提，即使其神若耶稣也成不了基督。一旦宗教组织形成，哪怕仅仅为了生存，也需要"维护"它的神灵，包括护法和殉道，否则它就失去了存在的合法性；"提供"亦即传播、论证这一神灵的有效性，属于"宗教组织"的经常性事务。其作为"宗教公司"，"创造"表明它就是神灵这一商品的制造商，"维护"则是对神灵这一品牌的推崇和保护；"提供"即是把神灵推向商场去兜售和叫卖。对内的主要任务是支持和监督信徒跟神的交换。什么意思？"跟神交换"的媒介是货币：支持和鼓励信徒向神付款；监督和催促信徒向神付款——付款的圣语是"奉献"，按《圣经》记载是什一制；中世纪还增加了一条"救赎券"，现在似乎是多多益善了。

这样，混乱才澄清了：原来神灵乃是宗教组织包括它的神职人员在内的创造物；信徒与神灵间的交换，其实是与宗教组织的交换，钞票不是付给了神灵，而是付给了宗教机构及其神职人员。

当宗教组织与宗教公司同时又属"社会单位"时，作为宗教自身的这些法则又超越了宗教市场的范围，具有了社会功能——这种社会功能与宗教的排他性结合起来，不论在历史上还是现世界，曾经和正在上演着种种政治性的悲喜剧，这且在后文分说。

在宗教市场上，通过买卖神灵，宗教组织和宗教专业人士究竟赚取了多少钱物？这可以写一部长长的宗教发财史，现仅附一个材料供参照——《国际宣教研究学报》2001年1月号上发表的《2001年度世界宣教工作统计表》所列基督教财政状况：

基督教财政2001年中期：教会收入1100亿美元（下同）；2000年1080亿；1970年则为500亿；预计2025年为3000亿。

教会成员的个人总收入15.5万亿；2000年15.198万亿；而1970年仅为4.1万亿；预计2025年26万亿。

灵恩派成员的总收入3.65万亿；1970年仅为1570亿；2000年35080亿。

附属机构收入：1700亿；2000年1620亿；1970年为200亿；预计2025年5700亿。世界外方传教会收入160亿；2000年150亿；1970年30亿，预计2025年600亿。为基督教事业捐款2800亿；2000年2700亿；1970年700亿；预计2025年8700亿。

教会内贪污170亿；2000年160亿；1970年仅为500万；预计2025年650亿。

三 "宗教张力"在宗教市场竞争中的特别功能

作为市场化了的宗教,存在竞争是必然的。那么是哪一类宗教最具竞争力?

这在上述命题15所谓"人们愿意接受一个排他的交换条件"中已经蕴含了答案:

"要理解强大而有效的宗教组织,就要理解排他性宗教组织(一神教)——所有非排他性的组织(多神教),都与生俱来的软弱——"

再看命题42:"在宗教组织中,俗众委身程度和排他性程度之间有对应关系。"

作者对"宗教委身"用了多个定义予以解释,第六章还专门"解释宗教群体怎样产生高度委身",以及"群体怎样把高度委身转化为使之增长的资本",但始终没有正面论及"俗众委身程度"与"排他性程度"是如何"对应"的,以至将俗众引进某教并使之成为"增长的资本"。这里只好根据读后感做个概括:

第一,一个宗教群体要吸引俗众委身,必须具备排他性;

第二,排他性越强,俗众委身的程度越高,即信仰得越虔诚,越失理性;

第三,群体委身的程度越高,该群体的资本增长越快,即得利越多越快。

这条"法则"可能是全书中最具震撼力的部分,一直贯彻在本书后半部。

命题43:"所有宗教群体都可以放在这个群体和它的社会文化环境之间的张力轴线的某点上——在张力轴线的最高端,存在严重的对抗,有时会爆发流血冲突。在最低端,在一个群体和其环境之间存在如此的协调,以至于很难区分这两者——张力也就是次文化异常(即越轨)。次文化是文化之中的文化,拥有跟周围社会不同的规范和价值的群体。如果一个宗教组织所维持的规范和价值不同于周围文化的规范和价值,它就是异常的或越轨的。一个次文化越是异常,它对于其信奉者的生活各方面的影响就越大。"

这话从行业上已经讲得十分清楚,但不够大众化,不妨用我们的大众语做个译介:任何宗教群体,都与它所处的社会文化环境在某一点上存在矛盾,这种矛盾的极端,是严重的对抗,甚或流血冲突;而矛盾的缓和,则是协调,以至很难区分二者的差别。这种矛盾亦即"张力";为了把"张力"的含义表达的充分,作者又引进了"次文化"的概念——所谓"文化中的文化",它属下的群体"拥有跟周围社会不同的规范和价值"。"张力"表现出来的就是这种"次文化异常",对主流文化的"越轨",以至冲突。据此,一个宗教组织维系的规范和价值"异常"于周边文化,必然"越轨",而且越异常、越越轨,对其信奉者的生活影响和控制的强度也越强大。这一法则反复出现在许多命题中。

如命题44:"一个宗教组织跟周围的张力越高,对于这个宗教组织的委身就越深广。"意谓"宗教教义和实践影响所有事情,界定了他们跟谁交往,如何使用他们的闲暇时间,有时甚至界定如何穿衣和说话"。

命题45:"一个宗教群体跟周围的张力程度越高,对于这个宗教群体的归属就越昂贵。"据定义29解释:"昂贵是指归属于一个宗教群体所要付出的物质的、社会的和心理的代价。"如必须严守教规律法,限定社会交往的范围和生活方式,包括婚姻关系、衣食习惯,以及忍受可能被视为邪教、异端、恐怖分子等境遇。

命题46:"一个宗教群体跟周围的张力程度越高,它所要求的委身程度就越排他、深广和昂贵。"

命题47:"一个群体跟周围的张力越高,它的成员委身程度也就越高。"

总而言之,宗教"张力"与"排他"是宗教组织对内控制教徒,促使教徒对其高度依附,对外排斥异己,以致进行敌视、迫害和发动战争的内在机制。

不过在对宗教"高张力"的赞美和推崇中,也存在一个问题:按照信仰法则,人们选择宗教信仰的根据是利益原则,要在付出代价与获得利益之间进行权衡,那么为什么人们愿意付"很高程度的牺牲"去参加"高张力宗教组织"?在这里又一次反映了作者的有意模糊。他说:"高张力宗教群体强大的秘密就在这里：尽管昂贵，它们提供更大的价值。"但这更大的价值是什么？没有下文。

命题48的解释中似乎透出一丝信息：

"为什么高张力的宗教群体可以提供更大价值来换取委身？——除了用宗教手段所应许的那些事情之外，其他都是归属于一个群体的一般性快乐。在这两方面，高张力群体都很出众。"

运用"宗教手段"去获取应许的哪些"事情"？仅指死后上天堂么？在"宗教手段"之外去获取的"一般性快乐"又是什么？同样没有下文。尽管如此，读者还可以从"高张力"特别强大的宗教组织活动中推知一二，例如当年的"十字军"——它的"东征"当是基督教"高张力"爆发的事件之一，它向骑士们"提供"了杀人越货之类的"更大价值"，也换取了骑士们的高度委身，由此不仅满足了"宗教群体"可以在上帝面前得宠的"东西"，同时也获得了"群体"可以拥有财富这类"一般性快乐"。

到此为止，我们从宗教市场论中得到的重要启发，是一切关于宗教的圣洁描绘，什么真善美、普世的爱、奥秘的灵性等宣示，原来都是商品市场中的一种叫卖的话语，属于广告词，而实际所做的，则是将信徒的忠诚或生命的灵魂拿到市场去进行交易。马克思说：

> 英国人民的"灵魂"属于国教会，对于英国人民的"灵魂"交易，也和贩卖弗吉尼亚黑人的生意一样经常化了。在这门行业中不仅有卖者和买者，而且也有经纪人。（《帕麦斯顿和英国的寡头政治》）

这话在"宗教市场论"中公开化了。俄国农奴主贩卖死灵魂；西方的基督教则贩卖活灵魂。在中国，"卖者和买者"之间又多了一层"二道贩子"。

四　"国家管制"、"国家宗教"及宗教组织的扩张之道——充当"社会冲突的载体"

《信仰的法则》的指导性观念，是指斥宗教对社会环境的适应以及与文化环境的融合，教唆宗教从社会动乱中横空出世，在"文明冲突"中寻求宗教兴盛的契机。因此，鼓动宗教的排他性，打破既有的社会秩序和文化结构，抗拒国家宪法原则而推动市场的无政府法则，就成了它的最大特色。

命题69："——当排他性公司出现在先前被非排他性群体统治的宗教经济中时，排他性公司将取得统治地位。"

"历史表明，当非排他性公司受到排他性竞争者的挑战时，在一个相对无管制的市场中，排他性公司获胜——在有关新加坡学生的一个研究（1987）中发现，非排他性宗教背景（佛教和各种中国传统的民间宗教）的学生绝大多数皈信了伊斯兰教或基督教，而在伊斯兰教或基督教中长大的学生，基本没有人离开他们原来的信仰。"

此说蕴含的深意，对于我们理解西方基督教及其追随者如何判断中国当前的宗教形势演变趋向十分重要；对于理解国家必须强化对宗教事务的管理也应该了然于心。

命题71："如果一个宗教经济是无管制的，它会倾向于是非常多元的。"

命题72："一个宗教公司垄断一个宗教经济的能力取决于国家使用强制力管制宗教经济的程度。"

"无管制"，就是国家对宗教问题的不作为；"非常多元"则指宗教无政府化。此处所谓"宗教公司垄断"，即是后文的"国家宗教"，具体指与世俗社会融为一体，从而接受国家绝对主导的宗教组织。这种情况在欧洲相当普遍，它与作者认定"世俗化"和"理性"并没有导致宗教衰落的判断大相径庭，极度不满，所以归因于"国家使用强制力管制"的结果。在他看来，"宗教经济永远不能被完全彻底地垄断，即使有国家的全部强制力做后盾也不能"。因为：

"需求的不同，导致一条单一宗教生产线根本不可能满足多样趣味——因而没有任何一个宗教组织能够通过自愿同一而取得垄断——宗教垄断依靠的是强制——当国家的镇压足够强烈时，跟国家支持的垄断者竞争的宗教公司会被迫在地下活动。但是，一旦镇压放缓，多元就会开始发展，每一个公司都会抓住一个特定的区位，或者一组相关的区位。"

为了支持的这个论断，作者连中世纪的教会也判定在"异端和反国教的包围中",还称当时国家的"世俗权力达到高峰期"。且不管这类断语与史实究竟有多大差距,只就作者对上帝全能的一贯讴歌,与此处断定任何宗教组织都不能满足信教的"需求"是如何之难容,就会知道这本以科学自命的"科学"著作是多么缺乏科学了。

《信仰的法则》在论证上之所以如此反复啰嗦和逻辑矛盾,源于作者对"国家管制"和"宗教垄断"的绝对不宽容。他有个潜在的前提,即人们对宗教的需求是不变的,应该是个常数,所以宗教的生长点不在"需求方",全在"供应方",即宗教组织和它的神职人员的营销能力。只要他们保持和发挥宗教的高张力,就能够赢得群体的委身,打破国家管制和宗教垄断。

命题76:"甚至在竞争有限的地方,宗教公司也能产生高度的参与,如果这些公司是社会冲突的主要组织载体。(相反地,如果宗教公司作为社会冲突载体变得不那么重要了,它们就相应地较少能够产生委身。)"

话说到这份上,那张窗户纸也就捅破了:任何一个宗教教派或宗教组织,只要具备制造冲突的能力,就可以在宗教市场的竞争中稳获胜券;如果能够"高度参与社会冲突",甚或成为"社会冲突的主要组织载体",它吸引群众委身的能力就会越发强大,拥有的信徒就会异常众多。他以波兰为例:

"1977年,当天主教作为抵抗原苏联强加的共产党政权的主要组织基础时,一个问卷调查发现每星期出席弥撒的教徒占80%。1990年,世界价值问卷调查发现只有68%的波兰天主教徒每周参加弥撒。更近的民意测验发现,下降继续,根据国家社会问卷调查项目,到1995年已经下降到大约48%。为什么?'很久以来,波兰罗马天主教会是对抗的集合点,教会与国家相对抗,教会与共产党相对抗,教会和社会等等都是作为反对共产党的"我们群体"。当共产党统治垮台,这个现实也破碎了'——当教会不再作为反对(共产党国家)的载体时,波兰天主教委身如果没有开始下降,那就表示我们的理论有问题了。"

在抗拒苏联时期,天主教被波兰人称作"民族解放的旗帜"。爱尔兰的情况类似:

"爱尔兰天主教徒的虔诚是近来才有的"。在所谓"'虔敬革命'时期，备受称颂的爱尔兰虔敬——弥撒出席保持在90%左右，成百上千的人进入宗教修会——那时，天主教会成为爱尔兰民族主义抵抗外来统治的主要组织载体"。

据此，我们就会理解，二道贩子们为什么在当前的中国叫卖这个宗教市场论，宗教渗透的实际目的何在。

五 对欧洲宗教现代化模式和国家宪政管理的抨击

此书"第九章：宗教竞争和委身：国际情形检查"，值得研究基督教现状的读者一读。此文把美国视为基督教传教最成功的国家："基督教所维持的对于人们灵魂的影响，世界上没有哪个国家比美国更大。"为什么？一句话，就是因为美国的神职人员是真正的商人，为了赚钱，不得不勤奋地去扩大销售市场。由于篇幅限制，此处不复述了。让我们重点看看它对欧洲的评价：

"多数欧洲国家维持了一个社会化的宗教经济，而其余的国家一个或几个宗教群体享有特别的地位和特权。"

什么是社会化宗教？特别的地位和特权又是什么？从下文的论述中可知，这指的是由国家出资而为社会认同的宗教，即所谓"国家官方教会"及其享有的地位和权利：

"西欧所有基督教新教国家都维持了官方国家教会，全部由宗教税或其他国家收入来支持。英国有些例外，安立甘教会依靠几个世纪以来通过征收强制什一税所积攒下来的财产和捐助金生活——罗马天主教教会也是国家支持的，而其余的天主教国家中天主教享有很多特别优惠和某种程度的建制。"

这种"国家教会"也有个政教合一的外观，但绝对没有与世俗政权对抗的意愿和能力。就像出钱点歌，让你唱什么歌就得唱什么歌，政府对于国家教会的主导也是如此："补贴国家教会的政客通常要控制教士的任命权，并经常使用这个权力以教义观点为根据做出选择。而且政府有时把他们的教义喜好直接强加给国家教会"。换言之，教会的神学也必须服从政府的管辖，使之成为"国家神学"。此等既主导神职人员的任免权，又主导教义诠释权的倾向，"在斯堪的纳维亚特别明显"。其中各国居民多信仰路德宗，有的还宣布它为"国教"。作者对此评论说：

"当社会民主党 20 世纪 30 年代在丹麦、挪威和瑞士取得政权时，很多人预料他们会解散国家教会，或者至少废除国家教会的建制地位，以便跟他们反宗教的意识形态一致。相反，社会主义者们满足于把国家教会作为福利国家的一个制度——根据挪威劳动党教义，'宗教需要是合法的福利需要，国家有责任支持'——然而跟所有福利国家的组成部分一样，政客们负责掌管教会教导的内容以及处理事务的方式。结果地方教会的管理从由当地会员选出的自治团体转交给在普选中选出的教区议会手中，而候选人都是由国家政党提名和支持的。"

"在瑞典，政府取消了服务于地方教会理事会和议会的人的所有宗教资格要求。结果，瑞典国家教会的控制就交给了公开的无神论者手中——国家教会大多数由非信徒管理——那些人很少或从不参加教会礼拜。"

"在挪威和冰岛，教会领袖的权力是'很有限的，有关教会的最重要的决定仍然取决于政府'。而在丹麦，'有关教会法律、教会会员、赞美诗等的决定由政府和议会制定'——'丹麦议会在国家教会（福音新义会）的行政上有绝对的权力'。"

由是作者忠告读者：

"在社会化的教会中神学决策的，（是）赤裸裸的世俗性"。更有甚者，"丹麦国家教会的神职人员把所有基督教教派都看作'不是浅薄的，就是直接有害的'。"

这种社会化宗教导致的结果，一是神职人员有了生活与福利的保障，所以懒散下来，短缺了宣教的积极性。二是对俗众短缺了吸引力，因为按便宜无好货、好货不便宜的市场法则，国家宗教被看作是"免费宗教"，不值得光顾；但同时"也极大地阻碍不受津贴的公司的竞争力：如果我能随时遂愿参加礼拜而不会碰上奉献收集盘，为什么我会想参加一个期待我付钱的教会？"三是，"'官方的'宗教公司会使用各种措施令潜在的竞争者失去能力——即使在那些宣称有宗教自由的国家也有类似现象发生"。这些"宗教自由国家"，特指西欧诸国：

"多数西欧国家主张有崇拜自由，但是给予官僚机关和议会几乎无限制的裁决权和制定特别政策的权力，从而可以强行惩罚少数性宗教，而不为他们提供有效的法律保护——1984 年，欧洲议会以绝对多数通过一项决议，允许成员国缩减'某些新宗教运动的活动'，因而正式批准对于少数性宗教的镇压"。

此中所谓的"新宗教运动"主要是以 cult 为主的非正统或反正统的宗教群体，所谓"对于少数性宗教的镇压"，指西欧诸国对于 cult 中违法犯罪群体（相当中国指谓的"邪教"）的立法禁制和依法取缔。

"国家宗教"导致的后果，综合效用就是促使宗教的整体衰落。因此，由国家提供宗教自由的保障，主导宗教活动的社会内容与方向，依法对宗教组织进行管理，是现代化国家与民主制政府的通例，而不是"共产主义无神论"中国的特例；是文明昌盛的标志，而不是制造对立和挑动文明冲突的根源；是对人权的普遍尊重，而不是维护宗教特权。

作者对欧洲各国的"宗教自由"不符合"信仰法则"的做法，逐一地点名抨击。中心是攻击国家——既有政府，也有议会对于"宗教"的主导权和管辖权。就此而言，《信仰的法则》开辟了基督教护教运动的新进路：把神的唯一性扩大为宗教的唯一性，不但给任何以神的名义活动的群体以自由膨胀的生机，同时向发展中国家输出，让这些国家的主权在宗教问题上失效。

六　宗教市场论在中国市场的卖点

关于该书的译者杨××，我们始终不知道他的国籍——是中国人还是美国人？只知道他在国内的活动基地是中国人民大学，职务则在美国的普度大学；也不知道他是否是基督徒，但他对推销基督教不遗余力则是事实。他在 2008 年出版的《皈信、同化、叠合身份认同》一书，曾被推荐给"仍在寻找文化身份认同的当代中国人反思"：究竟是做个中国人的基督徒，还是做个美国人的基督徒，或更远大一些做个"世界公民"的基督徒？当然，或许"叠合"起来，什么都是，什么也都不是。这类问题使读者对杨先生的身份也难免困惑起来。现在人们从《信仰的法则》中终于可以悟到，原来他是位经营外国宗教产品的文化商人，通称二道贩子，特称文化买办——中国人只懂"有钱能使鬼推磨";"信仰的法则"则告诉人们,倒卖"上帝"才可以发大财,因为神的高张力和排他力以及能够作为制造社会冲突的载体,是鬼们很难做得到的。那么杨先生在"宗教市场"上赚了多少钱,又是怎么赚的钱?好奇的朋友可以从杨先生的自述中做个推算。

先看他以"普度大学·中国宗教与社会研究中心"名义推出的"中国宗教与社会项目"(2009—2013)。它包括两项任务:一是"研究",二是"培训"。培训又分为两部分:一是对"研究人员"的系统培训,二是对"大学教师"提供暑期班培训。由此他挣得资助 50 万美元,由约翰—邓普顿基金会支付。这个基金会在中国"基督教研究"界应该是声名显赫的,它仅为资助"科学、哲学和信仰:中国学者计划"一个项目即达 200 万美元。相比之下,杨先生得到的钱,只算是小巫见大巫。无疑他还应该别有财源,这里免谈了。研究项目又分为两类:一类是"研究中心课题",面向大陆大学的研究中心或研究所,每项资助 5 万到 10 万美元之间。另一类是"个人课题",每项资助 1 万到 3 万美元之间。"暑期进修班"计划分期举办:"第一期将于 2010 年暑期在中国举办",邀请第一阶段入围的 30 位申请者参加,内容包括研究设计及课题申请,为期大约两周。第二及第三期将分别于 2011 年及 2012 年暑期在普度大学举办,每期一个月,由获奖的 12—15 位研究者参加。培训内容包括研究方法、资料收集、数据分析以及期刊论文的写作。此外还有一个"宗教社会学教师进修班",在 2010 年到 2012 年暑期举办,要求参加人员连续三年参加,分别研讨宗教社会学初级、中级、高级课程的教学内容和教学方法。

实际是早在 2004 年开始,中国人民大学佛教与宗教学理论研究所(现在已升为研究院)就为杨先生举办了"中美欧暑期宗教学高级研究班",他担任"美方"的执行主席,主题也是他贩来的"宗教学的理论与方法",亦即《信仰法则》的通俗版。至 2005 年、2006 年举办的第二、第三届,更请来了该书的作者之一以及伊利诺伊州立大学芝加哥校区的教授,推销宗教市场论。据说至今已经办了七届。

不过杨先生的计划一在网上登出,就招来怀疑:按杨先生热衷的市场法则,投资是为了换取回报,这 50 万美元的投资方向您索要的是什么回报？您又用来资助那么多项目，想从受资助方换得什么回报？这两个问题都没有答案。作为学术探索，这里不妨追随他的活动做点考察：

所列项目的资助是有条件的：第一，必须符合他所规定或认可的"宗教社会科学原则、理论和方法的中国宗教与灵性研究"。这原则、理论和方法是什么？"中国宗教"的范围是什么？"中国灵性"又是什么？这里边都有文章，也都是他可以用来决定给钱不给钱的理由。第二，研究经费由普度大学每年分两期付款，付款的前提包括令人满意的课题研究进展和培训工作坊的认真参与等。什么是"令人满意"、如何才算"认真"？如果杨先生说"不满意"、"不认真"，那一切全泡汤，白忙活。第三，最为要害："本项目不支持以哲学、神学或文本研究为主要内容的课题"——因为他所要做的只是"对中国大陆宗教或灵性的实证研究，或者包括大陆在内的比较性实证研究"。这个被一再强调的"实证"指的是现实情况：中国大陆当前宗教的现状及其内部结构和外在的社会联系，亦即它规定的——

"研究主题：我们优先考虑以宗教为自变量的课题，即探讨宗教或灵性对于个人、团体、社群、组织及制度的影响"。

譬如已获得"中心课题"资助的"华东师范大学宗教与社会研究中心"的题目是"长江三角洲地区公民信仰状况的实证研究"；个人项目有14个，也属实地调研性质，像湖南的5个村庄、黑龙江农村、上海和苏南地区、东南地区、中原地区、两岸四地以及冀中、浙南、宁夏、福州等，内容也很实证，如调研北京的大学生对基督教的态度之类。

就是说，这些课题全用在对大陆宗教状况的实地调研上了——以学术调研的名义，用课题的形式，搜罗和组织人力，分头收集大陆有关宗教状况的国情。假若把它们综合起来，或许做些分析，提供给包括出资方在内的境外特殊需求者，一定会换来更多的美元。至于"暑期进修班"和"教师进修班"的举办，意义也许更深远些。如果把这些"班"当作"市场"行为，可以与流行的"传销"媲美；如果这些"班"还负有培训宗教市场上的推销或广告人才，变成他所属的大公司的忠诚职员，那事业可就做大了。

然而共和国的大学属于人民，不属私有。人民的宪法和教育法有明确规定，任何人不得利用宗教进行妨碍国家教育制度的活动，国家实行教育与宗教相分离。是否有些人民的大学可以将这些立法置之不理，或将校园开放成个"宗教市场"或"美方"的批发站而不以为妨碍国家教育制度？这关系全国人民的一件大事，大家都应该关心，都有资格参与讨论。

还记得否，在民国的最初 10 年，美国人穆德基于在中国加大传教力度的考虑，曾组织基督教力量对我国国情做过大规模的多方面调究，其成果用《中华归主》的书名出版，也以此为标志，揭开了"基督教占领中国运动"的又一个高潮。历史是一面镜子，这是老话，顺便提个醒。

就《信仰的法则》的陈述看，它是在倡导宗教至上和宗教无政府，以利益原则为动力，鼓动宗教组织不择手段地无限膨胀。客观上则是推动宗教排他、制造文明冲突和社会动乱。因此，它的信徒也在向世俗国家或国家的现代化叫板，尤其不能容忍国家依法治国、国家主权和国家管理。杨凤岗先生把中国的邪教、地下教会与合法教会分别以"三色"分类，就是从《信仰的法则》中活剥下来的。其效果是为邪教撑腰，给地下教会开路，对合法教会进行打击。也就是说，作为二道贩子，他不仅在赚大钱。

至于"宗教市场论"的框架体系，无须多做分析。把宗教归结为唯利是图的产物，绝对不是唯物史观——尽管唯物史观也是从社会经济基础考察宗教的。它的理论与中国宗教的历史和现实南辕北辙。它只讲中了一点：中国传统宗教不具"排他"性，但并非没有"张力"；它诚然是软弱的，但也不缺"竞争"。以佛教为例，它在 2000 年前就进入中国内地，强大的传统儒家和根深蒂固的道教，都没有抑制它的到来和发展，不久就形成三教"不同而和"的文化格局。基督教传入中国的时间也不短，从 7 世纪上半叶算起，迄今也有 1300 多年了，中经元明清三朝，再而三、三而再地内传，直到鸦片战争骑着大炮进来，一直没有成功。相对于佛教言，它在"竞争"中是失败了。这一史实本身就把"信仰的法则"打得粉碎——佛教落户中国的原因是多方面的，但它把适应社会和依靠国主作为生存之道，最为重要。基督教最终能够落户在我们国家，绝不在它的"高张力"，而是中国爱国教徒长期从事本色化运动的结果。他们的爱国主义扎根在祖国大地的最深处，与中国人民革命和建设的进步同行，为了彻底摆脱"洋教"的丑名，至今还在奋斗着。他们面对国外各色势力的压力，遭受种种恶毒的攻击，坚定地走在自主自办的路上，这不但是中国基督教的骄傲，也是中华文化的骄傲。

（原载《科学与无神论》2011 年第 3 期，署名沈璋）

关于我国宗教学的马克思主义研究

改革开放以来，在宗教的研究上，可以说是异彩缤纷。在莫大的文化广场上，思想活跃，议论横生，不论哪个行业，不论什么身份，只要不触犯国法，都可以发言作文，抒发己见。这种自由生动的学术气氛，我持积极态度。我的这个论文题目，就纯是个人的见解。

就世界宗教研究所的性质言，它的学术研究，当然是以马克思主义为指导的；现下对马克思主义的诠释不尽相同，我这里所谈的，也只限于我的个人私见，一并讲出来，以助互相交流吧。

一

大家都知道，世界宗教研究所是根据毛泽东的提议建立的。他提议建立这个研究所的批语，大体涉及三个方面的问题：（1）世界三大宗教影响着广大人口，而我们却没有相关的知识；（2）由于没有知识，更缺乏马克思主义研究，所以在宗教学术领域，很少看到用历史唯物主义观点写的文章；（3）"不批判神学，就不能写好哲学史，也不能写好文学史或世界史"。

我个人认为，毛泽东提出的这三方面意见，给出了我国宗教研究的基本思路，我国对宗教作系统的马克思主义研究，也应该从这里算起。不过不久就是极"左"的全国性泛滥，冲击了各行各业，宗教研究事业也未免于难。在很大程度上，毛泽东关于宗教研究的批语，被误读成批判宗教的指示。真正把毛泽东的批语全面落实下来，是在拨乱反正、改革开放以后，与我们国家的整个历史发展是同时起步的。

二

成立世界宗教研究所应该是整个学术界的大事，在中国历史上是空前的，在海外的非宗教机构也非常的稀少。这说明，毛泽东并不简单地把宗教研究当作一时的政治需要，而是具有开拓国人视野，必须把宗教作为一门独立学科进行经常性关切和研究的意向。所以，他既反对把宗教仅仅当作神圣的不可触动的信仰领域，也反对盲目地把宗教看作可以随意粗暴批判的对象，他所强调的，首先是对宗教要有所认识，同时给予马克思主义的研究。没有相应的知识，就没有发言权；没有马克思主义的指导，所得的知识就很难得到实事求是的解释。

在批语中，毛泽东把任继愈谈佛学的文章，当作用马克思主义观点研究宗教的一个榜样；而世界宗教研究所的筹办事项和学术研究的整体布局，也是由任继愈为主的一批学者承担起来的。任继愈是世界宗教研究所的首任所长。

那么，是任继愈的哪些佛学文章引起毛泽东的如此肯定？1963年，生活·读书·新知三联书店出版了他的《汉唐佛教思想论集》，其中共收作者从1955年到1962年的七篇论文，内容主要是评论隋唐的宗派哲学，包括天台宗、法相宗、华严宗、禅宗，还有总论性的《汉唐时期佛教哲学思想在中国的传播和发展》以及他与汤用彤先生合写的《南朝晋宋间佛教"般若""涅槃"学说的政治作用》等，当时毛泽东可以看到的任继愈的文章，大约就在这个范围。

通观这些文章，我们可以看到任继愈在研究方法上确有与以往及其同代学人的一些不同特点。这些特点可以归纳为两点：

第一，从社会存在决定社会意识、经济基础决定上层建筑的视角考察宗教现象和宗教哲学。论文认为，"18世纪法国的启蒙运动者非常简单地肯定说，'宗教是由于傻子和骗子相遇产生的'"，而没有指出宗教产生的社会根源，这是旧唯物论的根本性缺陷。

论文《后记》引马克思的话说，"宗教的苦难即是现实苦难的表现，又是对这种现实苦难的抗议"。"废除作为人民幻想的幸福的宗教，也就是要求实现人民的现实的幸福"。马克思这里反复讲的"现实",指的是不合理的社会制度——生产关系、经济基础;要想彻底地把人民从宗教的苦难中解放出来,将幻想的幸福转变成实际的幸福,那就不能停留在思想的批判和理论的说明(教育)上,而必须变革不合理的现实社会,创造出符合人性(而不是神性)的生存和发展的客观条件。我们知道,这样的条件只有在共产主义社会才能实现。这也是马克思超越费尔巴哈宗教观的关键所在。

社会的发展是有客观规律的,它的阶段性不可超越,企图绕开对社会现实的实际变革,而用行政命令的手段去孤立地解决思想信仰问题,是反马克思主义的。于是,如何正确处理宗教问题,也就成了科学社会主义运动的一大课题。

科学社会主义的另一个重要原则,是相信人民群众自己解放自己,不容越俎代庖,更不容许用宗教斗争,取代或转移社会主义运动的大方向。恩格斯反对布朗基主义取缔宗教的纲领,毛泽东主张由群众立起来的菩萨要由群众自己的双手去丢开,都是这个意思,也都可以从经济基础决定上层建筑的基本原理中推论出来。

第二,马克思主义从来不否认精神世界对于物质世界的主体能动作用,社会意识对于社会存在的积极影响,尤其是在革命和建设的关键时刻。因为只有正确的思想,才能正确地认识世界,制定出正确的方针路线,保证对实践的正确指导。马克思主义政党历来重视思想建设、思想斗争,这是根本原因。刘少奇写过《人为什么犯错误》,毛泽东写过《人的正确思想是从哪里来的》,他们反对唯心论和形而上学(机械论),同反对本本主义、教条主义的用意是一样的:那就是保证我们的主观认识同客观实际的一致,而不脱离不断变化着的、关系异常复杂的客观实际,不脱离最广大的、物质需要和精神需要不尽相同的人民群众。因此,不接受"神学"及其影响,不但有对人民群众负责的一面,也有正视现实、保证正确思维、正确实践的一面。

毛泽东是赞赏鲁迅的。鲁迅有句名言"恐吓与辱骂不是战斗"。即使对于神学,毛泽东既不赞成采取行政干预的手段,也不会赞同恐吓与辱骂的言辞。他在《新民主主义论》以及《同藏族人士的谈话》和《关于正确处理人民内部矛盾的问题》等文中都有明确的表达。他所谓的批判，是在马克思主义意义上用的，指的是实事求是的理论分析和历史主义的评价，具有扬弃的含义，而不是"文革"期间的大批判、打棍子、扣帽子、上纲上线。

任继愈的佛学论文的另一特点，就具有这种批判的成分：首先是占有足够的可靠的资料，保证立论的根据充分；而后对其有代表性部分，做重点的理论分析，给以认识论和方法论的评价；同时探讨这一思潮得以形成的社会和文化背景，指出其社会作用和历史地位。因此，他的论文言之有据，言之有物，不但给人以知识，也给人以思维方法上的启示。

这些论文特别从认识论和方法论的视角，揭示出佛教哲学蕴含着丰富的内容及其基本缺憾。统一的中国佛教，各派哲学却各有特色，表明人的认识的复杂性和导致谬误的多种可能性，我们今天的研究者，应该从这些遗产中吸取必要的思维经验和教训，以助我们今天正确思维而少犯错误，我认为论文分析的要点就在于此：它们既指出佛教哲学脱离现实的唯心主义一面，又论述了佛教哲学具备思辨的辩证法的一面。通过这些论文，使我们当时年轻的一代学子，认识到佛教哲学记录着我们先辈在认识世界和探索正确思维的道路上，曾经经历过何等的艰辛，而佛教文献向我们提供的遗产，值得认真学习和总结的，确实不在少数。我个人是走这条路的，与我同代的人，可能也是这样的情形。

如果佛教如此，其他宗教是否例外呢？我个人对其他宗教无知，不敢妄说，但应该拥有这些知识，作马克思主义的分析，以利于我们社会的进步、先进文化的建设和个人的全面发展，应该是一致的。

三

现下我们还有许多老同志直接参加了世界宗教研究所的筹办工作，他们了解的情况比我具体而全面。给我印象深刻的是任继愈建所时的两项主张：一是积累资料，二是培养人才。道理很简单：我们把宗教作为一个以马克思主义为指导的独立学科的研究，是一张白纸：没有资料，没有人才，就没有进行研究的起点。

搜集和积累资料的工作，大约在"文化大革命"期间也没有中断，因此宗教所保存了全国各大宗教可能被毁灭的许多文献，使"文化大革命"后能够物归原主，这应该是一大贡献；当时的资料室，可以说是全国维护和保存有关宗教研究书刊最具特色的地方，曾一度设想建设一个国内宗教研究的信息中心。还办了个《世界宗教资料》的刊物，力所能及地追踪国外宗教和宗教研究的新动态，我就从中获取过许多知识。尔后，宗教所承担起编纂《中华大藏经》的国家项目，续《大藏经》的编辑正在进行中；敦煌宗教文献和中国伊斯兰教史料的整理出版，宗教所也有不小贡献。

至于人才的培养，可以说是宗教研究所做得最为成功的一项事业。当前国内宗教研究领域的学术骨干，绝大多数出自世界宗教研究所系统，而且大都能各领一方，各有建树。北京大学开讲宗教课，成立宗教学专业，是宗教所组织的课程，派遣的教师。

当年人才的培养，没有现在这样多的渠道，主要是与学科建设结合并行，通过内部的学习讨论，共同提高。宗教所的机构设置，至今没有太大的变化，一个研究室，就是一门学科；每一个研究室承担一项重点课题，就是学科建设的实施。其中作为全所学科基础建设的有三项，一史，二论，三辞书。"史"指对相应学科的历史地认识和研究；"论"指对宗教相关理论的认识和研究；"辞书"则是对有关宗教认识和研究的索引式记录和进一步探索的工具。

宗教所的第一个研究成果，应该是1981年出版的一部辞书：《宗教词典》；这部词典后来扩大成《宗教大辞典》，1997年出版。不论就其规模和完备程度来说，后者远远胜过前者。但就其意义和影响看，《宗教词典》则是任何同类辞书难以比拟的。第一，它是马克思主义学者同宗教界学者共同合作的产物。通过这样的合作，马克思主义学者向宗教界学者学到了许多精微的知识，而宗教界学者则肯定了马克思主义实事求是的研究态度和有分析的研究方法。第二，它向世人公告，马克思主义是把宗教作为一门学科去认真学习，认真研究的；简单的排斥和粗暴的否定，不是我们的学风。第三，它获得了社会的普遍承认和肯定，包括宗教界、学术界和需要宗教知识的其他行业。我不知道，这部辞书再版过多少次，共计印过多少册，不过从此上海辞书出版社就屡屡向我们组织各种宗教词典的积极性上，可以知道个大概。

后来知道，这部简明的《宗教词典》，在台湾出了盗版，两岸关系改善之后，对方才给予了若干经济补偿；还有台湾一个佛教团体编纂的《佛教大辞典》，将我们《宗教词典》中收入不多的教义词条，几乎全部纳入其中，有的连条目和内容一字不改。这说明，连当时处于隔离状态的台湾宗教界和学术机构，也不能不承认马克思主义在宗教研究上的独特成果。

现下编辑辞书，被认为是最容易也最无学术价值的事，所以在评定职称、统计研究成果上，一般是不被列入其中的。其实，任何事都得具体分析。18 世纪法国唯物论就是以"百科全书派"知名；伏尔泰的《哲学辞典》，谁敢否认它的思想价值？问题不在成果的形式，而要看它是否有所创新，有无学术水平，对社会是否起着正面的作用。

最早进入国家规划项目的是"中国佛教史"。此书原计划编写八卷，由于多种原因，只出版了三卷，至今还有许多人问起来，对没有继续出下去表示惋惜。即使这三卷，也引起相当的反响。日本是佛教研究的传统大国，很快就以《中国佛教史》"定本"的名义翻译过去。译者指出，此史有许多特点，其中有两点最为突出，一是用史实说明，佛教传入中国是有传统的宗教思想和当时的文化思潮为背景的，而不是孤立发生的现象；二是指出，佛教经典是基于中国人的意识形态而被容纳的，所以对主要汉译佛经的内容做了详细的剖析，并从思想史上给以评价。对这些特点，译者归结为，是采用了唯物史观的立场的结果——但是，这历史唯物论并不是通常那种机械论的运用，译者特别如此说明。

日本的佛教学者，对任继愈的佛学研究学术水平评价很高。在早有冢本善隆，他可能是任著《汉唐佛教思想论集》最认真的研究者，曾特别来华与作者探讨。稍后则有中村元、镰田茂雄等，加上《中外日报》社长本间昭之助，遂搭起了一个中日佛教学术长期交流的平台。应该说，这一模式的中日佛教学术交流，是所有对外学术交流中最为成功的一个，影响也十分积极。

就我接触的范围看，日本学者看中任继愈的学术成果，除了对他的严谨的学风表示敬佩外，也主要集中在这两点上，即：从中国历史和思想史的宏观上把握佛教整体的发展线索，以及从思维方法上对佛教教理作客观的分析。

在宗教史的学科建设上，学术界认同的程度可能最大。任继愈策划和总主编的三部世界宗教史：佛教史、伊斯兰教史和基督教史，2006 年初出版了新版；不到半年，就又第二次印刷。它们经受了学术上的考验，也经受了市场的考验。它们采用的方法，严格说，也是马克思主义的，而正因为马克思主义的科学方法论，使它们能够达到足够的学术水平，获得社会的承认。我这里以《佛教史》为例。

《佛教史》出版不久，在香港书展中向海外展示，台湾一家出版社就买去了繁体四号字竖排的台湾出版权。它在出版说明中有这样一段话，《佛教史》

　　以共产主义之"历史唯物论"为理论基础。文中"统治阶级"、"起义"、"资产阶级"等词汇，与我国（指台湾当局）现行政治思想意识形态有所扞格；然此书为研究佛教史学之重要参考书籍，且为学术著作，而非思想意识之宣传品。本社秉持"尊重学术自由"之原则，上列词汇悉予保留，用以维持此书原有之学术价值。

特别有意思的是出版者最后的一段话：

　　共产主义者之"历史唯物论"，对于观察历史有其特殊的角度，固亦读者阅读本书前应有所了解。

就是说，我们用"历史唯物论为理论基础"写的著作，不但得到台湾同胞在学术价值上的肯定，而且因为它的学术价值，还引发他们去了解共产主义者的"历史唯物论"的兴趣。这是有些出乎我们意料的。

在马克思主义宗教理论的研究和学科开拓上，也有基础性建树，《宗教学通论》是其中的突出代表，在海内外引起广泛的注意，也有台湾版。

四

记得中国社会科学院前院长胡绳说过这样的话：在学术上坚持马克思

主义领导，首先要体现在相关研究论著的学术水平上。在我的人生路上，影响我的世界观的书很多，就学术著作言，范文澜的《中国近代史》是最重要的一本。它的史学价值以及在史学界的影响，我认为是不可动摇的；它揭示的历史事实，使我对当时社会现状有了理性的认识，而它凸显出来的历史逻辑，则坚定了我对中国前途和道路的选择。

如众所知，马克思主义不是一个封闭的体系，也不是口号，不是标签，不是引经据典，更不是政治棍子。它欢迎一切科学创造，吸取人类文明的一切优秀成果，并随着时间、地点和条件的不同而不断的发展。当今是文化多元化的时代，在学术上的马克思主义研究者，也理所当然地要去学习和吸取其他学派的学术成果，密切关心学术动态，欢迎他人的新的学术贡献。这些，已经不再成为问题。我们反对盲目的排他主义和狭隘的宗派主义，但必须坚持马克思主义研究上的独立性和创造性。马克思主义的学术研究，不应该是人云亦云，对他人亦步亦趋；更不应该唯利是图，趋势媚时。它应该把独立和创造视作自己学术的生命，因而也是最有学术良心和最有学术自尊的；学术上容不得老子第一，更容不得奴性和媚骨。

任继愈是中国宗教学学会的首倡者，也是第一任理事长，他同时也是中国无神论学会的首倡者，至今还是理事长。无神论研究和无神论的宣传教育，是他的马克思主义宗教研究的一个极端重要的组成部分。他有一句影响颇大的话：社会主义不但要脱贫，而且要脱愚。宗教信仰是公民的权利，必须维护；鬼神观念是愚昧，应该通过科学教育的途径从中解脱出来。宗教是历史的，也是现实的，对其客观存在，必须认真地看待，科学地分析；但这绝不能脱离社会发展的规律，人类文明的历史轨迹，以及人性的全面发展，把它当成一个孤立问题。就我国的历史和现状言，我们缺乏的不是鬼神，而是科学；就马克思主义的立场言，丢弃它的无神论，就很难称得上马克思主义的宗教研究。

在改革开放以后的一个相当时期，无神论被当成是极"左"的代称，好像"文化大革命"只是针对宗教、或为消灭宗教而发动的运动，其中无神论则是罪魁祸首。关于这段历史，当事人都在，用不着多说。但因此而让无神论背着极"左"的骂名，且走的时间未免太长了，而鬼神论则发达到了遍及文化市场的每个角落，高升到了机关学校的科学讲堂，成为一种

"显学"，至今遗患犹在。在这种异常的文化氛围下，一些学者捍卫科学精神，反对愚昧迷信的斗争也没有停止过，任继愈则担负起坚持和宣传马克思主义无神论的重责来。

这项工作，同样得到了中央的支持，《科学与无神论》这一刊物，就是在中央的直接扶持下创办的。在中国文化史上，以无神论命名的期刊，大约这是独一份；在中国共产党的历史上，也是首创。即使有些人把共产党的宗教政策扭曲到何种恐怖的程度，但也找不到专门研究和宣传无神论的刊物。就此而言，我们似乎比极"左"还极"左"，但只要了解或愿意了解我国近期文化实情的人，翻阅过我们的刊物的人，都不会得出这样的结论，还有可能成为我们的同志。这个刊物的宗旨是四句话，刊登在每期的封面上，这里不讲了。

诚然，刊物遇到过一些麻烦。有人上告我们是反宗教的，是要消灭宗教的，所以遭受过调查。有人写信诅咒我们，说仅凭我们的观点，就必定要下地狱；还有更巧妙的，说我们侮辱了神汉巫婆的人格，属于低级动物，因为只有低级动物才是不信神的。我们都容忍了，我们理解一些人对我们的愤怒，也体会到为什么"宗教宽容"中会不包括无神论者。然而，从这个刊物面世六年来，我们没有遇到过一次严肃的思想批评，也没有看到和听到过一次政策性的质疑，更没有经历法律上的纠纷。客观地说，这个刊物的影响是在不断扩大，无神论的声誉在不断上升，与我们合作的机构和学者群，在不断壮大；我们对外的学术联系，很有前途，研究工作也在有计划地进行，我们发表的论文和编写的图书，在日益得到社会的肯定。细说起来像是工作汇报，这里只表达一个意思：科学无神论在学术领域亦将成为一个独立的、可以大有作为的学科。

我知道我们一些同事，是不赞成在宗教研究中采取无神论观点的，理由是，我们的研究本身就已经包含有无神论；现下讲无神论不利于同国内外宗教界的关系。我们不同意这种观点。宗教研究除非完全不涉及宗教的核心部分，即神学理论部分，或者附和神学的基本观念，或回避这些问题，也就是说，让神学部分离开马克思主义的学术审视范围，否则不谈有神或无神，是完全不可能的，当前的例证很多，在国外的争论也不少，大家其实是清楚的。像媒体上常见的神创论或智能设计论及其反进化论的争论,就是最近的例证之一;而特异功能涉及的科学与哲学问题,也无不与无神论息息相关,至今还没有一个理论的清理。

什么是马克思主义的无神论?我认为就是以科学为依据,从哲学的深度探究宗教神学的世界观、认识论和方法论,探究一切鬼神论的谬误及其所以谬误的原因;同时深层次地讨论如何正确地认识世界,正确地思维、正确地实践。无神论并不是简单地否认神,不信神,而是学习和教人以正确的思维方法,正确的人生观和价值观,与科学和社会的整体进步衔接起来。

五

我认为马克思主义的学术研究必须具有独立性和创造性。作为中国社会科学院的一个研究所,顾名思义,它是一个科学研究机构,既不是宗教团体,也不是行政管理部门,因此,我们的研究既不能追随宗教理念,把是否让宗教界满意作为衡量我们研究水平的尺度,也不能停止在执行某些行政管理部门的意志上。我们的学术研究,是在党的领导下,以马克思主义为指导,对国家负责,对人民负责的,能够拿出既与爱国宗教团体和行政管理部门在政治方向上一致而又在学术上独具创见,经得住时间考验的成果来。如果只是某个团体或部门的附属,毛泽东就不必建议成立这样的研究所;如果没有创造性的成果,这样的研究所也没有存在的必要。独立思考,创造性的研究,是任何学术的生命所在。

研究上的独立性,是学术创造的前提;学术创造,是研究独立的果实。但在当前,谈研究上的独立性实在不容易。研究上的独立,需要经济独立、政治独立、学术独立。

我这里只讲经济独立。这是一个非常实际的问题,清高到不谈衣食住行、养家糊口,不是唯物论;安家立命,才能做学问,这是常规。只有卫国、革命和特殊情况是例外。在今天,如果还要我们的一些研究人员,不得不为像样的生活和研究条件而疲于奔命;一个国家级的学术研究单位,有许多学术会议、对外交流、成果出版,甚至图书资料,都没有相应的经费支持,不得不多方设法去自己募集,并不合理。一个叫“创收”的政策，一个叫"推向市场"的舆论，在特定意义上，是对学术研究的一种扼杀。

子曰："君子喻于义，小人喻于利。"我这话可能接近小人了。不过我没有忘却它的积极一面。"人穷志短"，不是铁律，倒是"人穷志不穷"，更受尊重。记得任继愈写过一篇短文，认为所谓马克思主义与中国实践相结合，实际上是与爱国主义相结合；中国革命的历史是这样写的，他自己也是这样经历的：马克思主义之所以为中国接受，就是因为它能够救中国。迄今为止，爱国主义依然是中国马克思主义者的底线，正是这条底线，使马克思主义研究者与其他一切爱国人士能够团结在一起，共同推动百家争鸣，学术繁荣。我们宗教学的马克思主义研究，也始终遵循这一原则。

最近看到一位自称是中国人的先生向美国总统献策，其中有言：

"里根总统因为埋葬了苏联东欧的共产制度而成为美国历史上最伟大的总统之一。帮助中国发生这种变化，也许是上帝给总统先生的历史使命。"

为什么要美国总统帮助中国完成这样的"历史使命"？这位先生说：因为这"既符合上帝的公义，也符合美国的国家安全"。如果事先不知道说话人的国籍，很可能把他误解成美国中央情报局的官员；如果他仍然是中国国籍，按照中国人历来的道德标准，那他只能自归于汪精卫一流。尽管我不了解"上帝的公义"是否如此，更不知道上帝是否已经把颠覆他国的"历史使命"赋予了美国总统——不过，顺便指出，这样的"历史使命"似乎并没有完成得像这位中国人那么兴高采烈。最近俄国总统就发话了："我国并不想参加任何十字军的圣战"；"我们当然不想拥有像在伊拉克那样的民主"。这也算是判断世界政治局势、判断文化多样性局势的一条信息吧。

总之，马克思主义的宗教研究，老一代学者给我们开了一个好头，可开发的课题非常之多，有些还非常急迫；就整个国家言，盛世事多，但前途似锦。我们期望随着国家经济文化的发展，大家的科研条件能有进一步的改善，具备自由开拓和自由创新的物质基础，同时决不放弃独立思考、言论自主的原则，以及作为国人的尊严。不过这涉及学风和人格问题，已经离题远了。

　　作者原附记：此文原是为纪念任继愈先生 90 寿辰所作，标题所谓"马克思主义研究"，指的就是任先生的研究，此文曾借国际儒联 2006 年 8 月举办的学术研讨会上作过一次发言，之后，刊登在《国际儒学研究》第 15 辑上。至 2007 年，由世界宗教研究所领导主编的《马克思主义宗教观研究》也收了进去，但做了我认为很重要的删节，现在再次在本刊上刊登，并将被删节的部分用黑体字标出，供读者辨识参考。

（原载《科学与无神论》2009 年第 5 期）

中国的人本主义传统和无神论精神

在社会文化生活中，不是神为本，而是人为本；在社会政治生活中，君为轻，民为贵，这是中国人本主义的传统特色。着重从社会制度考察伦理关系，从民生和人性角度解释和解决道德问题，是中国人本主义的又一特色。这种人本主义否定鬼神，但不拒绝"神道设教"，所以无神论与多神论并存，随意造神毁神则成为惯常现象。任何神都没有独尊的资格，也没有宗教迫害和宗教战争。新中国以人民的意志建国立宪，宗教信仰是个人的私事，受到宪法保护，在国家决策上，没有神灵的地位。

借此"科学探索与人类福祉"国际研讨会举行的机会，我代表中国无神论学会的同事，向以 Paul Kurtz 教授为首的自由探索者表示衷心的敬佩。在美国日益浓重的宗教政治氛围中，他们高举科学、理性的旗帜，推动世俗人文主义和新启蒙运动的开展，从对超自然声称的质疑，到现在反对宗教干预国家法制，发表了许多独到的见解，我们的杂志《科学与无神论》曾持续地进行过介绍，对我们捍卫科学尊严，反对愚昧迷信，推进科教兴国，起着良好的启迪作用。围绕研讨会主题，我将简略介绍中国传统文化中的有关观念，以资交流，增强了解。

一

如果说，在西方，人本主义是起自文艺复兴运动，而后日益成为一种社会主导思潮，并最终确立了世俗的民主国家，那么，中国的人本主义理念，早在古代文明中即已酝酿，并连绵发展，成了我们这个民族生生不息的内在原动力。

中国的人本主义集中表现在两个方面：在"天"与"人"的关系上，主张"人为本"，在"君"与"民"的关系上，主张"民为贵"。这是理解中国全部历史和现状的钥匙。

在汉语中，"天"是个十分模糊的概念。它既可以被理解为无意识的大自然，也可以被视作体现于自然现象中的"神"，或"上帝"。将"天"解释为自然的，应该属于无神论，指谓"神"或"上帝"的，当然就是有神论了。但事实也不尽然。即使"神"或"上帝"，也很模糊。什么是"神"？《周易》有个明确的界定："阴阳不测谓之神。"荀子说得更具体："四时代御，阴阳大化，风雨博施，万物各得其和以生，各得其养以成：不见其事而见其功，夫是之谓神。"唐儒孔颖达对"神道"的释义则继承这一思想："微妙无方，理不可知，目不可见，不知所以然而然，谓之神道。"据此，人们对于未知或无知的自然现象不能得到正确的理解，即称为"神"或"神道"。这其实是一种类似不可知论的观点，因为它并没有确定是否有人格神的真实存在。

关于"上帝"比较复杂。利玛窦于明代向中国传播天主教教，提出的一个重要传教方法：尽可能地贴靠中国文化，他把 God 译作"上帝"，就是这贴靠法中的杰作。因为中国古老的文献普遍记载，上帝是有意志的，他能决定世上人事，必须敬畏、遵从、供祀。例如《尚书·盘庚下》："肆上帝将复我高祖之德。"《国语·周襄王十八年》："昔我先王之有天下也……以供上帝山川百神之祀。"《诗经·大雅·大明》："上帝临女。"《书经·立政》："吁俊尊上帝。"这样的"上帝"，说他是人格神，大约是像的，但把他等同于 God，基督宗教绝对不会同意，因为这个词并无造物主的含义；古代今文经学家将上帝释作为古代帝王，又特指舜；现代学者郭沫若，也认为上帝是指自己的祖先。

按《说文》解释："天，颠也，至高无上"。不管对"天"作何种解释，它的至高无上性及其干预人事的关系重大，是传统思想共同认可、没有异议的，而中国古老的哲学问题，就是探索天人的关系问题。

有相当多的学者认为，中国的文化起源于巫史，类似萨满。我们现在发现最早的文字系统是甲骨文；甲骨文记载的是卜辞；卜辞是巫觋窥测天或上帝意向的记录；巫觋则是具有通"天"能力，做"神明"代言人的专家。《国语·楚语》谓：

> （古者）民之精爽不携二者，而又能齐肃衷正；其知能上下比义，
> 其圣能光远宣朗，其明能光照之，其聪能听彻之，如是则明神降之。
> 在男曰觋，在女曰巫。

由此可见，古代巫觋的威信和地位是极高的，而其职责，就是用降神术或卜筮去探询天神对人事的意向。

探问天意或神意，都是为了解决最迫切的人事问题，为人事服务，这其中已经蕴含了"人为本"的意思。把人与天分别开来，突出人事的作用，大约形成于夏、商、周社会转变之际。《尚书·汤誓》："有夏多罪，天命殛之"——汤伐夏成功，是由于夏人多罪，所以天命消灭之。《诗经·大雅·文王》："候服于周，天命靡常"，殷人国家被周人取代，更是人事决定了天命的转移。由于对社会的不满，也会引起对天帝的诅咒："疾威上帝，其命多辟"（《诗经·大雅·荡》）。及至先秦诸子兴起，巫术没落，究"天人之际"，作"天人之辨"，则成了哲学思考最重大的论题，此后历经汉唐宋明，以至于今，探讨和论辩没有停止过。

在天人关系中明确"人为本"的命题，最早当属荀子。他强调的是"明天人之分"；"强本而节用，则天不能贫；养备而动时，则天不能病；修道而不贰，则天不能祸"。他认为，"从天而颂之，孰与制天命而用之"的主张，批评庄子之"蔽于天而不知人"，是自然无为的消极态度（《荀子·天论》）。

与"天人之分"对立的命题是"天人合一"，西汉大儒董仲舒用"天人感应"进行解释："天亦有喜怒之气，哀乐之信，与人相副，以类合之，天人一也"；故"人之为人，本于天；天亦人之曾祖父也。"（《春秋繁露》）研究者普遍认为，董仲舒讲述的"人天相与之际"，是一种"君权神授"的宗教理论，这固然不错，但它还有另一方面，那就是总结暴秦的教训，约束君主的权力：君主既然是天命所授，就必须顺从民情，不可妄为，否则，天命同样能够把君权剥夺回去，使你皇帝做不成。因此，"天人感应"的核心，依然是"人为本"。确切些说，就人类是自然演化的产

物言，"人本于天"；就天下的治乱言，则是"天本于人"——"天心"，用人事考察人君的政绩，并不时发出警报。所以汉武帝回应说："善言天者，必有征于人，善言古者必有验于今"，天意只能在人事中得到验证（《汉书·董仲舒传》）。

在古代，有时"人"与"民"可以互置，人即民，民即人，亦可通称"人民"，所以在谈及人为本时，亦可用于论述君主与人民关系，相当"民为本"。管子就是在这个含义下用的。《管子·霸言》云："霸王之所始也，以人为本。本理则国固，本乱则国危。"这里所谓霸王，当时指的是强国之道。

到了孟子，他考察决定国家命运的力量，权衡君与民的地位和作用，提出了"君为轻"，"民为贵"的主张；认为像桀纣那样残暴其民的君主，人民有理由起来造反。从两宋起，《孟子》成了封建王朝的必读教材，其中不无当作警示的含义。明代是中国君主专制主义的一个制高点，但它的开国皇帝依旧不敢违背儒家的这一祖训：

> 所谓敬天者，不独严而有礼，当有其实。天以子民之任付于君，为君者欲求事天，必先恤民。恤民者，事天之实也。

因此国家任命的官吏，必须"恤民"，若不能恤民，即是弃君之命，是对君主的大不敬。

二

这样，不论从哪个意义上说，"人为本"、"民为贵"就成了中国传统中根深蒂固的理念。现代学者郭沫若主张用"人民本位"替代"帝王本位"去观察中国的全部历史，这种历史观反映的就是我们的人本主义传统。我这里借用一下，中国的传统文化是"人本位"的，而不是"神本位"的。

最具中国传统特色的宗教，大体可用"敬天祭祖"概括之；对待鬼神的态度，则可用孔子所谓"敬鬼神而远之"概括，而支配一切宗教观念的，依然是突出人定胜天的巫觋精神。

"敬天祭祖"是儒家宗教的核心，也是它的礼教组成部分。由于"祭祖"，所以是否需要一个不灭的灵魂，曾成为儒家内部长期争论的问题；因为天"至高无上"，不论从哪个意义上都需要敬畏，所以天人关系问题又具有了宗教意义。历代王朝的宗教政策，大都遵行《周易》的这一箴言："圣人以神道设教而天下服矣。"为什么？按《管子·牧民》的解释："不明鬼神则陋民不悟"，"神道"只是为了教育"陋民"设置的科目。依《荀子·天论》则"神道设教"是对"礼"的一种文饰，是礼的一种文化形态，而不是肯定鬼神的真实存在：

> 日月食而救之，天旱而雩，卜筮然后决大事，非以为得求也，以文之也。故君子以为文，而百姓以为神。以为文则吉，以为神则凶也。

他们都认为，相信鬼神的只是百姓陋民，而不应该是大人君子。

然而另一方面，巫觋作为人与自然分离，人与神分离的产物，则标志着人对自身力量的自觉，是人力求成为自己主人的自觉。像孙悟空闹天宫，哪吒闹海，精卫填海，天女下凡，姜太公封神一类的神话故事，都体现着对"至高无上"者的不屈，并力图制服"至高无上"者的抗争精神。因此，随着巫觋中的法术，包括卜筮、召神、降妖、医病之类的蒙昧行为，逐渐被经验知识和科学技术的增长所取代，而它力争人做人自身的主人的精神，尤其是独立自主，自尊自信自力的一面，则转化成了我们民族的内在性格。这种性格，也明显地反映在传统的宗教观上。

我国的传统宗教格局，大致是儒、释、道三教并行合流。这三教的共性，与西方的宗教相比，也集中体现在这以人为本的精神上。其中有三点，最为突出：

第一，神圣是由人来作的。其聪明者如巫觋，其圣明者如三皇五帝，以及儒教的圣人，道教的神仙，佛教的佛，都是人中的英杰；但他们无例外的，都来自于人，而不是超越于人、驾凌于人，更不敌视人类，动辄惩罚人类。

第二，人人皆能成神成圣。儒家的信条之一，是人人都可成为圣人；

佛教的重要命题，是"一切众生悉有佛性"；道教教人如何肉身炼成不死的神仙，鸡犬升天。佛教的理想国是净土，道教的理想国是天宫，只要依"法"修习，人人都能进入，无须乎首先取得"选民"的资格。

第三，神由人造，而不是神造人。造神封神，贬神毁神，在中国有悠久的历史。上至帝王将相，下至黎民百姓、贩夫走卒，造神毁神几乎成为风气，人人都有这样的资格和能力。从古到今，究竟造过多少神，毁过多少神，无法统计。人们敬佩的英雄，爱戴的志士，自己的祖宗，以及看不清说不明的事物，都可以被尊为神；每个动植物及其他细小物件，诸如蛇龟黄鼠狼，老树旧器，也可以被奉之为神；当然，他们也往往逃脱不了被贬被毁或被遗忘的命运。大至上天苍穹，五岳四海，国家社稷，小至村落家庭，以至门庭角落，厕所灶上，都有神为主管；行帮职业，也各有自己主祭的神。这所有的"神"，都是因人因事而设，而且都必须为人效忠效力，否则他就失去供养和存在的价值。信仰之完全属于个人的自由领域，以及由此造成的信仰波动和信仰转移频繁，成了中国宗教的突出特点。也正因为如此，中国历史上没有宗教仇恨、宗教迫害和宗教战争，无神论也有宽阔的活动空间。中国历史上曾发生过数次毁佛禁教的事件，但那都是因为他们危害了人的现实利益，而与宗教信仰自身无关。

因此，中国的文化传统是多元性的，多神论和无神论并存而不悖，所以它也是宽容的，不承认有创世造人的唯一神存在，不能容忍一神独尊。中国传说开天辟地的是"盘古氏"，造人的是"女娲氏"，他与她都是我们神话中的祖先，被列在三皇五帝内，既没有依此形成宗教组织，也没有成为信仰崇拜的对象。这也是中国文化之所以是世俗的传统，与西方一神教传统区别最大的地方。西方有人说中国是"无神论"国家，毋宁说中国是否定一神独尊，同时尊重多神论和无神论的国家。就此而言，宗教在中国，不成为一个问题；所以在中国近现代革命中，宗教就不像西方资产阶级革命那样，成为一个震动社会结构的重大政治问题。

三

中国宗教中体现的人本主义，反映在道德观上，是世俗伦理决定着宗教道德，而不像一神论宗教国家，用宗教道德规范世俗的价值观和道德体系。

儒教自身就是世俗的，自古就是中国伦理关系和道德观念的载体。在道德伦理范围，道教只是儒教的补充，无须多说。佛教是唯一的外来宗教，其能够在中国落脚，并融入中国的传统文化，最能说明中国世俗性道德之所以深厚和强大。

佛教在公元前传入中国。在它的本土，曾以弃家离世、厌恶人身相标榜，与儒家的伦理观念完全相反，因此从一开始，它就力图调和这种差别，终于以"大乘"名义，统一中国佛教，而与儒家名教一致起来。

"佛"是觉者或智者的意思，把觉悟人生，把握真谛作为解脱之道。在哲学上，它提倡"缘起"说，反对"一因"论；在宗教上，反对婆罗门教的天帝创世造人说，主张"业报轮回"。它把"天"定为世间众生的一类，与人、畜生等列在平等的世间系列，服从同一的业报法则。人人都可以生而为"天"，诸"天"也可能堕落而入地狱，关键看他们个人的思想行为，为自己创造了什么样的形象和环境。

这种宗教世界观，与中国的人本主义传统，非常契合。而"大乘"力主入世，"普度众生"，肯定现实的人伦关系，提出所谓"十善"的道德原则，用"五戒"解读儒家的"五常"，尊重世俗民众，甘为世俗民众的解脱作桥，所以有"诸法平等，无有高下"之说。这与一神教建立在虔信和敬畏上帝基础上的道德观和价值观，譬如"原罪"和"救赎"等基本教义以及摩西"十诫"律条比较，特点尤为清楚。基督教在唐代就传入中国，历经元明而至鸦片战争，在上千年的时间里，始终不能在中国土地上生根，可能有多种原因，但它在教义上的一神独尊和道德价值观上的排他性，以及对人性的扭曲和对人的鄙视，当是最重要的一项。

中国进入近现代以后，国力衰弱，外强欺凌，传统儒家礼教受到严重挑战，于是总结古代思想的得失和向西方学习，就成了觉醒中的文化人的两项重要工作。学习和总结的结果，与我们这里讨论的问题有关的，一是"宗教改革"：中华民族也需要宗教，用以振奋国民精神，为变革旧中国提供精神上的保障；二是"科学与民主"：中华振兴之道，最急迫的是科学技术和民主制度，用以改变我们落后的生产方式和封建的君主专制主义。

　　主张宗教救国的文人中，维新派是主流：康有为建立"孔教会"，力图将传统儒教提升为"国教"；梁启超提倡佛教救世，期望从改造国民性上，振奋国民精神。作为革命派代表的章太炎，一面撰写《建立宗教论》，一面发表《无神论》；他用"无神论"反对西方基督教的一神论，又用"宗教论"发挥佛教唯识学，企图把国民精神建立在"理性"和"自力"的基础上。这些宗教救国论，有一个鲜明的特色，那就是激发国人的自尊自信和保国保种的凝聚力和激情。但结果是全部无效。

　　真正改变中国旧面目的是"科学与民主"。最早主张引进西方科学技术，用学校教育取代科举制度的，是清朝末年发起的"新学"（西学）运动。张之洞著《劝学篇》，特别把现代化教育视作强国之本，为此，他主张，除保留少数必须的寺院道观以及宗族祠堂之外，将宗教建筑一律改作学校，用于补救教育设施之不足。他把科技教育的发展，放在优于宗教的地位上。"五四新文化运动"，打出"科学与民主"的旗帜，将文化大众化作为方向，促进传统的人本主义达到了一个全新的高度，为整个社会的进步提供了全新的推动力。

　　"五四"人物普遍接受西方文艺复兴和启蒙运动的洗礼。他们用科学批判"灵学"，扫荡封建迷信；用西方的人权和自由观念对抗基督教的入侵，捍卫国民教育的独立性——由教育家蔡元培参加发起的"非基督教运动"，就是具有标志性事件。稍后，又有科学与"玄学"之辩，陈独秀、胡适辈力主把"人生观"从"有神论和灵魂不灭论"的统治中解放出来，树立"科学的人生观"，而且即以"无神论"命名。他们客观上反映了中国此后主流文化的走向。

　　由人本主义走向无神论，是符合历史，也符合逻辑的。但当前中国的某些文化人厌恶科学无神论，反对科学无神论；同时认为，以儒家为代表的传统伦理和道德观念，已经陈腐，或被"革命"扼杀，以致"信仰危机"，世风日下，道德沦丧，无法救药；在他们看来，能够拯救人心、维护社会秩序的最佳途径就是宗教。因此，宣教布道的出版物与愚昧迷信之风并行，在我们国内也制造出一种宗教热的假象。

　　但我认为，这是对我们社会现状的悲观论断，在认识上是片面的。至少在近150多年中，中华民族从来没有如此独立地站立起来，能够与世界其他民族平等相处；中国人民的物质生活从来没有如此富裕，文化生活如此丰富而自由；中国社会的安宁和稳定，以及经济的快速发展，可以与当今世界上任何一个国家相比。即以被屡遭贬斥的传统道德来说，其实依旧是凝结我们民族最强大的内聚力，在历次革命中，并没有消失。

众所周知，任何文化都是历史的，中国的道德观也经历着时代的变迁。"三纲五常"曾是占统治地位的儒家伦理，但它只能适用封建主义的社会制度；所以当民主革命到来之时，它就成了被否定的对象，这是正常现象。当前麦克斯·缪勒的《新教伦理与资本主义精神》十分走红，它讲的其实也是这个道理：资本主义经济诞生了，它需要资本主义精神的保障和支持，于是"宗教改革"爆发了，产生了所谓"新教伦理"，使得旧的宗教传统不得不去适应新的社会经济条件，起着新的作用。当然，此书并没有论及封建主义被资本主义取代过程所发生的全部观念更新，尤其是文艺复兴和启蒙运动中发展起来的人文主义、科学精神、唯物论、怀疑论和无神论，而这些更新的思潮，影响力远比新教伦理更为巨大而深刻。

四

像"三纲五常"这类传统道德，是无论如何努力也不可能召唤回来了。但由儒家承载的，确立这些道德范畴的人文主义精神，是一贯地深蕴在我们民族的文化意识中的，包括"五四运动"在内的历次革命，不但没有打倒，或许还是这种精神的一种爆发。我们就以道德来说吧——道德是怎样产生，是如何变动的，怎样才能有效的提升社会道德水平？传统文化给我们的答案，就比那些宗教道德论者有价值得多。

在这些问题上，传统文化给出的答案有两个，一个与社会有关，一个与人性有关，二者都建立在以人为本的基础上。

先看与社会有关的答案。这也有两种，其一可称作人民生活条件决定论，是古人解决道德问题的普遍见解，而以管仲所谓"仓廪实则知礼义，衣食足则知荣辱"（《管子·牧民第一》）最有代表性。"礼义"属伦理规范，"荣辱"属道德范畴。要维护正常的社会伦理和良好的道德准则，必须以国家和人民的富足为大前提。在这里，人的生存和温饱是决定伦理道德水平的要害因素，上帝没有用，单纯的说教也没有用。《管子·牧民》中还有一句话："天下不患无财，患无人以分之。"孔子时代有一个谚语更明确："有国有家者，不患寡而患不均。"它们都表示：道德出现问题，还涉及对既有财富的分配问题。

在正常的社会条件下，人民富裕，加上分配公平，是维系良好的伦理关系和高尚道德的前提；而高尚的道德和良好的伦理关系，往往也反映在争取生产力的发展和社会正义的斗争中，都与是否相信宗教无关。

另一种可称社会制度决定论。这出在著名的《礼记·礼运篇》中。其所谓"天下为公"的"公"，指的是财产公有制；其所谓"大同"，则是指社会的平等。在这样的社会里，人际间的伦理关系自然良好，每个人的道德情操也自然是高尚的。因此，作为制度化的伦理和用于教化的道德，是无须存在的，更用不着神灵的利诱和恐吓。然而：

> 今大道既隐，天下为家。各亲其亲，各子其子，货、力为己。大人世及以为礼，城郭沟池以为固，礼义以为纪，以正君臣，以笃父子，以睦兄弟，以和夫妇，以设制度，以立田里，以贤勇知。故谋用是作，而兵由是起。

"天下为家"是指私有制的兴起，由私有制而产生国家机器、规章制度，有了规范社会关系需要，于是伦理道德也就应运而生了。就此而言，伦理道德是私有制的产物，与宗教和上帝也全无关系。《老子》中有类似的意见：

> 大道废，有仁义。智慧出，有大伪。六亲不和，有孝慈。国家昏乱，有忠臣。

这也说明，道德说教是"家天下"中各私其私的表现，是对"大道废"导致伦理败坏的反应。所以它明确地反对道德治国。它设计的是另一种治国高招：

> 不上贤，使民不争；不贵难得之货，使民不盗；不见可欲，使心

不乱。圣人治：虚其心，实其腹，弱其志，强其骨。常使民无知无欲，使知者不敢为，则无不治。

很遗憾，这是一种愚民政策。顺便摘在这里，以供《老子》热炒者们参考。

道德问题，首先归根于社会经济问题，最终的解决，需要社会制度的完善。这是儒家传统给出的最有价值的思想之一，它比之麦克斯·韦伯的《新教伦理与资本主义精神》深刻多了。

其次是与人性论有关的答案。这是儒家的另一个重要观点：道德不但为社会所需要，而且是出自人的自然本性。这自然本性或善或恶，其来自人的内需，则是同样的。因此，在儒家那里，没有什么"原罪"，也无须上帝的"救赎"，唯有"人性"的考量。

"人性论"的早期代表，当是孟子、告子和荀子。告子的名言，一曰"食、色，性也"，二曰"生之为性"。求生，而且要生活得更好，这就是人性。而生的基本前提，是食与色；"食"是维系当前生命的前提；"色"是生命的生产，并令族类得以延续的保障。就此而言，维护生命的需要，解决实际的民生问题，那就是善，反之就是恶。所谓"民以食为天"，"食"是支配人们行为的第一内驱力。

告子的这一思想，为荀子所继承，但他作了负面的推演：这种"生之为性"是恶，而不是善。因为人们若完全依凭自己的自然本性去追逐"食""色"，那将与动物无有区别；由此造成的放纵和贪欲，对社会秩序和人际关系会造成极大的破坏和伤害，所以必须给予后天的教育和法治：此中"礼义"就是带强制性的伦理道德规范。他的基本观点是："人之性恶，其善者伪也。"

荀子的"性恶"说可能是针对孟子的。孟子是"性善"说的奠基人，他的基本观点是，"人之性善也，犹水之就下也；人无有不善，水无有不下"。他认为，恻隐、羞恶、恭敬（辞让）、是非等，均属"善"的心理，乃是派生"仁义礼智"等伦理道德的自然属性，称作善的"四端"："人之有四端也，犹其有四肢也"，与四肢同样的生而有之。至于"恶"或善恶混杂，主要是后天环境使然："富岁，子弟多赖；凶岁，子弟多暴。非天之降才殊尔也，其所以陷溺其心者也"——人们之所以有时懒惰，行为不端，有时凶暴，并非人性有别，而与收成好坏有关。因此，孟子不但重视后天教育，同样看重民生问题。所谓"有恒产者有恒心，无恒产者无恒心"，它与《管子》说的"仓廪实则知礼节，衣食足则知荣辱"，可以阐释成一部古代政治经济学。

人性论在中国哲学史和伦理学史中占有重要的地位，有各种各样的主张，他们的共同点，是决不启用上帝或其他神灵解释和解决道德问题。

儒家的这类思想，是否属于"经济决定论"，这里不论。但它绝对不是"文化决定论"，更不把宗教纳入治理国家的考量中。《论语》中有段著名的对话：

> 季路问事鬼神。子曰："未能事人，焉能事鬼。"曰："敢问死。"曰："未知生，焉知死。"

这大体表达了儒家在信仰鬼神还是解决人事问题的关系上的基本态度：人事第一，鬼神次之；重要的是认识如何好好的"生"，而不是设计死后如何。为什么？《左传》记一个叫史嚚的话，可以作为回答："国将兴，听于民；将亡，听于神"。是听人民的，还是听神灵的，这是国家兴亡的重要标识。所谓"不问苍生问鬼神"（唐李商隐句），是诗人塑造的昏君形象。"人事"中既包括解决社会的物质文明问题，也包括解决人的精神文明问题，核心是依靠人，而不是依靠神。

相对西方某些国家宣称自己以宗教建国，以宗教立宪，新中国则继承和发展了人本主义的传统，依人民的意志建国和立宪，共和国的一切权力属于人民。当前的改革开放，把"以人为本"作为立足点，"为人民服务"为根本宗旨；执政党把忠诚地依靠人民大众，为人民谋福利，视作力量的唯一源泉。信教者和不信教者，统属人民，享同样权利，尽同样义务，承担同样的社会责任和历史使命；信不信教，应该完全成为个人的私事，得到平等的保护和尊重；但在国家决策上，没有上帝和神灵的位置。

（原载《科学与宗教》2008 年第 1 期）

中国传统文化中的民族精神和当前的文明建设

——学习十七大报告有感

　　马克思在《〈政治经济学批判〉导言》里说："人体解剖对于猴子解剖是一把钥匙，低等动物身上表露的高等动物的征兆，反而只有在高等动物本身已被认识之后才能理解。"要全面认识我们传统文化的价值，只有站在当今世界文明的高端才能够准确理解，胡锦涛同志在十七大的报告中，就提供了审视我们传统文化的充满时代精神的尺度。

　　远自鸦片战争，中经"五四运动"，直到改革开放，关于我国传统文化问题的讨论不断，议论很多，有些莫衷一是。我个人认为，一定的文化形态都是与一定的社会经济和政治相适应的，因而是历史的，发展的，不存在一个凝固不变始终一贯的模型。中华文化也不例外，这好比一棵在生长着的参天大树，它的一枝一叶，都是它的组成部分，不论是已经枯萎了的，还是正在焕发青春生气的。它的演变本身，就包含着新陈代谢，而不能把被淘汰了的说成它的整体已经死亡；也不能认定新生的枝芽及其继续成长不属于这生命之树。因此，我们应该采取唯物史观，不宜用今天的眼光，美化或苛责于古人古事，也不应该把今天的新观念、新文化与传统决然割裂和对立起来。

　　通过曲折繁杂、形态万千的历史现象，尽管找不到传统文化的永恒模式，但却完全可以从中发现体现着我们民族生生不息的那种精神，尤其是当今天我们民族毕竟站起来了的时候，理应看得更为清楚。这种精神都包括些什么内容，可以探讨的方面实在太多，我粗略地归纳为四点，现在提出来向大家请教，也希望能引出更精彩的见解。

　　（一）在天人关系上"人为本"，在君民关系上"民为贵"——从古至今，宗教鬼神论曾未停息过它的创作和演化，到了近代还一度还出现了"鬼神之说不张，国家之命遂促"之论，竞相创建宗教团体，制造鬼神灵异的景象。但从历史和现实的整体考察，从下至上、从上至下，人本民贵始终是社会最稳定的思想基石，并左右着对其他文化形态的诠释和变化。我统称之为人本主义精神：从人出发，一切为了人；鬼神也得为人效劳，帝王也得为民施政。这种精神是我们民族之魂，是区别于其他异域文化、尤其是神文化最根本的特点。这个问题，我在别的地方谈得比较多，此处从略。在论及儒家的基本观念时，我曾谈到三点，其蕴含的也就是我们的民族精神。即：

（二）"苟日新，日日新"。

《孟子》中有句评价孔子的话，叫做"圣之时者也"。什么意思？儒家经典的一些论述可以为这"时"作注。《周易·系辞》为"易"下定义："生生之为易"。"生生"就是生命永远不息的运动。这种运动的最大特点，是"新"，而且还是"日日新"，所谓"日新之谓盛德"。所以《大学》说："苟日新，日日新，又日新"。据此可以说，我国传统文化的一个稳定的特点，是不断更新自己的知识结构和思想观念，适应和推动社会和人格的发展，而不是因循守旧，阻挡这些发展，这其中当然包含创造发明、不断更新人的生活方式。这种观念，表现于文字，潜藏在深处，往往会在历史的关键时刻突发出来，形成强大的社会潮流。在近代的表现，就是以"新学"取代"旧学"，以新政取代旧政，以维新和革命，取代旧体制，以建设新社会取代旧社会。

这个"日日新"有两个不可分割的规定，一是内在的"自强不息"，一是外在的学习创新。

《周易·系辞》所谓："天行健，君子以自强不息"。这自强不息形成一种民族性格，那就是独立自主，自尊自力，坚忍不拔，不屈不挠。这种性格反映在中华民族的全部历史上，可以说无所不在。章太炎把中国佛教特点归之为"依自不依他"，就是依照这一性格标准所作的判断。

《论语》劈头的第一句话是："学而时习之，不亦说乎。"以求知为愉悦，把学习看作充实自身，不断创新前进的重要途径。儒家普遍重视教育，"有教无类"以及"学而不厌，诲人不倦"，是中华教育的优良传统。

汉魏之际的《牟子理惑论》提出："书不必孔丘之言，药不必扁鹊之方，合义者从，愈病者良"，于是儒士们纷纷拜佛徒为师，佛教终于消解在中华文化之中。清末张之洞提出："经国以自强为本"，而"自强生于力，力生于智，智生于学"，他是提倡教育救国的祖师。他特别主张"游学"西方，以"西学为用"，把科技教育的发展，放在优于宗教的地位，不惜改造儒家祠堂、佛道寺观而为学堂，在废除"科举"，开创现代教育上，起了重要作用。

五四运动，以"科学与民主"为旗帜，奠定了中国新文化的方向。现在有人认为这是传统文化的中断，声讨之音时有所闻。我以为这是把学习和创新，同继承和扬弃割裂并对立的说法，最简单的一个事实，如果没有新文化运动，就不会有中国的现代史，当然也没有我们在这里讨论传统文化的资格。其实，五四人物的骨髓里，流淌的正是传统精神的血，那种高涨的爱国主义热情，至今还是我们的榜样。他们所否定的，只是维系封建制度、阻碍我们民族生存发展的部分，而不是全部。

就具体的人群言，学习也是知识的来源。向西方学习，向一切其他民族国家的优秀文化学习，是一个民族自信的反映，也是民族自强，生生不息的绝对不可缺少的条件。这种学习，至今不衰，将来也不会停止。当然，中华文化从来没有把其他民族和国家的文化，视作必然引发冲突的力量；也不会把自己国家民族的命运系在读一部经，信一个神上。

十七大报告号召建设社会主义核心价值体系，这既包括民族精神，也包括时代精神，如何继承民族文化的精髓，吸收各国优秀文明成果，以推动我们的改革创新事业，是同等重要的课题。

（三）"大一统"与"和而不同"。

"大一统"也是来自儒家经典。《春秋公羊传》谓："大一统者，天地之常经，古今之通谊也。"作为一项抽象原则，大一统就是国家统一，文化统一。通观中国全部历史，自殷周以来，虽然纷争不断，分裂不断，但国家的统一和文化的统一，始终是发展的大趋势。不论哪个氏族或民族当政，不论国家已经分裂到何等程度，也不论国家已经处于何等危急关头，但统一之心，自下而上，始终是全民的共识。所以统一是国家的常态，分裂则是异常或反常。由此形成的爱国主义，根深蒂固，以至于成为国人最根本的价值观，士人的最高节操，社会道德的基础，这在近现代的民族危机中，体现得尤为显著。

在国家统一过程，中华文化起了正面的积极的作用。这一文化的重要载体是语言文字；它使一切地方方言统一在方块字上，牢不可破；方块字承载的思想和文化，为一切进入内地的少数民族所倾倒，最终融合为中华民族的共同体。这是一个自然过程，秦汉有一个各氏族融合的大潮；隋唐有各民族融合的大潮；元明清则有多民族联合的大潮——融合是融为统一无间的汉民族；联合是成为统一的休戚与共的中华民族。

孔子认为，"和而不同"是君子之道。意思是说，在人际关系上，应该和平相处，不应互相歧视、互相排斥，由此显示儒家对异己者的宽容性；但同时反对抹杀人际间的差别性，由此显示儒家对个性的尊重。历史上外来的侨民和诸多民族的融合，就是"和"的社会史实；儒家吸取了诸子百家之学，容纳了佛教和其他宗教的传入，则是"和"的文化史实；中华民族由56个民族组成，至今依然保持各自的民族特色，这是承认社会"不同"的史实，而儒释道的长期共生，以及多种宗教信仰与无神论者的共存，就是在思想观念上呈现的"不同"。因此，"和而不同"是"大一统"的内在规定，我们称之为"多样性的统一"。

这种"和而不同"的"大一统"，统一中的多样性，使我们不断地吸收和容纳外来文化以充实和丰富我们民族的精神世界，同时维护和促进着我们民族内部的文化交流，使得文化生活不断活跃和升华，持续不断地推动我们民族的整体进步，也为每一个体的健康发展提供了相应的资源与空间。

十七大报告将爱国主义定为民族精神的核心，推动社会主义文化大发展大繁荣，正合乎传统文化的精神实质和前进趋向。

（四）"大同"与"平等""均富"。

这三个词所表达的，同属于中国传统中最牢固的社会理念。

儒典的《礼记·礼运篇》称："大道之行也，天下为公"，这个"公天下"，被称作"大同"。认为在"大同世界"中，产品异常丰富，但不是为了私人占有；人人都要劳动，但不是为了谋个人利益；"老有所终，壮有所用，幼有所长，鳏寡孤独、残疾者皆有所养"，而不会再有利己主义，各私其私。由此天下太平，人们不会再有生活之忧，遭受盗贼战乱之苦，当然也不会有犯罪一类的社会丑恶存在。

这一理想，作为民族的潜意识，其实时时在发生作用。孔子时代就有谚语，所谓"有国有家者，不患寡而患不均"，深入民心；"均贫富、等贵贱"是农民起义的经常性口号，佛教的"众生平等，无有高下"，也因之而流行。到了近代，康有为著《大同书》，孙中山倡"天下为公"，也都是来自这同一的传统。孙中山创三民主义，但向往社会主义，所以把平均地权和节制资本作为他的施政纲领；毛泽东以新民主主义作为革命的起点，将共产主义作为终极理想，都可以视作儒家的影响在起作用。邓小平提出建设"小康"的目标，其实也是来自儒家的这一理念。

十七大报告中令我感触最深也最具时代特色的思想，一是"以人为本"的科学发展观，二是"中国特色社会主义"的共同理想。这两者是互补的，不但是实践的，也是理论的。这对我们重新审视丰厚的传统文化资源，推动社会主义文化大发展大繁荣，是非常正确而且非常及时的指南。

（在中国社会科学院一次学术报告会上的发言稿，2011 年）

儒学要与时代同行　须强化与西方文化的对话

在国际儒联等众多单位的支持下，中国无神论学会于 2007 年末以"中国传统文化与基督教在中国的走向"为议题举办了当年年会，与会的学者对基督教发表了不少精彩的意见，但涉及中国传统文化方面，显得不足。这次国际儒联特邀无神论学会联合举办"儒学与西方文明"学术座谈会，有机会聆听到与儒家素有研究的各位专家的见解，感到十分荣幸。我的发言虽然用了上述标题，但实际上说的，还是与基督教有关的一些问题。

力促儒学形成独立学派，以适应当代潮流的，有海外的新儒学。他们有自己的道统，有自己的思想体系，也有他们对中国传统文化和当代中国及其文化的理解和评价。他们设想构建的"文化中国"，很有诱惑力。但在传统文化，尤其是儒家研究上，大陆也有自己的历史传统，自己的方法论特色——遗憾的是，声音是小了些，而如何认识由儒家承载的传统文化的当代价值及其在建设社会主义核心价值体系中的作用，似乎还在起步中，而我认为，这种起步是重要的，值得下力气探讨。

实际上，不仅海外新儒学在督促大陆学者应该重新审视儒家的历史精要和当代价值，海外基督教以更具挑战性的姿态要求儒学必须与之认真对话。我认为，这都是机遇，大陆儒学有可能在与新儒学的比较中，与基督教的文化对话中，有自己的新发现、新发展，发挥新的作用。

我个人对儒家是一知半解，对基督教世界的知识更少，实在没有什么发言权。人在深山中，可以沉醉其中之美，不过有时置身事外，也可能有另一面的清醒。我作为外行人，说些外行话，希望得到大家的指教。

一　对儒家的认识问题

就我接触的范围看，对于当前儒家，有两种截然不同的认识。

一种以美国塞缪尔·亨廷顿的《文明的冲突》为代表，影响也最大。此书认为，儒家是一种与西方宗教文化完全不同的世俗文化，其承载的价值观，在"亚洲"得到普遍的肯定。由此他断定：

> 中国的崛起对美国形成了更根本的挑战。美国和中国几乎在所有重大政策问题上都没有共同的目标，两国的分歧是全面的。

这话不是教授说着好玩的，也不是无知的乱语。表达类似思想的人，不在少数。最突出的一种认为，如果不能将中国基督教化——至少得有20%人口信仰基督教，美国就会寝食不安。美国的国家安全线，不单设立在中国的周边，中国的边疆，而且在中国的内政，直到中国的文化形态。儒家的世俗性和以人为本的价值观，自身就是美国的潜在威胁——对像我这种只知埋头学术的人来说，发自美国的这类言论有些不可思议，但睁眼看看，这确是触目可见的现实；回头想想，也有历史的见证。这些暂且都不谈。问题是，如果我们缺乏必要的积极回应，事情可能闹大，也不排除突发事件。

另一种认识，主要在国内：儒家已经丧失了继续存在的价值；或者，五四运动和历次革命的批判，已经中断了儒家传统。这里又有两种意见：第一种认为，五四运动以来的历次"革命"，把中华文化传统毁掉了，所以应该与"文化大革命"一样受到谴责和否定，并努力去恢复或复兴儒家，现在也见到了若干行动；第二种认为，要想复兴儒家传统已经不可能，当代中国是"信仰空白"、"精神空虚"，人们已经没有安身立命之处，补救的办法是扶植宗教信仰。主张扶植宗教信仰的又有两种：一种是扶持释与道，或将儒教提升为国教；一种是输入西方基督教，建设"融贯"传统儒学的基督教，或贯穿基督教的"新儒学"。

于是问题来了：儒家传统究竟是强大到足以威胁到美国这样一个世界霸主的安全，还是已经衰弱到必须让美国的宗教文化入主中华？我个人认为，这两种认识都不一定正确，但造成不正确认识的动因则大相径庭，那逻辑结论显然也完全不同。在这里，我只想强调一点：只有站在当今世界文明的高端，从我们民族今天的辉煌着眼，才能够把握儒家历史演进的全部意义和基本精神。它应该是一个动态的总体概念，而不能截取它发展过程中的某些阶段或整体思想中的某些片面做代表，也不能把它仅仅归结为若干经典和若干人物。

世界上没有一成不变的文化。数千年来中华民族的文化经历过多少变迁，在座的学者比我熟悉。它在历史上表现的种种形态，不论今天人们如何看待，都曾产生过作用，都有存在的根据，因而都属于传统文化的组成部分，不论我们喜欢不喜欢。但历史也告诉我们，这些形态的演变，有多种原因，随着社会结构的更迭和时代的召唤，有的被继承下来，有的被改造，有的被淘汰了，而中华文化的整体则在不断更新、不断进步，始终延绵不绝。这是一个推陈出新、没有终止的扬弃进程，反映着我们民族无限的创造力和生命力。以"五四"为标志的新文化运动，表现的正是我们文化上的这种创造力和生命力——它所批判的，是历史必然淘汰的，它所推动的，是中华民族复兴的信号。把五四运动与传统文化对立起来，将五四文化排除在传统文化之外，甚至宣称是传统文化的罪状，至少是对"传统文化"的误解——似乎只有陈旧的东西才是传统的，扬弃和纳新就是背叛，这种观念与中华文化的发展规律严重不符。相反，有足够的根据说明，"五四"之所以会发生，正如戊戌变法和辛亥革命一样，恰巧也是积淀在儒家的民族精神的一种爆发。

这类事例可以举出成千上万，体现在每一个维新家、革命家、改革家以及他们开创的事业上。从这个意义上说，我们今天的改革开放，正是这一传统的继承和发扬，是儒家精神的最新体现。只有深刻地认识今天的文化，才能正确地评价传统文化。

二　时代呼唤儒家的学术兴起

儒家的创造力和生命力，渗透在我们民族的性格中，反映在我们民族的全部历史上，尤其是近现代救亡图存、维新革命的实践上。但在形式上，它却被人们淡忘了。这可能有两个重要原因，一是把儒家文化等同于封建主义意识形态，于是反封建就等于反儒家；二是一些权势人物，把儒家当成实现政治野心的敲门砖，败坏了儒家的声望。当三座大山彻底倒塌，人们全力忙于建设新家园的时候，要从学术上重温曾为封建主义和复辟主义效劳的儒家思想和体制，是很困难的。

然而问题是，儒家作为民族精神的载体，并不限于封建主义——其实，封建社会是历史的必然，而且就在这一历史阶段，我们的民族曾创造出辉煌的文化，为世界文明做出了无与伦比的贡献，所以是不可以全盘否定的——由儒家所体现的民族精神，也没有随着历史的演进而消失，反而到了今天，越发显示出它的价值来。因为，我们从国外"拿来"的东西是越来越多了，可比较可选择的东西也大大增多起来，从科技到马克思主义，从经济到政治，从社会到家庭，从价值观到伦理道德，从理论到实践，处处显示，全球化的大趋势，以及各种文化形态的碰撞和交流，并没有扼杀以儒家为代表的民族精神，倒为我们提供了重新审视我们的传统，更深刻更全面地认识它、评价它的良机。这里只讲自己平素工作中遇到的两个问题。

第一，与巫的传统和科技创新有关。至少有一部分中国学者，认为中华文化源于巫文化，或曰萨满。我接受这个观点，但我强调的是，必须把巫的法术与巫的精神严格区分开来。法术是出于人的能力不足和无奈的幻想，巫的精神则体现着人的自主自尊和自强不息的性格。从弗兰西斯·培根、马克思到李约瑟，无不承认我国古代的科技创新及其对西方文明的巨大影响，在这种创新中，巫的精神作用是不可忽略的①。然而当前的情况是，一些学者热衷于巫觋法术，什么特异功能，算卦看风水，搞得妖气十足，让我们的整个传统文化蒙羞；其他方面，某些学者不但不支持科技发展，反而调侃科学，贬斥科学，企图用巫觋法术取而代之，一直闹到今天还不得安宁。海外总称这股浪潮曰"中国新世纪运动"。在这个过程中，援引外来文化是推行"中国新世纪"的重要手段，其中被编译出版的卡普拉著《现代物理学与东方神秘主义》就是一个标本——它将中国全部传统文化归结为"神秘主义"，并鼓励用神秘主义与科学抗衡，推动国内的神秘主义出版物和神秘主义团体，横行上下，其数量至今也没有一个准确的

---

① 应当说明，我不是在提倡巫文化，也不抽象地肯定巫精神；任何精神一旦脱离了科学轨道而用于指导实践，那结果可能同样是灾难性的。

统计数字。

这是个很严重的教训。我认为当代儒学是可以通过抵制和清理这类思潮而为传统文化正名辩诬的。历代儒家奉行的是"子不语怪力乱神","不知生，焉知死"。儒家的这类教诲理应大发光芒，丰富科学精神，为当代社会进步做新贡献。

第二，与社会道德和家庭伦理有关。古今中外，有不少学者将儒家思想归结为一种伦理道德体系，认为它既不讲科学，也没有哲学。这种看法显然是绝对了，并不全面，但说它着重于伦理道德，我以为是不错的。于是人们很自然地想到了我们曾经以"礼仪之邦"名闻域外的过去。

诚然，当前的形势，确实出现了公德与私德都有下滑的趋向，家庭伦理，鳏寡孤独，也令人忧虑。但我并不那么悲观，所以也不会去诅咒或忏悔维新或革命，妄称是他们造成了道德的败坏、伦理的混乱。倒正相反，我们正是在维新家和革命家那里看到什么是人格的纯正、道德的高尚，以及所体现着的全新的伦理价值；有了他们领导和创造的近现代历史，才有我们今天的太平和美好。当前出现的若干问题，与社会转型而且尚未完成有关，执政党努力从发展经济、解决民生问题着手，以民主法制建设和完善各项制度为保障，我以为是抓住根本的。只有在这个基础上，包括荣辱观在内的社会主义的价值体系，才能建立并巩固起来。

但这绝不意味着我们可以放弃道德教育和伦理建设。从某种意义上说，越是思想混乱，越是需要正确思想的引导。眼前就有件事令人触动：有一个被国际公认的海外邪教团体，在我们的政府部门办起一个关怀家庭和谐与青少年生活的组织。这个组织的形式是现代化的，内容却没有超出儒家观念。据说它的活动相当成功，吸引了不少青年人的参加。这件事发人自省：为什么我们的儒学团体不去办？当代邪教的一大特点，往往是以某个神棍为核心，聚拢众多人群，令沉溺其中者如醉如痴，难以自拔。原因之一，是这类邪教大多采取家庭式的组织形式，使一些人从中可以得到家庭般的关怀和温暖——这也说明，家庭是人性的需要，不会随着社会的市场化而消失；尤其在商品化的条件下，愈显得家庭的金贵——不单是幼儿和孩童，也不单是老弱病残，青壮年同样需要。家庭是情感的暖窝，是心灵的归宿，也是社会关系和谐的起点，社会整合的凝结剂。与西方以神为本的伦理体系（如新教伦理）相比，儒家伦理建立在以人为本的基础上，有自己特殊的优势，有久经历史考验的传统积累，不但应该在当前的国内发挥作用，而且有充分的理由影响世界。

去年（2007年）5月，中国关爱协会举办了一个题为《家庭和谐与青少年成长》的"跨文化对话"国际大会，在参与发起的单位中，有中国自然辩证法研究会、中国艺术研究院，还有女科技工作者联谊会等，但却没有与儒学相关的团体，尤其是国际儒联的参加，说明我们的儒学不但社会参与度不够，知名度也是不足的。

三　当前儒学需要特别与基督教对话

在呼唤社会道德、安定社会秩序的舆论中，主张启用宗教的声音是相当普遍的一种，由此出现了许多奇谈怪论，这里不谈。但有一种是不得不讲的，那就是把希望寄予基督教。

从历史上看，基督教是"送来"的，而不是"拿来"的。它虽然在唐初就曾传入内地，元明清持续地进军，但总是落不下脚，扎不下根。最终，还是凭借鸦片、大炮和不平等条约算是名副其实地送了进来，先是有19世纪太平天国的借用，成立拜上帝会，结果是西方基督教世界不予承认，于是失败了；后有20世纪初以美国为主导的基督教占领中国，受到中国启蒙运动的坚决反对，最终也落了空。现在呢，中国的基督宗教早已成立起自己独立的教会，拥有自己的信众，依法享受宗教信仰自由的权利，而西方某些基督教势力，在政治和经济的双重扶持下，或取不承认态度，或行分化之实，力图形成一种治外法权式的、由他们操控的地下教会，从事非法的传教活动；从边远贫困的农村，到现代化的大都市，从缺乏文化的老弱妇女，到具备高等知识的青壮年，开创种种合法的渠道，形成一个立体的传教网络。事关全局，这里仅就与传统文化有关的一些情况，提请当代儒学研究者参考：

出于偶然，我知道了"文化基督徒"一词，这大概是十几年前的事了。一群具有中国国籍，生活在中国国内的文化人，其中有的近乎疯狂地吹嘘西方基督教，谩骂和否定中国的全部传统——因为他们是把"上帝的神圣"同"人类本性"对立起来的，把"上帝的正义　同"爱国主义"对立起来的。由于公众不清楚他们是否已经受洗，又由于他们多从文化视角发论议事，所以有了"文化基督徒"的美称。然而不久，这个称号被淡化了，兴起了基督教"学术神学"，在文化教育界发起了"汉语基督教神学运动"，同时出现了种种笑脸，尽可能地让基督教贴近我们的传统文化，尤其是贴靠儒家观念。这样，同传统文化对话，与儒家融贯的呼声，就从这派人士中发出来了。

当然，对话总比冲突好，也比轻蔑好。在这些对话派中，有友好人士，有爱国人士，这无须怀疑。但就近些年看，对话的双方似乎不成比例，不够公平。随手拿一本海外出版而发向内地的杂志《文化中国》翻一翻，就可知道，它与儒学对话最多，而且有极好的学术外观，但基督教传教气息的浓烈，使它的评论往往像是牧师的独白；儒学则成了基督教布道的陪衬和工具，当然也就没有独立的主体性话语的可言。随便举个例子：

天地人三才，本自《周易》，当然是标准的儒家了，《文化中国》非常看重，认为在当前世界发生的文明冲突，"如果中西文明的资源结合，起码可以用天地人互动系统作为解决这个问题的思路"。那么什么是天地人，如何互动？他的解释就很别致了：所谓"天"，就是"以基督教的上帝，配合中国古代皇天上帝的传统"；所谓"地"，"地就是大自然"，是西方科学研究的对象。那么人呢？"人不是唯一的中心"；"人及其文化意识，均在整体至高之真善美前的绝对谦卑，因而一切人和文化均在天之无限前得以平等"——直白说，人是上帝所造，所以在上帝面前得永远保持谦卑；人也只有在上帝面前才能平等。如此一来，按照儒家"三纲"的模式，"三才"的关系就是这样的："天天，地地，人人"，即"天得以成为天，自然得以成为自然，人得以成为人"。对于中国传统文化来说，关键是要"天得以成为天"，让上帝得到人的承认和信仰。

这一说法是有针对性的。据说美国"发展成为一个强大的国家，然后慢慢把自己的宗教文明放弃，成为一个世俗主义的扩张霸权"。中国香港和台湾也是"世俗主义文化，带来的后果是个人自私自利，对他人没有尊重"。美国是否放弃了"宗教文明"？至少从美国《国际宗教自由法案》中看不出来，但"扩展霸权"却是血与火在证实着的现实。说"世俗主义文化"造就自私自利，而宗教文化就会带来大公无私，恐怕也不一定公允——不仅西方的历史，即使今天的欧洲人也不会同意。

附带一提，《文化中国》反对"儒家独尊的主流，视道家是客，基督教是客"。此评论是作者的杜撰。但把"基督教"视作与"道家"同等的"客"，那真是恭维道家了。其实谁都清楚，道家在这里不过是为基督教做"主"当铺垫的——因为从古以来没有哪个儒家把道家当客看待，何况作为一个学派，"道家"早在两晋以后就消失了，现存的只有"道教"。而在"文化中国"这个概念里，没有道教，更没有佛教的位置，大约是异教相斥的法则在起作用。如此看来，理想中的"文化中国"，似乎只有基督教与儒学当家，至于这两者的主次如何划分，那得到入主中华时再说了。

《文化中国》是本季刊，大约连续出版 15 个年头了。它对儒家的解读大体如此。它提供了许多值得商榷的话题，仅从平等交流的角度，儒家也应该与之对话。

也是一个偶然机会，见到一本《关于中国处境神学的中国—北欧会议论文集》，书的正标题是《基督教与中国文化》。老实说，这本书真的使我开了眼界。从书的《序言》得知，这是西方基督教"第一次广泛地把中国学术界的代表和中国基督教会的神学家们邀请到同一个论坛来探讨神学问题"。目标是"促进学术和神学的思考，探讨在传统和现代的中国文化及社会处境中基督教的形成"，——当前的"中国文化及社会"的"处境"是什么，基督教在这样处境中如何"形成"（我怀疑"形成"是"发展"之误）？这与"神学"有什么关系？于是，"中国文化"、"社会处境"、"基督教的形成"和"神学"，就成了令人关注的关键词。

关于中国文化，《序言》有这样一个评论：

> 正发生在中国的一个大变化，是当代中国的"新的文化体系的改变"。信仰、伦理和中国人的价值观念都正处在一个重新形成的过程之中。社会主义价值和道德体系遇到了新的挑战，而传统的中国信仰和道德以及很多新的思想意识正在逐渐填补信仰上的空白之处……在中国价值和道德的重新构成中，基督教已经成为一个重要的因素。基督教在中国获得了前所未有的巨大影响力。

这是对当前中国文化的形势以及基督教在其中的地位与力量所做的基本判断。这个判断，大约不只是会议召集者的个人见解，更大的可能是西方基督教右翼及其政治代表们的普遍看法。问题是，中国的主流文化怎么看？儒家的传统文化怎么看？社会主义价值和道德体系又怎么看？

《序言》对儒家表示特别的亲热，认为在"填补信仰上的空白"中：

> 儒家和基督教文化系统可以进行双方都受益的合作：一方面，以人文为本的儒家需要基督教的宗教生机；儒家自己无法满足人们的深层宗教需要……另一方面，除非跟深受儒家影响的中国文化相适应，基督教无法在中国成为一个真正有影响的宗教。

这叫做"孔耶"互补互利论。照我的解读就是，基督教必须贴靠儒家，以便在中国成为真正有影响的宗教，而中国文化必须注入基督教的宗教生机，否则就无法满足中国人的深层次宗教需要，亦即是：儒家的外壳，基督教的灵魂。

《序言》说这番话的时候，是以"宗教是人类的真正根源"作为大前提的。

我们的儒学能够同意它的这个前提和推演么？譬如，儒家承认人类是来自上帝的创造么？儒学没有"生机"，需要基督教的填充么？它所要给予的"宗教生机"，即是《序言》所谓的，儒家"无法回答什么是绝对真理，什么是存在的意义，以及什么是我们的最终命运"，那么儒家是否承认和接受基督教的"绝对真理"、"最终命运"以及"生存意义"？

书中有篇文章介绍另外一种观点，以为不论是让基督教融入"国学"，还是让"国学"融入基督教，"都必须以基督之道一以贯之"，因为在基督教信仰和儒家思想之间，"前者以神为主，后者以人为主；前者超越，后者内在；前者知生、知死，有着此岸与彼岸的双维，而后者则只求知生，回避死及彼岸诸问题"。按照这位神学家的说法，儒家的这些主张究竟是优是劣？有没有必要吸取基督教的神及其勾画的死后与彼岸世界？基督教是否就因为它"以神为主"就必须"进入"中国的当代文化，就必然"超越"了中国"以人为本"的传统？

还有一位学者有更专业的主张：

> 基督教作为一种信仰体系、价值体系和思想文化体系，对世界文明的进程有着多层次、全方位的影响，其对中国社会现代化的意义自然也是多方面的，比如基督宗教原罪观、拯救观、超越观、终极观、普世观，对于我们的文化及价值观念都具有一定的借鉴作用。

这里可讨论的问题更多了：什么叫"中国社会"的现代化？基督教对"中国社会"有什么"普世"作用？从儒家观点看，人犯了什么"原罪"而需要"拯救"？所谓"超越观"是否就是信仰驾凌于人的神及其天国？这些东西儒家需要么？特别是，西方"对世界文明进程"、"对中国社会现代化"的影响，究竟是基督教信仰，还是基督教的反面"科学与民主"，以及由此掀起的社会主义思潮？即使在当代，中国需要西方的是科技还是基督教？西方为什么对中国实行严格的高科技封锁并拼命向中国输出基督教？在建设中国特色社会主义核心价值观上，所谓"学术神学"在扮演什么角色？

这类问题过于理论化了。另一位基督教职业传教士在解释他热衷于向国内文化界布道时，则从理论下降到了实践层面——他说，他的传教，"是为中国的人文社会科学者提供一个亲身考察、了解、感受和认识美国宗教文化与社会的机会"，由此推动"他们认识美国的宗教文化，反省中华民族的历史、现状，以及更全面地把握未来发展的方向"，使"学者们深刻地认识到，保持信仰和世俗之间必要的张力，是实现社会民主的一个基本条件"。"张力"是一个新译词，"世俗"是一个笼统词。把实现"社会民主"的基本前提归结为宗教信仰对世俗国家"保持"必要的"张力"上，它的实际含义是什么，不是很值得进一步商讨么？

基督教信仰的"张力"无所不到。作为基督教的"宗教学"，正在由"险学"变为"显学"，在文化教育圈子中崭露头角，这就是"文化神学"。"神学"以"神"的存在为不容置疑的根本出发点，不论对它使用什么样的定语。它涉及的不但是世界观、人生观和价值观，而且还有社会政治层面上的意义。这些"教外神学"提出的种种论点以及期望与儒家融贯的努力，大陆的儒学应该有所回应；传统的儒家力量及其现实价值，也应该体现在这种回应中。回应的最好方式就是对话，充分发挥学术厚积上的优势，为儒学的创新开辟新的局面。

我个人认为，与基督教文化圈的神本主义相比，儒家文化的基本精神是人本主义。就此而言，我们的传统与西方的文艺复兴和启蒙运动更加接近。这一运动的影响，并不像基督教传教士说的那样，似乎已经不复存在了，其实它是物化在西方现实的世俗生活中了。针对美国统治集团对宗教的重新召唤，以及由此造成的国际局势和美国国内窘境，一种以世俗人文主义为核心的新启蒙和新无神论运动，正在欧美兴起，我们无神论学会拟做些相关的介绍，也希望在座的诸位给予指教和帮助。

（原载《科学与无神论》2008 年第 3 期）

是谁在贬损中国人的自信力（摘要）

　　一位久居美国的亲属告诉我，现在美国只剩下武器威胁了。意思是说，曾经诱人的美元正在逐日贬值，回国后的感觉尤甚；曾经被视为理想的民主，让政客们的伪善糟蹋到连美国年轻人也十分厌恶；它在他国内外制造各类恐怖氛围，把全世界各个国家甚至外星人都看作是威胁它的敌人。它不但把它的安全线放置在控制别国的主权上，它的垄断集团和当政集团还要迫使全球服从美国的价值观和美国的国家利益。它动辄炫耀武器，要全球都俯伏在它的战舰和飞弹之下，可以称为武器拜物教的教主。遗憾的是，第二次世界大战之后，它发动的朝鲜战争、越南战争都以失败告终；苏东解体曾使它归功于自己优越性的成果，又使它兴奋得忘其所以，由之单边一霸权主义大行其道，连续发动伊拉克战争、阿富汗战争，但现在也是灰溜溜地走了。它曾号令一切反动势力包围新中国、分裂新中国，迄今仍在操作"台湾独立"，扶植"藏独"，容纳"疆独"，推进基督教渗透，最近又在南海上期望恢复东南亚条约的旧梦。但这一切都已经力不从心，从硬外交变软外交，只能用威胁和挑拨离间维护霸主的形象了；而占领华尔街、占领华盛顿的行动和反对99%养活1%的呼声，美国国内的固有矛盾是否在发酵，倒成了世人关注的话题。

　　开动印钞机器，企图把国内危机转嫁到其他国家，其实是到了走投无路的一招。中国拥有美国国债上万亿美元，对于我国经济影响的利弊如何，国人有很不相同的看法，但事实是明摆在那里：中国成了债权国，再也不会用自己的国土和主权作抵押去向外国借债了，更用不着订立不平等条约，用四万万五千万两白银的赔款去喂养那些外国大佬的胃口。什么时候你听说过"中国的威胁"、"中国的野心"、"中国过度自信"，甚至还高喊"美国不怕中国"并向其他国家出口？而过去的西方对中国最好的评价是"东方的睡狮"，最多的评价是"东亚病夫"、"一盘散沙"，野蛮、愚昧，是与狗等同的动物，是可以随意屠杀烧掠的劣等人种。

我不想一一列举我们六十多年来取得的震惊世界、改变世界和创造历史的种种伟大成就，以及广大群众歌舞升平、颂扬"盛世"的场景，尽管这过程充满了曲折、委屈、痛苦，而且有泪有血的教训，但我们毕竟走过来，站起来了！我们的民族有自我更新的强大动力。像我们这样古老的民族依然青春蓬勃地屹立在现世界上，当是仅存罕有的奇迹。我们有资格自豪，有根据自信，有能力持续发展、富强和幸福。但同样是一种不幸，是有人仍在哀叹中国，或今不如昔，或中不如西，论调是七高八低，五彩斑斓，以至于自相矛盾、互相抵触而不觉，但归结一句话：中国不行了，中国人也不行了。——列举太烦，这里只讲一点与文化领域有关的现象。

一

紧接着"人体特异功能"从昌盛走红到惨败没落之后，文化领域对"正教"即"宗教"的召唤之声和大力扶植之举就空前振奋起来。它的声势没有特异功能那么大，但它深入的程度却比前者多得多。究其原因可能是多方面的，但对当前文化形势的判断和对传统文化的认识当是至关重要的一环。以我们一再提到过的"汉语基督教神学运动"为例，这一运动发起的直接背景，就是对大陆"改革开放"的方针和形势的误读和误判。在他们看来，第一，"改革开放"就是资本主义化，而资本主义没有基督教形不成气候，所以中国急需基督教的占领；第二，"改革开放"形成文化多元化，"共产党的文化体制"适于基督教的传播；第三，大陆已经出现"信仰危机"、"信仰真空"、"信仰荒漠"，而传统文化已经不可复活，这需要基督教信仰的挽救或填补。总之一句话，中国人已经没有思想文化上的优势，需要基督教的文化加以更替。

当前，"汉语基督教神学运动"中的中坚人物已经各就各位，因而开始隐身低调。与此运动同时或稍后活跃起来的，还有好多派系，此处不一一列举，只回过头来，看看执政党和国家体制内部的某些人物的观念如何。

为了比较，我们先找个参照物——看一段在美国向中国大陆秘密传播基督教的"恩福"基金会会长的言论："人格天的课题，不但是形而上学的宗教概念，也有实际应用上的价值。面对中国近代政治发展、社会经济结构改变，道德堕落等问题，我们都会谈到如何使中国文化或政治得到更新，而这与西方文化的核心概念上帝，或人格天"，有着不可分割的大关系。什么关系？在他们的眼里，美国是中国的榜样，所以就美国而言，"富兰克林在草拟宪法时，因深知人性的弱点，曾说，如果宪法不是建立于老百姓真正的敬畏神，所有的法律都没有用；所有的法律如果不是建立在比制度本身更稳固的基础上，或比法律本身更不能受到挑战的权威上，都是很脆弱的。若只靠制度本身，必定破绽百出。因此可见，'人格天'仍是民主政治能成功的极大关键"。这是此文的第一个观点："上帝"是"西方文化的核心"；原因是上帝这个"宗教概念"有"实用价值"——"祂"比"法律"、"制度"和"民主政治"具备"更不能挑战的权威"，足以用于克服"人性的弱点"。懂得这个道理就会理解，为什么美国政客们宣称其建国和立宪是以宗教为基础的，为什么美钞上要印上"我们信仰上帝"，以及为什么把他们的价值观和国家利益寄托在基督教传教上。

那么中国呢？这是它的第二个观点："中国在殷商、周朝的时代，人格天有很大的地位，很重的分量——由于中国文化没有上帝特别的启示，位格天的概念才逐渐对中国人无法产生意义，以至中国人要将这个概念从文化传统中铲除。自汉朝以来，中国所产生种种的社会、政治问题，与中国文化传承将人格天、位格天、情格天完全抹杀，是有关的。在这种情况下，中国人对上天不再有负责的态度。既没有'上帝终将审判'的概念，人就很容易以为，只要无人发现，或法律无法制裁，就可胡作非为。"

此人虽系华人，但对中国的历史文化知识近于零。这且不管它，可注意的是他的结论：中国所发生的一切问题，都是因为"抹杀"了上帝造成的。

二

这两个观点表达一个意思,有了上帝就有了一切;没有上帝就没有一切:中国人只有信仰基督教,这才是出路——这当然是传教士的话语,其与当前中国人的自信力有什么关系?那就回到我们国内的一些高论:"人从动物演化而来,包含着野蛮、自私的本性,仅靠人性的自觉,不足以约束其行为。出于恐惧,人要借助神的威力来规范自身,这就是宗教道德功能存在的依据。"这段话出自一位大官的名文《马克思主义宗教观必须与时俱进》。此中"野蛮、自私"的动物性,相当前文所谓"人性的弱点",都是为了召唤"神的威力"迫令"老百姓真正敬畏"的大前提。略有不同的是,该文还把"神的威力"提高到中国能否"自立于世界民族之林"的要害地位:"一个民族的精神产生于文化,文化的灵魂体现于道德,道德的支撑在于信仰,而一个没有信仰的民族不可能自立于世界民族之林。"全文都在讲"宗教",这里突然改成"信仰",按逻辑的一贯性,这信仰指的只能是宗教信仰,也就是对"神的威力"的信仰。

另一段话则出自一位"将军":"宗教决定了文化,文化决定了民族的性格,民族的性格决定了民族的命运。"此话与上边那位大官所言出自一个模子,好像是条"普世"原理,或出自一个培训班,所以不怕重复,难免重复。至于中国,中国好像也有"宗教",但都不行:"历史证明",中国的儒释道三教"根本无法振兴中华。让我拿西方的基督教和中国的宗教做个对比。中国文化教育我们'人之初,性本善'。西方的宗教正好相反,它认为人生下来是恶的,人的本性也是恶的。因此,他要限制你,反思你。"这位将军好像忘了中国也有"性恶"论;其所以忘了,不一定是知识匮乏,而是为了抬出基督教的"原罪"去排除中国的"性恶"。"西方文化认为,人是有原罪的",所以会禁欲,会忏悔,会变得越来越好。总而言之,"中国人心中没有永恒的神的位置。再说深一点,就是没有终极性的文化精神追求!这种人是不会把自己的关心范围扩大到家庭、甚至个人以外的。如果扩大出去,一定就是伤害别人。这样的民族怎么能不是'一盘散沙'"——这话像"原始思维",只有间断性判断,而判断没有根据，判断之间没有逻辑联系。但意思还清楚：因为中国人没有一个"永恒的神"，所以若不去伤害别人，就是一盘散沙。这"永恒的神"当然不属于中国，而是需要从西方输入的上帝（按神学释义，唯有上帝才是永恒；当然，若信仰上帝，死后也可能获得永生）。于是结论来了："东方和西方的竞争中，西方胜利了；东方宗教和西方宗教的竞争中，西方宗教胜利了。宗教的胜利是什么样的胜利？我认为是一种精神上的胜利。""没有信仰，就没有精神上的力量。中国人所缺少的，正是西方人所拥有的。"

这样，西方反华的传教士同我们的国家官员和国防军队的将军的"爱国"者们就合而为一了：

第一，"人性"不能使人成为人，或者因为人带有兽性，或者因为负有原罪，所以都需要一个"神"作为威慑力量，让人服服帖帖做羊，顺从牧者的牧养，当然包括鞭挞和屠杀。

第二，执政党关切人民的现实生活完全错误，因为为人民服务，改善民生的路子不对；因为它没有宣示基督教的终极关怀、许诺死后的天堂和永生，没有对"终极性的文化精神追求"。

第三，中国没有"信仰"，或者信仰的神不行，只有基督教的上帝才灵。所以要使中国人自立于世界民族之林，除了皈依基督教别无他途。

这类大人物，是用西方基督教贬损中国传统文化的方法贬损中国人的自信力。至少客观上是响应西方百年前就制定的战略，推进"基督教占领中国运动"。

三

然而，也有另一类大人物反对基督教的渗透，好像立场真的不同。因为他们表示要捍卫中国的传统文化，要扶植本土宗教以抵制或消解洋教的猖獗。先后推出规模宏大、耗资巨大的两种世界论坛；而在中国教育史上最具突破性的举措是进入高等院校，在体制内建立什么宗教文化的"高等研究院"，与外国传教士连年开办培训班相对应，请"高僧大德"、"高道大德"做副院长，好像要成批量地生产出教徒来——高文化层次都信土教了，看你洋教往哪里渗透！

不过，他们也许没有注意到，从根上反对中国传统文化，诋毁中国一切神祇而呼喊让外国神入主中华的"精英"，就在他们的身边。土教派和洋教派其实是合流的，因为在用鬼神论贬损当代中国的现实社会和企图"挽救"中国"沉沦"的思路上，以及在反对或厌弃科学上，他们是一致的。一个说，中国的鬼神不行，一个说，中国的鬼神很行，正像前一阶段的权威性议论那样："邪教"破坏社会安定，不行；"宗教"维护社会和谐，很行。唯一不行的是科学技术和科学精神，以及以人为本的理念。

按照鲁迅先生的讲法，自信力没有了，就产生他信力；及至他信力动摇了，就"发展自欺力"。自欺力就是把希望寄托在鬼神上。此话其实是很忠厚的。因为它没有表达，鬼神论者们可能根本不信鬼神，而根本不信鬼神却热衷于宣传鬼神，那就是欺人了。自欺欺人，有多少"道德"可说，算是哪门子"精神"？当然，还有一种，中国人也不做了，可偏要以"美方代表"身份到中国来贩卖"宗教市场论"，行径近似汉奸，但却很吃香，扎根在以"中国人民"命名的大学，行走在各类名牌高校。那些当宝贝供养着这类人的中国人，还有丁点自信力么？

四

上述言论多着眼于"国家"可谓之"京派"；还有一类多着眼于"发财"，可称为"海派"。有个"智库"是专门提供"高层内参"的大作称，它已经"寻找"到了拯救中国的"精神支点"，叫做"宗教改革"。且引用几段妙论：

"中国社会文化的重要任务是召回被逐的精神"，因为"精神是文化的灵魂，一个社会如果没精神，必然走向崩溃"，而"宗教在人类历史中，始终是价值和精神的集中载体"。

此处把"信仰"改称"精神"，不是他不喜欢信仰，而是认定信仰即是精神，离开宗教就没有精神的载体。所以此文的意思是，中国要避免崩溃，只有求救于宗教。这与京派大同小异。然而，宗教这个载体比其他文化载体的优越性在哪里？这与京派有了差别：

第一，可以保证持续发财，或使发财具可持续性。武汉有条汉正街，一批"聪明人"在改革开放之初"创造了大量财富"，但"他们后来都完了"。"原因是什么？很简单，他们的发财致富没有一个神圣的观点——加尔文教的重要性就在这里"，这个教派所显示的"精神，就是受一种观念的影响：要工作，要刻苦勤奋，同时目的不是在活动本身，有一个神圣的目标——你本来是向天国，但是没想到导致世俗世界的发展——繁荣昌盛。"譬如说，"人是猿变过来的，那最早变成人的，肯定是喜欢异想天开，眼睛老盯着天空的猿，而老是盯着脚底那片土地的猿还是猿。如果你总盯着天上，无意中就导致了人间的繁荣。"

加尔文教是基督教新教的一个派别，时下多称改革宗；美国加尔文学院是出钱支持中国"汉语基督教神学运动"的据点之一。它这派的上帝就有这么大的魅力，你只要"观点"里有了这位上帝的"神圣"，你就可以发财不止。证据是：猿猴只要总向上帝所在的天空盯望，它就可以"由猿变人"。

第二，可以喷发式地广出人才。"一个人如果彻底相信有一种超自然的力量主宰着生活的一切，他（她）将有可能释放出巨大的潜能。"为什么？"当人相信宗教的时候，生活的一切将变得简单和明确。因为生活中存在着一种'绝对真理'，你不需要去思考，也不必去判断，信得越虔诚，你的苦恼就越少。"

凡宣教话语都缺乏逻辑。这篇由"智库"提供"高层内参"的大文也是如此。命题是讲信仰宗教即可发挥人的巨大"潜能"的，结论却是信仰之后苦恼会越来越少。论证呢？是"不需思考"、"不必判断"，只要信仰得越来越虔诚越失去理性就足够了。

信仰区别于科学的地方，就在于它的非理性或反理性，以此教人，就叫愚民——愚弄民众。有学者反对把信仰鬼神称为"愚昧"，认为这样会得罪广大信徒。但此位护教者则将信仰即是愚民当成基督教的上佳美德，发挥得淋漓尽致："当人完全依靠自己的理性分析、判断和抉择时，他（她）必将承受极大的心理压力，在反反复复的情绪纠缠中，将自己搞得筋疲力尽。"一旦信仰了宗教，人就从独立思考的"心理压力"中解脱出来，静等着发财和成才就行了。似乎是史蒂芬·霍金说过，宗教产生于"懒惰"；《不列颠大百科全书》则讲，无神论是"思考"的产物。此文也算是对这两个判断的证明：懒惰和不思考产生宗教信仰，或是宗教的主要功能。

此文还为中国树立了一个榜样："中国人通常富不过三代，而犹太人富甲天下至少有 2000 年。宗教因素无疑起着决定性作用"；因为"在犹太人看来，积聚财富是为了彰显神的荣耀"，所以只信奉一部"《圣经》，传世已有 2000 年"。

对犹太人信仰之虔诚和只尊奉一部经，赞美之词很多，据说，正因为如此，犹太民族在诸多迫害杀戮中才得以生存下来。笔者以为，犹太民族确实非常伟大，它给近现代文明做出贡献之巨大，只要提到犹太人马克思和爱因斯坦就够了，但他们都不信仰上帝。也可以再举出两位有世界性影响的犹太裔思想家，一位是 17 世纪的斯宾诺莎，他把神融入了宇宙全体，让上帝失掉了人格化的性能；弗洛伊德更受神学家的谴责，因为他把神的出现看做精神不正常的结果。中国的经书确实是多，儒释道说不清楚究竟有多少"藏"，"神"也多得数不清究竟有多少位，或干脆就没有把"神"当真过。但我们的人口全球第一，不但能繁衍，而且在霸道强力面前能够统一起来，自强反抗，自我保护，越来越受到尊重。一本经，一神信仰，至少对中国这个民族言，肯定没有立足之地。文章根据它对犹太民族的描述，再次回到愚民的话题上：

　　　信仰宗教的民族与中国人思维上最大的差距在于，他们从根本上说不是在"审时度势"，他们完全不必在战略决策上浪费时间，《圣经》上已经把事情交代好了，剩下的事只有执行！

谁说宗教不是迷信？信仰从非理性跃至狂热就是迷信。只剩下信仰而驱逐理性已经不可理喻，达到狂热就与恐怖主义或精神错乱接近了。

此文还有一个对中国的整体评价：蛮夷。它说：人类文明转型过程——中国的改革开放就是这样的转型，会像"类似蛮夷的美国人吸取欧洲文明而创造出自己的文明，目前有点像蛮夷的中国将吸取世界文明，改造自己的文明，也一定会创造出一个全新的中华文明"。

此话得略作解析："蛮夷的美国人"当指土著的印第安人，但近代的美国文明不是吸取欧洲文明创造出来的，而是欧洲人用屠杀印第安人带过去的，这文明即是基督教文明。这次"文明创造"究竟杀了多少原住民？没有统一的说法，有人估计，美国建国之后还灭了 2000 万原住民。"蛮夷的中国"则指当代的中国，是西方国家对中国的判断；现时"将吸取世界文明"又指什么？是西方对改革开放的误判；将被中国吸取的"世界文明"又指什么？是西方基督教文明。为了向中国输出"基督教文明"，真是不择手段。大炮、不平等条约以及鸦片都不行了，所以就致力于"基督教占领中国"。在这一"文明"的眼里，中国始终是个"蛮夷"国家，中国的洋奴们也这么称呼自己的父母之邦。

五

为什么会有这么多舆论贬损中国人的自信力？说起来颇复杂。但有三点比较清楚：第一，不喜欢我们的国家，不承认我国人民在价值观上的共识性和凝聚力，力图改变我们国家的发展方向，与外国的国家利益和价值观"接轨"；第二，观察问题的方法不对，只看到消极的一面，夸大消极的一面，有意无视或无意忽视中国大踏步前进的脚步，以及由此取得的伟大成就和人民对生活的满意程度。第三，让鬼神把灵魂勾去了，使一些人只看到冥冥世界，"终极实体"，而见不到现实世界，心里只有鬼神，而没有人，特别是没有中国人。

关于第一点可以不讲了，1840 年以后，1949 年以后，历史的逻辑告诉我们，对这类反华势力不能抱任何幻想。关于第二点，现实的情状展示在那里，只要睁开眼看看或将视角调整一下，一片进取、昌盛和太平、安乐的景象也会呈现在他们的面前。第三点，从迷信鬼神、服侍鬼神的路上回到相信人民群众、依靠人民群众和服务人民群众的正路上，把鬼神论扔掉，做一些有益于科教兴国、依法治国的正事。

当代中国的实际情况如何？那就得有个比较的参照系——与西方列强竞相瓜分时期的那个中国比较么？与美国用武器武装起来的那个"民主"时期的中国比较么？还是与那个不间断发动战争、制造他国内乱的美国比较？我想，与过去的中国比较，也就是从历史的逻辑来判断当代，一些人很可能哑口无言；他们最乐意的是与美国比——假定我们追随美国，只有三种可能：一是，若国力和全球战略与美国相等甚或超过了，美国能允许么？它独霸世界的局面还能继续么？结果只能是战争；若按中国的传统，人民愿意独霸世界，制造流血和苦难么？二是，将美国的政治模式整个搬到中国来，"中华民国"已经展示出它的全部特征，人民已经明确地拒绝了；是否再加上个"联邦制"就会更完善？这是连蒋介石先生也是否定的，因为中国人也早已经表示态度了：支持北伐，坚定地消灭封建割据，军阀混战。中国各民族的大联合与中华民族的形成，是长期历史发展的必然，从来不存在民族自决问题，也没有像美国那种逐步侵吞和扩大自己的领土，甚至大量消减土著民族得以形成的历史。所以唯一的可能就是给美国当附庸国——请注意：日本也不甘心总是拍美国的马屁，作为美国的占领国，若不通过美国，它什么事也做不成；它被视为"民主国家"，但它的宪法却是在无条件投降背景下美国大兵给它制定的，日本的反美渗透在它的国民的细胞里。至于从肉体上消灭了"独裁者"并用上百万人的死伤逃亡送给伊拉克的"民主"，俄罗斯人已经表示不要了，中国人还要么？美国的"民主"究竟是让当地人民做主还是它替被占领下的人民做主，其实是一个不需要研究的课题。

六

然而，中国人民正是在不断被贬损中奋斗着站立起来的，中国人也在自豪地注视我们这六十多年获得的前所未有的成就。劳动者和战士们在满怀信心地建设自己的祖国，保卫自己的祖国，为人民赤诚奉献，为国家创造财富和安全，为国民提升福祉与祥和，不间断地推动我们国家的前进和民族的昌盛。客观地说，与社会大众对于经济建设、科学教育和健身体育、文化娱乐、工作成就、家庭生活等方面的投入和热情相比，对宗教的投入和热度微不足道，即使教徒也难以例外。

据公报，今年是又一个大丰收，粮食总产 57121 万吨，人均达 850 多斤。这意味着什么？早在中国人口只有四万万五千万同胞的时候，我们的前辈就提出"世界什么问题最大，吃饭问题最大"，因而为解决这吃饭问题而终生奋斗，而今人口已经逼近14亿，却在"一边吃肉一边骂娘"了。我们曾为拥有一辆自行车而满足的年代，现在却在为比自行车还多的汽车而烦恼。如此等等，在不间断地改变着我国面貌和人民生活的实践活动中，是谁之力？是鬼神还是人民，是叨念鬼神还是置鬼神于无物？是信仰之力还是科教之力？

讲到科学的作用，就不能不令人想到"两弹一星"以及信息学科的发展，从保卫黄河走向蓝色海洋。由此形成一代科学家和科技工作群体，从根本上改变了我国的国防战略，再也不会发生那种"焦土抗战"和"诱敌深入"的悲壮惨烈了，从实力方面保障了我们的社会和人民的一切。在这里，是画符念咒能御敌于国门之外，还是祈祷上帝的保佑管用？

我们的航天事业正在缩短与美俄的差距，它将从根本上解决信息传播的主导权问题。航海事业则刚刚起步就引起霸权主义者们的惊叫。而高铁的快速发展，正在延长着中国人的寿命，增添生活更多的乐趣。

其实，科学已经悄无声地进入家家户户，关系着男女老幼一切人和生活的一切方面，以至左右着我们的思维方式和生活方式。有些人攻击科学罪大恶极，但却喜欢科学为他们提供的现代化方便和舒适的生活，而且不得不依照科学提供的方法去思维，去行动。

当前贬损中国人自信力的，洋奴居多，拔高宗教的地位和作用，无视人民的道德水平和科教兴国的力量，影响更大。一些违背伦理的犯罪以及在某些道德事件中的麻木，受到公共的普遍谴责，这本身就反映了整体社会是善恶分明的；至于列举一连串的个案得出我们的道德人伦已经沦丧殆尽，或从传统文化的衰微和社会主义运动的低潮分析中，得出中国必须宗教的救赎，这不论从方法论上还是从社会实际上讲，都不能成立。唐山大地震曾经表现出中国人的组织力、凝聚力和抢险救人、赴汤蹈火的大无畏的爱心；汶川大地震更反映出中国人团结一体，争相赴义，无限崇高的善心。越是在关键要害时刻，越能显示出中国人多方面多层次的美德来。用他们自己阴暗卑下的心理，观察和评论中国人的高尚情操，是一种诅咒，也是一种病态。

国外的反华势力，一手对我们实行最严格的高科技封锁，一手拼命向我们输送宗教；而我们一些有权势有学问的同胞，一手抨击我们迷信"科技理性"，声讨"科学主义"，一手高调信仰万能，不遗余力地将宗教推向社会公共领域，尤其是占据教育和科研领域。两相对照，能让我们产生什么联想呢？

　　一言以蔽之，在一些人高调贬损中国人的自信力时，中国的另一部分人却在低调生活，扎实苦干，深沉探索，自信地发现着，发明着，创造着，推动着我们国家前进的车轮，提高着国家的实力，改善着人民的物质生活，丰富着人民的精神世界，并且以此自豪。而处于底层的近乎无声的普通劳动者，则是我们整个社会的稳固基础。一面是严肃认真地工作，一面是男盗女娼；一面是勤苦劳动，一面是寄生捣蛋，这是社会的一般结构；但决定我们这个社会发展方向的，绝不会是丑恶的一面。洋奴的期盼，鬼神的召唤，地盘和寿命都很有限，哪怕叫卖的声音再高，好景也不会太长。改革与革命有相同的一面，都不会是纯而又纯，也不会依照某种理想主义的方式行进。不因为它的光明面而失去冷静的客观判断；不因为它的黑暗面而动摇前进的信心和动力，这是我们民族所以成长至今留给我们的财富之一。

　　附注：此文曾在网上流通，并得到多位朋友对于材料使用上的纠正和补充，谨此致谢。由于是对事不对人，加上篇幅的限制，此处将所有引文的出处和评论都删掉了，但留下一些主要论文的名称如下，以示所引不是没有依据。

（1）《寻找精神支点——中国的"宗教改革"》

（2）《西方文化的传统与更新》

（3）《伊战中国"碰巧"爆发了非典！有这么巧的事！》

（4）《信仰、文明与中国崛起》

（原载《科学与无神论》博客，署名文丁）

中国的宗教 ABC

有人说，中国是一个无宗教的国家，所以康、梁维新，想方设法要创建中国的宗教；有人说，中国是一个宗教迷信很严重的国家，所以"五四"启蒙特别要提倡"科学"，以至于发动"非宗教运动"。这两个看来似乎完全不同的判断，至今尚在流行，只不过没有发展到必须采取公开争鸣的程度。

其所以会出现这样两个极端的判断，那原因或许要写一部中国文化史。不过有些明显的现象，大体上也可以看到，中国的宗教确实有自己的特点，尤其是与西方相比，更加清楚。这里只讲如下几点：

首先，是宗教信仰多。现在大陆有全国性组织的宗教是五个：佛教、道教、伊斯兰教、天主教与基督教（新教）。参加这些宗教组织的人数，大体是可以统计的。但在信仰上，除了不多的几个少数民族之外，普遍奉行的是多神主义。上至诸佛菩萨、天帝玉皇，下至山河大地、城门厕灶、草木精灵、狐獐龟蛇，旁及天命时运、生辰八字、风水卜算，至今犹然。好像什么都有左右人的命运的能力，都能成为信仰崇拜的对象。显然与西方的一神论教的信仰不同。西方宗教史上，曾经出现过有名的宗教裁判所，据说在数百年里，仅被目为魔鬼的女巫就有几百万；宗教战争也是很著名的，例如"十字军东征"，一般的历史教科书上都有记载。中国历史上从来没有发生过宗教战争，曾有几次短暂的毁教、禁教的事件，但那主要不是因为信仰问题触发的，甚至不是信仰者之间的事。相反，儒释道三教合一的主张，始终是社会的基调；近代更有"五教"同源之类的组织出现。从这个意义上讲，宗教宽容、信仰自由这些在西方经过多次流血才争得到的原则，在中国一直是在不觉中践行的。

第二，由于多神主义，取舍方便，选择什么神灵作为自己崇拜对象的自由十分充分，这就带来另外一些特点。其一是对某个特定的神灵的信仰，不那么专一；其二是信仰起来不那么认真。所谓"不那么专一"，是指"专一"起来也会狂热，但不会持久；所谓"不那么认真"，是指有时认真起来也会偏执，但潜意识仍保有疑虑。这从社会的整体运动看，那就是信仰的波动大，信仰的转移快。有史记载以来，中国经历过多少改朝换代，被尊称万岁的帝王们遭遇如何？鸦片战争以来，各界究竟进口了多少个"主义"，结局如何？这些都不说，与宗教有关的就有两大运动，一个是太平天国，一个是义和团。据史学家说，这是同一性质的社会运动；从宗教学看，这是两种内容完全不同的信仰系统。在同时以农民为主体的社会阶层中，不到半个世纪，就就从狂热的洋教信仰，一下就转向了狂热地反洋教的土教信仰。这种信仰上缺乏专一性和一贯性，也许是一种国民性格，或许还有些更深层次的意识，但人本主义、功利主义恐怕是比较重要的因素。人的需要是衡量一切的价值尺度。在信仰的选择和取舍上，利害关系也总是第一位的。只要与切身的利害相关，卑污会上升为备受崇敬的神祇，出于同样的原因，尊贵的神祇就会堕落成备受憎恶的卑污。捧高某个神和打倒某个神，在历史上不是稀有的现象，甚至有神论和无神论也可以在同一个人的观念里互相更替。

第三，不论神祇可能有多少盛衰、沉浮，但有两种宗教观念，在中国是相当稳定的，那就是天帝崇拜和祖宗崇拜。天帝崇拜来自自然崇拜，它的泛化，一方面是指山川大地、风雨雷电、人畜稼穑的主宰者，一方面是指天命、天运、天志、天道以及天时、地理等，所以中国人十分重视"天人之际"的问题，古有"天人之分"的哲学命题、"天人感应"的神学政治，今有"天人合一"的特异功能。祖宗崇拜源于部族的英雄崇拜，成长于宗法关系的纵横联结，由此形成"灵魂不死"的有神论信仰，根深叶茂，不仅贯彻在各种宗教派别中，即使在反宗教的人群中，也不乏这种信仰的痕迹。中国人创造的"堪舆学"，其根亦在灵魂不死、祖宗崇拜上。

上述两种宗教观念，直接衍生了与天帝沟通、与鬼神沟通的信仰需要，从而也就出产了从事此类沟通的中介——巫觋，并使中国宗教涂上了浓重的巫觋色彩。最大的巫觋当然是皇帝。皇帝是上天之子，所以号称"天子"，发出的诏书，往往自谦为"奉天承运"。但"天命靡常"，所以草莽英雄们，或者要"替天行道"，或者要"取而代之"，总之，"天"是会更换另外的儿子做他在地上的代表的。懂得"天命靡常"并预知"天命"所在的人，是另一种有高文化的巫觋，那就是儒生和方士。大约儒生偏重于祭天、祭祖等诸多礼乐，后来发展成儒家学派；方士多半熟悉种种沟通天帝鬼神的技能和法术，俨然是"天道"在人世间的使者，可以说是道教的先驱。

由此又形成了中国宗教不同于西方的另外两个特点：

1. 帝王的权力，即世俗的权力，是唯一合法的社会政治权力；宗教，不论哪种宗教，从来没有成为独立的社会政治力量，即不存在严格意义上的政教合一，也没有严格意义上的政教分离。宗教只能服从世俗国家的管理和统治，决不允许从事反对派的活动。任何一种宗教，其成毁存亡，直接决定于朝廷的意志。不但宗教的组织机构，重要的职务的人事任免等，也要由政府掌控，皇帝以至于官吏对鬼神精灵还有敕封和罢黜的权力。

2. 巫觋的神通和左右自然与人事的能力，渗透到宗教派别中，发展成对个人的自我崇拜。道教即以个人修炼"成神作仙"为目标；佛教称"一切众生悉有佛性"，都有交通神祇，甚或成为最高神祇的本领和潜能。影响所及，在中国的基督教中，灵恩派的信徒也可能居多数：他们有的圣灵充满，有的与神交通，更多的是处处感到神的启示。章太炎认为中国的宗教文化属"自力"信仰，以区别于西方宗教的"他力"信仰。这有一定的道理。

当然，现在世界在变，中国也在变。在急剧多变的生活中，不论中国还是西方，实际上宗教已经发生了许多变化。但在对中国宗教的整体考察时，这些基本的 ABC，仍然是应该认识的出发点。

（原载《美中社会和文化》1998 年第一期《创刊号》，署名文丁）

让什么主宰中国的命运:是鬼神信仰
还是科学理性?

本文表述的要旨,在展示以"渤海倡议书"和"信仰中国"为代表的论者,把西方基督教信仰作为"救赎"中国、"民族复兴"的宝贝,直斥中国当代对"科学技术精神的过度推崇"、"一百多年来,中国以富强"(分别对应了经济与军事实力)为依归的国家发展目标",以及它们与外国对中国的高科技严密封锁和猖獗的宗教渗透并行策略之可疑的契合。

我国宪法规定:"公民有宗教信仰自由"的权利,不是"公民有宗教信仰"的权利;此中有无"自由"二字,关系重大。在"鬼神信仰"论中,只有"信仰"而无"信仰自由",这是西方中世纪的传统;美国《国际宗教自由法案》加添了"自由"二字,但只指美国所承认的各色"宗教"有自由,而不包括它所不承认的宗教有自由,更不承认有不信教的自由。"自由"大约也属"普世价值",其运用的不同如此。"话语"已经成为某些势力的一种政治游戏,在向国家忠心献策中提供鬼神之说,为党诚实地分忧中,奉献宗教信仰,或许也属这类游戏的一种。

一 问题的提出

在咱们中国,鬼神之说古已有之,而且资源丰厚;科学理性好像是近现代才流行开来的,但其作为包含"无鬼论"和"神灭论"在内的实事求是精神,也早已深蕴于我们民族文化的传统中。鸦片战争将西方的鬼神论和洋烟一起输入中国,使鬼神之说与科学理性的内涵有了现代性质,二者的对立有了全新的意义——伴同正确路线的确定,中国的前途、民族的复兴，是依靠鬼神信仰，还是依靠科学理性，就成了一个现实问题。这个问题在知识界，较早是"五四运动"前后明确提出来的。

"甲午战争"和"戊戌变法"相继失败以后，中国之命运问题进一步尖锐化了。辛亥革命给出了一个方向性回答，"五四运动"则开始上升为全国人民的自觉。就在这个运动的前夜，1918 年初，上海成立了一个"灵学会"，出版《灵学丛志》，设"盛德坛"扶乩，请孟子为坛主，给鬼照相，领袖是筹建中华书局的俞复和陆费逵，给予思想支持的是《天演论》译者严复，都应该属于当时的"新派"。1920 年，北京成立另一个灵学组织"悟善社"，创《灵学要志》，建"广善坛"，以"孚佑帝君"为坛主，领袖是被视为白莲教残党的唐焕章，一个典型的封建余孽——其所以也用"灵学"的名称，是在追随上海的新潮，而这一新潮与会道门封建迷信的唯一差别，是多了一层"科学"的包装。"灵学会"的中心口号是"鬼神之说不张，国家之命遂促"；"悟善社"的中心口号是"藉神道之糟粕，挽末流之颓靡"，"以神仙之妙用，补人事之不足"，两家的主张完全合拍。

这股新旧势力联合兴起以"鬼神救国"为宗旨的灵学思潮，带动了全国会道门的大猖獗，是继清末后党引导神拳"扶清灭洋"之后，第一次由文化人打出鬼神旗帜，将国家命运系于鬼神信仰的社会活动。

"五四运动"本是一场爱国主义运动，同时启发了以"科学与民主"为主题的新文化运动。这一爱国与启蒙密切结合的特色，贯彻在我国此后的全部文化历史中，最后融入"民族的、科学的、大众"的文化主流里，成为我们今天文化大发展、大繁荣的基础。我们不能说，科学与民主的口号，只是针对灵学的，但灵学是当时新文化鞭挞最现实的靶子，绝对没有问题。《新青年》给我们留下了当时的记录，鲁迅为我们留下了犀利的杂文。不久，1920 年，《灵学丛志》停刊，灵学会寿终正寝。北京的《灵学要志》及其"悟善社"，则直到北伐的大扫荡才得以溃散。

1923—1924 年，文化界又爆发了"科学与玄学"的论战。这次论战的中心议题是围绕人生观问题开展的。如果人生观只限在个人范围，也许争论不会那么激烈和广泛，但作为一般原则，国人应该具有什么样的人生观，塑造何种国民性，与国家教育方针联系起来，同样会牵涉国家命运、民族前途，所以参与讨论的文化人更多。其中，科学能否进入人生观领域，甚或树立科学的人生观，是问题的焦点，所以不可避免地又涉及鬼神信仰和科学理性的问题。

玄学派领袖张君劢，将科学定性为"客观的"，基于"论理"（逻辑）的，思维特点是"分析"的，受"因果律所支配"，从"自然界变化现象的统一性"掌管物质世界；人生观与之相反，它是"主观的"，"起于直觉"，思维是"综合的"，"自由意志的"，"起于人格之单一性"而掌管精神世界。关于此等分类是否妥当，此处不论。但就玄学派拒绝"人生观"接受科学和理性，而必须由"直觉"和"自由意志"掌控，就为鬼神信仰在人生观中开辟了莫大的空间。他反复引证西方某些学者的观点，强调科学是有限的，需要以"哲学、美术、宗教三者为辅佐"；"求真"之途，除理智之外，还有宗教。他特别把反进化论的神学当作权威，谓："科学家于神造之说则深恶而拒之，然其不能谓为既已解决则显然无疑。或者永非人力所能及亦未可知。"如此一来，鬼神不单是信仰的对象，而且鬼神信仰成了追求真理的途径；科学的有限性，必须由宗教的完善性补救。

所谓"直觉"，是来自柏克森哲学，专用于非理性的；所谓"自由意志"既有柏克森，也有康德哲学，二者都是用来对抗科学规律，也都符合玄学的定义：

> "玄学之名，本作为超物理界、超官觉解释"，"新玄学之特点，曰人生之自由自在，不受机械律之支配；曰自由意志说之阐发；曰人类行为可以参加宇宙实在"。

其中，"超物理界"就是超自然界，"超官觉"就是"超感觉"，总起来是堵塞认识通达客观世界的道路，断绝理智的思考，由此保障"意志"的"自由"驰骋，实现"人生在宇宙间独来独往的价值"。以此施之于教育，宗教须三分天下有其一。针对"科学在于求真"的论点，"依吾观之，最终之真者为何，终非人所能解决"。这样就为宗教进入国民教育体系找到了理由。

对玄学的批判，实是五四精神的继续和深入。首举批判大旗的是地质

学家丁文江。陈独秀和胡适则是批判阵营中的理论代表，他们在捍卫科学
理性的价值上一致，也都为《科学与人生观》一书作序。陈独秀的序说：

> 我们还在宗教迷信时代；你看全国最大多数的人，还是迷信巫鬼
> 符咒算命卜卦等超物质以上的神秘；此多数像张君劢这样相信玄学的
> 人——像丁在君这样相信科学的人，其数目几乎不能列入统计。现在
> 由迷信时代进步到科学时代，自然要经过玄学先生的狂吠。

胡适接续陈独秀批评丁文江将宇宙的未知部分"存疑"而让给了玄学家解
释，进一步发挥说：

> 在十九世纪的英国，在那宗教的权威不曾打破的时代，明明是无
> 神论者也不得不挂一个"存疑"的招牌，但在今日的中国，在宗教信
> 仰向来比较自由的中国，如果我们深信现有的科学证据只能叫我们否
> 定上帝的存在和灵魂的不灭，那么，我们正不妨自居为"无神论者"。

他欣赏吴稚晖对玄学鬼的抨击，尤其是这几句话："那种骇得煞人的显赫
的名词，上帝啊，神啊，还是取消了好"，"开除了上帝的名额，放逐了精
神元素的灵魂"。

　　实际上，这已经是从科学对玄学的论战，变成科学理性对鬼神信仰的
全盘厌弃了。问题似乎解决了。然而超出历史和逻辑，问题远没有结束。
公元进到 1978 年以后，我国社会的发展正在经历又一次伟大的飞跃，抛
弃了"无限崇拜，无限信仰"，科学理性高扬。先是确立了"科学技术是
第一生产力"的认识，继之是进入"科教兴国"战略实践，最近十年又
制定了"以人为本"，"科学发展"的指导方针，推动着经济、民生、国
防等一直走在高速行进的轨道上，展望未来，国强民安，前途似锦。就在
这个过程，前 20 年出现了用"科学革命"和"第二次文艺复兴运动"装
饰起来的伪科学思潮，用反对西方科技和逻辑的名义，反对近现代科学，
反对思维理性，同我们国家的走向背道而行，最后是随着邪教的取缔而失
势。这段丑闻，大家相当熟悉。此处要谈的是新近 10 多年来的又一番

现象。

从全国声讨邪教之初就有种舆论，认为"邪教"之兴在于"正教"不强，甚或认为，执政党从根本上就应该强化鬼神对人的控制，扶植宗教的扩展。2001 年发表的《马克思主义宗教观必须与时俱进》是这类主张中最有代表性观点，由于署名者用了"国务院经济体制改革办公室"的官衔，一时影响巨大。此论有两个突出的论点：一是鬼神之说有特别的效用：

> 人从动物演化而来，包含着野蛮、自私的本性，仅靠人性的自觉，不足以约束其行为。出于恐惧，人要借助神的威力来规范自身，这就是宗教道德功能存在的依据。

由此我们知道，宗教之所以具有道德功能，原来是为了对付那些"野蛮自私"非"人性"的人的。二是科学理性有局限：

> 宗教属于价值信仰，科学属于工具理性，二者的关系既有冲突，也可相互促进——爱因斯坦与牛顿都信教，他们早知道月球上没有上帝，之所以信教，是把宗教伦理作为自己的行为准则与探索动力。

说爱因斯坦"信教"没有根据，但他不信上帝并且劝告宗教放弃上帝，却有他自己的言论为证。至于将科学定为"工具理性"，把宗教归为"价值"的载体，是拾人牙慧，也是玄学的继续，都算不上新颖。然而它从上述两个基本点中得出了一个上下五千年的中国似乎从未有过的结论，却起了大作用：

> 一个民族的精神产生于文化，文化的灵魂体现于道德，道德的支撑在于信仰，而一个没有信仰的民族不可能自立于世界民族之林，中国更是如此。

据此，"信仰"就成了民族的命根，民族得以发展的源泉和力量。我们正在从事中华民族的伟大复兴，驱逐科学，弘扬信仰，应该成为头等大事——尽管此处并没有指明这信仰是宗教，但全文的论题只有宗教，并不含糊。不久，网上又流行了一位将军的大作《宗教信仰与民族命运》，说得更坦率:

> 民族性就是道德。宗教决定了文化，文化决定了民族的性格，民族的性格决定了民族的命运。

此处是用"宗教"替换了"信仰"，话是说得更直白了，但又进了一步，是中国的宗教根本不行——中国有佛道儒三教，"历史证明，这三个教根本无法振兴中华"。为什么? 因为，"中国人心中没有永恒的神的位置，再说深一点，就是没有终极性的文化精神追求! 这种人是不会把自己的关心范围扩大到家庭，甚至个人以外的。如果扩大出去，一定就是伤害别人。这样的民族怎么能不是一盘散沙? 千年来，东方和西方的竞争中，西方胜利了；东方宗教和西方宗教的竞争中，西方宗教胜利了。宗教的胜利是什么样的胜利? 我认为是一种精神上的胜利。没有信仰，就没有精神上的力量。中国人所缺少的，正是西方人所拥有的。"结论是如此斩钉截铁，给我们民族指定的出路只有一条，那就是接受西方的"永恒的神"，用基督教信仰改变我们的"民族性"。

此类高论，从"五四"前后迄于今天，每到一个历史转折阶段总会有一些人拿出来渲染一番，一群人实践一番，所有必要作为一个问题提出来讨论讨论。

二　宗教学界当前的更新趋向

从我国社会前进的大局、执政党主导的发展方向、劳动人民关注和从事的各种事业来看，相比于科学理性牢不可破的主流地位而言，召唤鬼神信仰之声，微不足道。然而若聚焦在所谓"宗教学"及其影响范围，情况就不同了，文化传教就是一个很大的问题。它冲破了《宪法》关于宗教信仰自由的规定，令《教育法》宣布的"国家实行教育与宗教相分离"失去效用，堂皇地进入了高教系统和科研单位，并成为向社会公众领域传播鬼神信仰最具影响力的平台。这当然不是小事。最近，"文化传教"又一次变脸，一是直接走上社会，张扬"宗教"必须全面介入社会生活，作为政治力量发挥作用；一是改"宗教"为"信仰"，"为民族的复兴提供坚实的价值支撑"。前者有在天津某大饭店举办的《渤海视野》，发表"五十人高层论坛"《倡议书》；后者有上海某刊物发文向国家进言的《信仰中国》。二者南北呼应，都提到国家"战略"高度喊话，引起网络的相当关注，即使"脱敏"到了全麻程度，人们也不能不有所回应了。

据《倡议书》称，参加"渤海视野"研讨会的"高层"成员"不仅包括对宗教和文化发展素有研究与关切的著名学者、教界代表、商界成功人士，也包括部分社会贤达及文化精英"。这确实有摆脱高教和科研的体制限制，走上社会大舞台的气势，尽管看看名单似乎并没有什么著名学者、贤达或精英，但他们要求"我们"从"宗教与文化战略视野"考虑的问题，确实有点"高端"：

> 意欲统合古今中外之视野，以包容、开放的胸襟，为宗教与中国文化之战略发展把脉，为中华文化复兴中宗教之独特价值和使命张目。

这独特的价值和使命是什么？倡议者如是说：

> 使社会文化在精神动力和精神支撑上有更明智、更有利的选择和取向，努力把宗教从社会存在、文化意义、精神影响和政治归属上全面纳入我们社会的整体建构和一统体系，使宗教作为政治力量，成为我们国家自身政治力量的有机组成部分，宗教作为灵性信仰，成为我们重建精神家园的重要构成。

如果说，宗教是一种"社会存在"，具有特定的"文化意义"和"精神影响"，在有些情况，有些教派，带有特定政治倾向，都不是问题，因为现实就是如此，"我们社会的整体"也不例外。但要把宗教的本质属性从鬼神信仰改变为"政治力量"，而且是"国家政治力量的有机组成"，那首先得改变我们的国家性质，或实行中世纪的政教对立之合一，或像美国一些政治人物宣称的那样，宗教立宪，宗教建国。这种"选择和趋向"是否"更明智、更有利"？且不说我们"国家"的态度如何，恐怕广大的教徒也不一定赞同：你不让他去享受宗教信仰自由的权利，硬要他撇开他的信仰或利用他的信仰去充当什么"政治力量"，他自愿么？教徒和非教徒，同属中华人民共和国公民，他的政治诉求就在于他的公民身份，为什么要把属于私人信仰的事当作公共的政治工具？这是要把宗教信众抬举成社会上的特殊群体，还是实行宗教歧视，认为他若参政只能启用教徒的身份？

至于让"宗教作为'灵性信仰'"来"重建"我们的"精神家园"，为"社会文化"承担"精神动力和精神支撑"的功能，以迫使"放弃单一价值定位"，用"开放'灵性'和优秀资源"以填充之，这类话题有机会可以专题讨论。此处得先弄清所谓"灵性信仰"是种什么信仰？将宗教信仰更换为"灵性信仰"，这"灵性"是个什么东西？近来是"灵性教育"、"灵性生活"、"灵性世界"，以致"灵气"、"灵修"，触目多多，但却看不到一个认真而明确的界定——按"高层"的一贯说法，《圣经》是基督徒必读之书，是教徒"寻觅信仰的真谛，获取灵性生活的依据"；像《基督教文化丛书》就是"再现其灵性、灵气和灵修对世界文化发展的启迪及感染"的论著。据此，"灵性"就是取自《圣经》，"灵性信仰"等于基督教信仰。

如此看来，《倡议书》对宗教信仰的召唤，仍然是"汉语基督教神学运动"的基调。从麦克斯－缪勒的比较宗教学立场，给中国的土教一个地位是合适的，也符合"宗教学"的立场、观点和方法。但表达的语气有了不同：明显地增强了一神教的"张力"和"排他"力。此前只劝说国人在宗教问题上"脱敏"，现下却要"打破学术界之狭隘阈限"，"改变国人长期以来对于宗教之偏颇理解"的进击了——在国人正在讨论中国特色社会主义价值体系和落实科学发展观之际，得优先决定"宗教的合理定位与优先价值"；在推动"放弃单一价值定位"中，第一个点名需要放弃的是对"科学技术精神的过度推崇"。在有关机构正在贯彻执行"教育与宗教相分离"的关键时刻，必须"开放探讨宗教信仰在中国社会的认知与认同，对宗教信仰知识的通识教育"。为什么突然如此霸气起来？

上海的《信仰中国》与渤海的《倡议书》是声气互通，但侧重于发掘鬼神信仰资源，解决如何使之能够成为政治力量的问题。其为国家设想之周到，尤为感人。总其中心主张，是运用"国家力"，建构"信仰中国"，以改变西方的"无神论中国"和"迫害宗教"的形象，化消极为积极，使信仰中国之友遍天下，无往而不利。它的《提要》说：

> 中国国家力对"信仰中国"的积极叙述、塑造与展示，不仅将为民族复兴提供坚实的价值支撑，也将对中国国家主权和利益的维护与拓展产生积极意义。

现就几个问题，看它的一些道理能否成立。

第一，对国内外宗教形势进行评估，是一切鬼神信仰提倡者的立论前提。就世界言，他们普遍断定全球正处在一个宗教复兴时期，《信仰中国》称之为"全球宗教复兴和世界性非世俗化趋势"，时间定在 20 世纪 70 年代，尤其是"9·11"事件以来，"使宗教从所谓'威斯特法利亚的放逐'回归国际关系的中心，并且成为国际舞台上冲突各方争抢的资源"——如果宗教确实成了国际冲突的"资源"，是广大宗教信徒的悲剧，不是宗教的常态，加以讴歌和利用，是火上加油，很不道德，也缺责任心。

但据欧美另一些组织的统计，全欧以至加拿大、日本等发达国家，宗教势力如日薄西山，科学普及和世俗化进程在很大程度上已将鬼神排除出日常生活，一些宗教节日正在习俗化。说它们的宗教在复兴，出现了"非世俗化趋势"，缺乏共识。很早就有人把苏东解体归功于宗教之力，因此还导致西方统治力量将宗教渗透当作颠覆"共产制度"的法宝；"9·11"以及"反恐战争"，激发了亚伯拉罕一神教世界以及与其他宗教民族和国家的多重冲突，宗教对抗波及全球，从而造成宗教"复兴"的假象，实际上并没有根本改变宗教版图及其消长的大趋势。由于宗教战争和宗教极端主义带来的人际仇恨和无尽灾难，反而推动了人们对宗教功能的反思，西方"世俗人文主义"的持续发展和"新无神论运动"的兴起，以及有关无神论和非宗教性影视和著作大量面世，就是显著的信号。最新的统计显示，即使在美国，宗教信仰的人数也不是在增加，而是在减少（见2012年11月2日《中国社会科学报》）。

至于说"中国国内宗教信仰的复兴"，那得看在什么意义下讲。我国进入近代以来，宗教极少有如此高速的发展，而且没有出现强力的反对之声，尤其与新中国成立以来相比，这确实是一种"复兴"。但现下公布的教徒人口为一亿左右，只占总人口的1/13，称为"信仰中国"有点名不符实。《信仰中国》宣称："各种权威数据均表明，中国不仅是传统而且是新兴'宗教大国'，主流宗教的增长、新兴宗教的崛起以及民间信仰的复兴相互交织。"糟糕的是，它宣称的"各种权威数据"一个也没有公布，更不知其"权威"在哪里。据此而定中国为"宗教大国"，显得轻率。事实是，迄今为止，全球还没有一个宗教统计的"权威"标准。假若从多神主义考察，我国信教的人口可能与日本相似，当会超过全国人口的总数；但从一神教的标准看，说中国是无神论国家也很恰当。《信仰中国》指谓的"新兴宗教"是什么货色，也没有任何交代。最新有一个叫"宗教共同体"的，赫然出现在国家宗教局的网站上，提倡"诸神同一，诸教融合"，还特别声明它不是"新兴宗教之一"，但给人的直觉却是此地无银三百两。因为这类教派，世界上有，我国也不短缺，前述的"悟善社"别名就叫"世界六圣宗教大同会"。从这里看，确定何者为"新宗教"，也不那么简单。美国就把中国取缔的"邪教"当作新宗教豢养。如果连中国宗教的ABC都不了解，所谓统计只能姑妄听之。

在对待形势的判断上，尤其是引用数据，必须拿出根据来。否则信口开河，随愿估算，既自损学术的严肃，也令人怀疑那判断或是别有用心。

第二，"无神论"给中国国家安全和民族复兴造成"局限"。这个判断是构建"信仰中国"的主要理由：

> 中国国内宗教信仰的复兴与国际上根深蒂固的"无神论中国"印象之间的认知差距，恰恰反衬出了中国宗教在海外投射力上的限度，以及中国在建构与展示较"无神论中国"更为真实的"信仰中国"

以及宗教自由政策方面的能力不足。

据我所知，美国给我国的称号之一是"共产主义无神论中国"，而"共产主义"在它的主导意识形态中是什么用意，大家都知道。至于其与中国人在"认知"上有如此巨大的"差距"，我以为"反衬"出来的不是我国"宗教信仰自由政策方面的能力不足"，而是包括无神论在内的我国话语权在"海外投射力的限度"。按作者的论证，我们已经是"宗教大国"，而美国则认定我们是"无神论国家"，那真正的原因何在，作为西方基督教神学的专家理应知道。从西方基督教看，中国只有偶像崇拜和迷信，连"神"都没有，哪来的"宗教"？说我们是"无神论"国家也是一种"僭越"。当前的一类专家官员要中国人自认"蛮夷"，以引进西方的"神文明"，根子也在这种"认知差距"上。因此，不论儒释道和民间的宗教资源如何深厚，信仰如何自由，对他们来讲，全是废话。他们推进的是基督教对中国的全盘占领，这是他们唯一的兴奋中心。这个大方向的最新制定也不下百年了，论者不能装作全然不知。

从字面看，"信仰中国"的本意是要替换"无神论中国"。为什么要如此改旗易帜？理由很多：

"部分国家尤其是海外华人"，"对中国的宗教生态与政教格局存在疑虑"，削弱了他们"对中国的好感度与向心力"。"在中国和平发展的宏观背景下，与其他国家及其普通民众在宗教信仰上的隔阂，已然成为制约中国树立文化大国形象的现实瓶颈。""国际社会在对于中国是否和平崛起的解读中，宗教信仰状况正在成为一项重要的参数"，据此而罢黜"无神论中国"应该是逻辑的必然。然而结论却是这样的：

> 一百多年来，中国以"富强"（分别对应了经济与军事实力）为依归的国家发展目标，由于缺乏在文化和宗教信仰等精神层面的观照，无论就对内还是对外而言，都已呈现出其明显的局限性。

原来罪在以"'富强'为依归的国家发展目标"，而不是"无神论"。为了换取海外华人对中国的好感度和向心力，解除国际社会对中国和平崛起的疑虑，树立文化大国的形象，必须打掉"富强"这个中国人的梦和国家的发展目标。驱逐无神论不过因为它是个软柿子。

第三，建构"信仰中国"的好处太多了，"至少从国家安全、经济发展、国际形象、国家统一等四个方面对中国国家主权和利益的维护和实现产生潜在的积极意义"。这里只讲中国的"国际形象"，尤其是在美国心目中的形象：

> 自冷战结束以来，西方国家尤其是美国对中国宗教问题的"政治化"手法（如所谓"中国宗教自由问题"）以及政治（主权）问题的"宗教化"和"国际化"运作（如西藏问题），不仅形成对中国的国家主权与安全的挑战，也强化了国际社会对中国的"制度偏见"。面对此种局面，我们与其在宗教问题上不断面临外交的被动卷入，不如正视和顺应全球宗教复兴与国际关系"宗教回归"的大趋势，积极寻回我国外交中的宗教因素。如何把宗教从中国国际战略中的"负资产"转变为"软权力"，在国际宗教舞台上化被动为主动，已日益成为我国需面对的一项迫切的战略选择。

作者被认为也是研究安全问题的专家，但出的这个主意很馊。明明知道给中国制造"宗教问题"或挑动我们国内得宗教事端，是出于外国的"政治化手法"：将事涉我国家主权的"政治问题宗教化"，将西藏等国内问题"国际化"，"尤其是美国"干的，那么，按一般逻辑，对这种"政治化"的"运作"，就应该据实揭露，依理驳斥，外交抗议，并采取实际措施，以应对其"对中国的国家主权和安全的挑战"，纠正其向国际社会散布"对中国的'制度偏见'"。然而令人意外的是，作者反转回头来要我们国家"正视和顺应全球宗教复兴与国际关系'宗教回归'的大趋势，积极寻回我国外交中的宗教因素"。而要寻回的这因素看来就是"信仰中国"。——这真有点基督精神了：人家打我的左脸，干脆，我把右脸也让给你打。你不是说我"宗教自由"度不够么，那我就建个"宗教国家"给你看。这是一种什么国民品格？不说了。

三　鬼神信仰为什么不能维系国运民魂

一方面是无中生有："信仰危机"、"信仰空白"；一方面证明信仰资源丰厚，力挺"信仰中国"。前后对照，为何变调？同时比较，对立明显。然而论者毫不避讳这类错乱，一心用在将信仰定为国运民魂所系的主题上。现在就让我们看看这一建构的愿景。

在我国大众的语境中，信仰一词的含义可以《辞海》的解释为代表：

> "信仰"是对某种宗教，或对某种主义极度信服和尊重，并以之为行动的准则。

这一界说是陈述性的，词语本身并不含褒贬之义。美钞上印有"我们信仰上帝"，连钱都显得虔诚，令人钦佩；我们国人相信"钱能通神"，能使"鬼推磨"，所以信仰"财神"，司空见惯。此中"信仰"的内涵，就是"极度的信服和尊重"云云，中美没有高下区别。

在我们前边提到五四人物反对玄学鬼神论当中，都宣称"无神论"是他们的"信仰"。陈独秀说：

> 什么神灵与上帝，我们已无疑可存了。说我们武断也好，说我们专制也好，若无证据给我们看，我们断然不能抛弃我们的信仰。

他的无神论信仰是从"唯物的历史观"得出来的。胡适则随顺陈独秀的"无疑可存"，以"现有科学"为依据，自居"无神论者"。就此而言，"信仰"表示的是坚信不疑、不可动摇的态度。像这类话语，我们也经常在革命人物的传记里读到，如说"我们信仰共产主义"，表示立场坚定，大义凛然。

但是，在西方文化背景中，"信仰"不单是一种态度和立场，更多的是与理性对立的一种思维模式。我们且看《不列颠百科全书》：

　　信仰，在无充分的理智认识足以保证一个命题为真实的情况下，就对它予以接受或同意的一种心理定势（或态度），相信某人或相信某件事，与信仰某一命题是真实的，这完全是两回事。

《不列颠百科全书》又引洛克在《人类悟性论》中的话：
"信仰是一种关于同意和信念的永恒不变的确定原则，它不允许任何怀疑和犹豫。"
《西方哲学英汉对照词典》说，"信仰"一词源自拉丁文，指

　　自愿地把某些一直没有或不能得到理性或经验支持的观点作为真理，特别与对宗教信条的信奉有关。因此，信仰是相对哲学和科学知识而言的。……从中世纪哲学以来，如何协调信仰和知识之间的张力，一直是主要的课题。对康德来说，信仰就是接受先验理念、上帝、自由和灵魂不朽。它们超越了经验的王国，不是理论知识的对象，但它们在道德事务中起着重要作用。

《东西方哲学大辞典》：

　　信仰（Faith）的一般含义指相信不能被证明的东西……古希腊哲学家认为，只有理性才能决定什么是可信的。与此相反，德尔图良提出，"正因为它荒谬，所以我才相信"，把理性与信仰对立起来。

　　以上四个说法，只有一个说法中的一半与我们的习惯用法比较一致，那就是"不允许任何怀疑和犹豫"。其余说法都是把"信仰"作为与"理性或经验"等对立的概念使用。之所以如此，与西方长期处于基督教的文化专制相关，那就是把信仰的"不思考当成一种美德"。此处提到的德尔图良应该是这一美德的奠基人——他生活在 2—3 世纪，号称"拉丁教父"，他的神学与希腊哲学的"爱智""求真"精神极端相反，认为人的知识，不论是感性的还是理性的，都是"有限的"，因为《圣经》记载的神和神迹，只能靠信仰掌握。他在《论基督的肉身》一文中说：

> 上帝之子死了，这是完全可信的，因为这是荒谬。他被埋葬又复
> 活了，这一事实是确定的，因为他是不可能的。

于是信仰就成了对"荒谬"的"确信"，对"不可能"的"确定"。引申
出来，就是反理性，不思考。

在当前中国学界走红的"信仰"，就属西方这个门类。1992 年出版的
《人类信仰论》认为，"信仰是人类掌握世界的一种单独而永恒的方式"，当
前有学者论证马克思也把宗教视作"人类掌握世界的一种方式"，那含义其
实就蕴藏在德尔图良的神学里。不过一旦改作"掌握世界的方式"，就让信
仰超越了宗教的范畴，而宗教问题泛化成了信仰问题，有助于改变中国人对
宗教的"狭隘偏颇"认识。作者断定"信仰是比宗教更为根本的东西"，这
个"根本"就在于把宗教的外在形式转化为神学的内在内容，方便其于作
为一种"世界观和价值观、人生观"混入文化教育和社会文化领域。

2006 年又有《信仰的智慧——信仰和科学信仰研究》出版，更着力
将"信仰"推进国家的意识形态和政治教育领域，其对信仰的释义，也大
量采用了基督教背景的材料。例如《圣经》说，信仰是"对看不见、然而
却渴望求得到的东西的信念"。"保罗主张信仰是上帝的礼物，这种观念在
奥古斯丁和阿奎那那里得到很大的发展"。作者将此类解说的信仰，界定
为"统摄整个价值观念的核心问题，因而也是世界观和价值观、人生观的
集中体现"。由此也使我们见识了它"集中体现"的特点：是基于"一种
本能、一种情感冲动、不含有知识和理性成分，非逻辑、非理性的情感方
式、思维方式"，而"信仰的客体一定得具备'超验性'、理想性和终极
性"。"由此导向的生活方式和思维方式，崇尚神圣，获得自我的提升和人
格的完善，一种对世界爱的方式，使人们的生活转向了崇高的精神目标"。

显然，这是把基督教信仰注入了世界观和价值观以及用以支配思维方式
和生活方式了。现在的问题是，既然信仰是如此非理性、反知识，为什么还
能保障国家安全、民族复兴，经济繁荣，提升人格？最近某个"智库"的
《高层内参》中有篇大文，给出了答案。此文说，"中国社会文化的重要任
务是召回被逐的精神"，因为"精神是文化的灵魂，一个社会如果没精神，

必然走向崩溃"，而"宗教在人类历史中，始终是价值和精神的集中载体"。

此话我们可能很熟悉了，现在即以发财致富为例感受一下：武汉有条汉正街，一批"聪明"人在改革开放之初"创造了大量财富"，但"他们后来都完了"——"原因是什么？很简单，他们的发财致富没有一个神圣的观点"，"加尔文教的重要性就在这里"，它所显示的"精神，就是受一种观念的影响：要工作，要刻苦勤奋，同时目的不是在活动本身，有一个神圣的目标：你本来是向天国，但是没想到导致世俗世界的发展"，譬如说，"人是猿变过来的，那最早变成人的，肯定是喜欢异想天开，眼睛老盯着天空的猿；而老是盯着脚底那片土地的猿还是猿。如果你总盯着天上，无意中就导致了人间的繁荣"。

加尔文教是基督教新教的一个派别；美国加尔文学院还是使用邓普顿基金会的美元扶持在中国"文化传教"的一个据点。它这派的信仰就有让你发财和变人的魅力。

"中国人通常富不过三代，而犹太人富甲天下至少有 2000 年。宗教因素无疑起着决定性作用"；因为在犹太人看来，积聚财富是为了彰显神的荣耀，所以只信奉一部"《圣经》，传世已有 2000 年"。

不止如此，信仰还能令人成才："一个人如果彻底相信有一种超自然的力量主宰着生活的一切，他（她）将有可能释放出巨大的潜能。"为什么？因为"当人相信宗教的时候，生活的一切将变得简单和明确。因为生活中存在着一种'绝对真理'，你不需要去思考，也不必去判断，信得越虔诚，你的苦恼就越少。"

这个"智库"提供的此类内参，并未署名，但考其来源，当是出自名牌大学的教授专家，还有什么中国体改委的特约研究员。所以可以再引一点，以见共鸣者之多：

> 信仰宗教的民族与中国人思维上最大的差距在于，他们从根本上说不是在"审时度势"，他们完全不必在战略决策上浪费时间，《圣经》上已经把事情交代好了，剩下的事只有执行！
>
> 当人完全依靠自己的理性分析、判断和抉择时，他（她）必将承受极大的心理压力，在反反复复的情绪纠缠中，将自己搞得筋疲力尽。

　　质言之，不思考、不判断，是信仰的要求。信仰是按《圣经》提供的世界观行事，并规定了掌握世界的方式。此亦谓之灵性。由此可知，鬼神信仰必然导向的是愚昧。用信仰"教授"我们的大学生，按此方式"改革"我们国家的"体制"，甚或将其倡导者定为构建马克思主义关于宗教"理论体系和指导思想"的"首席专家"、封之为"权威学者"，我们的国运民魂如何，也就昭然若揭了。

　　鬼神信仰在变中国为愚昧，科学理性才是文明大道。从历史上说，西方的文艺复兴，中国的鸦片战争，开启了科学理性的现代文明之路。在今天的中国，对于民族复兴的道路之选择，以人为本、科学发展的方针，以及科教兴国的战略决策，就是科学理性的时代体现，我们因此已经取得全球瞩目的伟大胜利，也正在指引我们民族走向灿烂的未来。

　　我们所谓的"科学"包含"技术"；从"科学技术是第一生产力"来讲，没有科技的独立发展和创新，就不可能有完全意义上的民族独立，我们向往的中华民族的伟大复兴，更难以实现。西方想方设法向我们输出的是宗教，所以有《国际宗教自由法案》之向我们立法，有《国际宗教自由报告》对我们的施压，有金钱的收买，有对藏独、疆独、邪教的扶植和基督教的渗透。但与此并行的，是竭尽其力地对我国实行高科技封锁，动辄以间谍罪惩处科学技术的自由交流，垄断人类的文明成果。两相比较，意图异非明显。回头来看，连我们一些党员学者和党政干部也加入对鬼神信仰的推崇行列，同样地伴以轻蔑科学、反对科学、加罪科学，这算是什么现象？是同气相应，内外呼应么？

　　我们这里所谓的"理性"就是"思考"。从一定意义上说，知识即源于思考，而"知识就是力量"。我们的教育，主要任务就是传授知识，学习思考。思考是创新的前提，也是做人报国，利益人民和奉献国际的前提。让鬼神信仰侵占教育体系和科研结构，令我们的未来一代缺失知识，不会思考，那叫愚民。教育者应该首先受教育，教人愚昧的教育者首先应该接受启蒙教育，从鬼神灵性中醒悟过来。

（原载《科学与无神论》2013 年第 1 期，署名文丁）

"研究宗教"亟须要拨乱反正
"批判神学"必须开展补课

——《马克思主义研究》访谈稿

记者问：今年是毛泽东同志诞生 120 周年，也是他批示建立世界宗教研究所的 50 周年，都值得我们纪念。你是继任继愈先生担任这个研究所的第二任所长，能否结合我国在宗教研究上的总体进展谈谈这个批示的意义及其实施的情况？

答：我的在任期是 1985—1988 年，很不称职，勉强干了一届就下来了，对此后所里的情况不甚了解。不过谈到全国，真是今非昔比。原来的专业宗教研究机构只是独此一家，今天可以说遍及全国，多数高等院校和社会科学研究单位设有宗教研究机构或专职的研究人员。各色宗教的原典到处流通，而且还有一个专门出版宗教图书的国家出版社，可以说是从空白走向了繁荣，所以有人把宗教研究赞为"显学"，趋之若鹜。

问：你对这一现象如何看？

答：我觉得还是不要以数量评定是非，正如同不要用信教人数的多寡来定是非一样。要对这一现象做出评论，首先得有把衡量是非得失的尺子。因为我国对宗教的真正研究，实际就开端于毛泽东 1963 年 12 月 30 日的那个批示，所以那个批示就应该成为这样的尺子。

批示一开始说："对世界三大宗教（耶稣教、回教、佛教），至今影响着广大人口，我们却没有知识。"——这个判断是基于中国站起来正在走向世界，需要全球战略而言的。我们面对至今影响着广大人口的三大宗教却没有知识，这种状况必须改变。这一要求在毛泽东去世之后，有越来越严重的所谓文明冲突发生，连我们国家也不得不被卷了进去，一再地实证他的巨人般的预见性。

问：那么，对宗教"没有知识"这个问题解决了没有？

答：在任继愈先生领导世界宗教研究所期间，是做了很大努力的，包括主编《宗教词典》、《宗教大词典》，编撰陈述三大宗教的《佛教史》、《伊斯兰教史》和《基督教史》等，都起了很大的作用；此后，还根据中央领导的指示，组织出版了有关三大宗教知识的普及读物，反应也比较好。与之同时，开始全面招收宗教研究生，并主导在北大哲学系开设宗教专业课，为宗教的全面深入研究培养骨干力量。不久，宗教研究和宗教教学就在许多高校和社科研究单位开展起来。

问：这表明，宗教知识短缺的问题算是基本解决了吧？

答：最近无神论研究室在北京三所大学做了一个粗略的调查，初步统计是，有个大学的学生信教人数高达11%强；但大多数学生却不知道宗教为何物。为什么信教的学生那么多，宗教知识又那么短缺？我认为，主要与社会条件有了变化，宗教研究的知识性传播变异成了信仰性传播有关。

问：此话怎讲？

答：市场经济的开放和扩大，在相当一部分人群中，把宗教知识也当成了赚钱的工具，"创收"与"吃教"的价值法则日益支配着宗教研究的性质和倾向。经济利益导致宗教研究和宗教知识的普及对于宗教本身的依赖，"拿人钱财、为人消灾"的效果，很快显示出来；本自客观独立、力求把握宗教面貌的科学研究，不同程度地蜕变成了为宗教树碑立传，讴歌鬼神信仰的传教活动；有关宗教的科学知识，蜕变成了一些人的信仰对象。

"知识就是力量"，宗教知识也不例外。这种知识要给我们的是关于各大宗教实际存在的本来面目，包括它们产生和发展的社会历史条件，在整个人类文明中的地位和作用，教义体系和组织结构，以及其与社会经济政治、思想文化和对待其他不信教和非其教派的关系等等，这类知识不但能丰富我们的头脑，荡清笼罩在宗教上的迷雾，增智脱愚，更有助于党的正确决策，有效地指导实践。然而一旦为利益所左右，就可能失掉客观立场，导致完全相反的结果。

问：那么，用什么来确定宗教宣教和宗教研究的界限？

答：这个界限确实很难明确地划分，但绝非没有原则可循。1982年中共中央印发的《关于我国社会主义时期宗教问题的基本观点和基本政策》（简称19号文件）就有许多权威性规定。有些历史档案也可以供我们借鉴，譬如清末制定的《学务纲要》，1922年蔡元培发表的《教育独立议》，应该是这方面最有价值的文献。最近《科学与无神论》刊载北师大师生写的《南京国民政府限制校园传教政策的研究》也很不错——此类文件和文章像一面镜子，可以清晰地照出我们今天的某些大学和科研单位与之相反的形形色色。

问：如此说来，现在已经不是宗教知识短缺的问题，倒成了如何处理宗教知识问题了？

答：不。我的意思是，随着文化教育领域宗教传教势力的扩展，对宗教的史实和事实被随意地作了增删或严重的扭曲，给予大众的宗教形象是错乱的，失实的，能够反映宗教实际的知识显得越发欠缺。我先讲几个有关宗教研究指导方针的论点，看看它们可能提供什么样的信息。

比较旧的一种论点是：对宗教没有信仰，就不能深入其中，研究就失去可能，好比你不是病人就不能成为医生。懂一点传统文化的论点是：研究宗教必须采取"'同情之默应''心性之体会'"的态度，否则就是"极左"。亲近西方的论点是，研究宗教就应该采取"西方宗教学"的"立场、观点、视角和方法"——这三种论点中的前两种，都设置了一个主观情感的前提，或者得先有信仰，或得心怀同情，由此提供的知识只能是经过他们的选择和过滤的；后一种比较时髦也洋气——所谓"西方宗教学"，实质上是诞生于麦克思—缪勒的一种基督教神学，它从宗教比较中推出，其他宗教都是有限的，只有上帝才是"终极"的"无限"，值得信仰。由此等宗教学发展出许多神学哲学，例如在中国风行的系统神学、宗教诠释学等——所以有学者认为，由这类神学提供的知识只能"是片面的，畸形的"，由此引导学生接受这类知识，并迫使接受由此得出的结论。

问：这些说法有些抽象，能否举几个具体事例？

答：就拿眼前人们的通识来说，宗教是讲"爱"的。这话符合事实不？如果说广大信徒讲爱是真诚的，加到宗教本身上就不恰当，因为这个判断含有非宗教不讲爱的意思。至于这爱的内涵，尤值得怀疑，《圣经》

说："你要尽心、尽性、尽意，爱主你的上帝，这是诫命中的第一，且是最大的。"《圣经》又说："恨我的，我必追讨他的罪，自父及子，直到三四代；爱我守我诫命的，我必向他们发慈爱，直到千代"。只说宗教讲"爱"，不说爱的内涵，不说宗教讲"恨"，都是片面。

认为宗教是劝人为善的，这话似乎不错，譬如禁止杀盗淫之类，但这只是教义的附属。也引几句圣经的话："祭祀别的神，不单单祭祀耶和华的，那人必要灭绝。""灭绝"不仅仅是一种诅咒，而且有数不尽的宗教屠杀和宗教战争紧跟其后。又，"信而受洗的必然得救，不信的必被定罪"。"定罪"的最高刑罚是打入地狱，即使灭绝了，也得受苦无穷——就是说，宗教赏罚的依据是对其神的信仰与否，信的言行就是善，不信的言行就是恶，按教义该杀的杀也是善。

有不少高官和大牌文人，把社会和谐、世界和平寄托在宗教身上。这作为一种良好的愿望和努力可以理解，但将其定为宗教的本然属性，距离事实就太远了。仍然引用《圣经》的话："我来，并不是叫地上太平，乃是叫地上动刀兵。因为我来，是叫人与父亲生疏，女儿与母亲生疏，媳妇与婆婆生疏。人的仇敌就是自己家里的人。"——从这里能够读出和平与和谐来，不是撒谎，就是心里畸变。基督宗教中有个"感恩节"，"感恩"的语汇在全社会都流行，但完全抹去了它的反面："复仇"，复仇到连刚出生的男婴都要一个不留地杀掉，如此严重的教义在一般人中竟完全没有印象，这偏颇就出在将宗教布道伪装成宗教知识上。

问：这都是国外的事，我们国内的宗教却是和谐的啊！

答：这得先看看大家对宗教一词是怎样的理解。通常我们都说，中国有五大宗教；五大宗教就等于中国的宗教，就此而谈"宗教和谐"基本符合事实，因为它们都是合法的，受到国家法律的保护。但还有大量拒绝国家法律监督也不受法律保护的鬼神论团体存在，譬如地下教会、邪教、极端主义和恐怖主义分子等，都不在宗教主管机关的视野，可国内外有些势力则给以承认，诸如一度风行的"宗教市场论"就将中国宗教分为三色，鼓吹合法宗教、地下教会和邪教在同一个社会大市场中自由竞争；美国豢养有我国取缔的邪教、扶植地下教会，支持藏独、疆独，也都是在宗教名义下进行的。这些不是和谐，而是威胁。——由此造成宗教概念的歧义，直接决定着有关宗教话语的实际含义。

问：合法与不合法绝不相同，界限清楚，国家也各有专门机构主管，不应该有问题吧？

答：问题之一就出在话语系统上。国家有关部门讲宗教和谐；社会有股力量也讲宗教和谐，但二者指谓的宗教不是一个概念。后者以宗教是个好东西，推动"三色"论宗教的扩展，也为"处境神学"开辟公共空间，——这还属于宗教的外延问题，还有宗教的内涵问题。什么是宗教？权威专家说："宗教是文化"，风行一时——其实这是对宗教分类，而不是定义。宗教区别于其他文化现象的特征才是宗教的本质。什么才是唯有宗教才具有的特征？众所公认，那就是承认鬼神实有和信仰鬼神。突出宗教是文化，掩盖了宗教的鬼神论特性，令其与一般文化教育同格，得以流畅地进入高教和科研系统。我们无神论的任务之一，就是揭穿利用官方意义上的宗教和谐，叫卖宗教市场论中的宗教和谐；我们提出实施宗教与教育相分离，主要指的是学术神学传教；个别神职人员进入国家教育领域，推动者也不属合法宗教。因此说我们反宗教并特别限定在合法宗教上，这是一种离间手段，不是事实。

问：你是说，虽然宗教研究有了进展，但在此后的演变中，失去了毛泽东要求的"马克思主义领导"，出现了偏差，所以还需要强化马克思主义的研究，还宗教的真相？

答：确实如此。不过近几年来，由于中央对马克思主义领导的强调，所以在宗教研究中出现了"马克思主义宗教观"的提法。这表明风向有了变化，是件好事，然而什么是马克思主义宗教观又成了问题——它可以做两种解释：第一，指研究马克思主义关于宗教的学说或观点，马克思主义宗教观是研究的对象，例如，有文名《马克思主义宗教观应该与时俱进》，这个"马克思主义宗教观"是作者个人从"与时俱进"的视角进行研究的，所以它的结论可以讨论，或者干脆，有人认为它实质是反马克思主义的。另一种情况是，把马克思主义宗教观等同马克思主义关于宗教的学说，乃是研究宗教的指导思想，不容置疑，不容反对。这个差别如此巨大，如果混淆起来，学术问题可能变成原则问题。

问：这个问题很新鲜，能否做个解释？

答：这里讲一个比较完整些的表述："马克思主义宗教观是马克思主义思想理论体系的重要组成部分，也是马克思主义政党对待和处理宗教问题的指导思想"。简练些是："马克思主义宗教观是马克思主义政党对待和处理宗教问题的指导思想"。问题是，为什么不可以说"马克思主义思想理论体系是马克思主义政党对待和处理宗教问题的指导思想"，而非要费一番周折，再把"马克思主义宗教观"装进"马克思主义思想理论体系"里？这大概不是文字游戏。

据称，"坚持和发展马克思主义宗教观"的目的，是"为加强和改进新形势下的宗教工作提供思想基础、方法基础和决策基础"。我们知道，所谓"新形势"一般是指改革开放以来的形势，上文提到的 19 号文件就是社会主义时期的指导性文件，现在要以"宗教观"的名义重新给党的宗教工作提供思想、方法和决策基础，是衔接还是取代？

问：那你怎么看？

答：这需要比较，说来话长。我现在注意的是，已经被"宗教观"了的"马克思主义"是个什么概念？

问：这也有问题？

答：你是研究马克思主义的，我引一句话请你看看："马克思主义宗教观是马克思和恩格斯等马克思主义经典作家……逐步形成和确立起来的"。马恩之后加个"等"是怎么回事？中国党史上称马克思主义经典作家是马恩列斯；自 20 世纪 60 年代起，斯大林被逐步淡化，但列宁的地位却从未动摇过。近些年来，国内也有反列宁的声音，作为个人，那是他们的自由，但将这种倾向安置在给党和国家作"指导思想"里边，我认为就不是个小问题。有学者曾当面质问：所谓马克思主义宗教观，究竟是用马克思主义观宗教，还是在用宗教观马克思主义？问得很深刻。

马克思主义有三个来源和三个组成部分，这是常识，这个宗教观则据以将"马克思主义"确定为三个阶段："以启蒙和人本主义思想为武器对宗教进行哲学批判，以历史唯物主义和辩证唯物主义为武器对宗教进行政治批判——"——马克思主义哲学就是辩证唯物主义和历史唯物主义，这也是常识，马克思主义对宗教批判的武器，怎么会变成启蒙运动的思想？辩证唯物主义和历史唯物主义对宗教的批判怎么又成了政治批判？如果连马克思主义的基本用语都说不准确，还硬要作"指导思想"，岂不滑稽？把马克思主义装到一个什么观的筐里去，好比把大地上生长的植物装到菜篮子里，能是一回事么。至于如何解读，问题可能更多。

即以对"历史唯物主义"的解读为例——眼下就有这样的阐释：社会存在决定社会意，意即"社会不好"，故而产生"不好"的宗教；马克思主义从"不好的"宗教看到了当时欧洲"不好的"社会，这是"正确的"、"客观的"。宗教在今天的中国发展有"正常的"、"好的"、"积极的"方面，从"好的宗教"可知我们是"好的社会"——结论不言而喻，对我国当前的宗教只能说"好"，不能说"不好"，否则就是说我们的社会不好。然而，这"宗教"正是含有歧义的词。您作为《马克思主义研究》的编者，像这样的阐释，与历史唯物主义有什么关系？按照这种推理，是否也可以这样说：马克思主义产生在不好的社会，所以是个不好的主义；马克思主义是个好的主义，所以产生它的社会是好个社会？

就是说，在响应毛泽东"研究宗教"上，虽然取得一定成就，但现在提供的大量宗教知识却是被扭曲的，需要正本清源；在提倡马克思主义指导上，也存在一些被妄解歪说的现象，需要拨乱反正。

问：那么，毛泽东批示中讲到的"批判神学"做得怎么样？

答：毛泽东的原话是："不批判神学就不能写好哲学史，也不能写好文学史或世界史。"——给我的最初印象是很新奇，但好像只与史学有关系，是书斋中的事。所以早期的世界宗教研究所也注意不够，几乎没有什么成就可言。现在发现，这可能是我们的一个很大的失误。

问：有这么严重么，为什么？

答：对神学的忽视，使我们失去在神学问题上的判断力和发言权，那后果非常糟糕，远远超出学术的范围。

问：噢，那什么是神学？

答：像《中国大百科全书·宗教卷》、《不列颠大百科全书》、《西方哲学英汉对照辞典》等工具书都有所解释，但含有评价的答案则趋向两个极端，一端是极度的轻蔑，一端是极度的赞美。

霍尔巴赫说："有一门学问，其对象是无法理解的。和所有其余的科学根本相反，这门学问只研究人们的感官不可知觉的事物。霍布斯称之为黑暗的王国"，在这个王国里，"理性的规律原来是不正确的，而健全的思想则变成荒唐的思想。这门学问叫作神学，它不断地蹂躏着人类的理性"。恩格斯说："宗教的第一句话就是谎话……；宗教伪善，神学又是其他一切谎话和伪善的蓝本。"事实是否如此？且举几个赞美者的实例。基督教有部名著《论基督的肉身》，内称"上帝之子死了，这是更加可信的，因为这是荒谬的。他被埋葬又复活了，这完全是无可置疑的，因为这是不可能的"——作者是号称"拉丁教父"的德尔图良；他认为神学就建立在"因为荒谬而可信"、"因其不可能而无可置疑"上，这是以反理性为荣。当今有本《基督教神学思想史》的书，按它的定义："上帝如何引导他的百姓认识真理呢？信仰寻求对上帝的理解——这就是神学"，让理性去证明对神的信仰，这叫愚民，能够愚民也是荣耀。还有一本叫《科学的神学》，它要创建"神学的科学"，是要借科学之光涂抹神学，这就有些穷途末路了。

毛泽东对宗教要求"研究"；对"神学"要求批判，态度之所以不一样，从上述简单的介绍中可知道个大概。

问：难道宗教不包括神学么，为什么要单独提出来？

答：我以为，毛泽东作为高瞻远瞩的政治家，他首先考虑的是宗教在社会和历史中的地位和作用问题；对作为社会历史存在的宗教，若不了解就会在战略上陷入盲目。但他同时又是很灵敏的思想家，宗教教义充塞的是荒谬和愚昧，神学绝对不可以接受。

问：这么说，拒绝神学是对的，你怎么说成是一种失误呢？

答：很抱歉。我可能没有表达清楚。毛泽东讲的是态度，而拒绝不等于无知，批判就包含着研究。现在就谈谈后果吧。

神学之对于宗教教会而言，与生死存亡攸关。因为神学是各个不同宗教教派得以独立存在的灵魂，是它们各自区别开来的内在根据，也是吸引教徒，维护自身利益的精神支柱。世界三大宗教的发展变化，它们各自的不断分化、纷争，甚或说不完的仇恨、冲突、战争，固然有社会的原因，内在的根底即是教义神学。当今世俗国家，大都遵从宗教信仰自由的原则，对神学的兴废、诠释或修正，视作教会和教徒的私事，国家给予法律的保护，一般俗众和相异的教派，不容妄加干涉。但若超出法律的界限，把属于信仰的私事，推向公共领域，当作公共话语到处宣扬，那不但国家要依法实行管理，公共舆论也有权提出不同意见，包括公开的批判。我所谓在"批判神学"上的失误，主要指那些超出法律界限的神学布道，而不是指向教会神学。

问：什么是"神学布道"？

答：大约有两种情况，一是向全社会高调门地鼓吹神学，例如大批量地出版神学类论文和著作；二是进入国家高校和科研单位，开展神学教育，构建新的神学。这两种情况都很活跃，在某种意义上把持着所谓"宗教学"领域的主导权和话语权，由此形成的声势和获取的成果，说它震动西方基督教世界，并被当做改变中国文化面貌的重要力量，绝不为过。因为公众这方面的知识不足，一般人又不属于那个圈子，所以大都对其不甚了解，致使其泛滥成灾——譬如，您知道"文化基督徒"这个词么？您知道有个"汉语基督教神学运动"么？

问：噢，你是否给做个简要介绍？

答：文化基督徒这个称呼大约出现在20世纪80年代末，他们是否受洗的基督徒不甚清楚，但都以文化人身份鼓吹基督教文化；其所鼓吹的不是基督教的组织层面而是精神层面，采取的也并非说教式的而是学究式的，这里且引一位学者对他们面貌的描述：

> 我们不能否认这位作者（文化基督徒）的大智慧，但这是一种什么样的智慧呢？笔者记起伏尔泰对卢梭说的话："从来没有人用这么大的智慧想把我们变成野兽，读了阁下的书，我真想用四个脚走路了。"如果套用一下伏尔泰的话就可以说：除利玛窦、龙华民等外国来华的传教士之外，从来没有中国人用这么大的智慧想把我们变成基督徒，读了阁下的书，我真想奔向十字架了。——这批人几乎都受过外国高级的神学教育，译著等身，外语尤佳，专家教授身份，占据显要职位，显得圣灵智慧充满。所以文化基督徒也可以戏称为以"大智慧"模样向国人传播基督教信仰的知识分子。

是什么因素导致这种现象出现在80年代？有位北大哲学系的博士生

撰文分析，这与中国的"现代汉语语境"有关："在这种具有强烈无神论传统的人本主义语境中，坚守一神论信仰的基督徒首先面临的就是自己的身份认同问题"，文化基督徒就是为解决这个认同问题产生的。现在得先弄清楚他们所处的"语境"指什么？——一句话："现代汉语思想界中启蒙主义的话语霸权与人本主义的理念诉求"。这一语境直接造成了基督教在中国传播的困境。对此语境，作者做了大量的陈述，相当精彩，可惜这里不能一一复述。总其精要，是科学、理性、无神论、进化论、马克思主义、中国的人本主义传统，甚至"进步"的话语，都成了文化话语霸权和政治话语霸权的表现。在这样的"汉语语境"中，文化基督徒要担任什么角色？那就是在"对意识形态化的马克思主义的反思"过程，"现代基督神学的涌入与传播，起了重要的作用"。

在所有文化传教的人群中，这位作者讲话是最坦率的。所以我还要再引一点，以供我们理解其他文化神学家的类似话语的实际含义。

1. "中国传统文化主义在素质上与基督的十字架事件是根本相异的，它一直漠视人之生存的'负罪性'"。

2. 中国传统文化"本身具有强烈的'人本主义'性质，对'人性'持盲目乐观态度"。

3. "缺乏超越向度的'人本主义'对人的生存而言是虚妄的，它导致人自我崇拜式的自大狂，导致反省精神的对于人性及人类前途的盲目乐观"。

此中第 1 点很重要，中国的文化传统与西方基督教文化的本质区别在哪里，包括我们一些研究传统文化的学者也不那么清楚，但在文化基督徒那里用一句话就说得明明白白。

问：对这种社会思潮没有人提出异议么？

答：当前的舆论环境很宽松，言论自由，文化多元，即使有人提出不同意见，甚至相当尖锐，也很少见到反应。不过正统教会的反响可能不小，港台的教会人士即称呼他们为"中国亚波罗"——似是而非的意思；大陆教会大约也不甚买账，我不大了解。总之，因为各种原因，"文化基督徒"这个名字越来越消退了，继之而起的则是"汉语基督教神学运动"。

问：哦，那就请你谈谈这个运动如何？

答：这像一出戏，我们只能看到有限的戏台和上演的部分戏文，对幕后的策划固然是两眼墨黑，即使戏文也是似懂不懂，有些干脆就没看到听到。其在国内外、海内外、党内外、教内外，上下四方的联结，加上身份之权贵，一个书呆子想摸到它的边际，那是狂妄了——谈点皮毛印象吧。

"汉语基督教神学运动"的发起人就是文化基督徒，他们的骨干也无例外的属于这个圈子。但作为一个运动，第一，它有了策划和组织，第二，它有了可持续壮大的能力。

问：它的策划和组织是什么？

答：最初的策划是在香港进行的：1992年，以香港的某个"基督教丛林"为基地，与大陆在港的文化基督徒共同酝酿，从1993年开始，"使用这机构的设备和资源，试办了一系列的学术工程，藉此加快推动这个渐见雏形的新学术思潮。"到1995年，设置了"'汉语基督教文化研究所'，期许更集中精力和资源以制定长远事工策略"——"我们称这个新兴学术思潮为'汉语基督教神学运动'"。"从分工的角度，大陆学人是这一运动的倡导者，研究所是这一运动的推动者，两者既分又合"。原则是："各自表述，各取所需，合分相济"。简单说，基地在香港，担任推动者角色，运动在大陆，担任提倡者角色，内容是发展一种以"汉语基督教"命名的神学。

都有些什么具体举措呢？这里只讲两项：首先是译介西方神学著作到大陆。主要是一些名牌大学的出版社和国家出版社，为他们出版了大量的基督教神学著作，而且多是成打论批地出版，一直到今天，连内地神学院在1950年代译编的基督教"名著系列"也由香港基督教的出版社"授权"给我们现在的国家出版社出版——真是匪夷所思。与此并行，是内地凡挂基督教研究招牌的高校和社科研究单位，竞相派人到香港这个基地参观、培训、做课题，全部免费接待，而且还别有奖金。到了2008年，基地的头面人物就兴高采烈地宣布了："经过各方学界多年耕耘，今天'汉语基督教神学运动'的参与学人由原来只有几位核心人物而增长成一个颇为可观的学术群体，其中新生代的年轻学人不断涌现，表现出这个新兴学术思潮的顽强生命力和可持续性。"

我认为，他们这样宣示的根据是充分的，因为这个运动发展的规模已经大大超出香港基地的预想范围，它的"推动"作用功不可没，而它为这一运动规定的任务，一直在无声地进展，逐步渗进我们的宗教教学、学术研究，旁及与西方有关的所有学科，一直影响到我们管理层面的头脑，在宗教学界形成几乎是压倒性舆论优势。

问：他们还规定了任务？都是些什么？

答：在他们要解决的基本问题中，关键是两个：第一，"教制外的知识人和教制内的平信徒，他们如何革新教会的神学传统，甚至引发一次又一次的神学转折点"。第二，"汉语的丰富思想资源与基督教这外来思想资源相遇后，将如何承载、转化和创造新的思想，从而丰富汉语自身的思想传承。"——上述引号里的是原文，我得做点解释。

先解释第一个。文化基督徒以重建汉语基督教神学为使命，是针对大陆既有的教会神学而言的。所谓"教制"即指国家合法教会，其外的"知识人"即文化基督徒，"制内的平信徒"则指排除了国家教会领袖之外的一般神职人员——把这两种人联合起来，就是这一"运动"的依靠力量，目的是"革新教会的神学传统"，不间断地引发"神学转折点"——"转折"就是革命吧。这个运动为什么把转折国家教会的神学作为首要任务？前述北大博士生的文章一语道破："为了拒斥所谓神学的本色化或中国化"；"从本色化或中国化的思维架构中走出来，直接面对基督事件。"——其实"本色化"和"中国化"并不完全相同，后者强调，不仅在教会的职位和经费上要从西方控制下解脱出来，而且也要在神学上适应中国的土壤，摆脱"洋教"的偏颇，彻底实现"基督教中国化"；所谓"直接面对基督事件"，属于基督教原教旨主义，实为美国基督教右派—福音派信奉的神学，其在中国的表现，是宗教信仰高于世俗理念，圣经高于宪法，因此，教会和教徒只能服膺宗教信条，即"中国基督教化"。究竟是"基督教中国化"，还是"中国基督教化"，一直是中国基督宗教面临的严重问题。

问：都有些什么表现？

答：那就先介绍一点"非教会"神学同我国"教会神学"的异同吧。既然都是神学，二者的内涵应该是相同的，像非教会神学正在构建的一种

"神学"命题目录有："神论""基督论""圣灵论""人性论""救赎论""创世论""末世论""教会论""圣事论"等，其与教会神学没有任何区别。即使着力于构建对中国现代化"具有多方面意义"的神学，所谓"原罪观、拯救观、超越观、终极观、普世观"等，也没有超出教会神学的范围。但为什么他们不认可教会神学，必须与之分道扬镳？举例来说，西方神学中有个命题，叫"因信称义"，意思说，人只要信仰上帝就可以成为"义人"；中国教会神学认为这个命题要慎用，因为绝大多数中国人并不信仰基督这个神，不能说这样的中国人中就没有"义人"。也就是说，为社会做好事，应该同样是"称义"的。这其实对扩大基督教的影响是非常有利的。但这不行，需要革掉，回到基本教义上去。

其实问题的实质是，中国基督教是否需要建立在中国的土壤上，坚持爱国主义立场。"爱国爱教"是中国教会创建和阐释神学教义的根本原则，是基督教得以在中国生存绵延的基础，也反映着广大教徒的心声。这个原则经过几代教会爱国领袖的努力，才使这个扮演侵略工具角色的基督教在中国扎下根来，但却一直受到国内外某些势力的恶毒攻击。

汉语神学运动标榜自己是非教会的性质，指向正是"爱国爱教"，但话说得没有那么粗鄙，举一段话看："'爱国爱教'且'爱国'在先、'爱教'在后乃成为中国内地几十年来宗教存在与发展的一种定式。在今天'全球化'宗教跨国际、跨民族、跨地域的普世性诉求中，虽然不少国家和地区仍会靠其宗教来维系、保护其'国'之生存和发展，但同样也有不少国家和地区出现了以'普世信仰'支撑的'爱教'淡化、架空或放弃'爱国'的迹象和动向"——意谓"全球化"带来的是人的"普世性"、教徒的"普世信仰"，"爱教"已经将"爱国"淡化、架空或放弃了。接着一转："在趋于越来越民主、自由和平等的当代社会，'政教关系'已多元嬗变、日益复杂，中国以往以'政'主'教'，或靠'政'定'教'的局面正受到挑战。"——这好像又在给当局支招。对此，我想再讲两句。

"民主自由平等"都是终结神权专制、争取和完善宪政制度的口号，反映在宗问题上，一是确立政教分立的国家原则，二是确立宗教信仰自由的公民权利。实施的结果，除梵蒂冈以外，欧美诸国无不出现了"以'政'主'教'，或靠'政'定'教'的局面"——为什么事实与汉语神学的武断恰巧相反？因为这个运动对政教分离和宗教信仰自由做了他们自己的诠释。

宗教信仰自由的实质，是使宗教信仰"成为公民的私事"，这是宪政国家的通例；据此而不允许宗教干预国家事务，则是政教分离的实质。宗教信仰自由之作为公民的一项权利，国家必须保护；宗教作为社会的一种组织存在，必须服从国家管理。像汉语神学那样把政教分离诠释为分庭抗礼，互相制约，以至对抗，这是西方中世纪的社会制度。

问：所谓推动汉语基督教神学运动要解决的第二个基本问题，说得也很晦涩，能否也做个解读？

答：解读出来，也就知道他们真正的意图了。比方它的第一句话"汉语的丰富思想资源与基督教这外来思想资源相遇后"——这是讲形势的：此话引人注意的是给基督教的定位为"外来的思想资源"，明显把当前的中国教会排除在外；在"外来"之前加上"这个"定语，除了特指这个运动带来的汉语神学之外，是否还指地下教会，发自境外的邪教，就不清楚了。那么之"后"如何？于是有了第二句话：看中华文化"将如何承载、转化和创造新的思想，从而丰富汉语自身的思想传承"——解决这个问题的有门专门学问，叫"融贯神学"。这门神学分为两派，一派我称之为取代派，对中国文化从古至今一否到底，因为中国传统上没有上帝和原罪感，从根上就不可能接受基督教信仰，所以只能取而代之。另一派可以称作贴靠派，根据上帝全知全能的本事和基督教自称普世宗教的性质，中国岂能没有聆听福音的可能？如将 God 译作中国的天主、上帝，论证中国的性善说与基督教的原罪说可以协调互补等，然而这一切都是为了让中国文化去"承载、转化和创造"基督教神学的"新思想"。说这是用来"丰富"汉语自身的思想传承，是过分谦虚了。

问："过分谦虚"是什么意思？

答：香港可能只是西方基督教登岸大陆的一个桥头堡，而西方殖民主义动用基督教作为文化侵略的急先锋，由来久矣。当基督教"骑着大炮"进入中国，从不断制造教案到八国联军血洗北京，美国就特别看好文化传教的优势，如经营出版和创办学校之类，着力于抓住中国人的"脊骨"和"脑袋"。到了 20 世纪初，发起了"基督教占领中国运动"，遂成了美国对华的长期战略,至今更上升为美国的一项国策——集中反映这一国策的是它的《1998 年国际宗教自由法案》以及历次颁布的《国际宗教自由报告》。香港推动的"汉语基督教神学运动"实是"基督教占领中国"的继续,只说"丰富",是因为不那么坦诚。

问:这仅是你个人的推论吧?

答:让我再举几个实例。就在香港推动这个运动略见成效之际,2003 年一个名为"关于中国处境神学的中国—北欧会议"在芬兰举行,议题是如何在"中国处境"下开展"基督教神学建设运动"——这个"中国处境基督教神学建设运动"与"汉语基督教神学运动"有什么差别?唯一的差别是地点从香港移到了欧洲,一举而从偏隅主导的运动升格为"国际"主导的运动。再看看那阵势:出席的中方代表有北大、清华、中国人大、中央民大、复旦、中国社科院宗教所,大多数是有关学科系所的头面人物;西方出席的有芬兰赫尔辛基大学、芬兰、挪威、丹麦、瑞典、英国以及美国等多个神学院的清一色神学家的参加,此外还有美国基督教机构、俄罗斯东正教机构,以及世界新义宗联会、新加坡三一神学院等出席。香港也有两所大学,大陆的驻港个别官员和中国基督教两会的牧师等也被邀参加,大约是一种点缀。——像这样专门为中国高教和科研单位文化人举办的会议,集中讨论"基督教神学建设"在中国当前处境下如何发展问题出谋划策,是破纪录的事件,当然不是孤立的。他们挑选的代表,为什么会那么准确地切合会议的主题,那么按所排次序发言?事实上,这类海外的国际会议还有不少,在国内举行的更多,人们都当做常态了。

美国福特当政期间,从越南撤军,这大约影响到美国对武器决定论的迷信,1977 年卡特上台,正式成立"美国维真大学",有可能标志美国对宗教战略的进一步强化。这所大学自称为"基督教思想和行动的世界中心";目标是为全球"培养事业有成,并具备基督教思想武装的领导俊才",现拥有来自 57 个国家 4000 本科生和研究生,万余毕业生分布在世界各地。"使命是将基督教教义与世界一流教育界合在一起"——不论是否偶然,香港和欧洲在中国高校系统和社科单位推动的神学建设运动,都与这座大学的"使命"一致。但从公开的信息中,我们没有发现一例有中国人与这所大学有关联。然而在北美有所同名的神学院,却是除香港以外汉语基督教神学运动光顾最频繁的另一个基地，这就是"加拿大维真学院"，专门设有"中国研究部"，主要任务是招收和接纳大陆有不同背景的各类学者到那里参观访问或接受培训，凡参加北欧那次处境神学会议的名牌大学和研究所，不派新进学人到此处开眼受训的大约很少。据说，现在国内已经与这个学院断绝了联系。

问：这类情况不大了解。

答：细节我也不了解，我讲的都是触到眼皮上的事。再讲点触到眼皮上的事，那就是西方基督教为占领中国下的本钱。——2007 年初网上公布了一则消息，略谓：

"在过去 20 年，西方资本主义在中国取得很大进展，但西方社会的哲学基础却极少得到探讨。加尔文学院从约翰—邓普顿基金会得到一笔新资助，有望改变这一现状"。这笔资金是 200 万美元，实施的是个名为《科学、哲学和信仰：中国者计划》的项目，由"在加尔文的纳格尔世界基督教研究所负责具体运作"，计划三年内完成。目标是"用以训练学者，强化对中国大学生的教育，并维持和深化在中国的调研"。——此处要给中国提供的"哲学基础"，就是基督教神学。为什么项目名称要由"科学"打头，很有点名堂，因为在他们看来，科学在中国人的心目中的地位至高无上，目前"科教兴国"又深得民心，所以基督教神学向中国开拓的第一个需要清除的障碍，就是科学，而启用科学的名义也会大大减弱大众对传播神学的敏感性。至于实施的具体措施和步骤，计划是这样的：

"将邀请 24 位中国研究生和 9 位博士后在贝勒大学、圣母希望大学和加尔文学院访问学习"。"在中国召开一系列讲座和研讨会，由基督教哲学家协会选派 12 位学者轮流执教。于 2008 年夏季，在卡尔文学院为 24 位选定的中国学者举办密集研讨会，与在此领域的一些西方顶级专家座谈"；"2009 年夏，计划在北京大学召开一个重要学术会议，届时将有基督教哲学家协会成员到场，介绍和讨论新的工作"；会议论文将由北京大学出版社出版，并"将作为教科书广泛采用。"总之，让中国"知识分子认识到他们的国家迫切需要找到确定的方法，用以整合文化，为社会提供公共规范"。实施的细节这里从略了——而像约翰—邓普顿基金会这样慷慨资助的机构，仅美国就有不少，而它们的目标，都是高校和科研单位的文化人。

问：汉语基督教神学运动就是在外力推动下兴旺起来的？

答：不止如此。大家常说，外因通过内因起作用。内因之一，就是我们忽略了毛泽东要求批判神学的嘱咐。

问：毛泽东只说不批判神学就写不好哲学史、文学史、世界史——

答：是的。因为神学作为一种意识形态，最突出地功能是能够深入到文化的骨髓。我们且不谈哲学史上的具体问题，但就全国高校哲学系纷纷挂上"宗教学系"的牌子就令人感悟不浅。至于神学渗透到了哲学史、文学史和世界史，早已不是新闻了，新兴的社会学、法学，有些就在用神学诠释我们的社会和宪法。

问：为什么说神学还是一种意识形态？

答：当然与神学承载的世界观和价值观有关。但即使如此，如果属于纯粹的私人信仰问题，我们也绝不会如此关切；现在的问题是，神学宣传和神学构建从教会搬到国家教育系统和社科研究机构，就不得不加注意了。无神论学会和我们的杂志，近几年不断地呼吁落实"宗教与教育相分离"的国家立法，不能把宪法和法律当成纸上的摆设，即有鉴于此。但也不仅如此。

问：还有什么问题？

答：那就是，他们宣称的"学术目标在于学术之外"。

问：这又是什么意思？

答：针对外来渗入中国的现实，汉语神学叫做"处境神学"，这种神学冠以文化的名义，又叫"文化神学"，为了便于在学术殿堂活动，也叫"学术神学"。"学术"是他们最常打的旗子，但目的绝非止于学术，尽管他们有人自称是"为学术而学术"，是"价值中立"。那么，神学之外的目标在哪里？比较精确的答案是"当今中国社会的公共处境和问题"——"社会的公共的处境"是什么？"问题"又是什么？是经济结构、政治制度，文化形态，人民群众？此中可解释的空间无限大，但就是不能限制在基督教范围。相反，"处境"恰是神学需要考察的对象；"问题"则需要神学提出并给以答案的议题。所以强调："中国的基督教研究，包括汉语神学，理应针对这种处境提出基督教的解释和主张"——基督教的解释和主张是什么？他们每个人各有各的背景，也各有各的表演。我的一次发言，有幸被发表过四次——因为其中有段话被删而几年后又被补进去。这段话颇能说明一派人对基督教的"解释和主张"，所以不妨再复述一次："最近看到一位自称是中国人的先生向美国总统献策，其中有言：'里根总统因为埋葬了苏联东欧的共产制度而成为美国历史上最伟大的总统之一。帮助中国发生这样的变化，也许是上帝给总统先生的历史使命。'为什么要美国总统帮助中国完成这样的'历史使命'？这位先生说：因为这'既符合上帝的公义，也符合美国的国家安全。'"迄今我们还不知道汉语基督教神学运动中的人物是否有幸被美国总统接见，但在国内表达类似"主张"的汉语神学家却是人所共知的，而他们中另一些人物对当前中国处境的"解释"，或许就是这类"主张"提出的逻辑前提。

当然，我没有说这个运中所有人都是反体制的，但说他们热衷于从政应该符合事实。——他们普遍认为，中国合法教会只关注宗教信仰和教会自身的活动，所以讥讽教会神学是"自说自话"。"汉语神学"绝不会"自说自话"，而是要"带着异质性张力，在现实的语境中表达出自身价值的针对性意义。"——譬如，中国"现实的语境"有"以人为本"，基督教提倡"信神为本"；建立在神本基础上的价值观，对于人本的价值观就是"异质"的，也就具有了贬斥"人本"的"针对性意义"。明确些的说法是："神学必须对现代人的普遍处境作出诠释，而不能'将宗教语言减损为自我封闭的语言游戏'。"为了实现"处境神学"的这些任务，于是"催生出所谓的'公共神学'"："其话语模式可以被教会以外的人所理解、论说和尊重"——照直说，就是以神学形式进入社会公共领域宣教布道。其中的重点是"让神学进入人文学领域"——"当代基督教思想只有走向'公共领域'进行人文关怀，才能具有意义的结果，也是人文学科解决当代遇到的重重困惑和难题的必然进路""神学如果不去关注、解决尘世的问题，也无法体现神爱世人的精神"——从这类表述看，汉语基督教运动也是一场社会政治运动，他们的骨干成员，也从学者面目变得越来越像是政治活动家。

问：如此看来，毛泽东提出研究宗教，批判神学，在当前更加迫切了?

答：咱们社科院把无神论作为"濒危学科"抢救，我感到蕴意很深，因为科学与无神论是神学的天敌。马研院对无神论学科建设的扶植，虽是初步，却大有成效。在党的十八大精神指引下，一定会有更大的进展。

[原载《马克思主义研究》2013 年第 5 期（略有改动）]